皖北文化九讲

《安徽优秀传统文化丛书》编写组 编

北京师范大学出版集团
BEIJING NORMAL UNIVERSITY PUBLISHING GROUP
安徽大学出版社

图书在版编目(CIP)数据

皖北文化九讲/《安徽优秀传统文化丛书》编写组编. —合肥:安徽大学出版社,2015.10

ISBN 978-7-5664-1021-4

Ⅰ. ①皖… Ⅱ. ①安… Ⅲ. ①文化史—皖北地区 Ⅳ. ①K295.4

中国版本图书馆 CIP 数据核字(2015)第 242297 号

皖北文化九讲

Wanbei Wenhua Jiujiang

《安徽优秀传统文化丛书》编写组 编

出版发行: 北京师范大学出版集团
安徽大学出版社
(安徽省合肥市肥西路 3 号 邮编 230039)
www.bnupg.com.cn
www.ahupress.com.cn

印　　刷: 合肥远东印务有限责任公司
经　　销: 全国新华书店
开　　本: 170mm×240mm
印　　张: 26.5
字　　数: 369 千字
版　　次: 2015 年 10 月第 1 版
印　　次: 2015 年 10 月第 1 次印刷
定　　价: 85.00 元
ISBN 978-7-5664-1021-4

策划编辑: 朱丽琴　卢　坡
责任编辑: 李加凯　苏　昕
责任校对: 程中业
装帧设计: 张　浩
美术编辑: 李　军
责任印制: 陈　如

《安徽优秀传统文化丛书》
编委会

总序

文化是民族的血脉，是人民的精神家园。源远流长的中华文化，为中华民族发展壮大提供了强大的精神力量，为人类文明进步做出了不可磨灭的重大贡献。习近平总书记强调指出："中华优秀传统文化是中华民族的突出优势，中华民族伟大复兴需要以中华文化发展繁荣为条件，必须大力弘扬中华优秀传统文化。"我们要深入学习贯彻习近平总书记的重要讲话精神，按照"挖掘阐发、保护弘扬、传播推广、融合发展"的要求，在开掘利用传统文化这个宝库上下真功，在繁荣发展中国特色社会主义文化上见成效。

安徽物华天宝，人杰地灵，自古就是哺育华夏儿女的一方沃土、演绎中华文明的重要舞台。在这片底蕴深厚而生机勃勃的土地上，孕育形成了徽州文化、淮河文化、皖江文化等各具特色的地域文化，诞生过管子、老子、庄子、华佗、曹操、包拯、朱元璋、吴敬梓、戴震、胡适、陶行知、邓稼先等名垂千古的英才俊杰，产生了道家学说、建安文学、新安理学、桐城散文等博大精深的学术文派，滋养出徽剧、黄梅戏、花鼓灯等异彩纷呈的艺术奇葩。历经数千年的发展演变和选择组合，安徽文化以其独特的气质和成就，不断丰富着中华文化的内涵，对中华文明乃至世界文明产生了重大影响。研究、传承安徽优秀传统文化，是弘扬中华优秀传统文化的应有之义，是创造安徽文化乃至中华文化新辉煌的必然要求，对于当代安徽人尤其是安徽学人来说，这也是义不容辞、必须扛起的历史使命。

近年来，在省委省政府的高度重视和大力支持下，全省在加强历史文化研究、文物和非物质文化遗产保护、传统文化传承教育等方面做了很多工作，取得了可喜进展。这其中就包括省委教育工委组织教育界学者专家，合力编写的《安徽优秀传统文化丛书》。现在，《徽州文化十讲》、《皖北文化九讲》、《桐城文化八讲》正式面世了，以翔实的资料、精当的文字、并茂的图文，深入浅出地讲述了安徽的历史、安徽的人文、安徽的精神。打开书本，让人仿佛徜徉于诗情画意之境，穿行于历史与现实之间，进而在汲取先贤思想精髓中增长知识，启迪智慧，陶冶情操，重拾乐趣。

编写这种易于阅读、便于传播的地域文化丛书，是一个很好的尝试。希望今后有越来越多的优秀通俗读物生动而精彩地诠释安徽故事，让收藏在博物馆里的文物、根植在江淮大地上的遗产、书写在古籍里的文字都鲜活起来，让安徽优秀传统文化在创造性转化、创新性发展中走进当下，走向未来。

是为序。

中共安徽省委常委、宣传部长　曹征海

2015年8月

目录

前言

皖北，地处安徽北部、中原腹心，毗邻苏、鲁、豫三省，内拥亳州、宿州、淮北、阜阳、蚌埠、淮南六市，以及六安之寿县、霍邱，滁州之凤阳。汤汤淮水日夜不停地滋润着这片土地，千古之功，既赋予皖北以丰腴的躯体，也造就她独有的品性：她宽厚、大度，一如上天恩赐的宜人气候；她坦诚、直率，就像脚下一马平川的农田；她深邃，好似珍藏在胸怀间、包孕了无数神奇与奥秘的相山、龙脊山、涂山、张公山、八公山……她浪漫，谷河、颍河、润河、泉河、茨河、涡河、濉河、新汴河、沱河、浍河……条条河流涌动着丰富的想象与无穷的诗意。

河之畔、水之滨，凡宜居之地，必历史悠久。

行走皖北，但见古文化遗址星罗棋布，层层累积着厚重的华夏文化传统。存留于蚌埠的双墩遗址，与人们耳熟能详的半坡文化、大汶口文化、河姆渡文化一样，证明着中华文明历史的悠久。人类进入文明史的决定性标志在这里显现，中国古文字在这里萌芽，淮河流域与黄河流域、长江流域一样，同是中华文明的发祥地，在这里得到证明。

自上古三代起，皖北就曾古国林立：胡子国、沈子国、钟离国、州来国、宿国、萧国、徐国，以及鹿上、焦、危、梅、慎、稽等等，聚集了民气，也孕育了早期华夏文化。时光荏苒，随着历史的更替，皖北走进春秋战国群雄纷争、百家争鸣的时代，走进秦始皇的大一统帝国，走过两汉气象、魏晋风流、隋唐盛世，走过北宋的典雅高贵，直至元明清的崎岖坎坷。一路前行，她有过英气勃勃，有过气势恢弘，有过多灾多难中的坚毅顽强，更有过历经世事沧桑后的活力四射。

一代代的皖北人，用生命铸造了中华奇迹。

禹墟为我们展开大禹治水、会聚诸侯的壮丽画卷，细细聆听，上古之时涂山女哀怨而又深情的歌声犹在耳畔；虞姬墓远远眺望着垓下古战场，楚汉相争之际那段惨烈悲壮、儿女情长的故事至今动人心弦；传说中汉高祖刘邦曾经避难的皇藏峪，参天古木昭示着皖北的英雄气概；曹操运兵道的奇诡多变，恰似魏武帝缜密的心机、奇巧的兵法；至于春申君陵园、陈胜涉故台、淝水古战场、隋唐大运河遗址、捻军会盟旧址、临涣文昌宫……哪一处不牵动着中国历史上举足轻重的一段雄奇往事！

往事如烟，城垣犹在。放眼皖北，商汤之都古亳、胡国故邑阜阳、宋国之都相城、楚国都城寿春、钟离国都濠州、大明中都凤阳，还有那经历了2000多年风风雨雨的淮上重镇正阳关、临淮关、城父镇……无一不见证着古皖北曾经的繁华似锦。细细打量，鳞次栉比的商铺，石板路上深深的车辙，老城墙上镌刻的苍劲大字，古渡口饱经沧桑依然挺立的老槐树，至今不舍当年的熙熙攘攘，商贾云集。

情境在心，往事怀人。屈指算来，钟灵毓秀的皖北，曾为中华民族孕育了多少巨擘名家、志士仁人？这实在是一个难以精确计算的数字。轻轻拨开历史云雾，仅凭我们一眼望去，就可见智者云集，能者频出。涡河之滨，相距不过百里的涡阳、蒙城，道家先祖老子、庄子接踵而至，一部《道德经》，一部《庄子》，开创了中国道家学派，举重若轻地为人类思想史贡献了一笔宝贵财富。2700多年前的颍河之上，治国奇才管仲胸有成竹地走向齐国。他的治国方略、他的思想，不仅成就了齐桓公的一方霸业，更垂范万世千秋，直到今日，治国之士仍在精研细读。春秋贤相孙叔敖竭尽心力建成中国最古老的水利工程芍陂（今寿县安丰塘），谁能想到这一工程竟然沿用至今？至于发明了“麻沸散”的神医华佗，一生治好多少病人，史籍无载，可华佗的名字，放眼九州，谁人不知，哪个不晓？仅一套传承千载的《五禽戏》，就为世世代代中国人带来健康。还有主编《淮南子》的刘安，写就《新论》的桓谭，著有《养生论》《释私论》《管蔡论》《明胆论》的竹林七贤精神领袖嵇康……这个名单若是全部开列出来，肯定太长太长。

那就换一个话题，说说皖北历史上的文学才子、艺术大家。在中国文学史上，蒙城庄周的《逍遥游》，以飞腾的想象、浪漫的情怀成为先秦文学的重中之重，早已被世人公认；亳州曹操、曹丕、曹植三父子的诗赋文章，或大气磅礴，或鞭辟入里，或想象奇特，绝对是挺起魏晋风骨的脊梁。绝美之地引来绝才之士，白居易、欧阳修、苏东坡等唐宋名家在此久久流连，写下千古绝唱。在那个大美迭现的年代中，皖北音乐发展抵达登峰造极之境：《高山流水》《广陵散》《梅花三弄》，经钟子期、嵇康、桓伊或弦拨以指，或吹奏以笛，清音绕梁，盈盈不绝。此外，更有桓谭琴声千古袅袅，戴逵傲视古今的佛像雕塑，“不为王门伶人”的艺术节操，令人击节赞叹，而嵇康所作《琴赋》《声无哀乐论》，则当之无愧地成为中国古代音乐理论的巅峰之作。

山水钟灵，不仅仅在于文人才士，更焕彩于民间。皖北自古至今都是一座艺术宝库。历经数百年风雨沧桑，却依然美轮美奂的古花戏楼；兼容南北方陶瓷文化的寿州古窑；格高韵雅、奇巧可人的灵璧石；朴中蕴奇的界首彩陶；独步画坛的凤画、馗画；上至八旬老人，下至学语幼童纷纷而作的太和书画；跻身于世界吉尼斯纪录和国家非物质文化遗产名录的梅花篆字；代代流传，堪称皖北一绝，既高昂激越又婉转纤柔的民间舞蹈——花鼓灯；以及拉魂于乡土的梆子戏、坠子戏、泗州戏、曲子戏、嗨子戏、亳州清音、二夹弦、端公戏、花鼓戏等等，无不满面春光地展示着这片土地的艺术底蕴。

回顾既往，皖北有太多太多的骄傲，但伴随骄傲的，又有艰难坎坷、痛苦磨折。

身处华夏腹地，交通要冲，皖北自古就承受了太多的战争。从上古三代华夷之战，到春秋战国诸侯之间连年不断的刀兵相见，从秦末楚汉两雄相争，到三国时期的征战杀伐，从南北朝的对峙、唐末动乱，一直到宋金之战、元末之战……一回回刀光剑影，一次次血流成河，终致民不聊生。

还有自然灾害。南宋初年，黄河南泛夺淮入海，曾经哺育了这片土地的淮河也变得暴躁不安。有数据统计，有明一朝 277 年中，皖北有 203 个年份发生水旱之灾。天灾人祸，终于迫使一代代皖北人陷入贫困。他们或挥泪告别家园，举族迁徙；或四出“趁荒”，甘当流民；或忍饥挨饿，苦苦挣扎。当此之际，皖北人曾满怀自豪、满怀挚爱唱出的“走千走万，不如淮河两岸”，变成了一首无法解说的民谣。就连并不精通文墨的朱元璋，面对淮河两岸连年的征伐杀戮、水旱之灾，也不由得动情地写出萧瑟凄凉的诗句：“年年杀气未曾收，淮南淮北草木秋。”经济的落后，必然导致文化衰微，皖北深厚的文化底蕴逐渐被贫穷落后重重遮蔽。

皖北真的陨落了吗？不！在这块充满灵性、血性与大气豪情的土地上，数千年的传统文化从未消失，而是坚韧地萌发着，顽强地生存着，焦灼地期待着。只要得一阵春雷、沐一场春雨，希望的田野就会刹那间生机勃发，绿意盎然。

新中国成立，改革开放，皖北迎来了春雷滚滚、春雨飒飒的春天。

随着治淮工程的强力推进，农业经济的快速发展、工业生产的蓬勃兴起，特别是当皖北地区发展进入国家发展战略规划以后，一个崭新的大皖北正在崛起。行走其间，但见古城、新城交相辉映，厂房、农田欣欣向荣，商户、学校处处兴盛。飞驰而过、满载乌金的火车，将两淮煤田的大爱送往华东工业重镇，自淮南、淮北飞向蓝天的特高压输电线，为江浙沪点亮万盏明灯，输入无穷的动力。拂去层层历史尘埃，多年被埋藏在记忆深处的珍宝再现——那是祖先光荣的往昔，是皖北人世世代代创造的文化精髓。凝魂聚气，细细品味自己的历史，每一座城市都在思考；展望未来，大步踏上新时代前行的快车道，皖北人高高地昂起头，幸福地对着太阳微笑。

假如今天你能从亳州走到淮南、从蚌埠走到界首、从砀山走到凤阳……东西南北，一路前行，尽可以赏美景，品美味。初春，砀山万亩梨花聚成沁人心扉的香雪海；入秋，淮北榴园硕果累累醉人心脾。昔日淮水倒灌处，龙子湖风情万种，气势宏伟的九座古鼎雕塑，寓意禹铸九鼎，华夏一统；曾经饱受洪涝之苦，贫瘠无助的八里河，今日碧波荡漾，景观林立，成为国家5A级风景区；早年被淤塞的阜阳颍州西湖，如今再现当年美色，湖中有岛、岛中有潭，绿柳盈岸，芳菲夹道。淮北相山集奇峰、云洞、林海、苍柏、古寺为一体，满目绿荫，诗意盈盈；淮南八公山峰峦叠翠，清泉密布，古韵盎然，古风悠悠……至于八公山豆腐、符离集烧鸡、淮南牛肉汤、淮北羊肉汤、寿县“大救驾”……种种美食不仅美在形、美在味，更美在每一种食品后面都托着一个趣味盎然的历史故事，饱蘸了乡土文化浓浓的汤汁。而名扬四海的“古井贡”“口子窖”，更是点点滴滴浓缩着皖北乡土韵味，喝一口，郁郁芳香直入肺腑，让人真真地体会到，什么是皖北的浓情厚意。

当历史与现实的文化终于相遇、相通，并紧紧依偎的时候，蕴含在这块土地深处的传统魅力，足以陶醉、激励所有的阅读者。

于是，我们开始了这本书的写作。

编者

2015年8月

第一讲

华夏名河 皖北摇篮

据说，很久很久以前，神州大地有四条最重要的河，这就是江、河、淮、济，他们并称“四渎”。元代著名学者薛延年曾打过比方说：“四渎者，耳为江，口为河，眼为淮，鼻为济。”被称为“眼”的淮水，最早的时候没有名字，她安详地居于南北之间，波光粼粼，清澈见底，两岸富饶秀美，气候宜人，引得先民纷纷来此聚居。渐渐地，青山绿水之间，稻花吐香，鸡鸣田舍。欢快的儿童嬉闹门前，安详的老人负暄日下。这时候，人们开始觉得应该给她起个最美丽的名字，于是，黄帝的史官仓颉就为她单独造了一个字——“淮”。

第一节 淮水汤汤，情思绵长
——一条孕育皖北文化的母亲河

一、哺育之恩，永世难忘

淮河，是皖北的母亲。

天地洪荒之时，发源于河南桐柏山深处的淮河，一路向东，快乐地奔流。它的快乐，吸引了沿途汝、颍、涡、夏肥、睢、泗、泱、沘、包、沂等几十条大大小小的河流纷纷加入，浩浩荡荡地一同奔向东海。就这样，淮水一路奔走，一路包容，一路成长，待到进入皖北的时候，快乐的小姑娘已变得亭亭玉立，温文典雅，仪态万方。她的纯洁、她的美丽，感染了沿途的天，天为之动情，不能不雨水丰沛，温润可亲；她的善良、她的爱心，滋养着两岸的地，地为之感动，土沃壤肥。于是，皖北有了人类的聚集，有了小麦的生长，有了著名的族群——淮夷，有了此后许许多多惊天地、泣鬼神的故事，以及灿若群星的历史名人、缤纷多彩的皖北文化。

过去的事情太遥远了，幸亏古代诸多典籍为我们留下种种记载。春秋战国前，淮河与长江并不相通，淮河与黄河之间，有济水和泗水，通过菏水、汴水、睢水相连，当时淮河流域的范围大致和现在差不多。《禹贡》有“导淮自桐柏，东会于泗、沂，东入于海”的记载，大致概括描述了当时淮河干流的基本流向；《汉书·地理志》记载：“淮水所出，东南至淮浦入海，过郡四，行三千二百四十里。”此书还记载了汝水、颍水、涡水、夏肥水、睢水、泗水、泱水、沘水等一级支流，淯水、溵水、丰水、瀙水、潕水、昆水、包水、沂水、沭水、治水、祠水、南梁水、如溪水等二级支流。古代著名地理文献《水经注》对淮水水系的记载尤为详备，不但补充了大量支流，而且将干支关系说得更明确，经流地域也描述得更翔实。透过这些记载，我们看到，在古淮河流域内，还有上百个大大小小的湖泊。它们大多散布在支流沿岸和支流入淮处，济、泗两水之间和江淮尾闾之间。其中，著名的古泽有荥泽、圃田泽、萑苻泽、孟诸泽、菏泽、沛泽和射阳湖等。

一直到12世纪以前，淮河都是浩浩荡荡独流入海，全长约1000公里，她漕深流速、尾闾畅通，像乳汁一样滋养着淮河两岸的山川、田野、人民。

今天地处淮河流域的皖北大地，古人类文化遗址犹如繁星点点，无言地为我们诉说着淮河与皖北的故事。蚌埠禹墟、双墩遗址，萧县花家寺遗址、金寨遗址，濉溪石山孜遗址，怀远双古堆遗址，临泉老古堆遗址、岗上遗址，灵璧玉石山遗址，宿州芦城子遗址，凤台县峡山口遗址，亳州钓鱼台遗址、富庄遗址、后铁营遗址，固镇苇塘遗址……小心翼翼地翻开它们的发掘记录，淮河母亲的哺育之恩也一重重涌上我们心头。

淮河为古代皖北人提供了生的依据——水和食物。一座座遗址都在说明，当时的先民们总是选择河岸边2至10米高的台地居住。人的生命需要食物的滋养，淮河源源不断地送来鱼、蚌；农作物需要水的灌溉，淮水亲热地流淌到它们身边；在那个陆路交通极为不便的时代，水，还是人们出行的依靠，淮河托起了一艘艘先民的小船。在蚌埠双墩遗址，当年参与发掘的人们不仅发现这里曾经三面环水，而且还发现了个头不小的釜，周边大量堆积的螺蛳壳。专家们笑了，他们眼前立刻浮现出一个画面：在距今7000年左右时，双墩的先民们，老老少少团团围坐在火堆旁，将淮水赐予的河鲜投入大锅，津津有味地吃着"火锅"。阜阳流鞍河南岸，临泉老古堆遗址、岗上遗址，以及皖北其他许许多多的遗址，先后出土了大量的骨鱼叉、蚌镰。面对这些来自远古的工具，我们仿佛能够听到，皖北大地上远去的淮河儿女正先后不断地告诉我们，淮河条条支流，对他们有着怎样天高地厚的恩情。

1994年，蒙城县尉迟寺遗址的发现，震惊了全国——实在是不能不被震惊，因为这座历史久远的古文化遗址，向世人展示了距今5000年左右的"中国原始第一村"的风貌。在国内，论起原始社会新石器晚期的先民聚落，它目前占据两个"最"：一是保存最为完整，二是规模最大。一排排探方显示，先民的房子都是"木骨泥墙"，在新石器时代，这绝对得算数一数二的先进技术。房门一律朝西南，连间、连排，就像紧密团结、互相帮助的原始先民。房间下有门槛，内有灶台，分门别类地陈放着各色器物。墙的内壁，红烧土的表面，还涂有白色的、灰色的或红色的涂料，光滑平整，一眼看上去，就能想到，当年的主人们生活得多么认真、考究。

至于那出土的10000多件文物，更是令人眼花缭乱。石斧、石凿、石锛，陶豆、陶俎、陶尊、陶鼎、陶甑，骨针、骨簪、骨质鱼钩，蚌器，玉器等等，挤挤挨挨地告诉大家，淮河流域，涡河之滨，早在5000年前，就已经有了何等发达的经济文化！专家们惊异于那小口、长颈、鼓腹、有耳、平底、圈足的背水壶，透过它的身躯，似乎能看到5000年前，淮河流域的女人们是怎样一路吟唱，走到河边，然后将这背水壶轻轻放入河中，笑嘻嘻地看着它自动睡倒，灌水，灌满，直立，等待主人的拎取。还有弯弯的骨质鱼钩，不仅锋利，尖部还有“倒刺”，有拴钓鱼线的地方，现代鱼钩的结构早在那个时候已经基本定型了。所有这些，都在证明上古时代的涡河之水，养育了多么聪明智慧的皖北之民！

当然，在皖北地区，最能展现淮河与皖北文化底蕴的考古发现，还要数蚌埠市禹会村威名赫赫的禹墟。它雄伟的气势，绝对出乎所有人的想象。当历史的面纱被一点点揭开的时候，它所展现的，不是村庄，不是城池，更不是一般的日用器物，而是全国绝无仅有、气势磅礴的祭祀坑群落，以及数不清的磨石礼器。那千层饼似的土层，分明是千万人踏过的痕迹，是一条远古的通道。4000多年前，云集淮河之滨的万国诸侯，就是踏着这条通道，一步步走向祭祀台，奉大禹为王，为大夏王国的冉冉升起，奠定了坚实的基础。我国古代的史学名著《左传》曾记载这一史实：“禹会诸侯于涂山，执玉帛者万国”。“万国”是指前来参加会议的部落首领为数极多，“玉帛”即当时最为贵重的玉器与丝绸。由此可见，当年在禹会村召开的这一次会议规格之高，场面之大。大禹将这一次隆重无比的大会选在淮河之滨的禹会村，至少应当有两个不可或缺的理由：第一，这里的富庶、繁荣，足以为会聚万方诸侯提供条件；第二，淮水在先民心目中的重要性无可替代。

就在大禹治水的那个年代，淮河两岸最重要的族群淮夷，已经走过蹒跚学步的幼年，长成一个浑身散发着勃勃英气的年轻人。《禹贡》用十分绚丽的色彩描述了当年淮夷生活的地方：“厥土赤埴坟，草木渐包。厥田惟上中，厥赋中中。厥贡惟土五色，羽畎夏翟，峄阳孤桐，泗滨浮磬，淮夷玭珠暨鱼。厥篚玄纤、缟。浮于淮、泗，达于河。”也就是说，那里的土是红色的，又黏又肥，草木不断滋长丛生。那里的田是第二等，赋税是第五等。那里的贡品是五色土、羽山山谷的大山鸡、峄山南面的特产桐木、泗水边上的可以做磬的石头、淮夷之地的蚌珠和鱼，还有用筐子装着的黑色的绸和白色的绢。进贡的船只行于淮河、泗水，到达与济水相通的菏泽。如此一片沃土，怎能不令人心驰神往？

禹会村遗址

二、血脉传承，刚柔并济

当然，皖北从淮河母亲那里获得的，远远不止于丰厚的物质供给，还有融在血脉中的性格、精神、气质。

与浩浩长江、滔滔黄河相比，淮河是矜持的。北面的沂蒙山、西面的伏牛山、南面的大别山和皖山余脉，给了她三面临山、一面临海的独特地理形势，也就给了她一个相对独立的地理单元——一个位于华夏“天中”的特别的家。在这个家里，“南”与“北”是两个最重要的概念，它们的存在、对立、和谐、包容，构成了淮河母亲的独特品性。今天的皖北明珠蚌埠市龙子湖风景区，矗立着一个宏伟的雕塑，这就是中国南北分界标志。它由著名美术大师韩美林设计，高达 39.9 米。东、南、西、北，四个方位有青铜铸造的青龙、朱雀、白虎、玄武，顶端是一条昂首欲飞的苍龙。站在这一雕塑之下，南北大地的相望相守近在眼前，尽在心中。

是的，极目北望，黄河流域莽莽苍苍。那一大片土地都处于暖温带大陆性气候的统治之下，四季变化明显，冬季寒冷干燥，全年降水量在 800

毫米以下，小麦、粟米等旱地作物是主要的农业出产。寒冷与干燥造就了豪放刚烈，也将这豪放刚烈传送到淮河岸边。由于淮河北部支流众多，河道长而平缓，流域面积广大，因此，这种来自北方的气息也就分外浓烈。

转身向南，南方一片郁郁葱葱。位于淮河之南的长江中下游平原，亚热带湿润气候带给它每年800毫米以上的降雨量，带给它纵横交错的河汉、星罗棋布的湖沼，带给它生长在水中的农作物——水稻。充沛的水，赋予这片土地以柔美秀丽，尽管由于淮水南岸的支流都比较短，比较急，流域面积相对较小，但是，那魅力无限的柔美温婉，还是一波一波地传递到淮水身边。

于是，淮河既拥有骏马秋风塞北的气度，也具备杏花春雨江南的柔情。两种风景在这里相遇，旱地与水田在这里并存，南北文化在这里交融。作为淮河之子的皖北，自然而然地从母亲那里继承了这种刚柔并济的品性。

皖北的“刚”，表现为他的坚毅、进取、抗争。三皇五帝时代大禹治水的故事，是淮河流域先民不屈服的精神写照；春秋时期从颍水之滨走来的管仲，襄助齐桓公成就霸业；秦朝末年发生在今天皖北宿州的陈胜吴广起义，让人见识了什么是底层人民的揭竿而起；曹操、朱温、朱元璋，一个又一个皇帝从皖北起家，绝对不是偶然，每一个皇帝身后，都不可避免地带着一场又一场惨烈的战争。

1957年6月，一个晴朗的好天气，皖北阜南县常庙乡一位农民正在润河湾捕鱼，只见他一旋网撒下去，圆圆地罩住一大片。慢慢收网时，才发现网内是一堆翠锈斑驳、形状奇特的古铜器，数一数，整整8件。经考古人员鉴定，这8件文物都是商代晚期青铜酒器，距今已有3000多年历史。其中一个龙虎纹铜尊，从上到下三层花纹，肩部圆雕和浮雕相结合，塑出三条蟠龙，龙身蜿蜒，龙首探出，额有双角，阔吻巨口，两眼大睁，活灵活现。尊的腹部，又以三道扉棱为界，分隔出三组相同的纹饰，都是双虎吃人状。只见虎头居中，为高浮雕，左右两侧是虎身，为浅浮雕。裸体人头已被老虎含在口中。精美的纹饰，精湛的铸工，令见多识广的文物专家惊叹不已，视为珍宝，众口一词地定为国家一级文物。而它的造型，也足以使人看到商代皖北性格的豪放、刚劲。

2012年，在安徽文博讲堂上，来自中国科技大学科技史与科技考古系的教授石云里语出惊人，他告诉大家，经过 35 年的研究，1977 年在阜阳西汉汝阴侯墓中出土的“圭表”和“日光宝盒”，证明皖北曾经或是当时中国天文研究的中心。石云里说，过去，我们一直误认为东汉张衡的浑天仪是我国最早观测天象的仪器，而阜阳西汉汝阴侯墓中出土的汉代的圭表和赤道式天文测量仪器，比浑天仪还早了至少 200 多年，是世界上现存最早而且具有确定年代的同类仪器，早于西方 1000 多年。专家推测，这位汝阴侯本身就是个天文爱好者，而圆仪和日晷，可能是他观测天象所用的仪器，以至于死后也要将它们作为陪葬品。惊叹之余，我们也能够强烈地感受到皖北先民的进取精神。

至于皖北的“柔”，则表现为柔情似水，以柔克刚。相传大禹治水时，日日思念他的涂山氏女娇为了早一点见到丈夫，天天登上涂山去等候。日子一天天地过去，望穿秋水的女娇从心底长叹一声：“候人兮，猗！”据说，这就是中国历史上第一首情诗。“候人兮”——等候我所盼望的人，使我们看到一个伫立山头，翘首远盼的女子身影；而最后一个“猗”字，又令我们感受到涂山女那望而不见、无可奈何的心情。仅仅一句的小诗虽短小含蓄，却与上古时代的祭祀、巫鬼无关，第一次直接抒发了人与人之间，尤其是男女之间相互爱慕的真情实感，因而，它被称为“南音之始”，涂山女也因此成为中国远古神话中的诗歌女神。

人类浪漫的情思、飞腾的想象往往与水相关。中国古代，一直有“汝颍风流”“濉涣文章”“临淮自古多名士”之说，确实，皖北淮河流域，走出了太多太多的思想家、文学家、艺术家，用魏晋亳州人曹操的话来说，“日月之行，若出其中；星汉灿烂，若出其里”，真的一点儿也不过分。

在这些杰出人物之中，最能说明皖北之“柔”的例子，当属老子和庄子。他们于“水”中得到灵感，希望人们以水的特性——“守柔”“处下”“不争”处事待人，通过效法水来体悟“道之在天下，犹川谷之于江海”。于是，他们开创了影响整个中国思想文化的道家学派。

然而，皖北从淮河母亲那里获得的，这还不是全部。独特的地理环境，给了淮河独特的历史地位，也给了皖北独特的命运。

阅读中国历史，我们可以见到一个实实在在的现象，这就是国家分裂与统一的交替出现。从秦始皇统一中国到清代的2000多年里，中原王朝就有过三国、东晋十六国、南北朝、五代十国、宋金和宋元这样多次大分裂。值得注意的是，多次大分裂都不是东西之间的切割，而是南方长江流域政权与北方黄河流域政权之间的对峙，对峙的界线都在秦岭—淮河一线上。这一现象的背后，折射出的是南北地理分界线对政治的影响。

由于淮河以北气候干燥，华北平原上的河流和湖泊相对较少，马匹和车辆成为主要交通工具，骑兵驰骋方便快捷，因此，北军“所恃者唯马”。但是在湖沼密布、河流纵横的南方，船舶是最主要的交通工具，人们熟习驾舟行船，众多水面往往成为主要的战场，水军，也就成为南方政权的重要军事力量。

1997年，《浙江学刊》曾刊有蒋寿康先生一篇文章，专门分析了在古代战争中地理环境对军队构成的影响。他认为，骑兵是一支快速突击力量，具有较强的战斗力。可是北方的骑兵越过淮河南下，进入江淮平原，势必受到河流、湖泊、沼泽和水稻田的阻断，很难发挥快速突击作用，也就失去了优势。即使越过了江淮平原，如果没有强大的水军，也难以渡过长江。再说，没有足够的水上运输力量，后勤支持也会发生困难，持久作战的可能性自然不存在。刘宋元嘉二十七年（450），北魏太武帝拓跋焘率大军南下，进至长江边上的瓜步，就因为没有水军支援，无法渡江，故而知难而退。后来，他听说“建康水军自海入淮”，害怕被南军截断归路，慌忙撤围，渡淮北归。

同样的道理，南方的水军渡过淮河，一旦进入华北大平原，弃舟登岸，成为步兵，弃长而就短，怎能跟北方的骑兵抗衡？东晋义熙十二年（416），刘裕率师伐关中后秦，分水陆几道进军，水军由淮河经汴水进入黄河。一时间，后秦的邻居北魏君臣十分恐慌，只有一代名臣、博士祭酒崔浩依然淡定，他的理由就是“南北异俗”，吴越之兵不能与魏兵争夺河北之地。元嘉二十七年（450），宋文帝打算北伐，当时的步兵校尉沈庆之也进谏说：“马步不敌，为日已久矣，请舍远事”。再一次说明在平原交锋，北方骑兵具有绝对优势。

于是，中国古代多个政权夹淮而治。南北战争的战场总是在淮河两边摆动，南唐学者徐锴曾说，淮河是江南的屏障，“中国得之，可以制江表；江表得之，亦以患中国”。清初历史地理学家顾祖禹则评价：“南北分疆，两淮皆战场也。往来角逐，见利则进，择险而守，胜负之数，略相当矣。”

历史反复证明了淮河独特的政治军事意义。战国的吴楚之争，东晋与前秦的相持，南朝与北朝的对峙，后周与南唐的对立，南宋对金元的偏安，都是以淮河为界。终日生活在血与火之中，皖北是艰难的。战争，带给皖北大地无尽的灾难，同时也一次又一次磨砺着皖北人的意志，磨砺出他们的坚忍、顽强，不屈不挠、能征善战，还有行之久远的爱国情怀。西晋末年的祖逖北伐的故事、南北朝时期的淝水之战、北宋女英雄刘金定的传说、南宋军民大获全胜的顺昌之战……都成为淮河永远的记忆。

文行至此，笔者不由得想到南宋诗人杨万里的《初入淮河四绝句》：

其一

船离洪泽岸头沙，人到淮河意不佳。何必桑乾方是远，中流以北即天涯。

其二

刘岳张韩宣国威，赵张二相筑皇基。长淮咫尺分南北，泪湿秋风欲怨谁？

其三

两岸舟船各背驰，波浪交涉亦难为。只余鸥鹭无拘管，北去南来自在飞。

其四

中原父老莫空谈，逢着王人诉不堪。却是归鸿不能语，一年一度到江南。

第二节 茫茫禹迹，赫赫神工

——从大禹治水的故事讲起

芒芒禹迹，画为九州，经启九道。民有寝庙，兽有茂草，各有攸处，德用不扰。

——《左传·襄公四年》

一、洪水横流，大禹受命

翻阅古代文献典籍，我们看到先人曾用蘸着心血的笔墨，一次又一次描绘着尧、舜、禹时期洪水肆虐的场景。

《尚书·尧典》说：“汤汤洪水方割，荡荡怀山襄陵，浩浩滔天。”

《归藏·启筮》说：“滔滔洪水，无所止极。”

《诗·商颂·长发》说：“洪水芒芒，禹敷下土。”

《孟子·滕文公上》说：“当尧之时，天下犹未平，洪水横流，泛滥于天下；草木畅茂，禽兽繁殖，五谷不登，禽兽逼人，兽蹄鸟迹之道交于中国。”

孕育万物的母亲河究竟怎么了？

有人说，是因为下大雨引发了洪水。《庄子·秋水》中记载：“禹之时，十年九潦。”《淮南子·齐俗训》也说：“禹之时，天下大雨。”

也有人说，是因为“共水”泛滥。“共水”在今天河南辉县附近，东流与淇水汇合，然后注入黄河。传说在共水流域生活着炎帝的后裔共工氏，共工氏也治水，但他主要采取筑堤堵塞的办法，短时期可以起到作用，却经不住长期考验，河堤一旦崩溃，就会造成更大水患，更大的灾难。因此，有些史书恨恨地记载，共工氏“欲壅防百川，堕高堙庳，以害天下”；“舜之时，共工氏振滔洪水，以薄空桑”。那意思就是说，共工氏捣鬼，掀起滔天洪水，为害神州。

汉画像石大禹像拓片

尽管史籍对洪水原因的记载存在着很大出入，但可以肯定的是：当此之时，洪水几乎遍及整个中国，淮河流域自然不能幸免。

面对汹涌的洪水和孤苦无告、随波漂流的百姓，尧帝召开部落集团联盟酋长全体会议，讨论如何治水，让大家推荐治水总指挥人选。

尧帝说：“唉！老百姓愁苦叹息，不治水是不行了。大家看谁能担当此重任呢？”

德高望重的“四岳”说：“哦！我们琢磨着，

还是让鲧担任比较合适。”

鲧是今天河南西部伊水、洛水流域的夏后氏部落酋长，是个治水行家，威望颇高。但尧对鲧却没有好印象，听了四岳的话，摇摇头：“鲧这个人违背教化命令，败坏同族，不可用。”四岳说：“比较起来，没有比鲧更贤能的人，希望您试用他一下。”于是，尧听从四岳的意见，任用鲧治水。

9 年过去了，洪水却仍旧泛滥不止，鲧没有成功。

关于鲧治水失败的原因，神话中有许多描述，最主要的一个，是说鲧本来也是天上的神，他对人间的洪水、众生的苦难实在看不下去了，就听从神异禽兽猫头鹰和乌龟的建议，偷了天帝的“息壤”填堵洪水。“息壤”是一种神奇的土壤，遇到水就会自动生长，水升到哪里，土就长到哪里。靠这种神奇的土壤，洪水眼看要被堵住了，民众欢欣鼓舞。可天帝发觉“息壤”被盗，勃然震怒，不仅收回“息壤”，让洪水继续泛滥，还派火神祝融下凡，逮捕了鲧，将鲧杀害在羽山之野。

另一种来自古文献记载的说法是，尧禅让于舜，由舜代行治理天下之事。舜视察各地，发现鲧治水没有成绩，便把他放逐到羽山，直到死在那里。天下人都认为舜惩罚得对。

最终，舜推荐鲧的儿子禹，让他去完成治水大业。

二、制服水怪，娶妻涂山

不管怎样，实际的情况是，大禹接受了治水大任，毅然出发了。他走遍三山五岳、大江大河，疏导九川，被疏导的河流之一，就是淮河。《史记·夏本纪》载，大禹“导淮自桐柏，东会于泗、沂，东入于海”。意思是禹从桐柏山疏导淮河，东向汇合泗水、沂水，流入大海。

淮河流域，至今流传着大禹制服淮河水怪无支祁的传说。

据《古岳渎经》记载，大禹为治理淮水，先后三次来到桐柏山，寻找淮河流域洪水发生的根源。每次来到淮水源头，总是狂风骤起，电闪雷鸣，石头在号叫，树木在哀鸣，黄帝的重臣土伯、天老都束手无策，治水工程根本无法进行。

大禹知道是妖孽为害，不禁大怒，召集天下百神前来听令，授命夔龙捉拿妖怪。桐柏山神等也带领部属前来助战。一些作战不力的神怪，如鸿蒙氏、章商氏、兜卢氏、利娄氏等，被大禹囚禁起来。诸神通力合作，终于把无支祁给擒住了。这个怪物善于言语，对答如流，形状像猿猴，缩鼻子，高额头，全身发青，白色的脑袋，眼睛发射出两道金光，一口雪白的牙齿，脖子伸出来有一百多尺长，力量超过九头大象，而它的身体轻巧伶俐，虽然被擒住了，但还在横冲直撞，活蹦乱跳，没有一刻的安宁。它能够辨别长江、淮河的深浅，平原、沼泽的距离远近，在淮河一带横行无忌。

禹把无支祁交给大将童律夫制伏，童律夫制伏不了，又叫大将乌木由去，乌木由也束手无策。最后，大禹将它交给自己的外甥庚辰。庚辰制伏它的过程中，数千山精水怪聚集起来，奔走呼号。庚辰用一枝大戟击中无支祁，然后用大铁索锁在它的脖子上，鼻孔穿上金铃，转移到江苏淮阴的龟山之下镇压，这样，大禹的治淮工程才得以顺利进行。最终，淮水安稳地流入大海。

这当然是一个神话。但是，细细咀嚼，其中分明有太多的弦外之音。不是么？当年大禹治水，必将涉及各江河流域大大小小氏族部落的利益，纷争难免。这就意味着，年轻的大禹不仅要与天斗，还要与人斗，甚至，后者比前者更为困难。俗话说，龙生九子，各不相同。那年月，每一个氏族都有自己的特点，每一个部族首领都有自己的思想。今天，我们已经无从知晓当年大禹是采用什么样的手段，协调了方方面面的关系，但是，有的矛盾可以协商，有的，肯定不行。不行的，就得打仗，一如当今世界所爆发的种种战争，这就有了大禹大战无支祁的故事。

还有一些问题，可以柔情化解，譬如大禹与淮河中游部族涂山氏的通婚。

在中国古代神话中，大禹为治水长年奔波，30岁还没有娶妻成家。一天，走到涂山，他说：“我要娶妻了，上天必定会回应我的。”于是，一只九尾白狐来到他面前。禹说：“白色，是我族所崇尚的颜色，九尾，是王者的象征。《涂山之歌》说：‘绥绥白狐，九尾庞庞。我家嘉夷，来宾为王。成家成室，我造彼昌。天人之际，于兹则行。’说得很明白呀！”

这只白狐，就是涂山氏女娇。当她现出人身的时候，眉目含情，双瞳剪水，身姿绰约。她一眼看中了身九尺二寸、魁梧英俊的大禹，大禹也为她的美丽贤淑所吸引。于是，两人在涂山台桑成婚，屈原因此在《楚辞·天问》中咏叹："焉得彼涂山女，而通之于台桑？"

婚后，大禹又一次出发，匆匆东行。

远古神话往往都有现实生活的依据。大禹的时代，号称"天下万国"，但绝大多数的国度并没有留下历史痕迹，涂山氏是少数留下历史传说的氏族之一，凭借的就是大禹与涂山氏通婚这个事件。史学界有一种观点认为，涂山女是当年涂山氏国一位年轻"君主"，是雄踞淮上的一方诸侯，"九尾狐"很可能是她身上华美的装饰。身为华夏族酋长之一的大禹，通过与淮夷族世家涂山女的婚姻，寻求到了淮夷力量的支持，完成了治水大业。《涂山之歌》中"成家成室，我造彼昌"——我来到你这里，你的氏族会繁盛的。这不正是氏族联姻的洽谈理由？

三、过门不入，手足胼胝

神话之外，中国古代有大量典籍记载着大禹治水的艰辛。

《列子·杨朱》说："禹……过门不入，身体偏枯，手足胼胝。"

《孟子·离娄》说："禹……三过其门而不入。"

《华阳国志·巴志》也记载："禹娶于涂山，辛、壬、癸、甲而去。生子启，呱呱啼，不及视。三过其门而不入室，务在救时。"

《尚书·益稷》更记载了大禹自己的话：洪水滔天，浩浩荡荡的包围山顶，漫上丘陵，百姓沉没、陷落在洪水中。我乘坐四种交通工具，沿着山路砍削树木为路标，同伯益一起把新杀的鸟兽肉送给百姓。我疏通九条河流，使它们流到四海，挖深疏通田间水渠，让它们流进大河。同后稷一起播种粮食，把百谷、肉食送给百姓，让他们互通有无，调剂余缺。于是，百姓都安定下来，各个诸侯国也得到治理。

说到自己的家庭，坚强的大禹也不能不动情："予创若时，娶于涂山。辛壬癸甲，启呱呱而泣，予弗子，惟荒度土功！"——我娶了涂山氏的女儿，结婚后四天就治水去了。后来，启生下来呱呱的啼哭，我顾不上抚爱他，只忙于治理水土的事。

在漫长的治水过程中，大禹的手掌、脚底，都长满了厚茧，指甲也磨

汉画像石之大禹三过家门

坏了，皮肤晒黑了。由于经常住在低洼潮湿之地，长年风吹雨淋，经常在污泥脏水中打滚，大禹还得了关节炎，走路一颤一簸，很是吃力。《庄子·天下》用6个字描写禹治水的劳苦，说是“沐甚雨，栉疾风”，意思是暴雨洗头，大风梳发。虽然简短，却生动地再现了这位年轻的部族首领当初的艰苦备尝。

当然，不仅仅是艰苦备尝，还要运用智慧。一个确定无疑的事实是，治水是一项系统工程，大凡治水成功者，莫不是将河流从头到尾进行全面考察，并提出综合治理的方法才取得成功。只治理下游，中游不治理，基本没有什么用处；只治理中游，下游照样会泛滥成灾。大禹治水开始，就先将九州河流从头到尾进行了全面考察，他穿过荆棘密布的森林，登上人迹罕至的高山，仔仔细细地研究了父亲治水失败的原因，决定首先要“疏川导滞”。今天的蚌埠怀远，一直流传着大禹劈山导淮的故事。据说，当年淮水在这里被高山阻隔，奔腾泛滥，大禹身形陡涨，化为巨人，手中巨斧高高扬起，一斧劈下，将大山一分为二，这才有了今天的荆山和涂山。

有趣的是，同样的故事还流传在凤台硖石口，此处东硖如龙东蟠，西硖如虎西踞，淮河从中夺路而下，激流澎湃。老乡们说，东西两硖石，就是上古之时被大禹一斧劈开的。

不过，大禹治水的策略绝不是这么简单。有资料记载，当时他已经能够“左准绳，右规矩”，有了初步的测量工具和方法。《尚书·益稷》中的“随山刊木”，在《史记》中称为“行山表木”，大约是原始的水准测量。《周髀算经》中载：“故禹之所以治天下者，此数之所生。”汉代赵君卿注释说：“禹治洪水，决疏江河，望山川之形，定高下之势，除滔天之灾，释昏垫之厄，使东注于海而无浸逆，乃勾股之所由生也。”这也说明，大禹治水采用了一些基本的勘察、测量、计算的方法。

由于客观条件的限制，当时的人们不可能对每条河流都从头到尾加以疏导，使其流之东海，大禹因此采用了“钟水丰物”法：遇到小水不能顺畅东流，也难以汇入大河，便让它聚集为沼泽，这不但于治水无妨，而且还可以给周围百姓带来鱼米之利。有的时候，大禹采用“高高下下”之术，疏通河道，加深沼泽，而且将所取之土积于河岸、泽旁，成为堤障，实现疏、聚、防的结合。也有的时候，大禹会“封崇九山”、“宅居九隅”，所谓“九山”，是指沿河人所居的丘陵，“九隅”指临水的高地。大禹将这些地方进一步加高填平，以便于居住，《淮南子·齐俗训》就说：“禹之时，天下大雨，禹令民聚土积薪，择丘陵而处之。”

时光真的过去很久很久了，但是，在今天的皖北，这些沼泽旁的乡村，台地上的民居，我们至今仍然常常见到。

大禹治水的功绩为后世人们所传颂。孔子曾感叹：“禹，吾无间然矣！菲饮食而致孝乎鬼神；恶衣服而致美乎黼冕；卑宫室而尽力沟洫。禹，吾无间然矣。”用今天的话说就是：“禹，我简直找不到一点可以对他非议的啊！他自己虽然吃得非常差，但能够以很丰富的食物来祭祀鬼神；他平常穿得很朴素，但祭祀时又能够庄重地穿上祭服；他住的宫室虽然很简陋，但没有先想到要改善自己的居室，而是尽全力平治水土，开沟渠，发展农耕，鼓励人民从事耕作。”

《左传·昭公元年》也记载了一句话：“美哉禹功，明德远矣；微禹，吾其鱼乎！”大意是：“禹光明磊落的德行，多么的伟大！如果没有禹治理好洪水之患，我们大家都变成鱼了！”

一位上古英雄，在年复一年、艰苦卓绝的奋斗中，用生命与智慧凝聚了一种被百姓代代铭记于心的精神，这就是永远的开拓，永远的行进，永远的思考，永远将人民的利益放在首位。

第三节　古陂惠民，遗泽千载
——淮河水利明珠芍陂

过去的很长时间里，人们总是在说，大禹治水，拉开了中国历史上第一道人与自然斗争的史诗大幕。其实错了，大禹只是在为母亲治病，中国的每一条河流，都是人们生存的依凭，人与水，只有相依，才能相存，皖北大地上的先民，一直是这样做的。我国历史上著名的大型陂塘蓄水工程——芍陂，就是人与水相互依存的榜样。这座中华最古老的水库，纳川吐流 2600 余年，自春秋时代一路走到如今，依然灌溉着周边 4 万多公顷良田，成为淮河流域人与水和谐共处的一个光辉典范。

一、芍陂之建，楚相之功

从寿县出发，南行大约 30 公里，一个美丽湖泊就会出现在我们眼前。这里烟波浩淼，岸柳成行，水天一色，鸥鹭点点，一派水乡泽国美景，它就是号称“中国第一塘”的安丰塘。

安丰塘兴建于春秋时期，与漳河渠、都江堰、郑国渠并列，是我国古代著名四大水利工程之一。不过，那时候，它的名字叫“芍陂”。今天的安丰塘，远没有都江堰名气大，可认真算起来，芍陂兴建于楚庄王十六至二十三年（前 598—前 591），都江堰建于秦昭襄王五十一年（前 256），差了300多年。从遥远的春秋时期开始，一直到现在，芍陂始终温柔地呵护着身边万顷农田，呵护着周边的黎民百姓。

走进芍陂，迎面就是孙公祠。祠内银杏遮天，翠柏相映，正殿供奉着楚令尹孙叔敖的石刻画像，每年春秋两季，环塘民众都会备礼致祭。

2600多年来，古老的芍陂与孙叔敖的名字，一直紧紧地联系在一起。

孙叔敖像

孙叔敖姓芳氏，名敖，字孙叔，是春秋年间楚国期思人。芳氏本是楚国大贵族之一，为楚国君蚡冒的后代。孙叔敖的祖父芳吕臣曾任楚国令尹，父亲芳贾先后担任工正、司马等要职，在楚国绝对算得上声名赫赫。但是，天有不测风云，在一场政治斗争中，孙叔敖的父亲被杀，芳氏家族几近毁灭，活着的人不得不从芳邑出逃，避居期思乡野。那些年里，为躲避灾难，孙叔敖侍奉着母亲，小心翼翼地隐居乡间。

不过，对于贵族来说，民间生活也是一种难得的学习。斗争风波过后，经人推荐，孙叔敖作了令尹。整个国都，无论官民，见了他都纷纷表示祝贺，孙叔敖自然也兴高采烈，踌躇满志。这时，一位名叫“狐丘”的老人告诫孙叔敖说：“我听说做官有三利，也有‘三怨’，你知道吗？”孙叔敖忙向老人请教。老人说："一个人要是因为地位尊贵而骄傲，百姓就会离开他；官做大了滥用职权，君主就会厌恶他；俸禄优厚了还不知足，祸患就临头了。所以，你要记住，地位高了更要谦虚，官职大了更要谨慎，俸禄优厚了更应廉洁。要是牢牢记住了这三条，你必能使楚国大治。"孙叔敖豁然省悟，再三向老人拜谢，并说："爵位越高，就越对百姓好；官越大，心就越平淡；俸禄越高，就越施恩施惠于人。这样，就不会再有'三怨'了。"于是，他以身作则，勤于政事，辅佐楚庄王，迅速成就霸业，成为一代名相。

在诸多政务中，孙叔敖对水利建设特别重视，因为他曾经长期居住乡野，深知水利的重要。《淮南子·人间训》说，孙叔敖在出任令尹前，就"决期思之水，而灌雩娄之野"，带领期思当地人民兴建水利，灌溉农田。这项水利工程，就是我国古代历史上著名的"期思陂"。出任令尹后，他继续"于楚之境内，下膏泽，兴水利"，主持兴建了我国最早的大型蓄水灌溉工程——芍陂。

芍陂灌区在过去可不是个好地方，每到夏秋雨季，山洪暴发，泛滥成灾；雨少的时候，又赤地千里，旱情严重，老百姓过日子，永远没个舒心的时候。

楚庄王十六年（前 598），孙叔敖来了。他详细勘察了该地区的地形特点，发现它南面是岗丘连绵的江淮分水岭，大别山从今天的鄂豫皖交界处入安徽省境，自西向东分布有都岗岭、天柱山、灊山（沘山）、龙穴山，一直延伸到合肥一带，形成淮南丘陵。西边是发源于沘山的沘水，由南而北流入淮河；东边是发源于良余山（连枷山）的肥水（即今东淝河），亦自南而北注入淮河。沘水和肥水之间有沟涧溪流构成一积水凹地，凹地东边有一高岗与肥水相隔。

经过反复思考，孙叔敖以东面高岗为天然堤，因南高北低的地形，在西部、北部筑弧形长堤，并对老的河沟适当加以修整，使这片凹地蓄水成塘。长堤之下，利用原有的天然河沟作为排水沟道，用石质闸门来控制水量，"水涨则开门以疏之，水消则闭门以蓄之"，使芍陂一度达到"灌田万顷"的规模。自此以后，芍陂地区发生了翻天覆地的变化，清代乾隆年间曾任寿州知州的周光邻曾赋诗赞美孙叔敖修建芍陂之功："楚相祠堂柏荫清，芍陂晴藻碧烟横。欲知遗泽流长处，三十六门秋水声。"另一位诗人谢开宠也写诗赞曰:“吾乡僻处多瘠土，高者易旱低斥卤。沃壤独数安丰邑，芍陂之侧田最腴。”

芍陂建成后，功用有四：

第一，当然是灌溉。它“纳川吐流，灌溉万顷，无复旱灾”，灌区之内，年年稻花香，人丁兴旺。大量粮食，船载车装，源源不断地送往城镇，送往军事前线，楚国国力大为增强。

第二，它有力地保证了古代都会寿春的水源。《水经注》记载，寿春城“水受芍陂”，由于芍陂蓄水丰盛，寿春城内外，河渠纵横，湖塘罗列，气候宜人，林木茂盛。

第三，芍陂之兴，还有利于通航。《水经注》载：“肥水，出九江成德县广阳乡西，西北入芍陂。……自芍陂上施水，则至合肥。肥水又北过寿春县北,入于淮。”显然,是芍陂沟通了淮水与合肥的联系,使合肥北通淮河，南达长江，具有了“淮右襟喉、江南唇齿”的战略地位。

第四，增强了地方经济势力。芍陂建成后不久，楚庄王实力大增，成功地登上“春秋五霸”的宝座。当然，芍陂所在的寿春，也成为继江汉地区之外，楚国又一个经济中心。300 多年后，楚国在战争中败于秦国，丧失了江汉地区，考烈王便将都城迁到芍陂附近的寿春，并改名为“郢”。

这大概是当年孙叔敖没有想到的，他的芍陂，造就了一个都城，托住了战败后楚国的命脉。

或许是因为芍陂能给周围百姓和国家带来安稳和丰收，早在西汉时期，此地便设“安丰县”，芍陂因此也有了一个新的名字——安丰塘。

二、代代续修，不断创新

说起芍陂的始建，无可争议地是皖北淮河流域的一大喜事。不过，岁月流逝，再加上皖北地区总是有战争，远在春秋时期兴建的芍陂，想要一代一代传承下去，绝对不容易。有心人就曾注意到，司马迁的《史记·河渠书》记载了全国许多著名的水利工程，唯独没有提到芍陂。

难道是太史公漏记了吗？不可能。据《史记·太史公自序》记载，司马迁在 20 岁时就南游江淮，而且他在《货殖列传》中，还特别提到寿春，提到合肥。可见，司马迁对芍陂一带的地理情况是很熟悉的。再换一个角度分析，寿春曾经作过楚国的国都，历史文化古迹比比皆是，对于史学家司马迁来说，这太珍贵了，他怎么可能不来此地观览考察？

既然漏记的可能性很小，那么《史记》未记芍陂，最大的可能是，此时芍陂湮废严重，以致令人遗忘。

说到这里，就不能不提起一个流传在芍陂的神话故事。据说，很久很久以前，安丰塘是一座城池，叫安丰城。一次，东海龙王的一个儿子出海游玩，一不小心，摔落在安丰城外，身负重伤，动弹不得。俗话说“天上龙肉，地上驴肉”，城里的百姓看到无法动弹的小龙，高兴极了。一人动手，众人跟上，不到一天，就把龙肉抢光，只剩下一架龙骨扔在城外。龙宫里少了一个孩子，龙王非常焦急，派出虾兵蟹将四处寻找，最后，发现一具白花花的龙骨躺在安丰城外。龙王大怒，随即上告玉皇。玉皇立即派出使者，扮作乞丐来到安丰城调查真相。他们分头挨家挨户乞讨，发觉家家都有很浓的龙肉味，只有一家没有，这家家主叫李直。“乞丐”问起吃龙肉的事情，李直说：前几天看到小龙躺在城门外，两眼望着天空，实在可怜。因此，我全家没动这条龙。“乞丐”告诉李直：要是哪一天看到城门口的那对石狮子眼睛泛红，就赶紧搬家，搬得越高越好。说完，便消失得无影无踪。七七四十九天后，城门口石狮子的眼睛红起来了，李直赶忙搬家。走出 30 里后，刚开始上山，天上已经电闪雷鸣，倾盆大雨随之而下，安丰城很快陷入一片汪洋之中。

这是个并不新鲜的神话，类似的故事，在中国许多地方都出现过，但是，出现在安丰塘，却别有深意。据历史记载，安丰塘大多数的毁坏，都是由于大量土地被侵垦，《梁书·裴之横传》中就有“与僮属数百人，于芍陂大营田墅，遂致殷积”的记载，《宋史·李若谷传》记载，寿州豪强“多分占芍陂，陂皆美田，夏雨溢坏田，辄盗决。”明代，对芍陂的盘踞、冒占与蚕食，“终明之世，不能剪除”。清代段文元《改修芍陂滚水坝记事》一诗说：“问道环塘三百里，于今多半是桑田。”在这里，分占芍陂无异于抢食龙肉，安丰塘的百姓，分明是用神话故事在警醒那些破坏自然生态的人。

好在芍陂是不会完全消失的。它顽强的生命力就在于，它实在太伟大了，伟大到所有有见识的君王、谋士，都不能忽略它的存在。

自东汉开始，芍陂经历了一次又一次的修整，在修整中一回又一回地焕发青春。

有史可查的芍陂第一次大规模修治，是在东汉建初七年（82）。这一年，一位名叫王景的官员来到这里。此前，他曾经主持了治汴工程，担任过徐州刺史，现在，又出任庐江太守。上任之后，王景发现芍陂多有废弛，当年的丰收景象，似乎已成过往。于是，他立即组织百姓修复，并制定相应的管理制度，立碑示禁。此后，杜佑在《通典·州郡篇》中说："后汉王景为庐江太守，重修起之，境内丰给，其陂径百里，灌田万顷。"

但这还远远不够。东汉末年，雄图大略的亳州人曹操意识到，如果不大力发展庐江一带的农业生产，他的政权就很难在江淮地区站住脚跟，更无法实现统一北方的宏大意愿。建安五年（200），他委任相人（今淮北市人）刘馥为扬州刺史，驻守淮南地区。刘馥当然完全领会曹操的意图，采取了很多发展生产的积极措施，其中就包括修治芍陂。《三国志·魏书》记载，他"广屯田，兴治芍陂及茹陂、七门、吴塘诸堨，以灌稻田，官民有蓄"。

通过刘馥的努力，芍陂一带每年均可获得数千万斛谷物，这使曹操不但具备了统一北方的经济基础，还解决了西汉以来长期存在的流民问题。

时隔不久，名将邓艾也来到这一地区，对芍陂进行了再次修治和利用。他不仅"淤者疏之，滞者浚之"，而且在芍陂周边，再建小陂 50 多个，扩大了芍陂的功能，实现了"沿淮诸镇，并养给于此"。同时，他还在芍陂之北堤，"开渠引水直达城壕，以增灌溉，通漕运"。这样，芍陂与邓艾所建的其他水利工程构成了一个相当完备的灌溉系统。

西晋太康年间（280—289），刘颂出任淮南相。他设立了岁修制度，每年调集数万人修理维护芍陂，受到老百姓的称赞。东晋时桓温的参军伏滔，在《正淮论》中提到，"龙泉之陂，良畴万顷"。此处所说的"龙泉之陂"即是芍陂。但是，时至义熙年间（405—418），芍陂的灌溉效能又大大降低，经过复修才能"起田数千顷"。刘宋元嘉七年（430），长沙王刘义欣调任豫州刺史，镇守寿阳（即今寿县），因为军事上的需要，再次修复芍陂，垦殖屯田。从此，淮南一带农业生产又有新的发展，一跃成为南朝的一个主要经济区域。

隋统一中国后，结束了南北长期分裂的混乱局面，鼓励农民垦荒，促进农业生产。文帝开皇年间，寿州总官吏赵轨对南朝陈梁以来荒废多年的芍陂重新进行修治，取得了良好效果。根据芍陂水流趋向及地势状况，赵轨将原有的 5 个水门增至 36 个水门，并在建筑技术方面加以改进，提高质量。

唐宋统治者为了军粮的增多，对芍陂再次加以修治。《宋史·崔立传》说：宋真宗时崔立“知安丰县，时大水坏期斯塘（芍陂），公躬督缮治，踰月而成”。宋明道年间，张旨任安丰县县官，他带领民众治理芍陂，将工程分为四个部分：一是疏浚淠河，二是疏导其他连接芍陂的支流，三是兴建出水斗门，四是修筑防水堤。这样，既引水入陂，以增强抗旱、灌溉能力，又能防范洪涝，深得兴利除害之要。

元代，淮西宣慰使昂吉儿建议在芍陂一带屯田，得到元世祖忽必烈的同意，芍陂建立屯田万户府。大规模的屯田要有充足的水源作保证，因此，元朝前期芍陂水利得到积极的维护修整。据《淮系年表全编》记载，至元二十一年（1284），“江淮行省请修安丰芍陂，可灌田万顷，从之”。

明代建国初期，国家对水利建设相当重视。据《芍陂纪事》所说：“明永乐时，毕兴祖上书请修芍陂，上命邝公（即邝埜）驻寿春，发徒蒙、霍二万人浚修之。”明《太宗实录》记载：“永乐十三年九月辛巳，修凤阳府安丰塘水门十六座，及牛角坝至新仓铺堤岸万三千五百余丈。”那一时期，参加修治芍陂的民工人数相当多，规模也相当大。其后的成化、弘治、正德、嘉靖、隆庆、万历各代，均对芍陂有所治理，只是力度难与前期相比。到了清代，芍陂经历了至少 15 次规模不等的修缮，尤其是颜伯珣修治芍陂时，“重作三十六门、南北堤堰”。

历朝历代，芍陂多次荒废，多次修复，多次发展。而透过历史记载我们能够发现，芍陂兴，则民兴、国兴；芍陂败，则民艰、国颓。

1958 年，国家将安丰塘纳入淠史杭灌区总体规划，把安丰塘与大别山区的佛子岭、磨子潭、响洪甸三大水库连接起来，通过淠东干渠将淠河总干渠的水源源不断地注入安丰塘，使安丰塘成为淠史杭灌区的一个反调节水库，提高了灌溉保证率。随后的 3 年，先后建成了正阳分干渠、堰口分干渠、石集分干渠、迎河分干渠及其配套工程。整整 4 个冬春，千军万马会战工地，最多的时候，竟然达到 15 万人。1962 年，淠东干渠及其主要配套工程竣工，并在 1966 年接受了考验，这一年，寿县大旱，而灌区农业却获得大丰收。

1988 年 1 月，国务院公布安丰塘为全国重点文物保护单位，同年 10 月，国家投资 243.5 万元，对环塘 25 公里块石护坡全面翻修，部分防浪墙重砌，对 27 座门闸除险加固，并于第二年竣工。至此，安丰塘蓄水位最高达 29.68 米，相应蓄水量 9012 万立方米，灌溉面积增至 67.4 万亩，是 1949 年的 8 倍。

为了充分发挥安丰塘的蓄水能力，从 1995 年起，寿县不断加大治理投入，随着淠史杭灌区总体工程的发展和安丰塘自身配套工程的完善，安丰塘的功能已经不仅仅局限于水旱灾害的调节，发电、水运、养殖、旅游、文化遗产保护等综合效益得到了更大的发展。

而今，历经沧桑的安丰塘收放自如地工作着，不仅继续为它深爱的这一方百姓提供福祉，而且以越来越动人的美貌，吸引着国内外的宾客。1973 年，联合国大坝委员会主席托兰到访，脱口盛赞它是“天下第一塘”。

第四节 黄金水道，经唐历宋
——沟通黄淮的通济渠

1998 年，淮北市濉溪县南部的宿永公路正在紧张的施工中，当公路修至铁佛镇柳孜集村时，有一段路需要从热闹的集市穿过。搬迁的农民开始动手拆除房屋，地面建筑刚刚拆完，他们就有了意外的惊喜——屋基下面，整整齐齐地摆放着一块块条石，对于搬迁的农民来说，这些条石可是好东西，用于新房的建造再合适不过！于是，一块又一块的条石被挖出来，挖了一层，又见一层，万没想到的是，就这么一层一层挖下去，总是取之不尽，这让村民们都惊呆了，一时间，柳孜集传言四起。

有人想起了老辈人的话。老人们一代代口口相传，说是柳孜集可不是个平常的地方，老祖宗的时候，是个巨镇，有庙宇 99 座，水井上百……也有人说，这土底下有码头，抗战期间，就有人在柳孜镇隅子街口，离地面 5 米深的地方，挖出一条由南向北深入地下的石台阶，不是码头又是什么？还有人一下子联想到解放初期从宿州到永城的老公路，大家都知道那是一条“槽子路”。据说，在那条路两边地里干活的农民，只能听到喇叭声，看不到行驶的汽车。道路两边是高高的堤坝，北堤比平地得高出 5 米左右，残缺不全的南堤也高出地面 3 至 4 米，有老人说过，这条路就是一条曾经从柳孜集穿过的河，两边的堤坝，千百年来一直被称作“隋堤”。不过，这些情景，现在的年轻人看不到了，年复一年的农田基本建设，早就使河道被逐渐摊平。

一、柳孜考古，运河再现

淮北市濉溪县文物管理所得知此事后，迅速向省文物局做了汇报。省文物局立即责成省考古所进行调查，1999 年 5 月 4 日，由省市县三级文物部门组成的联合考古队进驻柳孜集，随着东西两个发掘点工作有条不紊的展开，8 艘唐代沉船和 1 座宋代石建筑码头展示在大家面前，一个令人震惊的隋唐大运河建筑遗址首次被发现。这一发现，为多年来人们对古运河的种种猜测揭开谜底，证明了通济渠的确切方向，填补了我国考古史上的一项空白，并为研究中国运河考古找到突破点。1999 年，柳孜大运河遗址名列全国十大考古新发现之一，2001 年 7 月，它又被国务院批准为“全国重点文物保护单位”。

现在，让我们的目光一起聚焦隋唐大运河。

隋唐大运河始建于隋炀帝大业元年（605），是中国古代南北交通的大动脉，在中国历史上产生过巨大作用，是中国古代劳动人民创造的一项伟大的水利建筑工程，也是世界上开凿最早、规模最大的运河。而这一伟大工程最早开工的一段，就是流经河南与皖北的通济渠。

据《资治通鉴·隋纪四》记载，隋炀帝杨广即位当年（605），即“发河南、淮北诸郡郡民，前后百余万”，兴修通济渠。三月动工，八月便交付使用。这一河道东南走向，西边以黄河为水源，经今天河南开封、商丘、永城，穿过安徽宿州、灵璧、泗县，以及江苏的泗洪县，至盱眙县注入淮水，整个线路全长近1300里。因为中间部分河道在汴水一段，习惯上也呼之为“汴河”。

总而言之，它是一条沟通了黄河与淮河的人工渠道。

这就有了非同寻常的意义。

纵观我国历史，可以明显地看出，秦代与西汉时，北方黄河流域之人口与经济实力远远超过南方的长江流域。就农业生产状况看，北方黄河流域的关中平原与关东地区（包括函谷关以东的汾涑河下游平原和华北平原），都是农业发达地区。而南方长江流域，除了成都平原因为有都江堰水利灌溉工程，得以“水旱从人，不知饥馑，时无荒年”之外，其余江淮以南广大的楚、越之地，如《史记·货殖列传》记载，尚是“地广人稀，饭稻羹鱼，或火耕而水耨”，经济尚不发达。

然而，东汉之后，经过三国、西晋、东晋十六国、南北朝等长期分裂战乱时期，北方黄河流域中下游广大地区战乱频繁，黄河中游由农变牧，农业区大为萎缩。与此同时，长江流域及其以南地区，由于生活较为安定，陆续接纳了不少北方南迁人口，社会经济有了长足发展，经济实力逐步赶上、甚至在某些方面超过了北方。

正是在这种形势下，隋王朝想到要开凿通济渠，以畅通与江淮平原、江南地区的粮赋漕运，以巩固自身政权。

但是，民间流传最广的说法是，隋炀帝兴建大运河，主要是为了他的个人享乐。确实，隋炀帝登基前，曾于文帝开皇九年（589）率军平定陈国，进位太尉，又于开皇十年（590）调任扬州总管，长驻扬州十余年。对江南秀丽的风光、富饶的物产和发达的经济，他早已亲眼目睹，知之甚深。因此，在通济渠开通的当年八月壬寅，隋炀帝便迫不及待地“御龙舟，幸江都”，“文武官五品以上给楼船，九品以上给黄蔑。舳舻相接，二百余里”，浩浩荡荡直奔扬州。

在此之前，因为要通行大型龙舟，通济渠的兴建要求河道必须又宽又深。深度多少？不见记载。至于宽度，则有文献证明，规定为 40 步。隋朝 1 步 6 尺，即渠宽为 240 尺，这需要耗费多少人力物力，可以想见。此外，据宿县文物工作组的工作人员说，1950 年冬疏浚濉河时，曾发掘出许多稷子。民间有传说，隋炀帝下扬州时，因为干旱，这一地段河水干涸不通，船不得过，于是，官员就命令用稷子拌香油铺在干河床上，由青年男女纤挽龙舟，在稷子上滑行，有歌为证："隋炀帝，下扬州，楚国稷子拌香油。"

二、汴水通淮，沿河兴盛

不过，实事求是地说，通济渠（又称"汴河"）的功用，绝不仅仅是满足一位帝王的私欲，自建成后，它就与邗沟一起，成为黄河、淮河、长江三大流域之间的交通大动脉。

自大业二年（606）起，这条连接南北的水运大动脉便成了大隋王朝所瞩目的焦点，它担负着整个京城的物资供应。每年入秋后，从南方各郡组织的漕船，将粮食、布匹、盐、油料、木材、茶叶、绸缎、瓷器等大宗物资运去人口稠密的北方。据史籍描述，隋唐至宋，汴河之上，"公家运漕，私行商旅，舳舻相继"。隋炀帝在洛阳周围建有许多大型粮仓，如洛口仓（又名"兴洛仓"）、回洛仓、河阳仓、含嘉仓等，这些仓城都储有大量粮食，其中洛口、回洛两仓，储粮多达 2600 多万石，它们中的绝大部分，便是经通济渠从江淮、江南一带运来的。其中仅隋大业元年（605）的含嘉仓，口径就近 12 米长，深 7 米，一个粮仓即可囤积 25 万公斤通过大运河漕运的粮食。

唐代中叶，汴河已经成为维持唐王朝存在的生命线，诗人李敬方在《汴河直进船》一诗中曾写道："汴水通淮利最多。"又说："东南四十三州地，取尽脂膏是此河。"宋代之所以建都开封，就是因为它濒临汴河，可以从东南地区获得源源不绝的漕粮。因此，当时的经济学家张方平指出，"汴河乃建国之本"。一旦汴河漕运出了问题，整个国家都会陷入恐慌。

历史上的两个真实故事，很能说明问题。

《资治通鉴》曾记载，唐德宗建中四年（783）的年底，叛将李希烈攻占汴州（今开封市），江淮漕运断绝，都城长安仓廪空虚，军心动摇，皇家禁军也上街鼓噪，大有哗变之势。后来镇海军节度使韩滉运米抵达陕州（今河南省三门峡市），德宗闻讯如释重负，置帝王威严于不顾，竟然一路小跑，赶到东宫，对太子说："米已至陕，吾父子得生矣！"

另一个故事发生在北宋淳化二年（991）六月，汴河的一段河堤决了口。据《宋史·河渠传》记载，宋太宗赵光义亲自去视察，步辇行走在泥淖中，十分艰难。宰相、枢密院使等大臣们连忙劝阻皇上回驾，宋太宗却说："东京养甲兵数十万，居人百万家，天下转漕仰给，在此一渠水，朕安得不顾？"于是，他下令调步卒数千来堵塞，直至看到缺口被塞住，水势稳定，这才回宫。

由此可见，大运河不但是当时南北交通的大动脉，而且还是国泰民安的生命线。

交通的便利，必然会促进各方百姓的往来和文化的交流。繁忙的航运，推动着一个又一个城镇沿河而兴。据史料记载，至北宋末年，隋唐运河通济渠段沿岸的州府县城共有 14 座，镇 11 座，宿州、柳孜、灵璧、泗县等皖北城镇的兴起、发展，都与这条河有着密不可分的联系。

比如宿州。今天的宿州市区名叫"埇桥"，其实，埇桥原是隋通济渠上的一座桥，当时也称"埇口"，是来往船只入淮、出淮的水口。这里水势平缓，最宜于船只停泊小憩。每天，大大小小的官私船只来到这里，或西进，或东行，或集散于此。船停了，人上岸，或入城投宿，或直接贸易，临河的大街小巷，遍布客房货栈和茶楼饭庄。唐代宗大历十四年（779），刘晏进行盐铁官营改革，曾于全国设置四大盐场、十监和十三巡院，埇桥为十三盐铁巡院之一，当地人民和过往客商所缴纳的杂税、钱帛和物资，都在这里贮存汇聚。

随着漕运量的增加，公私商旅云集，埇桥的发展越来越快。唐宪宗元和四年（809），朝廷决定在徐州南部增置新州，取古宿国名，建置宿州，下辖蕲县、临涣及虹县，日渐兴起的埇桥既位于汴河之上，又处在所辖四县的中心，当舟车之会，正是建置新州的最佳地点。大和七年（833），州治最终定在埇桥，于是，埇桥由原来徐州符离县治下的一个小镇，骤然间升为州治，《元和郡县图志》卷九《河南道五·宿州》条说："宿州，本徐州符离县也，元和四年，以其地南临汴河，有埇桥为舳舻之会，运漕所历，防虞是资……有诏割符离、蕲县及泗州之虹县，置宿州，取古宿国为名也。"

一个不幸的事件，从反面证实了唐代埇桥的富足。《资治通鉴》曾载，唐咸通九年（868），宿州被掠，"贼（庞勋）夜使妇人持更，掠城中大船三百艘，备载资粮，顺流而下，欲入江湖为盗"。可见，宿州所存钱物甚多，一个夜晚，竟能停泊大船 300 艘，俨然是一个较大的都会了。

时至北宋，汴河沿岸的桥头巷口，成为百货集散之地。北宋著名僧人释文莹在《玉壶清话》一书里描写了当年此地"淮、浙巨商贸粮斛贾，万货临汴，无委泊之地"的盛况。四面八方的物产如潮水般涌入宿州，大大加快了宿州走向繁盛的步伐。北宋神宗熙宁五年（1072），日本僧人成寻来到中国，他沿汴河一路行走，一路将所见所闻记入日记，提到宿州时，他说，他的船常常在大桥下过夜，桥上就是集市，入夜，灯火万千，买卖繁昌，店家多得不可计数，歌舞之声很远就能听到。为了让船工上岸买卖，成寻两次路过宿州，每次都停船逗留多时。

宋代著名诗人苏轼在《乞罢宿州修城状》中写道："宿州自唐以来，罗城狭小，居民多在城外……诸处似此城小人多，散在城外，谓之草市者甚众……恐有盗贼窃据，以断运路，遂奏乞展筑外城市一十一里有余。"可见，北宋时，宿州居民日增，城小人多，居民多散在城外，这不能不使苏轼萌生拓展城市的念头。奏折中的"草市"，是指当时的商人从事买卖活动的地点，是与县以上治所设立的官市相对立的，要么在城外，要么在交通要道的路口，都是百姓自发组织起来的市场。

经济的繁荣带来文化的昌盛，唐宋以后，埇桥文风大振，名人辈出。王绩、李白、韩愈、白居易、皮日休、苏轼、范成大、侯方域、曹寅、袁枚等饱学之士都曾在此为官、游历或寓居，"离离原上草，一岁一枯荣。野火烧不尽，春风吹又生"，就是白居易寓居符离"东林草堂"时写下的妇孺皆知的著名诗句。而宋代"苏黄米蔡"四大书家之一的蔡襄，曾经七住埇桥，留下大量墨宝。

再比如柳孜镇。它也是因运河之兴而兴盛、因运河之没而没落的一个典型。展开谭其骧先生的《中国历史地图集》，从唐代形势图中，我们可以发现柳孜西接睢阳，东近宿州，北通徐州，南控亳州，运河赋予它黄金水路，再加上陆路交通畅达，当年柳孜作为交通枢纽的地位显而易见。

虽然今天我们已经无缘目睹当年汴河边上柳孜的繁荣兴盛，但是，众多历史资料可以帮我们检视柳孜镇与众不同的经济气象。《宋会要辑稿·食货·盐务》记载：宿州所纳的盐税为五千六百六十六贯八百六十九文；临涣县为一千三百九十三贯七百八十一文；虹县为三千六百一十四贯七百九十三文；蕲县为一千五百八十七贯三百六十六文；柳子镇（今柳孜镇）为六千三百八贯一百一十三文；蕲泽镇为一千二百五十六贯一百七十九文；静安镇为一千二十八贯二百八十一文。这组数据明确显示出，柳孜镇所交的盐税比肩于州城宿州，明显超过周边县城及市镇。

20世纪80年代，文物普查中发现宋天圣十年（1032）“柳孜砖塔碑”，碑文记载了众人助资修建柳孜大圣塔的过程，其中两个人的身份特别值得我们重视，他们分别为柳子镇监酒税和巡检。宋代官监酒务均设在州、县和部分人烟稠密、酒税额高的市镇，可见，柳孜当年的商业化程度已经很高。至于明嘉靖《宿州志》记载，“柳子镇”元代就曾经设过“巡检司”，光绪《宿州志》记载，“前明柳孜为巨镇，有庙宇九十九座，至清光绪年间皆圮”。更能够让我们直接想象到唐、宋、元、明诸代，柳孜镇商铺酒肆林立、客商云集、寺庙钟声不绝于耳的盛况。

此外，1999年的考古大发现，更证实这里不仅是一个运漕中转码头，也是一个规模相当大的商旅之地。8艘唐船、大批唐宋名窑瓷器的相继出土，印证了这块土地昔日的繁华。从这些瓷器的釉色和造型初步辨认，窑口至少有20多个，诸如寿州窑、萧窑、吉州窑、耀州窑、磁州窑、景德镇窑、建窑、定窑、越窑、长沙窑、均窑等等，它们集中出现在柳孜码头，足见唐宋时期南来北往的运输四通八达，而其中惟妙惟肖的鹦鹉口哨、大小不一的宋人玩耍用骰子、精美绝伦的金代红绿彩瓷、用于健身的绞胎球，以及围棋子、象棋子……都让人感觉到古人娱乐生活的丰富，同时也联想到当年柳孜镇上人民生活的富庶。

此外，史籍记载，唐咸通九年（868），庞勋叛乱，朝廷派姚周屯兵柳孜，控扼漕运，以保京师粮路。宋时，杨存保曾与金兵战于柳孜，亦为控扼漕运，以拱卫京师。可见，当年的柳孜地当要冲，控扼漕渠，百货转承，故能屡见史载。

2013年，柳孜考古再次深入，人们惊喜地发现，十几年前被判断为“码头”的石筑台体，应当是横架在汴河之上17.7米的虹桥基座。当年虹桥的风采，应当如同《清明上河图》所绘，一样的气势，一样的美丽，桥下也应当有一样繁华的街市。

同样的虹桥还曾存在于古代的泗州城。这也是伴随汴河的开通而兴起的一个交通枢纽。据《泗州志》记载，古泗州城在唐初是两个城，汴河从两城穿过，有一座虹桥相连。泗州是沟通淮河中下游的航道中转站，是连接黄、淮的咽喉，也是通往长江的最佳港口，沿江、沿淮、沿黄、沿运的许多城市，都可以和泗州保持最佳的通航联系。清初顾祖禹在《读史方舆纪要》中说，它北接中原，南通吴会，所谓梁、宋、吴、楚之冲，齐、鲁、汴、洛之道也。泗州知州曾惟诚主修的《帝乡纪略》中也说，这里是北枕清口，南带濠梁，东达维扬，西通宿寿，江淮险厄，徐邳要冲，东南之户枢，中原之要会。

如此重要的地理位置，自然会造就一座繁华城市。古泗州水路四通八达，百货云集，户口殷繁，烟火相接，民丰物阜。百里长滩，舟楫往来，商贾云集，渔歌互答，俨然一个大型都会。唐宋年间，汴河水口常常是帆樯云集，人语喧哗，千百艘漕舟进出或停泊。达官贵人、商贾行旅，多在泗州泊舟或逗留，宋人《为朱表臣四照堂题》诗中的“官舻客艑满淮汴，车驰马骤无间时”，正是当时泗州城繁华景象的写照。

北宋时，朝廷在楚州（今江苏淮安）、真州（今仪征一带）、泗州、扬州都设立了规模巨大的漕粮转运站，负责东南各路的漕粮转运。当时规定，江、湖有米，可以平价买进，储放在真州；两浙有米，可籴于扬州；宿州、亳州有麦子，可以籴于泗州。此外，泗州还是唐宋两代的政治、文化重镇。唐朝的淮东节度使、南宋的淮南东路宣抚使设在泗州。作为一个经济、政治发达的港口城市，泗州在文化教育方面也处于淮河流域的前列，除了常规的社学以外，还有决科书院、龙泉书院、泗水书院等。

有书院自然会有文人墨客的足迹，唐代大诗人高适、李白、白居易、韩愈、李商隐、杜牧、马戴、陆龟蒙，宋代文豪苏东坡、王安石、范仲淹等，都在这里留下了优美的诗篇。其中特别值得一提的是，苏轼一生往来泗州十多次，并留下一桩趣事。元丰七年（1084），苏轼从黄州调到汝州，途经泗州，与知州游南山，作《行香子》一首。词的末句云："望长桥上，灯火乱，使君还。"这位使君刘士彦得悉后大有意见，就去见东坡，说："知有新词，学士名满天下，京师便传。在法，泗州夜过长桥者徒二年，况知州耶？切告收起，勿以示人。"原来，当时在泗州，夜过长桥是违法的。

而今，千年岁月渐渐湮没了汴河曾有的精彩，只有断断续续的隋堤依然挺立于皖北大地。从今天的安徽省泗县向西北而行，经宿州市埇桥区到河南省永城市，再往西北到商丘市区，沿公路两侧，还能看见连续不断的明显隆起的高地，有的高出公路一两米，有的如埇桥区大店集一带，竟高出地面三四米，这些遗留，人们至今还称之为"隋堤"，当年，它们就是通济渠两旁的御道与河堤。

唐代许多诗人常以"隋堤"作为咏唱的对象，罗隐一首《隋堤柳》中有两句特别耐人寻味："夹路依依千里遥，路人回首认隋朝。"

第五节　高峡平湖，淮水安澜

——新中国治淮之歌

淮河的噩梦是从黄河开始的。

在北宋以前，虽有黄河泛滥"通于淮泗"，但毕竟还是偶然。可怕的是人类的妄为。

南宋高宗建炎二年（1128），宋金隔淮河相峙，东京（今开封）留守杜充为了阻止金兵南下，竟决开黄河大堤，使黄河水“自泗入淮”，结果，非但没有能够阻止金兵，反倒使当地百姓被淹死20万以上，北宋时最为富饶繁华的两淮地区毁于一旦，近千万人无家可归。更可怕的是，从此开始，黄河数十年间迁徙不定，到了金世宗大定八年（1168），又在李固渡（今河南省浚县南）大决，入淮之水竟然达到黄河水总量的五分之三，从此，黄河脱离了北流进入渤海的河道，一次次向南移动，终成夺淮之势。

民国以后，淮河水灾并没有因为政治的变革而有丝毫的减弱，反而愈加强烈，灾害连年。

1938年6月9日，国民党政府为了“阻止”日本侵略者西进，保卫武汉，在郑州花园口自决黄河大堤。决堤后，滔滔黄水沿贾鲁河倾泻而下，分夺颍河、茨河入淮，河南、安徽、江苏三省大片土地顿成泽国，皖北受灾最甚。蚌埠、霍邱、阜阳、亳县、涡阳、太和、蒙城、临泉、凤台、寿县、怀远、凤阳、定远、天长、五河、泗县、盱眙、灵璧等，无一幸免。这其中，阜阳由于黄水倒灌，县城内外一片汪洋。据国民党阜阳县政府的统计，全县102个乡镇，有80个乡镇埋于黄涛之中，最深者6米以上。淹没了2676092亩土地，漂走了166827间房屋，淹死3053人，有572385人无家可归，僵卧街头，惨不忍睹。

自此之后，黄河由颍河入淮，在正阳关倒灌，淮河更难宣泄，入淮各支流河口随之淤塞，各水无处可泄，随后的9年时间里，适逢淮河流域雨量偏多，中下游水道不畅，水位居高不下，洪水连年泛滥，以致形成大雨大灾，小雨小灾，无雨旱灾的现象。当年淮河流域老百姓自豪地唱出的“走千走万，不如淮河两岸”，终于被另一首民歌取代：“淮河水，滚滚浪，提起淮河泪汪汪，朝朝代代遭水灾，祖祖辈辈闹饥荒。”

一条曾经孕育了璀璨文明的母亲河，竟然成了皖北大地无法承受之殇。

一、北京决策，根治淮河

新中国成立之初的1950年夏季，淮河洪水再次肆虐。

7月，一份来自华东军政委员会的《皖北淮河灾区视察报告》，呈放在毛泽东主席的办公桌上。

中央防汛指挥部：

……皖北在5月、6月天久不雨，群众正在大力抗旱。6月19日至26日各地先后连降大雨。7月6日淮河洪水暴发，潢河、白鹭河、大小洪河、淮河的洪水经河南新蔡、息县等地在洪河口相遇，水头高丈余，波涛汹涌，如万马奔腾。沿淮群众闻声相率攀树登屋，呼号鸣枪求救，哭声震野。洪水在老观巷、邓郢子首先漫决，平地水深丈余。群众将小孩用布包起，牛用绳子捆起挂在树上，广大农村或陆沉或冲成平地。……淮河中游水势仍在猛涨，估计有超过最高洪水位的可能。

毛泽东脸色沉重地放下报告，提起笔来，在电报的天头旁写道：

周：除目前防救外，须考虑根治办法，现在开始准备，秋起即组织大规模导淮工程，期以一年完成导淮，免去明年水患。请邀集有关人员讨论（一）目前防救、（二）根本导淮两问题。如何，请酌办。

淮河在毛泽东心里有深刻的印象。在一次治淮工作会议上，他就说过这样一番话：淮河流域这一带，历来是农民起义的渊薮，出了很多皇帝，陈胜、吴广、项羽、刘邦、朱元璋……都在淮河流域。为什么出皇帝？就是农民起义多，在灾荒饥饿之下，逼上梁山的穷苦人就要起来造反！为了消除动摇新中国政权的不稳定因素，我们一定要根治淮河！

从7月20日至9月21日，毛泽东接连在淮河水灾及治淮情况的电报上写了4封批示信给周恩来。4封信不到300字，可是字字千钧。

周恩来对淮河有着特殊的感情，他曾说过：“生于斯，长于斯，渐习为淮人；耳所闻，目所见，亦无非淮事。”淮河不可能不牵动他的心。

周恩来根据毛泽东“根治淮河”的指示，于1950年8月下旬到9月上旬，三次专门听取了关于淮河流域灾情和治理规划的汇报。第一次汇报结束，总理说：“我们人民政府，不能再让淮河压迫我们的同胞了，国家困难再大，也要下决心把淮河治好。”

10月14日，周恩来主持了具有历史意义的中央人民政府政务院会议，做出了《关于治理淮河的决定》，提出了“蓄泄兼筹，以达根治之目的”的治淮方针和“三省共保，三省一齐动手”的团结治淮原则，解决了治淮事业中蓄洪与泄洪、上游与下游、近期与远期、除害与兴利等系列的关系问题，成为治理淮河洪水最早的纲领性文件。

二、治淮之歌，山呼海应

1950 年 11 月 6 日，治淮委员会在安徽蚌埠正式成立。在不到 4 个月的时间内，千里淮河上集结了 220 万军民，于 1950 年冬天开始了治理淮河的伟大壮举。当年冬天，就对大水损毁的淮河干支流堤防及时进行了修复，并加高加固。

1951 年 5 月 2 日，中央治淮视察团带着毛泽东题写的“一定要把淮河修好”的 4 面锦旗，分别颁发给治淮委员会所在地蚌埠及河南、皖北、苏北三个省区治淮指挥机关，广大农村干部和农民群众受到了极大鼓舞，揭开了新中国大规模水利建设的序幕。

为了确保工程成功，1951 年 11 月，全国一流水利专家茅以升、钱令希、黄文熙、黄万里、张光斗、须恺、谷德振，以及苏联专家布可夫、沃格宁等，应邀前往沿淮地区进行实地考察和论证。

从 1953 年起，国家先后对泉河、运河、洪河、北淝河等进行治理。

为建好佛子岭水库，安徽省委报请中央军委和南京军区批准，将省军区所属第 90 师改编成第一水利工程师，协同工程技术人员和阜阳、六安两专区的民工投入水库建设，并于 1954 年 11 月竣工。这座水库大坝是亚洲第一座钢筋混凝土连拱坝，苏联列宁格勒水电设计院院长参观后连连称赞道：“连拱坝好，中国工程师了不起！”不远处，位于淮河支流史河上游的梅山水库大坝，是当时世界上最高的钢筋混凝土连拱坝。

自 1950 年冬至 1954 年春，淮河流域每年一个大战役，共进行了 4 期治淮工程，总上工次 1200 万人次。共建山谷水库 6 座，行蓄洪区工程 10 余处，疏浚了干支流河道，修建了淮河两岸大堤和一批涵闸，初步形成“上拦下排，两岸分滞”的淮河防汛工程体系，治淮初战取得了重大胜利。

1956 年，淠河东、西源上又相继兴建了磨子潭、响洪甸两座大型水库。至此，淮河中游防洪能力获得较大提高。佛子岭、磨子潭、响洪甸、梅山四大水库，被赞誉为“镶嵌在大别山区北麓的四颗灿烂明珠”。

建成后的佛子岭水库

尤其难能可贵的是，即便是在十年动乱中，治淮工程依然没有中断。

为提高淮河中游防洪标准，发展淮北地区灌溉事业，1966 年 11 月至 1971 年 6 月，豫、苏、皖共同开挖了联结皖、苏两省的大型综合利用河道新沭河，增建蒙洼曹台孜退水闸，建成城西湖王截流进洪闸。同时，还进行了淮河下游的调尾工程，豫、皖两省人民共同完成了沱河上、中游开挖任务，并统一整治了谷河、王引河和部分包河，为皖北地区和豫东平原大面积的排涝打开了出路。1966 年，河线基本平行于古汴河的新汴河动工，这是宿县地区几十万劳动力全部手工开挖的一条大型人工河道，它截引濉河上游来水面积 2626 平方公里、沱河及新北沱河上游来水 3936 平方公里，自成水系，直接向东注入洪泽湖，为淮北涡东地区增加一条排水入湖的河道。1971 年起，茨淮新河工程、怀洪新河工程又吹响了进军号……

1975 年 8 月，淮河上游发生特大洪水，淮河流域人民要求开辟入海水道工程的呼声再起。1976 年 5 月，水利部召开治淮规划预备会议，总结了治淮经验教训，决定淮河下游立即开辟入海水道。1991 年江淮大水后，国务院决定“九五”期间建设入海水道，2006 年 10 月 21 日，淮河入海水道工程全面建成。从此，被黄河夺去入海河道的淮水，又有了自己的出海口。

在治淮的过程中，人民山呼海应。

一批又一批领导干部，日夜兼程，从北京、上海、南京、合肥、郑州、济南，从全国各地奔向淮河。

一大批专家、学者和大学生，从美国、苏联、英国等国家，从全国各大专院校土木工程系奔向淮河两岸。

人民解放军两个师放下钢枪，摘掉领章帽徽，开赴机声隆隆的治淮工地。

豫、皖、苏三省人民，有如当年抗日战争和解放战争一样，妻子送丈夫出征，母亲送儿子参战，兄妹争着报名参加治淮，谱写了一首首治淮赞歌。

在当年的治淮浪潮中，皖北大地上到底出现了多少像大禹一样，三过家门而不入，沐风栉雨，身体偏枯，手足胼胝的劳动模范、英雄豪杰？无法计算。

往事依依，今景如画。21 世纪的淮河流域，城市高楼林立，乡村秀美宁静。阳光下，春风中，一眼望去，处处是百姓的幸福生活，处处是孩子欢快的笑声。素有淮河防汛“晴雨表”“风向标”之称，被誉为“千里淮河第一闸”的阜南王家坝闸，自 1953 年建成后，曾经在 12 个年份里 15 次开闸蓄洪。滔滔洪水一泻千里，瞬间淹没良田万顷，蒙洼蓄洪区内的 1.18 万亩耕地，反复化为一片汪洋。由于这里近 16 万人口年复一年，为保障国家经济建设做出了巨大的牺牲，“王家坝精神”也以“舍小家、顾大家”而闻名全国。如今，当整个淮河流域的洪灾噩梦已经渐行渐远的时候，王家坝人民也终于告别洪水季节大迁移的历史，代之而起的是坚固温暖的家园，是湿地公园、水利工程旅游区、抗洪纪念馆、望淮楼、淮河民俗风情园的建设。百孔千疮的日子已经成为过去，留下的，是淮河儿女奋勇争先的抗洪事迹，为国为民的牺牲精神，对千里淮水永远的依恋与关爱。

第二讲 名都古镇 水孕天成

从天地洪荒的时候开始，淮河流域的皖北先民，就汲取着天地精华，壮健着躯体，丰富着智慧。年年岁岁，他们捕鱼、猎兽、采集果实，渐渐地相聚相依，形成最早的人群聚落。而后，这聚落中出现了农业生产的萌芽，出现了最初定居的部落。终于，快速发展的农业化时代到来了，皖北先民开始了早期城市的构建。随着一座又一座城池出现在淮水之滨、涡河两岸、颍水之上、濉河之畔，皖北文化步入一个光华四射的历史时期。

迎着历史的千载风云，皖北城市各自展现着属于自己的风姿、气韵，行走在不同的历史轨迹之中。

第一节 成汤故里，千年药都
——亳州走笔

在皖北的所有城市当中，历史最悠久的，也许得算亳州。这个南襟江淮、北望黄河的城市，是闻名遐迩的国家级历史文化名城。人们都知道它历史文化底蕴深厚，但是，这深厚的历史到底有多悠久？还真不是一个容易回答的问题。也许，要了解这一点，我们只能先从亳州的名字说起。

一、从“亳”字说起

“亳”是一个不太容易认的字，许多外地人不认识，也读不出。待到明了它是一个城市的名字，又会奇怪地问，这城市为什么叫“亳”？

翻开汉代大儒许慎的《说文解字》，可以看到这样一段解释，“亳”，“京兆杜陵亭也，从高省，乇声。”这话包含四重意思：（1）京兆；（2）杜陵亭；（3）从高省；（4）乇声。再想想“亳”字的字形，我们可以发现，“京”和“高”，省去一半，与“乇”相合，就是一个“亳”字。“京”与“高”的含义毋庸置疑，那么，“杜陵亭”与“乇”的含义各是什么？据专家考证，《说文解字》中的“杜”是别字，应是“社陵亭也”。《说文大字典》对“亳”字的解释是“京兆社陵亭也，从高省，乇声”，这就讲得通了。所谓“社陵亭”，是社庙，社稷祭祀之所在。至于“乇”，《说文解字》认为，这是一种经过人类培植的谷物，它是五谷之首，古人谓之稷神，或曰五谷之神。社稷代表着一个国家的存亡，社稷在则国家在，社稷亡则国家亡。

由此可知，“亳”的基本含义，是帝王京都和社稷的所在地。

民间一个传说佐证着对“亳”的这一种解释。据说，商汤打败夏王朝之后，要找一个地方建设都城，他把这个任务交给了自己最信任的右相伊尹。伊尹遍访天下宝地，最后找到了亳州，认为这里地势高、土壤肥、气候适宜，是建都的理想宝地。伊尹向成汤汇报后，成汤非常满意，并要伊尹负责都城的建设，同时给新建的都城起一个名字。都城建好了，伊尹绞尽脑汁还没想出好名字。一天，他看到都城城墙高耸，建筑高大，就随手在地上画了一个“高”字，这时，又看到地里的庄稼茂盛，立刻想起有穗植物的象征字——“乇”，乇是国家的根本，连同土地、宗庙合称为“社稷”。一个新字从伊尹脑海中跳出来，这就是“亳”：其上为“高”的上半部分，其下为“乇”。这样，“亳”字既象征着都城建筑的高大宏伟，又寓意着京城的重要地位。“农”为立国之本，“都”为倡农之地，还有哪个字比“亳”更准确地传达了殷商初建时的立国方针？

由此可见，“亳”乃殷商第一代帝王成汤所都，它是成汤王的帝京，又是商社稷之所在，也是殷人祭祖和祭拜宗庙的地方。但是，据古籍记载，商汤时水患不断，为寻找易居之地，国都多次搬迁，凡是建都的地方，都称为“亳”，于是有了“三亳”之说。近代学者王国维更是认为，“古地以亳名者八九”。确实，中国历史太过久远，地名变迁纷纭复杂，人们对于地望的理解各不相同，要证明此“亳”就是彼“亳”，并不是一件容易事。

但是，亳州百姓从不这么认为，他们会列举种种证据，证明亳州就是上古殷商之都。比如，亳州市涡水北岸的凤头村至今仍有汤陵——俗称“汤王墓”，相传，这是商成汤王衣冠冢，古文献中记载颇多。

魏文帝曹丕的《皇览》中说：“涡北凤头村，丛莽中有成汤故垒。”汉建平元年（前6），哀帝曾派遣御史长卿来此拜谒；曹操宗族墓出土的字砖中，也清晰地刻着“谒汤都”三字。而光绪二十年（1894）刊《亳州志》更记载：“自墉东迤距不数里，厥地曰凤头村，内有丛冢盘积，傍附古刹，世传为汤之遗迹。”

亳州不仅有汤王墓，汤陵之东，还有桐宫。相传汤死后王位由太甲继承，可他改变了汤的制度条令，伊尹将他废置于桐宫，亲自摄政。3年后，太甲悔过，伊尹又还政于他，告老还乡。汤陵之西有桑林，据说是成汤祈雨之地。

如果亳州真的是商汤故都，那么，它作为都城的历史，当在3600年之前。

进入周代，亳州的历史，就有了确凿的文献记载。据载，今日亳州，周代曾为焦国，是神农氏后裔的封地之一。《史记·周本纪》记载：“武

亳州汤王墓

王追思先圣王，乃褒封神农之后于焦。”据中华民族史专家何光岳先生考证，作为神农氏后裔的姜姓焦国，西周时封地在今天的河南省中牟，东周战乱中被迫东迁，先到豫东商水县，再迁安徽亳州。春秋时期，焦国被陈国所吞，亳州成了陈国的焦邑，楚伐陈，陈焦邑又变成了楚谯邑。

秦始皇统一中国，推行郡县制，曾经的谯邑变身谯县，隶属泗水郡。秦末陈胜、吴广于大泽乡起义后，由于一时难以取北面的彭城，便占据谯县。西汉，谯县隶属豫州之沛郡。东汉建安末年，出身亳州的曹操，将沛国的一部分划出来，设置了谯郡，他以家乡这一片土地为基地，大力推广屯田，不仅有“军屯”，还有“民屯”，谯郡的农业生产和经济实力果然快速增长。时至魏文帝皇初二年（221），曹操的儿子曹丕干脆将家乡封为“陪都”，与许昌、长安、洛阳、邺并称为“五都”。北魏正始四年（507），这里被设为南兖州。北周大成元年（579），周宣帝宇文赟即位，因南兖州地处古南亳一带，于是“遥取古南亳之名以名州”，改南兖州为亳州。

亳州之名，从此沿用至今。

还需要特别提及的一件事，是元代末年刘福通起兵反元，至正十五年（1355），他曾拥韩林儿在亳州称帝，建立“韩宋”政权，以亳州为都城。

二、成汤古意，老子玄风

古都亳州是个有魅力的城市，它的魅力，首先就在于“古”。从上古三代走来，古亳地上地下，处处透出古意。行走其间，古貌依旧的36条老街、72条古巷，时时刻刻在讲述着悠悠往事。

涡河北岸，商汤王的衣冠冢林木苍郁，高丘巍然。历经3600年风风雨雨，它依然保有6米多的身高，近60米的周长。墓前一棵千年黄楝树高耸云霄，枝繁叶茂，静静地守护着上古三代的这位明君。据说，成汤得天下后，遇到了连续7年的大旱，颗粒无收，百姓苦不堪言。汤王用尽各种办法求雨，都无济于事，巫师卜卦的结果，竟然是必须以活人作为祭品。汤王长叹一声：“求雨是为了造福百姓，怎能让百姓作牺牲？”过了一会儿，他下定决心：“假如定要如此，那就让我来吧！”

祭祀的日子到了，汤王认真地沐浴，梳理头发和指甲，身穿一件白色麻服，跪在神台前，反反复复地祷告：“天呀，我一个人有罪，不要连累万民，万民有罪，都在我一个人身上，请上天对我这个罪王进行惩罚吧。”说完，他登上高高的柴堆，微闭双目，数不清的百姓跪在周围，仰望着贤王的身影，一个个泪如泉涌。点火的时刻到了，巫师们用火把点着了柴堆，刹那间浓烟滚滚，汤王的身影被笼罩在熊熊火焰之中，百姓们顿时哭声震天。正在这时，天空电闪雷鸣，大雨倾盆而下，人们一片欢呼，赶忙将汤王从柴堆上扶下来。这一次，大雨一下数千里，周边人民获得了丰收。成汤王的功德也被世人代代相传。

如果说，成汤祈雨的故事带着太多的奇幻色彩，注入了普通百姓对贤明君主太多的渴盼，那么，走进亳州古朴的道德中宫，迎面扑来的，则是清泠玄风，令人感受着道源圣地的神奇肃穆。始建于唐代的道德中宫还有一个名字，叫作“老祖殿”，供奉的是出生于涡河之滨的春秋时期著名思想家老子。仅仅“老祖”这一个亲切的称呼，就能让人感受到，在亳州百姓心目中，老子就是大家的宗师，是所有亳州人的亲人。道德中宫内所藏《道德经》石刻，正是老子思想的精华，它不仅影响了一代代的中国人，也影响了世界。相传，今日宫前的问礼巷，就是当年孔子南行、诚心诚意向老子问礼的地方。

岁月悠悠，如今，孔子、老子的身影早已远去，可站在这里，一阵微风吹来，我们似乎还能感受到那来自时空深处魅力非凡的文化气息。从古至今，为了拜谒老子来到亳州的历史名人众多，相传，唐太宗、唐高宗、宋真宗都曾巡莅亳州，其中，唐高宗与宋真宗都拜谒过老子庙。为了表示对老子的敬重，唐高宗封他为“太上玄元皇帝”，宋真宗更加封他为“太上老君混元上德皇帝”。其实，老子要是活着，肯定会对这些奇奇怪怪的封号嗤之以鼻，他追求的大道自然，哪里是寻常皇帝所能懂得？

说起来倒是千年之后，同样出身亳州的一位老乡，吟出了“神龟虽寿，犹有竟时。腾蛇乘雾，终为土灰。……盈缩之期，不但在天；养怡之福，可得永年”，多多少少品得一点老子的真意。

他就是曹操。

三、曹氏乡土，英雄留踪

曹操，不，准确地说，是曹氏宗族，留给亳州的文化遗产确实太丰厚了。这个本姓“夏侯”的宗族，自曹操之后，名声大震。

公元155年6月的一天，沛国谯县（今亳州市）一个大户人家的府院里，乳名“吉利”的男婴呱呱而至，降临人间，他就是后来成为中国历史上著名政治家、军事家、文学家的魏武帝曹操。如今，当年曹操家的高宅大院已不复存在，唯有一棵千年银杏，还在向世人诉说往事。是的，曹操从呱呱坠地到烈士暮年，从起兵讨贼到成就王业，戎马生涯当中，几乎每一个重要生活阶段，都与亳州这片土地有着千丝万缕的联系。

据本地学者考证，今天亳州市区建安路西侧，一个并不起眼的土堆，曾是曹操结交义士的八角台，也叫“拜交台”。当年，曹操就是在这里与各路壮士歃血为盟，大飨军士。如果说虚构的桃园结义充满的侠义之情让人感动，那么，遥想一下这里所发生的一个个誓当共生死的真实故事，又怎能不让人心潮澎湃？从拜交台出发，曹操的千军万马横扫天下，归来之时，大碗喝酒，大块吃肉，意气风发的军士们在拜交台接受曹操的犒赏。正因为如此，曹操的军事力量和政治力量中，众多大将都是亳州老乡：曹洪、曹仁是曹操本家，许褚、夏侯惇、夏侯渊……他们当中有多少人曾经是从拜交台起步，一生追随在曹操身边？

曹操运兵道

今天位于亳州城东 50 里的谯陵寺，是当年曹操读书习武的地方。曹操早年几次罢官、辞官回乡，就是在这里提高自己，积蓄力量。家乡人说，曹操一生眷恋着亳州，坚信家乡人民会给他支持，也就是因为这样，每当他处于逆境的时候，往往都是回到谯城来。于是，古谯城处处藏着他的机谋智慧。

在这些机谋智慧中，最有名的当属地下运兵道。

说起地下运兵道的发现，原亳州市博物馆老馆长李灿至今记忆犹新。1938 年 5 月，日本侵略者对亳州进行飞机轰炸，城里的一些居民，开始在自己家里挖掘防空洞。当时只有 14 岁的李灿，无意中听说有一家人挖掘防空洞时，发现了一个地道。李灿觉得怪稀罕，立刻跑去，只见黑黑的地下道里两边是砖，上面是圈，往北、往南都是连着的。

李灿第二次见到运兵道，已经是深挖洞、广积粮的 1969 年了。亳州城里的又一户居民挖防空洞的时候，挖出一条深不可测的地道。当时的李灿已经颇有考古经验，他立即赶到现场，点燃火把，一点点向地道深处走去。神秘的地道，曲折幽暗，长达千米，使用的砖块非常古老，很可能在千年以上。地道上方，是马蹄形圆拱，拱形上方，又修建了大约 40 厘米的青砖墙，用以加强地道的坚固性。地道非常窄，宽不到一米，高 1.7 米，仅能容一个人通过。在探索过程中，李灿和他的同事发现了大量的瓷片和一枚钱币，去掉附土，“熙宁”二字，清晰可见，这是北宋神宗赵顼的年号，由此他们推测，地道在北宋的时候就已经存在。

第二年，市区南关的居民在大隅首又有新发现，一段土木结构的地道出现在世人面前。一听说土木道，李灿就吃惊了，赶紧跑到南关土木道现场。通过发掘，大家发现，宋地道下面，还有一层更深的地道，深浅两层，构成了巨大的地道立体交通网。宋人修建的浅道，总体结构是以亳州老街大隅首为中心，呈十字状向四门延伸，地道内部以平行双道为主，没有任何的机关，而深道则遍布城区各处，如果浅道的修建者是宋人，这些错综复杂的深道又是什么人修建的呢？

细细的寻找中，李灿发现了一枚东汉晚期的五铢钱。东汉晚期，谁能在亳州筑地道？只有曹操。当时的谯城是曹操的军事根据地，屯田也好，屯粮也好，都在这里。李灿据此推测，亳州古地道就是曹操的地下军事防御设施，他把数量不多的士兵从地道里送出城外，再从城外开进城里，给敌人造成兵马源源不断的假象，从而出奇制胜，成为兵法上一个脍炙人口的战例。

亳州见证着曹操用兵的智慧，也见证着他的永不服输。赤壁之战让曹操经历了人生最难忘的失败，建安十四年（209），曹操回到了家乡。《三国志·魏书》称他“军至谯，作轻舟，治水军。秋七月自涡入淮，出淝水，军合肥”。在这里，曹操下令制造轻便的战船，训练水军，伺机再战，训练结束后，部队由涡河进入淮河，直逼合肥。亳州城西北的涡河，至今仍是一片宽阔的水域，据说，当年曹操就在这里训练水军。训练场附近，还有曹操为训练战马所建的拦马墙、饮马坑。亳州老城里，至今还有一条巷子叫“斗武营”，是当年曹操驻扎军队的地方。

曹操不仅仅在家乡训练军队，还在这里试行屯田。今天的亳州老城，城东和城西各有一座观稼台，这是曹操在家乡推行屯田时修筑的，当年的曹操，就曾站在这里亲自督耕观种。在有名的《却东西门行》中，曹操深情地吟诵：

冉冉老将至，何时返故乡？……狐死归首丘，故乡安可忘！

曹操怎能忘却亳州？在这片古老的土地上，长眠着十多位曹氏家族成员。据文献记载，他们分别是曹操的祖父曹腾、父亲曹嵩，以及其他亲族曹褒、曹炽、曹胤、曹鼎、曹鸾、曹勋、曹水、曹宪……今天的曹操公园里，曹氏家族墓葬是一个主体建筑，民间称之为“曹四孤堆”或“曹氏孤堆”。墓葬周遭遍植松柏，夜深人静时分，风动枝叶，飒飒作响，犹如大海波涛，故有“四冢松涛”之说。

除此之外，亳州还有很多不知名的墓葬，形成了庞大的墓葬群，诸如董园汉墓群、薛家孤堆、张园孤堆、马园汉墓群等。在这些大小不一的墓葬里，出土有银缕玉衣、铜缕玉衣、玉枕、玉猪、象牙尺、青瓷罐等珍贵文物。1976年，谯城区元宝坑一号汉墓在出土大量珍奇汉代字画砖的时候，人们发现一块编码为“74号”的字砖，刻有“有倭人以时盟不（否）”的字样。这块字画砖为日本人曾于东汉末年来华，提供了强有力的证据。

据日本学者渡边女士介绍，中国与日本有文字记录的正式交往是在三国时代的魏国，安徽亳州是最早与日本建立交往的地方。《三国志・魏书》记载，魏明帝景初二年（238），日本岛邪马台国女王卑弥呼派遣使者到魏，带来了贡品，并介绍了本国的物产、气候、地理。当时，这个女王统治30多个小国，魏明帝曹叡封她为“亲魏倭王”，并赠送百枚铜镜，其中一枚后来珍存在日本博物馆。此后，魏国也派使者前往岛国回访，带去当时先进的生产工具和文化。

而今，在三国时代上演了无数文治武功精彩故事的曹氏父子，早已远去，可故乡亳州，却仿佛一直留有他们的身影。街头巷尾，处处是与曹操有关的历史遗迹，大人孩子，谁都能说一段曹操故事。曹操，永远与家乡生活在一起。

四、华佗故里，药香万家

除了曹操，亳州大街小巷最常见的另一位古人的名字，就是华佗。

今日亳州永安街西端，有一个古意盎然的院落，这就是故乡人敬奉华佗的庙宇，因为庙内历代主持为尼姑，所以名叫“华祖庵”。华祖庵始建于唐宋年间，门口双狮雄踞，院内古木参天，神医华佗的塑像，高达3米，方巾银髯，长袖宽腋，脚踏船型鞋，腰系药葫芦，热诚慈祥，神采奕奕。走过一棵飘香的腊梅，访客可以见到华佗当年授徒讲学的课徒馆。相传广陵吴普、彭城樊阿与李当之等，当年都曾在此跟从华佗学医，并且得到真传，成为享誉一方的医疗高手。他们中间，吴普编有《华佗药方》，著有《吴普本草》；李当之著有《李当之药录》《李当之本草经》，为传播华佗的医术，发扬中国传统医药学做出了贡献。只是，他们的师傅——一生不知救治了多少病人，教会了多少学生的华佗，最后竟然惨死在老乡曹操之手，想起这件事，永远是亳州人的心头之痛。

在亳州，人们传说着这样一个故事：当年曹操头风病反复发作，遍请名医无数，都没有见效。最后，部下为他请来了华佗。经过扎针吃药，曹操病情大有好转，就想留下华佗专门给他治病。但华佗不愿意，他更喜欢行走民间，这使曹操很不高兴。不久，曹操的头风病又犯了，派人再把华佗请来。这一次，华佗诊治之后，认真地对曹操说：“丞相的病要想彻底

华祖庵

根除，必须先饮‘麻沸散’，再剖开头盖骨，取出大脑里边的风涎，才能彻底治好。不然，以后还会再犯。”曹操一听，就怀疑华佗居心不良，想要谋害自己，一怒之下，将华佗关进监狱。

被关进监狱之后，华佗病了，他自觉没有出狱的指望，决定将一生的经验总结出来，流传后世，广济众人。昏暗的狱中，华佗整整写了一年零三个月，书写成了，他的病也越发沉重了。

一天，华佗眼含热泪，从枕头下拿出那部刚写好的医书，交给一直同情、关怀他的狱卒张明三，对他说：“你对我很好，我没有什么可以报答，这有我写的一部医书，名叫《青囊经》。它是我一生从医的经验积累，留给你，你好好学学，可以济世救人的！”张明三听了，激动地流下泪，叩拜师父，收下药书。可是他万万没有想到，妻子因为惧祸，竟然将这本书扔到火里烧了，待他发现时，一本书只剩下一半。此后，张明三刻苦钻研那半部《青囊经》，居然也成了一位名医。

可这时，华佗早已去世了。华祖庵洗药池西南角，一座古亭上有副对联，上半句为：“掬水洗愁怀宝未能医国”，这应该就是华佗的千古遗憾了。

《后汉书·华佗传》记载，华佗“兼通数经，晓养性之术”，尤“精于方药”。有人说，亳州是因为有了华佗，才有了种植极广、交易兴盛的中草药，终成美名远扬的中华药都，但考察历史，似乎并非如此，相反，正是因为亳州自古盛产中草药，才孕育了一代名医华佗。

我国中药材栽培历史悠久，《诗经·郑风·溱洧》中就有“维士与女，伊其相谑，赠之以芍药”的诗句，说明 2000 多年前，芍药就为人熟知。作为神农氏后裔的聚居地，亳州人一直对百草有浓厚的兴趣和感情，据《亳州志》记载，这里早在公元前 200 年左右，就开始广植中草药，人们既种植，又采集，还销售，开始了亳州向着中华药都前进的历史。

时至东汉末年，也就是华佗那个时代，亳州已经成为远近闻名的药材之乡。家乡的中药材为华佗提供了得天独厚的从医条件，他专志于岐黄之术，辟药圃，种药草，凿药池，设医馆，一生行医民间。他还依据农业生产理论，将野生药草引入农田，进行人工栽培，以满足需求。自此，亳州人种植经营中药材之风更加旺盛，历经千年，延续至今。

魏晋时期，亳州栽培的芍药已闻名于世。据明代鸿胪寺少卿薛凤翔撰写的《牡丹史》记载：“芍药著于三代，流传风雅。牡丹初无名，以花相类，故依芍药为名。”时至明清，亳州本地出产的药材，已经多达 170 多种，仅《药典》上冠以“亳”字的，就有“亳芍”“亳菊”“亳桑皮”“亳花粉”等等，成为医家方中上品。其中，亳白芍色白如玉，粉性足，疗效高，与浙江的“杭芍”四川的“川芍”，并列为国内三大名种。那时候，亳州周边，处处种花，花皆芍药。春季绽开，美如花海，灿若云霞。清代一位名叫刘开的诗人见了，忍不住诗兴大发，挥笔写下：“小黄城外芍药花，十里五里生朝霞。花前花后皆人家，家家种花如桑麻。”清代末年，亳州仅坐收白芍的药号就有将近 20 家，他们收购鲜白芍，然后送往外地加工，上海开埠前，亳芍的路线是沿着涡河、淮河，一路运送到扬州，因此有了“小院午晴春睡足，似从香国梦扬州”的诗句，“香国”自然是亳州的代称。

与此同时，明清时期亳州中草药的经销也登上历史高峰，与禹州（今河南禹县）、辉州（今河南辉县市）、祁州（今河北安国市）并称“中原四大药都”。那时的亳州，药商云集，药栈林立，药号巨头密布，经销中药材达 2000 多种，以至于民间有“药不到亳州不齐，药不过亳州不灵”的说法。这种盛况一直延续到民国初期，亳州集“川广云贵浙，西北怀山土”的地道药材，贵到犀角山参，贱到菟丝枯草，无所不有，可谓“进了亳州城，一览天下药”。当时亳州城内的“泰山堂”“松山堂”“松寿堂”三大知名药店，因药材齐全、质量优良而享誉四面八方。

但是，1925 年，一场兵灾几乎毁灭了亳州的中草药市场。军阀孙殿英三次祸亳，大肆烧掠，“城市精华，付于一炬”。亳州元气大伤，药材贸易日渐凋敝。众多药号，相继停业，勉力维持的，仅剩 10 家左右。

新中国成立后，特别是改革开放以后，亳州中药业迎来了前所未有的黄金时代。20 世纪 80 年代，亳州已形成中药材销售专业街 3 条，药材交易市场进入规范管理阶段。亳州人亲切地称这个新市场为“大药行”。“上行”成为亳州人最常挂在嘴边上的话。从事中药材种植、销售的专业户遍及城乡，直到现在，“站在喷泉往东看，家家都有几十万”，还是一些老亳州的骄傲。

但是，随着事业的发展，老亳州的药材街很快就变得拥挤不堪。1995年，中国（亳州）中医药交易中心建成，这是当时国内最大、交易量最高、设施最先进、功能最齐全的中医药交易专业场所，赢得了“天下第一药市”的美誉。从那时起，亳州的中药材交易市场呈现出更快的发展态势，固定摊位和门店达到5000多个，日上市品种2600多种，日客流量约30000人，成为全国规模最大、辐射海内外的第一药市，业内号称“买全国、卖全国”。

可谁也没有想到，中国（亳州）中药材交易中心使用不到十年，再一次不能满足市场快速发展后上档次、上台阶的需要。2013年，谯城区魏武大道上，一朵硕大的红芍花在空中绽放，这就是亳州康美中药城。这座总占地面积106万平方米，建筑面积120万平方米的市场，是目前全球最大的一站式中药材交易中心。步入其中，但见4层交易大厅内，8个花瓣围绕着电子商务中庭，分别代表着不同类别的药材经营区域，自助扶梯与垂直电梯上下沟通，品牌展示、真伪药材标本室、检验检测中心、多功能会议室、综合办公区一应俱全。清早开门，上货的车流，购货的人流，熙熙攘攘，却有条不紊，一个亳州药材市场的新时代，正从这里开始。

五、繁华商城，古韵悠悠

倘若是外地人进入亳州，一旦走进它的中药材市场，必定会惊得目瞪口呆，那是圈外人做梦都想不到的繁荣景象。那么，亳州为什么会有如此发达的中药材市场？这就得说一说亳州与“商”字的紧密联系。

3600多年前，亳州是商朝初建之地，而且是商之国都。商人、商业之“商”，源于商朝、商族，早已不是新说。商朝灭夏，得力于国力强盛，而他的国力强盛，很重要的原因是畜牧业和手工业的发达，促使了商业发达。而后，商人“通川谷，达陵陆”，同周边各国交通贸易。由此可以想见，作为殷商后裔，亳州人骨子里就善于经商，正是这经商的理念和善于经商的思维方式，成就了中药市场的繁荣。反过来，中药市场的繁荣兴盛，又吸引了四面八方的客商，有力地推进了这座城市几乎所有的商业。再加上亳州自古地理位置优越，人称“中州门户，南北交途，东南控淮，西北接豫”，“上承沙汴，下达山桑”，在以漕运和马车为主要运输手段的时代，

亳州药材市场

这个城市想不繁华，都不可能。

明清时期，地处苏、鲁、豫、皖交界处的亳州，内河运输快速发展，涡水上连惠济河，直达开封，下注淮河，入于长江，河面上经常驻船百艘以上。那时节，沿着涡河一路看去，“高舸大帆连樯而集”，实在忙不过来了，就建新的，于是，一而再，再而三，亳州逐渐有了著名的“四码头”。码头越多，交通越便利，南北客商辐辏而至，沿涡河两岸，北有董家街，南有顺河街，都是十里长街，商户云集，而城内的七十二条街，三十六条巷，“豪商富贾比屋而居”，土产堆积，百货畅销，美食比肩，一时繁华，难以描述。

随着历史的行进，今日亳州，已经没有了当年的气象。好在那时亳州商业最大的特点，是一街一巷经营，一街一品，因此，从今天的街巷名称中，我们依然可以洞见它们的过去。这里有白布大街、大牛市街、干鱼市、老花市街、帽铺街、席市街、打铜巷、姜麻市、纸坊街、羊市街、竹货街、炭场街、筛子市街、药材街、皮厂殿、翠花巷等等，面对着它们，纵使再没有想象力的人，也不难感受到当年亳州城里的车水马龙，人声鼎沸，而走进它们，阅读它们，其实也就是在阅读亳州的历史。

比如白布大街，它的兴起，本身就是一段亳州的历史。亳州纺织业十分悠久，原始社会的出土文物中已有陶纺轮。唐宋时期，它与宋州、定州、益州为当时中国四大丝织中心，著名诗人陆游在《老学庵笔记》中曾经记述："亳州出轻纱，举之若无，裁以为衣，真若烟雾。"明清以至民初，百姓所穿，大都是手工织造的土布，而土布又以白布为多，大量的需求带动了织造业的发展，形成了专门的市场，于是，亳州有了白布大街。

也许早期的白布大街的商铺中，是以经营白布的居多，但随着时代的发展，人们对白布的需求不那么多了，白布大街也就自然而然地发生变化。所幸它占尽地理优势，南与城里相通，北可直达涡河，位置居中，交通便利，货物运输方便，于是，各色店铺云集于此，京广百货，一应俱全。既有继续经营布匹、绸缎的老字号和泰公、和盛庆、同盛昌、恒丰益，也有同仁堂药店、老金记鞋店、南北义兴铁货店、干开元徽墨庄、义利成茶庄等等分列其间，这就使只有千米之长，四五米宽的白布大街，汇聚了众多老字号商铺。晚清至民国初年，各商铺的建筑，更为白布大街增辉添彩，一座座砖木结构、前店后坊的铺面，肩挨肩、膀靠膀地矗立在大街两旁，古朴典雅，赏心悦目。一直到今天，亳州许多老人还念念不忘"大洋房"——那是同治年间河北省武安县商人韩如山投资10万银元，在白布大街建起的一座中西合璧的建筑物，号称亳州最大最漂亮的商店。它外墙采用圆柱装饰，配以神像、动物、花鸟等浮雕，别有新意，入夜，灯火通明，富丽堂皇，人流如织，生意自然也就特别兴隆。

生意好了，亳州就像一块磁铁，更加吸引天南地北的生意人直奔此地，不仅自已来，还会携亲带眷，呼朋唤友，一来二去，不仅盖起自家庭院，也盖起会馆，一个比一个阔气排场。那年月，会馆不仅关系到一两个省生意人的方便，还关系到实力的展示，看看谁在亳州地面上最有资格长期经营。于是，山陕会馆、福建会馆、江宁会馆、糖业会馆、粮坊会馆等等，个个美轮美奂。

在这些会馆里，现为国家级重点文物保护单位的山陕会馆特别有名，它背后还牵着一个发人深省的故事：

传说清朝初年，山西有一个姓关的药材商，与陕西姓徐的同行合伙贩运药材。冬天，他俩打听到上海药材行情很好，于是，就拿出全部资本，办了一大批中药材向上海运。谁知货船中途遇上大风，被打翻了。他俩爬上岸边，两手空空，身无分文，举目无亲，怎么办呢？商量了一阵，决定去亳州。因为在家时就听说，亳州是全国的四大中药材集散地之一，山、陕商人常到那里做生意，也许能在那里找到老乡。于是，他们一路要饭，来到亳州。可是，正值腊月二十九，各生意店铺都关门刹市，外地商客早已回家过年去了。无奈，他俩只好投宿在城北三皇庙里。第二天，市面上更是冷冷清清，上哪儿去要饭吃呢？中午，他俩在白布大街上走着，忽然看见有家钱店开了门，走出一位戴眼镜的老先生。姓关的急忙走上去，把他们的遭遇说了一遍。老先生听后，拿出两百个小钱递给姓关的，说："我很可怜你们的遭遇。我们都是生意人，本当多周济你们点钱，可是我是个帮人的管账先生，钱也不多，这点钱拿去弄点吃的吧。不过，要知道，这点钱，不会吃的只能吃一顿，会吃的能吃一辈子。"他俩谢过老先生，找个小饭铺吃过饭，又回到庙里，钱只用了 50 文。姓关的说："咱俩光要饭不是办法，我会做泥娃娃，剩下的这一百多个钱可以做个本，做些泥娃娃到街上去卖，大年下小孩子们都有压岁钱，一定好卖！"于是，他们买了点石灰粉、颜料，又到河下挖了些黄泥，动手做了些泥娃娃、泥鸡、泥狗、泥蛤蟆。果然，这些泥玩艺很讨孩子们喜欢，一拿到街上很快就卖完了。就这样，干了一个正月，除去吃用，两人还赚了几吊钱。有一天，姓徐的说："关兄，现在正月已过，泥娃娃不好卖了，我会搓钱串子（贯穿小制钱的绳子），咱买点麻搓些钱串子去卖，比做泥娃娃还赚钱。"就这样，他俩又干起搓绳买卖，经那个钱店老先生的帮助，好多钱庄、钱店、当铺都买他们的钱串子，半年多的光景，还真的赚了不少。常言说："行家不舍"，因他俩是"药疯子"出身，经营中药材是内行，手里有了点钱又操起了旧业。开始是小打小干，渐渐地本钱多了，也能车载船装地成批外销，几趟上海，几趟禹州，竟成了亳州药材商中的暴发户，在里仁街干起了金字大招牌的药材行。这一年的年三十晚上，关、徐二人坐在客厅里，喝着美酒，回想初来亳州时那个年三十，十分感慨。姓徐的深有体会地说：“现在我真明白了，三年前钱店老先生说的那句话——‘不会吃的只能吃一顿，会吃的能吃一辈子’，一个人有钱，不仅要会节俭，同时还要会辛勤创业，我俩是两百个钱发家的呀！”姓关的点点头，喝了一口酒说：“你说得好。这几天我在想一件事，现在和你商量一下。像我们这些外出做生意的人，是一口砂糖一口屎，碰上倒霉，能赔得精光，流落他乡，哭诉无门。我想，为了救济遭遇不幸的人，不如咱们出一部分钱，再去发动在亳州经商的老乡，在这里建一座会馆，不仅能救济落魄的生意人，老乡也可以常聚在会馆议事。你看如何？”姓徐的连连赞同，于是他俩就筹办起来。出乎意料，在亳州的山陕商人，不仅一致拥护他俩的倡议，并且都拿出了很多钱，结果汇集出一笔巨款。钱多了，会馆建的就十分讲究。大门是三层牌坊架式，水磨砖墙上镶满砖雕，门两旁虎蹲着一对石狮。为了娱乐方便，又建了一座戏楼。戏楼更加考究，周围满是木雕、彩绘，十分绚丽堂皇。就这样花费，钱还是没用完，最后，他们又铸造了一对高耸入云的铁旗杆立在门前，每根重24000多斤，还造了一对铁香炉，重3000多斤，6尺多高，像个宝塔。会馆建成后，命名为“山陕会馆”。后来，因为会馆里的戏楼很出色，大家都叫它“花戏楼”。

传说之外，清光绪二十年（1894）的《亳州志》，记载了另一个山西人的故事。故事说，亳州有一座古刹，叫“白衣律院”，为山门题额的，是清代大书法家邓石如。白衣律院一反寺院常规，山门不朝南，而朝向西北，就是为了纪念一个山西人——晋商董继先。康熙初年，白衣律院很简陋，殿堂狭隘，双目失明的僧人德升立志扩建，他苦苦化缘，得到土地八十多亩，却因募金不够没能如愿。德升圆寂后，清乾隆二十六年（1761），生于山西富商董家的董继先，从杭州经商返乡，路过亳州，偶游白衣庵旧舍，听说德升事迹，独捐千金，将殿宇房廊大加整修。5年后，还是这个董继先，又独力捐资“千有余两”，重建了山陕会馆大殿，使之更加壮丽恢弘。因为董继先心怀信义，他的字号“全兴号”屹立于山西、陕西药材帮之上，兴盛长久。

除了花戏楼，亳州的江宁会馆也十分有名。这座位于市区古泉路中段的会馆，原是始建于唐贞观年间的圆觉寺，明代天启年间、清代康熙年间两次修葺。从康熙五十二年（1713）开始，由南京药材商人管理使用，清嘉庆、道光年间，他们又集资修整。这座会馆坐北朝南，青砖灰瓦，一进山门，就是戏楼，舞台前突，屏风上彩绘着“二龙戏珠”的图案，上悬“秀接钟山”匾额，集南北风格于一体，秀丽多姿。再向里，看楼与钟鼓楼分列东西两侧，檐廊弯绕，构成一个古老的四合院，具有鲜明的亳州地方特色。会馆正门匾额镶嵌砖刻“江宁会馆”四个大字，东西次间匾额，分别镶嵌“钟山”“分秀”二字，意在将钟山之秀分到亳州，以慰藉南京商人的思乡之情。

与会馆同时进入商业重镇亳州的，还有钱庄。坐落在亳州古城北门南京巷19号的亳州钱庄，始建于道光年间。钱庄也称“票号”，是专营银两汇兑，吸收存款、放款的私人金融机构，也是中国近代银行的前身。南京巷钱庄是山西“平遥帮”票号在安徽设立较早的分号之一，金融业务遍及全国各地，有力地促进了亳州的资金融通和周转，对发展亳州经济做出了重大贡献。

六、大俗大雅，多彩多姿

有了繁华的街市，当然也就会有与之相随的城市文化。说到亳州的文化，首先得说一说薛阁塔。薛阁塔原名“文峰塔”，建于清代乾隆中叶，可亳州人都喜欢叫它“薛阁塔”。原因是明正德九年（1514），亳州薛蕙考中进士，在这里建造家庙，名“薛家阁”。薛蕙的嗣孙薛凤翔，明末官鸿胪寺少卿，能诗善书，著有《牡丹史》四卷，为我国古代研究牡丹的专著。由于薛氏名噪一时，又因后建之塔紧靠薛家阁，所以，亳州人习惯地称文峰塔为薛阁塔。这座八角形的七层宝塔，外形像一个直直的锥子，直指天空，底座有八块大青石奠基，塔顶八个飞檐，塔尖为铁铸莲花座，座上用螺旋铁柱支撑一铁葫芦。每年阴历二月十九，是薛阁塔古会，众商云集，州人争至，摩肩接踵，登塔览胜，题咏唱和，笑语欢声，实为一方盛事。近年来，薛阁古会成为本地盛大的物资交流大会，年年吸引着方圆数百里的百姓赶来赴会，盛况又非当年可比。

闲暇之时，亳州人喜欢斗鸡、斗蟋蟀、斗鹌鹑、踢毽子、听书、听戏、养鸟、养花、下棋、搓麻将，其中最有特色的，是被称为“民间三斗”的斗鸡、斗蟋蟀、斗鹌鹑。

薛阁塔

亳州人的“三斗”很有规矩，斗场按季设置，春斗鸡，秋斗蟋蟀，冬斗鹌鹑。城内半截楼茶馆、北门外吊桥茶馆、北门外德仁街茶馆，分“一四七”“二五八”“三六九”会对打斗，围观者如堵，看到精彩处无不手舞足蹈，啧啧称赞。至于参赛的选手，亳州也有一些独特的要求，譬如斗鸡体型要大，具有顽强的斗性。鹌鹑要求身大形好，团形如拳，长形如梭，头要宽细，骨骼能柔能刚。想起来，倒是颇有几分魏武之风。

亳文化自古尚武。

从古至今，无论是周克殷，还是楚伐陈，陈胜、吴广占据谯县，隋末朱粲起义，唐末黄巢起义，宋代金兵与南宋的争夺战，刘福通起兵反元，李自成、张献忠造反，乃至捻军兴起，亳州都处于风口浪尖。无数次战火，锻造着亳州人的生命与性格，打造出一派尚武之风。人们至今口口传诵。

今日亳州，广场上，公园里，处处有人操练五禽戏、太极拳、麒麟剑、春秋大刀、华佗神枪、四路查拳的身影。一旦遇上武术表演，更是精彩纷呈：集体剑术舞得人剑难分，晰扬掌看去凌厉如风，童子功钻铁桶惊险重重，双鞭、牧羊鞭、醉铲引得台下观众掌声不断，近 100 种武术表演，彰显着全国武术之乡的底蕴。

爱武的人往往也爱酒。亳州是个有武术更有美酒的地方。亳州出酒，势在必然。有句老话说得好，酒是“百药之长”，亳州身为“药都”，当然少不了酒。史料记载，宋朝时亳州酒税已经达到10万贯以上，居全国第4，酿酒业的兴盛由此可见一斑。而酒坊之多，更令人叹为观止，明朝万历年间，仅仅减店（今古井镇）一个镇，就有大小作坊40多家，品种足可以让人眼花缭乱，诸如什么高粱酒、明流酒、小药酒、双酸酒、福珍酒、老酒、三白酒、竹叶青、状元红、佛手露等等，不一而足。

作为酒城，亳州人讲究“百礼之会，非酒不行”。婚丧嫁娶自然少不了酒，小伙子找到对象，端午节、中秋节、春节要给女朋友的父母送“节礼”，首要的礼品就是酒。逢年过节走亲戚，手里提的还是酒。亳州人好客，招待客人也得放开了喝酒，如果客人酒喝得少，他们就会觉得自己没有尽到地主之谊，城里、乡下无不如此。不过，不爱饮酒的人不必害怕，因为，亳州主人为了让客人多喝，总是频频举杯相邀，往往客人没醉，自己先醉倒了。受到主人盛情的感染，客人们往往也兴致高涨，酒量大增。

酒过三巡之后，就开始行令了。亳州酒令很多，划拳、猜宝、老虎杠子虫、大拿小……划拳是最有气势的一种酒令，也是亳州最主要的酒令，划拳的双方都瞪大眼睛，喊声起起伏伏，骨子里的旷达与豪爽尽显无遗。

这就是亳州。

第二节　古城古都，名山名水
——寿县寻踪

今天的寿县，看起来真的不起眼，它既不是省会，也不是地级市，甚至连县级市都没有设立，可是，在国家级历史文化名城中，它是安徽最早上榜的三个之一。这个地处皖北的普通县城，竟然在中国历史上5次为都，10次为郡；被无数军事家、政治家看作重要的堡垒和关隘，发生过数不胜数的历史大事件。它曾与扬州比肩，称为“北宋巨镇”，在中国考古学界，它被称为楚文化的“地下博物馆”，而今天它的博物馆，珍藏国家一级文物 160 多件，二、三级文物 2000 多件，在全国县级博物馆中，堪称翘楚。与此同时，寿县境内还拥有国家 4A 级风景区两个，全国重点文物保护单位 6 处，并且名列安徽省 7 个重点旅游城市之一。

那么，寿县究竟有着怎样的前世今生?

一、蔡都州来，楚都郢城

寿县的历史可能要从春秋时代一个苦命的诸侯国说起，那就是蔡国。

蔡国本是定都上蔡（今河南驻马店市上蔡县）的一个姬姓小国，春秋初年，还曾与鲁、宋等出兵伐郑，可此后它厄运连连，长期生活在楚国的淫威之下，日子过得步步惊心。公元前 508 年，蔡昭侯朝见楚昭王，献上一件上好的皮袍，一块精美的玉佩。一旁观看的楚令尹子常也想要一件，但没有遂愿，子常就在楚昭王面前大肆诋毁昭侯，以至昭侯被囚楚三年。归国后，昭侯决心报复，时值吴国日益强大，欲北上争霸，蔡昭侯便以儿子作为人质，联合吴国共同伐楚。公元前 506 年，蔡昭侯联合吴王阖闾与楚大战，五战五捷，攻入楚都郢，子常夹着尾巴逃跑到郑国，要不是秦国出兵相救，楚昭王的命运怎样还真不好说。然而，这一口恶气不出，楚国岂肯善罢甘休?公元前 493 年，楚携陈、随、许三国军队大举伐蔡，蔡昭侯走投无路，忙向吴国求救，此时的吴王夫差没有阖闾那么好说话了，他告诉昭侯，蔡国都城太远了，吴国够不着啊，于是，走投无路的蔡昭侯只好迁都，尽量靠近吴国，从此，蔡国的都城就到了一个叫作“州来”的古国，史称“下蔡”。

那么，下蔡在哪儿?很长时间，人们一直认为它在今天淮河北岸的凤台。可来自地下的考古发现则证明，下蔡就是今天的寿县。

1955 年 5 月，治淮民工们在寿县城西门内北侧干得热火朝天。他们当天的任务是取土加固城墙，不料挖着挖着，铁锹碰到了金属器，刨出来一看，竟然是两件甬钟。安徽省文物管理委员会、安徽省博物馆筹备处很快派遣考古工作者进入工地，清理发掘的结果让人又惊又喜：这里就是几千年前那个不走运的蔡昭侯的墓葬！这一次考古挖掘，共出土各类文物 584 件，有青铜器、金叶、玉器、骨器、漆器等等，很多文物都被国家博物馆作为珍品收藏。486件青铜器中，较大的鼎多达44件，最大一个的通高69厘米、口径62厘米、腹围197厘米。尤为难得的是，这些出土青铜器多有铭文，透过这些铭文，弱小的蔡国周旋于吴、楚两大国之间的困难处境，昭然于世。

1958年和1959年，距离寿县很近的淮南赵家孤堆，又发现两座战国早期墓葬，出土3件蔡侯产铭文戈，墓主人当为蔡国贵族，这里距离寿县城仅7.5公里。此外，寿县城东10里左右的东津渡大桥西侧，也发现两座小型蔡墓，出土蔡铭错金戈1件。1971年至1973年，寿县城北的珍珠泉东100米处的水泥厂工地上，再次出土了数件春秋时期的铜戈和铜戟。1984年4月，距蔡昭侯墓1.5公里的地方，发现小型墓葬14座，已发掘的3座中所出器物与蔡侯墓器相似，当为春秋晚期墓葬。从古代墓葬的规律来看，一般小型墓葬都埋在都城周围，这是由墓主的经济实力所决定的。

一系列的考古发现证明，下蔡就是古代的寿县。现代著名学者陈梦家先生曾在《寿县蔡侯墓出土遗物》编辑后记里写道："此地区迭为州来、吴、蔡、楚所据之地，先后为蔡、楚的国都。"

既然如此，寿县的历史就绝不仅仅限于下蔡。仔细想想，当年蔡昭侯急急惶惶迁都，自然没有时间和精力去建一个新城，只能找现成的，那就是州来。州来是我国商周时期的一个古诸侯国，它属于何族之人，何种姓氏，建于何时，都被历史的烟云层层遮蔽，人们只是揣测它大约建于公元前10世纪到前9世纪之间。这时候州来国的面目，今人真的很难看清了，不过，蔡国前前后后在此立国46年却是无疑的。

现在我们很难想象蔡昭侯在州来古城生活得怎么样，只知道公元前491年，蔡昭侯准备到吴国去，蔡国大夫们恐怕他再次迁都，于是派人刺杀了蔡昭侯。事后，他们拥立蔡昭侯的儿子公子朔继位，是为蔡成侯。以后，蔡国又经历了声侯、元侯，最后一位蔡侯齐登上王位没有几年，楚国大军势不可挡地杀过来，彻底结束了蔡国的国运。大约就是在这个时候，楚王废除了"下蔡"这个地名，命名它为"寿春"。1964年，天津市曾收集到一批青铜器，其中一件铜鼎上有铭文"寿春府鼎"字样。据考古学家郝本性研究，此鼎不称郢而称寿春，当铸于考烈王二十二年（前241）迁都以前。

至于“寿春”这个名字是怎么来的，人们众说纷纭。有的认为，起这个名，意在“为春申君寿”，《寿县志》有：“考烈王元年（前262），此地为春申君黄歇的食邑，始得名为寿春。”也有人从“州来”“州黎丘”“寿春”三个词的古文字演变推断出，“其称寿春，与州来同义”。还有人说，古时寿县一带普遍生长椿树，“椿”易生而长寿，故以之命名。

不管怎么说，当年的寿春，从蔡国灭亡的那一天起，就成为楚国治下。那时候旌旗猎猎、战马嘶鸣、士大夫们个个意气风发的楚国，绝对想不到有朝一日，他们会千里迢迢，将国都迁到蔡国终结国运的州来。但历史就是这么无情，楚国纵然可以一时雄睨天下，但终究难挡秦国铁蹄。秦始皇嬴政六年，也是楚考烈王二十二年（前241），已经迁过一次都的楚国，“东徙都寿春，命曰郢”。

应当说，楚考烈王的选择是对的。当此之时，寿春已经经过楚国两百多年的苦心经营，这里有水陆交通之便——自春秋以降，中原通往江南地区的西道，是沿颍水，涡水入淮，又沿淝水、施水入长江，寿春正好处于要冲；这里是军事重地，它“当长淮之冲，东据东淝，西扼淠、颍，襟江而带河”，“故楚人既尽大江以南，欲窥中原，遂迁都于是，以为进取之资”；它还是楚国重要的产粮基地，“地方千余里，有陂田之饶。”春秋时期芍陂水利工程的创建，大大推进了当地农业经济的发展，孙叔敖“佐庄王以霸”，靠的就是寿春一带的大型水利工程；这里还有秀丽的自然风景，城北之山，“含阳藏雾”，“山上长林插天，高柯负日”，时节流转，呈四季妙景，城东一湖，“三春九夏，红荷覆水”，令人赏心悦目，再加上淮水、淝水映带其间，一派泽国气象。

楚国成就了寿春的辉煌，寿春也在楚国最危急的时候，接纳了楚王及一干贵族公卿。在其名为“郢”的十几年里，寿春是楚之末都，楚国文化对于这一方土地的影响更深入骨髓，一直到2000多年后的今天，寿春城的大部分历史遗留，总是能让人想起一个字——“楚”。

1985年，在寿（县）蔡（家岗）公路拓宽工程施工中，人们于距离今天的寿县城大约3.5公里的柏家台附近，发现了一处古建筑群遗址，面积达3000多平方米。这里有大型石柱础、长方形铺地灰砖和四叶纹、山字勾连纹槽形砖，凤鸟纹、树云纹圆瓦当等遗物，建筑规模宏大，器物纹饰丰富多彩。考古界很多专家认为，这可能是楚郢都宫殿建筑的一部分。这时，许多人想起清光绪《寿州志》中的一段记载：“寿春县故城，亦曰南城，即今州城。其外郭包今之东陡涧，并淝水而北，至东津渡，又并淝水而西，尽于大香河入淝处。城中有金城及相国城，其城门有芍陂渎门、石桥门、长逻门、象门、沙门，其地绵延曲折三十余里。”1987 年 5 月，寿春城城址工作组和安徽省地质研究所遥感站合作，对寿县城东南地区进行了遥感测试，推测战国晚期楚寿春城东西长 6.2 公里，南北宽 4.25 公里，总面积约 26.35 平方公里，结果与《寿州志》记载基本相符。如果此论成立，那么，今天的寿县城，实际上也仅仅是当年郢都的西北一角。

由此可见，楚考烈王将首都迁到寿春，在他是万般无奈的狼狈，可郢都虽然不足 20 年，对寿春来说，当是最为辉煌的一段过往。至今，淝水两岸还有很多叫作“罗郢”“张郢”“王小郢”的村庄，该是楚国遗民对亡国之都的怀念吧？

寿县为最后的楚国保留了大量珍宝。

1923 年，几个农民在一个叫李三孤堆的地方耕作时，偶然发现有青铜器，他们弄不清到底是什么，结果，这些价值连城的鼎、壶、簋、镐与带钩、镜、车马饰具等，都被瑞典人加尔白克所得，现藏瑞典首都皇储搜集部。1933 和 1935 年，当地人先后几次挖掘，取出不少器物，著名的“曾姬无恤壶”就是这时候出土的。“曾姬无恤壶”一面世，立即引起考古界一片轰动，它同型两件，是一对，护身高 124 厘米，口径 32 厘米，底径 36 厘米，各有铭文 39 字。据专家考证，此壶为楚宣王（前 369—前 340 在位）所铸，壶上铭文，细观如一幅精美的书法小品，纵有行，横有列，文字如夜空中的辰星，章法和谐悦目。

几年后，国民党第五战区副司令长官李品仙，对这座墓葬进行了大规模挖掘。据郭峙一《亲历记》记述与现场目击者口述，这里不仅出土了饰以龙形浮雕的朱红色大棺，彩色花面的石编磬，重达 50—60 公斤的大铜灯，而且还有每件重 100—150 公斤的 3 件铜鼎，长约 1 米、柄有浮雕龙，光彩耀目的铜剑 1 把，以及直径约 34 厘米的绿色翡翠球 1 枚。

20 世纪 80 年代初，安徽省考古所对李三孤堆楚墓再次进行了钻探和考察，确认这座墓葬是楚幽王墓。在 4000 余件出土文物中，青铜器 1000 余件，重要大件 200 余件。青铜器中 70 多件刻有铭文，四代楚王器更是令人惊叹：楚宣王（曾姬无恤壶为宣王廿六年器）、楚威王（酓章戈记载威王灭越）、楚考烈王（酓前鼎为考烈王器）、楚幽王（酓忎器铭“战获兵铜”，记幽王三年事）。

于是，这就有了一个疑问，既然是楚幽王墓，为何藏有前三代楚王器？有人说，可能是幽王临死前，楚国已经孱弱，即将灭国的大势已定，他就将祖传宝器全部带进自己的坟墓。果然，幽王死后 5 年，楚国也就走到命运的尽头。

1957 年，人们曾在寿春古城遗址发现了《鄂君启节》。这是公元前 323 年楚怀王颁发给鄂君的符节，实质上是一种委任文书，鄂君持以为凭，可以通行应去之地，行使职权。《鄂君启节》既是楚王颁发的文书，用毕当然还要归还王室保存。此件颁发时楚都尚在湖北，其间经过一次迁都，再迁入寿春时，已历经三代楚王。相隔 80 多年，几经离乱，这样的物品居然未曾丢失，可见它在主人心目中分量之重。楚人带入寿春的还有很多金钱，自 1979 年起，人们在寿春古城遗址内，接连 3 次掘得大量楚国金币，分别为 5000 余克、10000 余克、9000 余克，合计重达 25 公斤。

有人据此推测，寿春城沦陷前，楚人很可能进行过顽强的抵抗，这当然会招致秦兵更加疯狂的报复。破城后的血腥屠杀中，未及逃避的楚人必然不分贵贱皆遭诛戮，战火将大多数城市建筑焚为废墟，未及转移的一切物质尽被废墟掩埋。也许正是由于这种情形，今天的人们才能在寿春古城的遗址里找到《鄂君启节》，找到大量的楚国金币和其他财宝。

果真如此的话，楚人在寿春地下究竟遗留了多少财宝，若干年来已被世人发现了多少？这个问题恐怕已经无法弄清，但有一点可以肯定，即使是退逃到寿春，楚人的富有仍然是令人惊骇的。他们立都于寿春虽然只有十几个年头，却在这里建造了诸多王公贵族的陵墓。这些陵墓主要分布在今天的淮南市和寿县境内，小者占地数百平方米，大者占地数千平方米乃至上万平方米，尤以方志所载庄王（顷襄王）墓、春申君（黄歇）墓、信平君（廉颇）墓规模最为宏大。这些陵墓封土工程艰巨，既需要大量民力，更需要巨大的财力。

公元前223年，秦始皇大军破楚克郢，俘虏了楚王负刍，楚亡。立国800年的楚国在寿春结束，距离它在这里消灭蔡国，已经过去224年。

耐人寻味的是，今天的寿县城里，几乎没有人再提起楚考烈王、楚幽王，众多商号的招牌醒目地写着“春申君”，浓浓的楚都意味，竟然是通过一位臣子来表现的。这又是为什么？

春申君黄歇曾任楚相，与魏国信陵君魏无忌、赵国平原君赵胜、齐国孟尝君田文并称为“战国四公子”。当年，秦国进逼，楚国危在旦夕，春申君一封信，就改变了秦昭王的心意，使楚国转危为安；为了国家利益，他主动献出自己在淮北12县的封地，要求封到当时偏远贫瘠的江东，成为上海最早的开发者；楚国势衰，他千里迢迢追随楚王来到寿春，鞠躬尽瘁为楚国保持最后的辉煌……也许，就为了这些，寿春百姓不能忘记他，并且在寿春南门外，建成气势恢宏的春申广场，记载着春申君的丰功伟绩。

二、一路兵戈，一路前行

告别富有的楚国，寿春进入大一统的秦王朝。此时，秦划江淮及其以南地区为九江郡，置寿春县，为郡治。可这座城池作为九江郡治的日子真的太短暂了，不久，亡秦之战爆发，寿春城开始了一段沉浮不定的经历。西汉立国，寿春属淮南国，第一任淮南王英布是六安人，都城建在自己的家乡，没多久，英布谋反被杀。第二任淮南王刘长，领九江、衡山、庐江和豫章四郡，都于寿春。公元前174年，年仅24岁的刘长死在流放途中。10年后，汉文帝将刘长的淮南故地一分为三，分别封给刘长的三个儿子，长子刘安为淮南王，都寿春，寿县再一次成为诸侯国的王城。

刘安15岁为淮南王，接下来的46年，是寿春城继为楚国都后，第二个神采焕发的时代。刘安才思敏捷，好读书，善文辞，乐于鼓琴，是西汉知名的思想家、文学家。他喜欢招徕四方宾客，尤其是长于方术之人，其中最著名的有苏非、李尚、田由、雷被、伍被、晋昌、毛被、左吴，号称“八

淮南王宫

公”，他们在寿春山清水秀的北山筑炉炼丹，无意中发明了豆腐，刘安因此被尊为“豆腐鼻祖”，八公山也因此而得名。

与此同时，刘安及其门客还编著了大百科全书式的巨著《淮南子》，描绘宇宙万物的形态，叙述往古的传说，写下许许多多对宇宙和世界万事万物的认识，保存了大量中国古代哲学和科学知识，在天文、地理、物理、化学、民俗和文学等诸多领域，都做出了重大贡献。《天文训》与《万毕术》对“二十八宿”“干支纪年”“二十四节气”“阳燧取火”“豆腐之法”等方面的记载，对人们认识自然、了解自然，至今仍具重要意义。

可是，几百年来飘荡在寿春城上的不祥之云，还是帷幕一般重重垂下，笼罩了寿春城。武帝元狩元年（前 122），刘安谋反被发觉，无奈自杀。最后一个淮南王消失在历史长河中，淮南国除，寿春城又被降为寿春邑，成为一县之治所。

300 年后，即建安二年（197），一个短命皇帝在寿春一掠而过，这就是三国时期的袁术。袁术获得秦始皇玉玺，玉玺上八个字：“受命于天，既寿永昌”对他产生了强大的吸引力，竟让他觉得自己的皇运到了。于是，他急急忙忙在寿春称帝，国号“仲家”，史称“仲家皇帝”。可惜，寿春并不喜欢治国无方的袁术，他虽然也在这里正儿八经地设置了公卿百官，可没多久就被曹操、吕布打得流落他乡，吐血而亡。

再过 200 多年，也就是公元 420 年，刘裕篡晋建宋，封自己的第四个儿子刘义康为彭城王，进号右将军，食邑 3000 户，都寿阳。可惜，这位彭城王最后也没有一个好的结局。30 年后，曾经入朝为司徒，大权独揽，能力超群，勤于政务，行事却往往不顾君臣礼仪的刘义康，先是以谋反罪被废为庶人，最后，还是被自己的三哥宋文帝派人用被子闷死了。清代学者汤鹏因此感慨地说："刘义康不见淮南厉王事，是以获罪。"

寿春，从此不是国都，但它却永远是兵家必争之地。史书记载："寿春者，古之都会，襟带汝淮，控引河洛，得之则安，是称要害"，"南人得之，则中原失其屏障"，"北人得之，则江南失其咽喉"。明末清初著名史学家顾祖禹《读史方舆纪要》认为，寿县是"西北之要枢，东南之屏蔽"，由此向北可以挺进中原，向西、向南可以直插楚地，向东可以进击吴地，战争得失，关系全局。

确实，看一看寿春的历史，这座古城的一路前行，总是伴随刀光剑影。

公元前 202 年的楚汉之争，刘邦率领大军追击项羽，预测项羽将往楚国故都寿春一带据守，于是分兵渡过淮河，占据寿春，与平定淮北的灌婴汇合，形成东西夹击合围之势，大败项羽。

公元 255 年，魏大将军司马师发动高平陵之变，废除皇帝曹芳，意在篡夺皇位。镇东将军毌丘俭与扬州刺史文钦在寿春城歃血为盟，上表数说司马师 11 条罪状，并移檄各郡，举兵讨伐。

公元 257—258 年，寿春之战爆发，魏大将军司马昭于此全歼了忠于曹魏的最后一支力量。这一次他采取的是"围而不攻，令自困败"的方针，命人围城筑垒，守垒困城；又使精锐部队打援，再加上攻心之战，大获全胜。

公元 371 年，东晋将领桓温率军击败前秦援军，攻陷寿春。

公元 383 年，又一场著名战役在寿县城外打响，那就是史书记载得有声有色、威武雄壮的"淝水之战"，这次战役不仅成为世界历史上以少胜多的典范，而且为后人留下了 3 个传之久远的成语，即"投鞭断流""草木皆兵"和"风声鹤唳"。

淝水古战场

那一次，北方的前秦苻坚欲图跨过长江，吞并东晋，有人劝他暂时不要进攻东晋，因为自己的军队还没准备好，但是苻坚却说："今以吾之众，投鞭于江，足断其流，又何险之足恃乎？"这就叫"投鞭断流"。谁知，东晋方面早已做好了充分准备，虽然兵马数量少，但全军上下团结一心，坚决回击。两军对阵时，苻坚总是感觉到对面八公山上草木后面，隐藏了无数东晋士兵，这就是成语"草木皆兵"的由来。交战即将开始，东晋方面用了一计，派人在前秦军队后面大喊前秦军败，前秦军队随即溃逃，东晋军乘机追杀，苻坚抵挡不住，率众逃跑，因为极度害怕，逃跑的途中，听见了风声、鹤鸣声，都以为是来了追兵，所以叫"风声鹤唳"。

接下来的1000多年里，古寿春战事不断，无论是南北朝隔淮河的对峙，还是南宋与金、元的对峙，包括元末、明末的战争，以至于清代捻军之战、辛亥淮上军起义，寿县永远是战场，永远是需要用血与火祭奠的土地。

寿州离我们最近的一次战争，是1940年4月12日的寿州保卫战。日本驻合肥矶谷14师团1000余名步、骑兵，带着山炮沿淮南线，第三次来犯寿州。守备寿县的是安徽省保安第九团全体官兵，团长是年仅 29 岁的云南大理人赵达源。4 月 12 日拂晓，日军首先用飞机猛烈轰炸。随后，由淮南田家庵分东、南、北三路围攻寿县城。日军来势凶猛，炮火激烈，赵达源团自晨至午孤军奋战，虽打退日军数次攻城，歼敌 700 多人，但我军也阵亡过半。这时，城内民众奋勇参战，救护伤员。下午 3 时左右，日军集中兵力猛攻城墙拐角楼，赵达源团三营浴血奋战，终因弹药耗尽，寡不敌众，全部阵亡。此时，赵达源率不足两个排的特务连火速驰援，日军向赵达源部疯狂扫射，赵达源冒着枪林弹雨高呼“杀尽倭寇，为国雪耻”冲锋反击，因身中数弹，坠入城壕，为国捐躯。其余官兵亦相继阵亡。

回顾以往，残阳如血。无论是英雄、帝王，还是入侵的敌人、残暴的匪徒，如今都已远去，独留寿春这座经过无数次血与火洗礼的古城，巍然屹立在皖北大地上，眺望历史古今。

三、古城巍巍，名人辈出

寿县古城是很有名的。且不说它经历了多少时代风雨，单是 1991 年那场大洪水，就足以令它名扬中华。那一年淮河、淠河泛滥成灾，水临城外，眼看寿县全城无一幸免。关键时刻，城门和城墙发挥了巨大作用。人们将三座城门全部封死，仅留西门通行，洪水也就被死死地拒之于一墙之外。此时此刻，寿县城外恶浪滔天，城内人民安居乐业，简直令人难以想象。至今，寿县北门城墙上还刻着 1991 年的“最高水位”标记，这分明是寿县人民用无声的语言，在表达对于城墙的深深感谢。

据考，寿春古城墙始建于宋朝熙宁年间（1068—1077），南宋嘉定十二年（1219），建康都统许俊为抵御金兵，“即旧址”重筑城墙，距今已有 800 多年的历史。明清以来，按照防御战争和防洪的需要，寿县城墙不断得以整修，现在，它是目前世界上保存最完好的古城防体系之一，也是国内保存最为完好的宋代古城墙，比山西平遥古城还早一百年，被列入全国重点文物保护名单。

在中国古代城垣建筑史上，寿县城墙以其特殊的形制构造与功能，被许多专家和学者叹为观止。此城开四门：北门曰“靖淮”，东门曰“宾阳”，西门曰“定湖”，南门曰“通淝”。城墙周长7147米，砖壁石基，平面略呈方形，四门都有城楼和瓮城。不过，这都算不上奇特，真正奇特的是，城外设有泊岸，四处瓮城的内外两门不在一条中轴线上，使得城墙具有强大的排水功能。

泊岸，又称“护城石堤”，据《寿州志·城郭》载，寿县城墙石堤为明嘉靖年间御史杨瞻创建。堤高3—5米、宽10米，一边紧贴城墙外壁，另一边濒临护城河，都以条石垒砌，这样，既可以增加城墙的坚固性，又能阻挡护城壕水及洪水对城墙根基的冲刷。

至于瓮城内外两门的位置，则是嘉靖二十九年（1550）修整时所改。明代初年，它们还是直通式，这一次重修后，南门仍为直通式，而地势低洼的东、西、北三处的门向、位置却发生了很大变化：东门外门北移，偏离中轴线4米，北门的外门向西，西门的外门朝北，这既有利于御敌，又便于减轻洪水直接对城门的压力，实为古人在城垣建筑中，对力学原理的巧妙运用。

明万历元年（1573），知州杨涧创建东北角和西北角涵洞（水关）月坝，寿春城内原建有涵道，与城外相通，涵口之上再筑月坝，与城墙等高，既利于城内积水的排出，又能在洪水季节堵阻外水倒灌入城。洪水泛滥时，只要关上城门，滴水不入。同时，城里人通过涵口观察水位，还可以比较城内外水差。这一水利设施，被誉为中国古代水利工程的一颗明珠。

而今，登上寿春古城，眺望远近山光水色，只见八公山葱茏如黛，淝河水静静流淌，宛如一幅水墨丹青。遥想当年旌旗招展，甲兵百万，刀光剑影，血流成河，不觉慨然。忽然记起王安石登此淮上古城后，有《寿阳城晚眺》诗：“楚山重叠矗淮渍，堪与王维立画勋。白鸟一行天在水，绿芜千障野平云。”纯然一派淡雅，哪里还有金戈铁马的豪气?

仔细想想，突然明白了，寿县古城墙的存在，是为了战争，更是为了和平。中国人自古热爱和平，战争也是为了争取长久的、高质量的和平，一旦和平到来，那就必须坚守，不论城外是进攻的敌人，还是汹涌的洪水。古城墙的存在意义，就是护佑城内百姓安宁平静的每一天。

也许是因为古城墙的风范融入血脉，寿县自古出廉吏，他们坚守社会责任的底线，坚守自我人格的底线，捍卫理想和正义，千百年来，正气浩然。

譬如孙叔敖。春秋时代修建了芍陂的孙叔敖不仅是一位杰出的水利家，更是一名不可多得的良相。他曾说："吾三相楚而心愈卑，每益禄而施愈博，位滋尊而礼愈恭，是以不得罪于楚之士民也。"任楚相的 12 年中，他施教导民，吏无奸邪，盗贼不起。他死后，儿子却陷入贫困之中，穷得卖柴为生。

东汉时，寿春有清官时苗。时苗，字德胄，巨鹿人。建安年间，时苗任寿春令，上任时带来一辆牛车。居官岁余，牛生一犊。他离开寿春时，把小牛犊留下了，因为这牛犊生在寿春。为了纪念他，寿春人修建了一个"留犊祠"，将小牛饮水的池塘称为"留犊池"，所在街巷称"留犊祠巷"。唐人李翰在《蒙求》中，把"时苗留犊"作为儿童启蒙教育的典范。后来的蒙学读物《龙文鞭影》《幼学琼林》，也都载有"时苗留犊"的掌故。

公元 956 年，后周世宗征淮南，命大将赵匡胤率兵急攻南唐（今寿县）。南唐守将刘仁赡率守军誓死抵抗。战斗异常激烈，刘仁赡见救兵

寿县古城墙

无望，自己又身患重病，下定决心以身殉国。但他的小儿子刘崇谏却趁父亲不注意，想出城投降周军，被抓了回来。刘仁赡二话不说，决定将他最疼爱的小儿子斩首。众将哭拜求免：“少将军一时糊涂，还请大帅饶他，为刘家留条血脉。”刘仁赡咬牙不许。监军使周廷构到中门大哭，见刘仁赡不为所动，又忙派人向刘夫人求救。刘夫人说：“我对崇谏不是不疼爱啊，但军法不能徇私，名节不能亏损。如果饶了他，刘家就会不忠，我和他父亲还有什么脸面去见将士们呢！”最后，刘仁赡不仅斩了儿子，还将儿子首级巡视城中，三军尽哭。

宋代寿春吕家，被世人称为“一门三相”，清风卓然。吕夷简，宋真宗时举进士，任职期间，他屡次奏事，建议取消农具征税，减轻伐木民工劳役之苦，真宗皇帝称赞他“有为国爱民之心”。仁宗亲政后，他仍为宰相，上疏八事：正朝纲，塞邪径，禁贿赂，辨佞夭，绝女谒，疏近习，罢力役，节冗费。庆历三年（1043）吕夷简病故，皇上哭着对群臣说：“安得忧国忘身如夷简者！”

吕夷简之子吕公著，《宋史》称他“暑不挥扇，寒不亲火，简重清静，盖天禀然。其识虑深敏，量闳而学粹，遇事善决。苟便于国，不以私利害动其心。与人交，出于至诚，好德乐善”。吕公著之曾孙吕本中，南宋著名诗人。历任济阴县主簿、枢密院编修官、祠部员外郎、中书舍人。他敢于直言，不畏权势，得罪了权奸秦桧，被罢官，但志向如初。

清代，寿春走出咸丰状元、光绪帝师、京师大学堂管学大臣孙家鼐。孙家鼐是寿县的骄傲，也是中国近代读书人的骄傲，他的清廉、智慧、识大体、顾大局，史书尽有记载，活在老百姓口头的传说更是丰富。但是，孙家最可贵的是，他们不仅仅有一个孙家鼐，还有更多为国为民的人才。

这可能就是寿县古城墙文化的另一面了，不仅仅是坚守，还有创新。

中国近代史上，孙家多振兴民族工业的实业家。清光绪二十三年（1897），孙氏家族子弟孙多鑫、孙多森，在上海创办阜丰面粉公司，这是我国近代第一家具有较大规模的机制面粉企业。此后，孙多鑫全力支持周学熙兴办北洋实业，孙氏兄弟参与组建了启新洋灰公司、滦州矿务公司、直隶滦州矿地公司、京师自来水公司，均任协理。孙多森还出任中国银行第一任总裁。孙氏家族控股的中孚银行，是我国第一家正式对外发表经营国外汇兑的商业银行……可以说，他们参与发起了很多我国近代具有重要影响的经济组织和经济活动，为实现实业救国的梦想，取得了可圈可点的成就。

此外，这个熟读儒家经典的大宅门，还走出了中国政治生活中两个不寻常的人物。一个是孙传瑗，字蘧生，号仰蘧、又号养癯，早在清光绪三十一年（1905），他就在寿县城里的学校带头剪掉辫子，以示反清决心，由此将一个寿州城闹得沸沸扬扬。此外，他还与安徽革命党领袖韩衍一起，创办《安徽通俗公报》《安徽船》，大力宣传革命。他的女儿就是20世纪30年代后期已扬名天下、深得徐悲鸿真传的女画家孙多慈。

另一位是孙毓筠，字少侯，号夬庵。康梁变法维新思潮风行的时候，他加入废科举、办新学的大潮。光绪三十年（1904），孙毓筠变卖家产，借用寿县北街的僧格林沁祠，创办了推行新式教育的蒙养学堂。清光绪三十一年（1905），孙毓筠赴日求学，加入同盟会，次年于南京组织新军，谋划刺杀两江总督端方，事泄被捕。辛亥革命后，他出任安徽省第一任督军，袁世凯复辟帝制，他又担任袁世凯登基大典的筹备处处长。他与时俱进，也与时浮沉，曾受人敬仰，也遭人唾弃。可无论如何，家乡人没有淡忘他，至今，寿县南大街还有一个“楼巷”，因为孙毓筠曾与孙氏族人在这里共建藏书楼，巷中就是孙毓筠捐产10万金创建的“蒙养”学堂。

当然，自古一腔热血的寿县，革命志士绝不仅仅限于孙家。他们中间还有曾参与组织强国会、岳王会，1912年后先后出任革命军第一军军长兼北伐联军总指挥、安徽省都督的柏文蔚；清光绪二十四年（1898）参与创办强立学社，此后又参与谋划安庆起义，寿州光复时曾参与淮上军军务的同盟会会员张之屏（字树侯）；曾与熊成基、柏文蔚等组织“同学会”，参与发起成立淮上军司令部，并任副司令兼参谋长的同盟会会员张汇滔；曾参与安庆马炮营起义，再赴广州参加起义的黄花岗七十二烈士之一石德宽；光绪三十一年（1905）加入同盟会，与柏文蔚谋刺两江总督端方，事泄被捕入狱，出狱后投身淮上革命军的权道涵；曾先后参与徐锡麟举义和马炮营起义，1911年在光复南京战斗中荣立战功，1913年随黄兴讨伐袁世凯，抗战爆发后“毁家纾难”的爱国将领方振武——1997年7月1日，香港回归祖国，他的孙女陈方安生在庆典主席台上，宣誓就任特区政府政务司司长。

为了祖国人民能有美好的生活，寿县的历史，处处涌动着壮志豪情。

四、小巷深深，古风拂面

告别古城墙，信步走进寿县古城，平静的生活中点点漾开的，是百姓代代相传的生活意趣。

寿县城不大，东西南北四条大街，外来人不识路，本地老乡就会告诉你，只要能摸到十字街口，就能摸对路。

既然号称“大街”，自然有非同凡响之处，古寿春的要害部门，一般都在大街上。

比如位于东大街的寿州署衙门。清《寿州志》载，“州署，汉唐太守、刺史治所，其创建修葺，俱不可考”，最老的州署衙门，早已不知所踪，如今有史可稽者，是“明洪武初，建于城东宣化坊。天顺间知州罗训即旧址重建。”其实，明清以来，寿州署还是迭遭火灾兵燹，原有的厅、堂、楼、台、坊、狱、馆、舍，几经兴废。清同治十二年（1873），知州王寅清先后两次兴建修缮，才使它成为一片规模巨大、气派宏伟的建筑群。可惜的是，此后寿县又经历过诸多天灾人祸，就连清同治年间修起来的许多建筑，都再一次消失，唯有熙春台、清暑泉、济渴泉和“老号”（监狱）等得以保留，而建于明天顺年间，迄今已500余年历史的谯楼，也奇迹般地巍然屹立。

除了州署衙门，对寿县百姓来说，另一个重要的所在，就是西大街中段的孔庙。它始建于元代，为安徽全省现存孔庙中建筑体量最大的一个。据清《寿州志·学校志》记载，唐、宋时期寿州孔庙在城内东南隅，元代移建于此。如今的孔庙建筑群，恰恰贯穿在南北中轴线上，以中路为轴心向东西展开。仅这建筑格局，也足以证明它在寿县人心目中的分量得有多重！历经几百年风雨、战乱、天灾、人祸，它依然保存完好。进门之后，自南向北，依次为大照壁，文明坊；泮宫、快睹、仰高三坊；棂星、金声、玉振三门；泮池；戟门，大成殿，敷教坊，明伦堂。中轴线左右两侧建筑

寿县孔庙大成殿

对称，位于中心的大成殿飞檐凌空，巍峨壮观。殿前一个大型露台，气势轩敞，是古代祭孔的场地，庭院中两株古银杏参天蔽日。孔庙东侧，有建于清代的奎光阁，游人拾级而上，登楼极目远眺，可见青山起伏、烟波苍茫，八公仙境、珍珠涌泉、东津古渡、西湖晚照如在画中。

走过主街，寿县城里的其他路就不能叫“街”，只能叫“巷”，或者比“巷”还低一等，那就是“拐”。人说寿州城“三街六巷七十二拐头”，就是这个意思。

不过，巷子是市井生活的渊薮，要认识寿州城，还必须到巷子里去，才能真正看到这里百姓日常生活的面貌。

寿县巷子的名称很耐咀嚼。它们或叙事或记史，各含深意，各具特色。比如说，北大街的税务巷，是古代收税官员居住的地方；南大街的“营房巷”，是当年寿春营的驻地；东大街的“将爷巷”，是古代兵署里军官住的地方。明代天顺年间州署谯楼前有照壁，面对这照壁的小巷，就叫“照壁巷”；城内驻兵和操练的场所，叫作“马营巷”“箭道巷”；一家人盖房子，邻居说，你盖房子我让你一尺，盖房子的又说，你让我一尺我也让你一尺，两家让来让去的让出了三尺，巷子起名就叫“三尺巷”……

明嘉靖年间，寿州有驿站十处，如今的南过驿巷和北过驿巷，就是当年传递书信情报的军士和邮差歇脚的地方。因为驿站的需要，南过驿巷有一口三眼井，井壁处道道勒痕，见证着它的饱经沧桑。遥想当年，不知道有多少奔忙的军士、刚刚卸下邮包的邮差，在这里匆匆打上一桶水，喝完了，再匆匆上路。寿县的老人们说。这口井在寿县已经存在好几百年了，从古到今，一直是属于大家的。今天的三眼井旁，军士、邮差的身影消失了，周围择菜、杀鱼、荡刀、洗菱角的老百姓，你来我往，扯动着不知什么时候留下的井绳，打上一桶桶清清亮亮的好水，在21世纪的阳光下，浇灌着属于自己的生活。

一样难以被人忘记的，还有钟楼巷。这里曾经有一口五代后唐长兴三年（932）所铸的大钟。据说，当年那钟是吊在巷子里一座飞檐翘角，古色古香的两层钟楼上，东街失火敲三下，南街敲四下，西敲五下，北敲六下，抗战的时候，还报过空警，一直勤勤恳恳工作到1956年，此后，县里有了消防队，古钟就走进了博物馆。现在，钟楼没了，巷名犹存，大钟也就永远敲响在寿县百姓心中。

穿过东大寺巷或西大寺巷，气势恢宏的报恩寺就在眼前。这是始建于唐代贞观年间的一大建筑群，旧名崇教禅院、东禅寺。越过高大红色的照壁，迈进山门，就到了第一进大院。院内苍松翠柏，郁郁葱葱，正中是宋塔地宫，原为九级的北宋舍利砖塔，早在日月交替中倒塌了六级，管理部门怕残存的三级危及游人安全，1977年决定拆除。不料，清理塔基的时候，大家发现塔下竟有地宫，打开地宫，彩绘壁画鲜艳夺目，石、金、银三重套棺精美绝伦。其中银棺形如画舫，周设花栏，上盖的四角，各悬一个风铃。盖子正面装饰着双龙戏珠的图案，棺头有双扇假门，门旁各饰以天王像。棺身一侧是释迦牟尼圆寂像，十大弟子个个都是哀痛无比的样子；另一侧是送葬的画面。棺尾立面有一尊佛，合十默坐，正在祈祷。这一套棺的发现，为我国绘画艺术和宗教史的研究，提供了珍贵的实物资料。

报恩寺第二进深院里的大雄宝殿，是全寺的主建筑物，里面供奉着唐代木雕大势至菩萨造像，宋代木雕地藏王造像，明代铜铸十八罗汉像（现仅存十五尊）、真武帝君像等等，此外，乾隆四十六年（1781）的泥塑十八罗汉，分立于殿内东西山墙下的砖台上。千万不要小看这十八罗汉塑像，它们早已名列省级文物保护名单。细细打量，只见这十八罗汉情态各异，在波涛之中各踏一水族，好像在渡海。他们有的双目微暝，有的切齿怒目，有的合掌当胸，人称“呼之欲活”。再看它们脚踏之物，首似龙，背似龟，形似猪，想象奇特，构思精巧。

报恩寺另一奇观，就是两株千年银杏，它们遮天蔽日，将整个院落掩映在绿荫之中。有趣的是，仿佛是与千年银杏性灵相通，报恩寺西墙外，生长着一种奇异的香草。相传五代十国末期，赵匡胤率军攻打南唐寿州，他的战马跑到东禅寺吃草，赵匡胤顺手摘起一枝，一闻，清香扑鼻，馥郁芬芳，连说：“香草，香草！”香草从此得名。此草之所以奇异，是因为它只生在寿县城内东北角，只要移植到别的地方，不死也会变异，虽然看起来颜色相仿，但香味全无，真有点“橘生淮南则为橘，生于淮北则为枳”的意思。那么，寿县香草为什么会有如此特征？科学界的研究尚不知道，寿县老百姓的定论早就有了。他们说，这香草是当年楚国将士流血牺牲的精魂凝化而成。楚人亡国离乡，老百姓没有忘记他们的在天英灵，将这香草叫作“离乡（香）草”，每年的五月端午，古城大街小巷，遍是香草，人们将它缝制成各种各样的工艺品，大人小孩都带着，仿佛是楚国将士的精魂，约好这一天都来郢都——寿州古城，纪念他们尊敬的屈原大夫。

同样是宗教建筑，西大街清真寺巷内，有始建于明天启年间的清真寺。院内宋代栽种的五株银杏枝干参天，浓荫蔽日，将大礼拜寺古建筑群掩映在绿树丛之中，更显得气势磅礴。皖北自古多回民，清真寺许多县城都有，本来算不上稀奇。但是，寿县的清真寺不一样，据说，它是仿北京故宫太和殿的设计建造的，无相宝殿面阔五间，进深七间，结构雄伟，高大巍峨，飞檐半拱，庄严肃穆。伊斯兰的信仰与汉族的建筑融合一体，民族间的团结、和睦也就得以彰显。

寿县另一处深藏小巷之中的重要建筑，是春申坊大寺巷内的循理书院。从光绪版《寿州志》的绣像看，循理书院一个正门，一个院落，一座藏书楼，另有东西厢房各一，院落里几根竹子，就是这么简单，远没有州署那样繁复，那般气势恢弘，但它对寿州教育却太重要了。循理书院建于明代天启年间，取名“循理”，意为“欲使游其中者，日持循于天理之内，而渐臻自然也”。书院创办人黄奇士，字守拙，湖广黄陂人，曾任寿州学正。据说黄公来寿，下车之日即召进诸弟子询查，宣讲创建书院的重要性。为了筹措办学经费，他带头捐资，为“施金独多者”。乡人都为他的慷慨行为所感动，纷纷筹款，“爰各出资，购高姓市房一所，重修而广大之”。黄奇士又亲自为书院定名题匾，并勒铭于石。其铭曰：“修德讲学，圣训昭然。立之书院，果育英贤。若有不类，改为遽传。经利毁正，学脉遂湮。天之所厌，神佛庇焉。请视斯铭，以永万年。”崇祯末年，循理书院毁于兵燹。

清乾隆二年（1737），知县周之晋恢复循理书院，此后，历任知县都为书院建设集资，至光绪年间，循理书院已发展到相当大的规模，成了当时全省少有的大书院之一，前后办学时间也达到 300 年之久。有记载称，寿州“所赖以造士者，独在书院”，“秀异多出其中”，“而比翼联飞者多人”，“故一时人文蔚起，称极盛焉”。可惜的是，这样一座规模宏大，名闻遐迩的学府，竟然在日军入侵寿县的时候，全部毁于炮火和侵略者的拆除。今天，我们面对书院旧址虽有遗憾，但也有欣慰——当年的循理书院消失了，可旧址上崛起的，是欣欣向荣的寿县一中。

第三节 淮上重镇，水道名关

——正阳关探访

古代的皖北，水润四方。众多先民在水边聚集，开荒地、筑城池。条条河道，送来南来北往的船只，也送来信息和财富。于是，一个又一个独具特色的城镇在河边建立、繁盛、辉煌，数千年的历史，冲刷着它们的躯体，也培育着它们包容万物、顺其自然的水文化精神。随着自然条件的改变，历史进入以公路、铁路运输为主的时代，它们中间没落者众多，但临淮、正阳等昔日的皖北名关，还是以其强大的神魂，傲然挺立，迎接着21世纪的皖北朝阳。

一、正阳春秋，临淮过往

从寿县出发，西南行大约30公里，一座古城就会出现在眼前。它有些破旧，有些苍老，可它就是曾经名闻遐迩的淮上名关——正阳关。青岛市著名的八大关风景区，汇集中国最有名的八关为道路命名，其中，皖北的正阳关与著名的韶关、嘉峪关、函谷关、宁武关、紫荆关、居庸关并列。1988年，解放军出版社出版了《中华名关》一书，收录名关113座，正阳关名列第16位。

正阳关确实是一个非同寻常的地方。它地处淮河、颍河、淠河三水交汇处，不远处就是中国古代最伟大的水利工程之一——芍陂。若是登上正阳关大堤，可以眺望淮河从西面水天交接处奔流而下，淠河从绿柳夹岸的南部款款而至。两条河流到清河口，双水汇一，再姗姗北行二里许，于沫河口挽起西北而来的浩浩颍河，水势顿然大增，雄赳赳、气昂昂地再上征途。

当然，如果访客从正阳关上船，沿三条河分别溯流而上，那就更能大开眼界，同时发现“七十二水归正阳”之说，实在太保守了。颍河之茨河、贾鲁河、沙河、汝河；淠河之桃源河、漫水河、燕子河、黄氏河；淮河之汲河、沣河、史河、灌河、白鹭河、洪河、南汝河、黄河、竹竿河、浉河等等较大支流，都争先恐后地将自身之水送到正阳，而这些支流，个个拖着孔雀开屏似的长长尾巴，林林总总加起来，流入正阳关的河水，起码得有160多条，该是“七十二水”的翻倍还不止。按照水文专家的解释说，在正阳关以上，集水面积达到90000多平方公里，约占整个淮河流域的三分之一，可谓“洪水仓库”。

有如此众多的河流，也就有了同样的水运之利，但正阳关独特的地理位置还不仅于此。淮河自桐柏山出，一路东流入海，可进入正阳关的时候，它偏偏自西北向东北拐了一个将近90°的弯，变成南北流向。这样，坐落在淮河南岸的正阳关，就犹如一把巨锁，锁住了淮、颍、淠三水的咽喉，成为淮河中游重要的水运枢纽。也有人说，淮河作为中国的南北分界线，就像一条腰带，而地处淮河中心点的正阳关，则像人之丹田，数千年来，无论是自江南北上，还是从塞北南下，正阳关都是水上运输的一大关隘。

如此独特的地理位置，自然就会拥有独特的生命之路。

据说，正阳关最早的名字叫作“颍尾”——一个好听而又形象的称呼。颍尾在东周中期已具雏形，《左传》鲁昭公十二年（前530）即有“楚子狩于州来，次于颍尾”的记载，以此计算，正阳关镇已有2530多年的历史。《左传》中提到的“楚子”，就是不争气的楚灵王，他爱狩猎，爱美女，“楚王好细腰，宫中多饿死”，就是他的“杰作”。在被废除的前一年，国内已经危机四伏，他却浑然无觉，离开位于长江中游的国都郢（今湖北荆州），跑到1000里外的颍尾，也就是今天的正阳关一带打猎消遣。不过，历史却借助了楚灵王的胡作非为，将正阳关这个地方，载入2500多年前的史册上。

随后的几个世纪里，历史中有关正阳关的记载，寥寥无几。不远处的寿春，一幕幕历史大戏上演得如火如荼，可“颍尾”的所有举止，似乎都被忽略了。只有明嘉靖《寿州志》说过一句“汉昭烈筑城屯兵于此”，但这一记述，实在是“语焉不详”，如果当年刘备确曾在位于正阳关的高冈上修筑城堡，派兵驻守，距今也有1700多年的岁月了。

此后，淮南一带战争频仍，血色沉沉，正阳关与寿县一起，长时间沉浮在刀光剑影之中。待到南宋时期，正阳关竟然成了边境之地，翻开《元史·董文炳传》，其中记载：“（至元）九年（1272），（董文炳）迁枢密院判官，行院事于淮西，筑正阳两城。”从此，“颍尾”改名“正阳”，只不过紧随而至的“淮西大战”还是令它备受摧残。待到元朝末年，红巾军与元军、反元起义军各派之间在淮河两岸的数次“拉锯”大战，更是使得正阳关一带十室九空。至洪武元年（1368），朱元璋建都凤阳，正阳关及其周边地区已经是“城春草木深”，“千里无鸡鸣”。

二、淮上名关，熠熠生辉

进入明朝，经过百年的休养生息，淮河流域的商贸活动日趋兴旺，白帆如云，渔歌唱晚，正阳关抖擞精神，开始了它的精彩人生。

那时节，正阳关以下的盐和各省的杂货，都须由正阳关输送到皖西、豫东各地，而皖西、豫东的土产，如六安的茶、麻、竹、木，颍州、六安、霍邱等地的米、麦，河南周家店等处的谷粮与牛皮等等，也必须经过正阳关出口；同样，临淮关上也是商贾云集，帆樯林立。隆庆年间刊行的商书《天下水陆路程》，记载了从淮安至开封的水路：由淮安经洪泽湖入淮河，经凤阳府（临淮关）、寿州至正阳关纳税后入颍河，溯颍河西北行，经颍上、阜阳、太和等县入河南，再行 130 里至周家店（即周口），然后从周口转贾鲁河北上 200 里至朱仙镇，在朱仙镇起车，陆路 40 里至开封。

明成化元年（1465），正阳关被设为收钞大关，成为淮河沿岸著名的收税口岸，给国库带来了丰厚的收入。“凤阳府正阳税关”开关当年，就上缴国库 6.24 万两税银，获得“凤城首镇”之誉。入清以后，陆地与河流运输更加发达，一时间，正阳关“舟车四达、物盛人众”，“帆船竞至、商贾沓来”，关额征税银快速提高到 9.02 万两。清道光二十年（1840），正阳关增设“淮北督销正阳关盐厘总局”，负责将淮盐销往大别山区的“南五县”（今六安、霍邱、固始、商城和潢川）。此时，正阳关的“税关”直辖于淮泗兵备道，“盐厘总局”属于两江总督，管辖民事的，有三府衙门与巡检司，武官则有把总，长淮水师统领也驻扎此地。仅仅看这官府阵仗，也足见正阳关在朝廷心目中的重要位置。

当此之时，小小的正阳关已经成为鄂、豫、皖 3 省 24 县的商品集散中心。江西、浙江、山西等 15 个省的会馆，接连兴建。此后，就连英、俄、德等国的贸易公司也慕名而至，相继开张，正阳关进入到了兴旺发达的高峰期。在 0.62 平方公里的城区内，“户口殷繁、市廛绕富”，竟有运输公司 5 家，浴池 8 家，旅馆 13 家，饭店 22 家，人口达 5 万之众，这座久经战火洗礼的雄关，摇身一变，成为皖北重镇。

三、古城古迹，风采各异

回看历史，正阳关因水而生，因水而盛，同样，也因水而衰。随着交通方式的改变，它渐渐失去往日的喧闹，但静静矗立着的古迹文物，小街长巷，还在追念着以往的风光，而那些刻在正阳、临淮百姓心上的历史，更是光芒难掩。

进入正阳关，最先见到的就是残存的古城门。据光绪《寿州志》记载，同治五年（1866），山阴人施照来被委任为寿州知州，此时，正阳关曾经拥有的城墙，早已在几百年风霜雪雨、兵燹征战中化为乌有，百姓们一直呼吁重建。尽管中国一般是县治以上的地方才能有城池建筑，但正阳关毕竟有着不同寻常的意义。因此，施照来采取了民捐官修的方式，修建石基砖砌的城墙。

这一工程历时5载，耗费白银47000多两，始告完成。当时的建筑规模为“城周七百二十丈，高一丈五尺，计四里三分。女墙一千三百七十垛”。光绪七年（1881），凤颍道任兰生再拨白银3500两重新修缮，并于南北东西各门题额。这些题额字体或雍容端庄，或遒劲苍润，非但含义深刻、意味隽永，而且还是难得一见的书法珍品，至今为正阳关人津津乐道。

正阳关南门

面对古老的城门，当地老乡会十分认真地讲述四门内外题额的典故与含义：

南门，内额就用“南风”的典故，题“解阜”二字，出自大舜《南风歌》中的“南风之熏兮，可以解吾民之愠兮；南风之时兮，可以阜吾民之财兮”；内涵为做官者要为百姓排忧解难，减轻百姓负担，增加百姓收入，使百姓过上安居乐业的美好生活。外额题“淮南古镇”，一语道出正阳关历史的悠久。

北门，内额用“北极”或“北斗”典故。题“拱辰”二字，出自《论语·为政》：“子曰：为政以德，譬如北辰，居其所而众星拱之”；意为做官从政者，要以“官德”为先，以德服人，这样百姓就会像众星环绕北斗那样，团结在你的周围，从而获得百姓的信任和拥护。外额题“凤城首镇”，明确指出正阳关是凤阳府第一大镇。

东门，内额题“朝阳”。东方属春，外额题“熙宇春台”，典故出自老子《道德经》二十章：“众人熙熙，如享太牢，如春登台”；用今天的话说，众人兴高采烈，好像去参加丰盛的筵席，又像是在温暖的春天里登上高台眺望美景，一派和谐景象。

西门，内额题“西映长庚”，语出《诗经·小雅·大东》篇的“东有启明，西有长庚”；意思是黄昏时节，长庚星伴随着夕阳的余晖一道映照在西门上。外额题“淮流管钥”，“管钥”即“锁钥”，正阳关是东至扬州，西入桐柏，北通颍阜，南溯大别山的水运枢纽，是扼据淮、颍、淠的咽喉要道，其地理位置的重要，不言而喻。

可惜的是，抗日战争期间，一艘日本军队的炮艇，从淮河上向城门楼猛烈轰击，炸垮了西门。

在老乡的娓娓讲述中，可以看出，正阳关城墙已成为当地百姓心目中一道靓丽的风景。

作为多民族的聚居地，正阳关庙宇众多，种种宗教信仰在这里和谐相处，共同繁荣，犹如上百条河流在这里相聚相合，共同奔向理想的远方。

说起这块土地上曾经的庙宇，老百姓常说的就是“七十二座半”，72座庙里，有玄帝庙、城隍庙、灶王庙、大王庙、火神庙……剩下的那半座，就是南城门洞里的土地老爷石像。几百年时间悠悠而逝，正阳关在岁月沧桑中几度辉煌，几度衰落，至今，始建于唐贞观年间（627—649）的玄帝庙，依然坐落在公园西南一隅，大殿里供奉的玄天大帝等5尊铜神像，是明正德七年（1512）用4吨精铜铸造而成，为难得一见的古代雕塑铸造艺术精品，更是正阳关的骄傲。

靠近东门，有始建于明代的清真寺。规模与面积相当宏大，却不见高耸的宣礼塔，也没有苍穹般的屋顶，看上去更像中国古典的道观大殿，大殿前的一副楹联："望空非是空，雷雨风云孰执掌；无象真有象，乾坤日月大经纶"，令人浮想联翩，更感觉此方土地上的伊斯兰文化，融进了太多的道教内涵。

清同治十三年（1874），外国传教士在正阳关开荒布道。1922年，寿县基督教大礼拜堂动工，翌年落成。现在，修缮一新的基督教堂，依然每日迎接着自己的信徒。

不过，令正阳关老人们常常怀念的，还是曾经位于淮河岸边的迎水寺，那才是独属于正阳关的寺庙，供奉的是保佑正阳关的天、地、水三官老爷，所以又称"三官庙"。这庙里有一幅无名氏撰写的楹联，上联为"五六月间无暑气"，下联是"二三更后有渔歌"，不仅对仗工整，那一种胸有成竹的澹然、优雅，更透出正阳关人的自信、自得，让所有读者过目难忘。可惜的是，迎水寺毁于1954年的大水，现在，只存庙基旧址。

有资料记载，正阳关西边的淮河岸边，原有一座凉亭，因为站在亭中向西眺望，可见巨澜翻滚、波涛汹涌的淮水，故名"观澜亭"。亭上有一副十分著名的长联，上联曰："世虑顿消除，到绝胜地，心旷神怡，说什么名，说什么利，说什么文章声价，放开眼界，赏不尽溪边明月，槛外清风，院里疏钟，堤前斜照"；下联曰："湖光凭管领，当极乐时，狂歌烂醉，这便是福，这便是慧，这便是山水因缘，涤尽胸襟，赢得些萧寺鸣蝉，遥天返棹，平沙落雁，远浦惊鸿"。这幅长达百二字的楹联，写景又写情，更写作者心中哲思，确实不凡。但老人们说，正阳关原来还有一座酌棋亭，亭柱上也有一副对联："倚栏遥观放眼长空远六蓼，围棋小憩关心时局感沧桑"，立意更好。仔细品味，这副联其上倚栏遥观，不失雅人意趣；其下下围棋，思国事，确是志士本色。

四、志士情怀，淮上精神

不过，历史抹去的，往往只是眼前的物质，而不是心中的能量。

在正阳关曾经为青石铺就的路面上，运货的老式独轮车轧出一道道沟痕，展现出这里当日的繁忙。几百年岁月的研磨，终使路边店铺变得寂静、平淡，可路边随处可见的铁匠铺、杂货铺、理发店，以及其他种种顽强生存的手工作坊中，保存着永远不会消失的古朴、真切。难怪有人说，踏足在老街斑驳的石板路上，脚下回响起空旷的足音，小巷蜿蜒，两侧高墙矗立，人在巷中，犹如走在一条时间裂缝中，抬眼间，古镇的青砖黑瓦，河畔的块石垒筑，都令人恍若隔世。

沿着老街信步而行，但见两边延伸出数不胜数的条条小巷，它们蜿蜒曲折，通往幽深的镇子里面，而小巷中当年发生的许多故事，至今为正阳关百姓津津乐道。

据说很早以前，正阳广嗣宫巷巷头开有一小理发店，夫妻俩以理发为生。一天，一位外地茶叶商人来理发，随手将所带的褡裢放在旁边凳子上，理好发后，天色已晚，他匆匆搭便船回山里老家，到家后才发现褡裢丢了，却怎么也记不起丢在何地，只好作罢。理发店天黑打烊后，开店的夫妻打扫店面，发现了沉甸甸的褡裢，打开一看，有纹银二百两，知道是客人丢的，顺手扔到房梁上挂着，等待主人来找。好多年过去了，夫妻俩早忘了此事。后来，茶客又来正阳卖茶，进店理发，说起不知道曾经是在正阳关的什么地方丢了钱，理发匠立刻想起数年前的褡裢，忙从房梁上钩下，交给茶商。客商掸去褡裢上厚厚的灰尘，打开一看，果真是当年丢的那个，且钱数分毫不少。这时，当年的小茶商已经十分富有，便把银子赠与理发匠，以表谢意，理发匠坚决不收。推来推去，他们最后决定，把钱捐出来修街，修好后的街道起名为“广嗣宫巷”。

正阳关南大街有一个较宽的巷子，名叫“贤良街”。贤良街上有过清康熙三十年（1691）进士俞扶九，号化鹏。

关于俞扶九，正阳关至今流传着三个广为人知的故事，被洁羽先生记入博客。

第一个故事是，扶九幼时家境贫寒，但学习刻苦，聪明过人。四书五经过目成诵，诗词歌赋出口成章。一日，家塾先生喊俞扶九过来，说：“先生站门槛，一脚门里，一脚门外。”扶九知道先生这是出题问对，不假思索地一笑，拱手对屋内孔夫子像躬身作揖，答："恩师猜弟子，这里上朝，还是下朝？"先生连连点头，佩服小扶九出口不凡。俞扶九要去赶考，老先生为得意门生饯行，又亲自送他登程。来到五里古渡，师生依依不舍，先生含着热泪说："五里铺子今分手。"俞扶九向恩师深深一拜："北御街上再相会。"后来，他果然得中进士。当然，这传说出自民间，对联未必工整，但对主人公的描绘却充满当地百姓的赞美之情。

第二个故事与流传在桐城的六尺巷如出一辙。据说，俞扶九当了京城大官后，家里人便扒去旧宅，翻盖新房。对面一周姓铁匠家也在盖房，两家都想向中间的过道扩展几尺，结果墙线一划，过道没有了，双方僵持不下，互不相让，谁也不准对方动工。于是，俞家便派人进京送信给老爷，要俞扶九出面干涉，压周家让步。俞扶九接到家信后，一声不响地写了一封回信，交来人带回，并嘱咐说："办法都在里面。"回到正阳关，家人拆信一看，上面只有一首诗："千里捎书为堵墙，让他三尺又何妨！万里长城今犹在，不见当年秦始皇。"最终，俞家主动退让三尺，周家也自愿退让三尺，使原来的三尺巷变成了九尺巷。从此，正阳关人把这条巷子改名为"贤良巷"。遥想与俞扶九同朝为官的张英也有同样的故事，同样的诗作，不禁令人会心一笑。两个故事孰真孰假，其实并不重要，重要的只是一种应当代代传承的精神。

正阳关关于俞扶九的第三个故事，是"卧虎地"和《乌江渡》。正阳关北五里铺，淮河大坝东方，有一块开阔的高坡地，俞扶九的父亲就安葬于此。俞扶九幼年家境贫寒，父亲过世早，所以，早先俞家的坟地和普通百姓人家的坟地没有两样。后来，俞扶九中了进士，做了官，人们就传说俞扶九的父亲睡在风水宝地上，人称"卧虎地"。住在周围的人们，也都想沾沾仙气，谁家老人去世，都想方设法在俞父坟周围安葬。后来，俞家人倚仗俞扶九的名气，串通地方官府，将俞父周围无论新旧坟一概铲平，致使民怨沸腾。几年之后，对此事浑然不知的俞扶九告老返乡，往昔乡邻的亲切全然不见，剩下的只有冷漠和疏离。俞扶九闷闷不乐，多方打听，才知道因为平坟，导致乡邻怨恨。晚年，一生刚直、清廉的俞扶九，因为家人的胡作非为长期郁郁寡欢，终于在雍正元年（1723）病逝于正阳关。

乾隆年间，有人将平坟事件编入剧本《乌江渡》中，说乾隆爷下江南

黄吉安像

巡游正阳关时，带着朝臣们的议论和疑问，亲自前往五里铺“卧虎地”，巡查俞父坟地，只见俞父孤坟一座，形单影只。乾隆皇帝叹息说：“虎踞正阳关，才出日月地，官缺满天星，‘俞’跃落旱滩”。

时至近代，正阳关留下众多志士仁人的足迹，他们的心里，都揣着国家和人民。

比如黄吉安（1836—1924）。这个原名云瑞，号余僧的正阳关人，恐怕已经被许多安徽老乡忘记了，因为他成名是在四川，功绩主要体现在川剧剧本的创作上。一个安徽正阳关人，怎么会千里迢迢跑到四川成就事业？这就不得不从黄吉安的身世说起。

道光年间，黄吉安出生于正阳关一个穷苦家庭，尽管他自幼聪明好学，还是因为穷，不得不在 18 岁时辍学谋生。实在没有办法，黄吉安只好跑去当兵吃粮。由于他为人耿直，不善于阿谀奉承，混了大半辈子，最终也不过是一个县衙的小小职员。60 岁时，老伴病逝，含悲忍辱的黄吉安终于愤然归隐，两袖清风地回到羊市（今寿县正阳关）老宅。晚年客居成都时，他已是一位垂垂老者了。

然而，命运却恰恰在这个时候发生了转变。20 世纪之初，清廷摇摇欲坠，国家内忧外患，64 岁的黄吉安眼看八国联军入侵中国，清朝政府丧权辱国，忧心如焚，日夜难安。于是，他开始奋笔疾书，凭借幼年在家乡对戏曲的了解，也凭借寄寓四川后对川剧的深刻认识，他写出了一本又一本的川剧历史戏，20 年里，所编所写，总共达到 80 部以上。

黄吉安之作充满爱国激情。《渡芦》《浣纱》《吹箫乞食》写伍员，《忠烈图》写屈原，《九里山》写项羽，《大闹秦庭》写荆轲，《青囊恨》写华佗；《鞭督邮》写张飞，《绵竹关》写诸葛瞻，《三尽忠》写陆秀夫、张士杰、文天祥，《金牌诏》写岳飞，《林则徐》写林则徐，无不铮铮有声，人物形象呼之欲出。此外，他写《江油关》反对投降，写《邺水投巫》破除迷信，一时名噪锦官城。紧接着，配合禁烟，黄吉安写了《断双枪》；

宣传妇女放足，写了《凌云步》；为提倡女权写《女探母》《木兰从军》《缇萦救父》《梁红玉击鼓战金山》《杜十娘怒沉百宝箱》；因不满于清朝统治者昏庸无能、丧权辱国，他再写《春陵台》《闹齐宫》《闹齐庭》。1914 年袁世凯恢复帝制，先生又急急写出《江亭战》，借东汉末年袁术僭越称帝故事，狠狠地讽刺了袁世凯。

由于作品精湛，内容好，词也好，“时人不能增减一字”，人们尊敬地称黄吉安的剧本为“黄本”。黄本之作，一直流传至今。

就在黄吉安埋头创作剧本的同一历史时期，1904 年夏天，一艘小木船顺颍河而下，在正阳关停泊。船上下来的，是芜湖安徽公学教师、反清志士陈独秀和柏文蔚一行诸人。陈、柏看中正阳关不仅是淮上交通枢纽，而且是皖北地区的经济中心，有 13 条水陆交通经过此地，战略位置十分重要，因此商定“作皖北之游，访江湖侠义之士”，为创建秘密革命团体奠定基础。在联络宋少侠、王静山、方健飞等人，先后考察了怀远、蚌埠，经蒙城、涡阳、亳州、太和、阜阳等地后，他们到达正阳关。

陈独秀此行结识了孙毓筠、张树侯等“淮上健儿”，返回芜湖后，他们以“淮上健儿”为核心，发起组织了安徽第一个反清革命团体——岳王会，发展会员 30 多人。后来，岳王会会员集体加入同盟会，在推翻清政府、创建民国的大业中，功勋卓著。1911 年 11 月 5 日，在岳王会会员张汇滔、袁家声、岳相如等领导下，寿州兵不血刃，成为安徽第一个宣布光复的城市，为安徽全省的起义立下首功。

正因为如此，陈独秀对于正阳关，不仅印象深刻，而且感情深厚。1912 年 3 月，他在《民立报》上发表著名的《存殁六绝句》，怀念幸存的郑赞丞（祖籍正阳关）和牺牲的熊子政（正阳关人）：“老赞一腔都是血，熊侯垂死爱谭兵。蜀丁未辟蚕丛路，淮上哀吟草木声。”

与陈独秀一生命运相关的，还有另一位正阳关人——高语罕。高语罕（1887—1948）原名高超，出生于正阳关盐店巷，1905 年考入安庆陆军测绘学堂，1911 年参加熊成基领导的马炮营起义，辅佐辛亥革命前驱韩衍创办《通俗报》。辛亥革命安庆独立后，他担任安徽青年军秘书长，与陈独秀结识。1912 年 4 月，韩衍被刺，高超改名高语罕。此后，他积极参与陈独秀等发起的新文化运动，参加北京共产主义小组和马克思主义研究会，推出安徽最早最系统传播马克思主义的课本《白话书信》。此书多次修改再版，共发行 10 万余册，成为风靡一时的畅销读物。1926 年，高语罕出席国民党“二大”。“中山舰事件”发生后，他与恽代英、邓演达、张治中一起，被蒋介石指斥为“黄埔四凶”，被下令逮捕。1927 年，在高语罕指导下，揭露蒋介石在安庆反革命行径的《三·二三事变宣传提纲》刊行于世。此后，他跌宕于中国变幻莫测的政治风云中，直到 1948 年病逝，葬于南京市南门外花神庙旁。

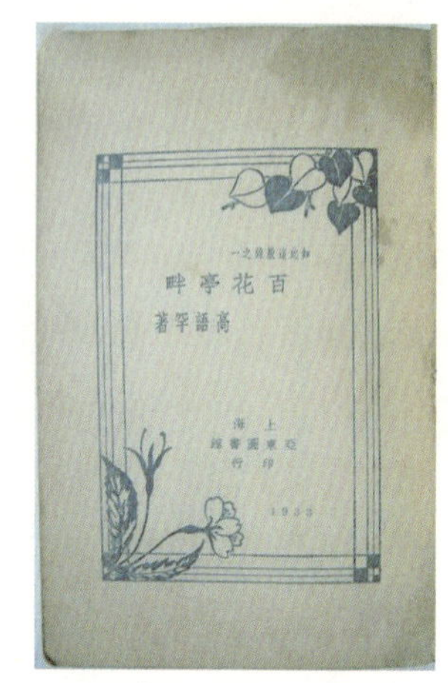

高语罕《百花亭畔》书影

高语罕是正阳关的儿子。1933 年，他写作《百花亭畔》，开篇就是关于正阳关的描述，宛如一幅美丽的风情画卷：

> 我们这个镇市，在津浦路尚未修筑以前，蚌埠还是一片荒地以前，它的确是皖北的一个唯一的商埠……北门外二里许，有一个高冈拥护着，名叫北坝根；南门外也有一道高堤环护着，名叫南堤。北堤上有三官庙，南堤上是盐仓，且建有大王庙，淮南书院，又名羹梅书院，也附设在里面。南北二堤，每当春水泛滥的时候，堤边杨柳垂垂，从南堤到北堤沿正阳城西的长淮十里，一眼望去全是商船，真是“帆樯林立”，烟火人生，日夜不绝。

第四节　帝王之乡，大明中都
——凤阳故事

人说淮河流域是出皇帝的地方，此言确实不虚。这里山是泰山余脉，水有淮河东去，地广人众，而且恰好处在华夏南北的中点之上。此地的好汉们，既有北方人的彪悍勇猛，又有南方人的聪慧敏捷，常常在江湖上充当带头大哥角色，颇具帝王之气。早在秦朝末年，陈胜于宿县大泽乡举起义旗，虽然最终没能杀入咸阳城，但毕竟已经进入了《史记》的“世家”行列；汉高祖刘邦是淮河流域泗水水系沛县人，年轻时经常活动在皖北砀山、萧县一带；魏晋年间，亳州走出了魏武帝曹操；南北朝时期，刘宋开国皇帝刘裕祖籍徐州铜山，距离今天的皖北萧县，真的只有一箭之遥；五代十国，后梁皇帝朱温出自皖北砀山一个贫困之家；30 年后，李昪定都金陵，建立南唐，他又是一位徐州人。时至元朝末年，一位来自淮河流域的布衣汉子收揽天下英雄，结束蒙元统治，平定四海风波，威风凛凛地坐上了南京城里的皇帝宝座，开创了大明江山，这就是朱元璋。

因为有了朱元璋，中国地图上有了一个十分美丽响亮的地名，叫作“凤阳”。

一、淮右布衣，开国帝王

1328 年 10 月 21 日，濠州钟离县小孤庄的一座破茅屋中，传来婴儿落地的呱呱哭声，贫苦农民朱五四的第八个孩子出生了。看着又一个孩子的降生，朱五四没有一点喜悦，他不缺孩子，缺的是喂养孩子的粮食。环顾四壁，这个家一无所有，朱五四最愁的就是一件事，怎么能让孩子们吃上饱饭？既然连饭也没得吃，新生的孩子叫什么名字还重要么？自己的名字就是瞎对付的，孩子们照葫芦画瓢，老大叫了朱重一，老二就是朱重二，接下来是重三、重四……排到第八个，自然就是朱重八了。

小重八生下来就肚子胀，不能吃奶，瘦得皮包骨头，眼看活不成了。当爹的既没有钱请医生，又不能眼睁睁地看着孩子死在面前，他不得已，抱起孩子送到庙里，决定让他自己撞大运。可是，就在朱五四临出门的时候，背后“哇”的一声，小重八又哭起来了，朱五四的心被儿子的哭声狠狠地揪住，他连忙跑回去，将重八搂进怀里，回家了。跌跌撞撞回家的路上，朱五四一肚子的想不通。这个老实巴交的庄户人实在不明白，一家人几辈子辛苦劳作，可为什么总是欠债？为了躲债，他四处躲避，一辈子似乎都在搬家，从盱眙搬到灵璧，从灵璧搬到虹县，听说钟离的土地多一点，他又带着一家老小搬到钟离东乡，10年后，挪到小孤庄，可是，依然没有温饱。

不过，当年的朱五四肯定没有想到，他四处迁徙，却自觉不自觉地一直留在淮河流域。冥冥之中，一家人世世代代留恋着淮河，即便是经历了一次又一次水旱之灾，他们的脚步却从来没有偏离。当然，朱五四更不会知道，他下意识的这种选择，对小儿子朱重八意味着什么，对未来的朱家意味着什么，对中国的政局又意味着什么。

侥幸活下来的朱重八开始了在淮河摇篮里的人生。曾经美丽富庶的淮河流域，此时因为黄水南泛，已经凋敝不堪，再加上元朝末年的苛捐杂税，人民早已难以为生。贫困之中渐渐长大的重八，别无选择地成了濠州乡村的一名放牛娃。日出日落，他像野草一样，顽强地在山坡、田野间寻求生存的可能。身边浩浩东去的淮水，似乎并没有对这个孩子有特别的眷顾，他仍然像父辈一样贫穷。但脚下这片被淮水滋润的土地，却又在默默之中给小重八注入了千百年来凝聚的特殊灵气，它来自遥远的涂山部落、钟离古国，来自神奇的庄周钓台，来自不远处弥散着战争气息的楚汉战道，更来自一身兼具南北气韵的淮河。朱重八显然比他的父辈更多聪明智慧，更有敢于担当的豪情血性。

多年之后，有关他童年时代的种种传奇遍布皖北，遍布淮河流域，甚至遍布全中国。其中一个故事很能说明问题。

据说，有一天朱重八和小伙伴们一起放牛，大家实在饿得不行，想找点吃的，就让重八拿主意。同样饥肠辘辘的重八突发奇想，带着大家杀了一头财主家的小牛，痛痛快快饱餐一顿。事后，孩子们想到回家无法交代，有的跑了，有的哭了，小重八却十分从容。他先吩咐伙伴们把小牛的皮骨埋了，然后把小牛尾巴插在山上石头缝里，统一口径，就说是小牛钻进山洞去了，只留下尾巴，拉不出来。可这怎么能骗过大人？当天晚上，小重八挺身而出，承担了事情的全部责任，狠狠地挨了一顿打，被财主赶出家门。可他也深深地赢得伙伴们的信任，无可替代地成了孩

朱元璋画像

子王。

或许就是从那时候开始，一个淮西集团已经在这些放牛娃中间悄无声息地形成。曾经与重八一起砍柴、放羊、放猪的小朋友，诸如徐达、汤和、常遇春、周德兴等等，成了日后大明王朝的开国元勋。共同的乡土记忆，相似的人生经历，淮河赋予的血性、义气，构成了一个牢不可破的乡土同盟。

就在这时候，淮河还以它波涛深处的历史记忆，陶冶着小重八的心性。南宋时候，濠州一带一直是抗金前线。除了官兵的战斗，钟离人王惟忠也曾聚众 90000 余人，凭借韭山之险，抗击金兵，至今山上留有石垒城、石鸡亭、七里大寨等遗址。重八的外公早年在南宋杰出的爱国将领张世杰部下当过亲兵，一直追随小皇帝逃到崖山，直到张世杰殉难，他才历尽千难万险回到家乡。重八懂事后，外公常常捋着胡子跟他讲行兵打仗、大宋王朝帝王将相的故事，讲的人神采飞扬，听的人如痴如醉，小小的重八满心里都是英雄豪杰。

当然，最终将小重八推上帝王之路的，还是来自淮河千锤百炼的锻打。

元至正四年（1344），濠州又一次遭遇大旱。随之而来的，还有蝗灾、瘟疫。重八家住的村子，一天就死了几十口人，他的父亲、母亲、大哥、二嫂、三嫂相继去世，只剩下哥哥重六与重八相对啼哭。为了有口饭吃，朱重八进了於皇寺，当了一名专作苦役的和尚。但是，连年灾荒，濠州又哪里有粮食布施僧人？不久，重八就离开於皇寺，云游四方。这期间，他走过合肥、固始、信阳、汝州、淮阳、鹿邑、亳州、颍州，足迹遍布淮西一带名都大邑，熟知了这些地方的山川地理、风物人情，见了世面，开了眼界，增长了知识，锻炼了体魄，也接受了红巾军思想的影响。几年之后，他投身驻扎在濠州的红巾军郭子兴部，踏上了起义征途，改名朱元璋。

在历代帝王之中，农民出身的朱元璋绝对是一个特别依恋家乡的人。南征北战二十几年，他一直没有忘怀淮河边上这一片土地。在攻打东吴的第一阶段战役中，濠、徐、宿三州相继光复。朱元璋就回到濠州省亲扫墓，与父老乡亲一起饮酒，言辞恳切地说："吾去乡十有余年，艰难百战，乃得归省坟墓，与父老子弟复相见。今苦不得久留欢聚为乐。父老幸教子弟孝悌力田，毋远贾。江淮郡县尚苦寇掠，父老善自爱。"这一次，他命令免除家乡租赋，老乡们自然感激不尽。

此后，朱元璋多次回到故乡，回到自己生长的这一片热土。

元至正二十八年（1368），朱元璋在应天府称帝，国号大明，年号洪武。

随着朱元璋登上皇帝宝座，濠州的历史也翻开了新的一页。

二、中都肇建，凤阳府兴

洪武二年（1369）九月，初登帝位的朱元璋召集群臣研究定都事宜。那一次，大家商量得热热闹闹，可就是意见不能统一。《明太祖实录》记载了会议情况，大家"或言关中险固，金城天府之国，或言洛阳天地之中，四方朝贡，道里适均；汴梁亦宋之旧京；又或言北平之宫室完备，就之可省民力者"。

这时，朱元璋发话了。他说，你们说的都很好，但时代有所不同。长安、洛阳、汴京，是周、秦、汉、魏、唐、宋的国都，但大明平定之初，人民还没有休息好，我若建都于这些地方，劳力物资都要依靠江南，会加重江南民众的负担；如果在北平建都，宫室不能没有更建，也不容易啊。如今建业是长江天堑，龙盘虎踞，江南形胜之地，足以立国。临濠则前江后淮，以险可恃，以水可漕。我想将临濠立为中都，你们以为如何？"

皇上的提议，群臣怎能不认可？更何况当时的开国功臣中，徐达、汤和、邓愈等人，都是朱元璋的濠州老乡，谁不想衣锦还乡，谁不愿家乡兴旺？于是，就在这一次会议后，朱元璋下诏，立临濠为中都，令有司营建，其建置、池城、宫阙，一如京师之制。

洪武四年（1371），朱元璋特别回乡一次，视察、督建中都，尽管此时刘伯温已经多次劝告朱元璋放弃建都临濠的想法，但是，“圣心因念帝乡”，朱元璋似乎一点儿也听不进去。相反，中都城的建设，一直在快马加鞭地进行，朱元璋的关切之情，也以多种方式表现着：

一是多次变更府、县之名。

洪武二年（1369）九月，朱元璋将临濠府钟离县改为中立，意在“取中天下而立，定四海之民之义也”；洪武三年（1370）十一月，他再将中立改为临淮；洪武六年（1373）九月，又改为中立府；洪武七年（1374）八月，朱元璋再将中立府改为名字更为响亮的“凤阳府”。此名之得，是因为中都城西北有凤凰山，势如凤凰飞翔，而新城建在凤凰山之阳，故名“凤阳”。凤阳周边，三山东西相连，向阳高亢，北临淮水，东南有濠水，因此人称中都“席凤凰山以为殿”。细细揣摩，朱元璋的屡屡更名之中，实在有对家乡太多的关注和希望。

二是不断增设建置。

洪武四年（1371）二月，朱元璋对中书省臣下说：“临濠为朕兴王之地，今置中都，宜以傍近州县通水路漕运者隶之。”于是，寿、邳、徐、宿、颍、息、光、六安、信阳9州，五河、怀远、定远、中立、蒙城、霍邱、英山、宿迁、睢宁、砀山、灵璧、颍上、泰和、固始、光山、丰、沛、萧18县，悉隶中都。

如果说这几年朱元璋为家乡的屡次更名，包孕着他对故土的深深情意，那么，凤阳府建置的迅速增大，应当说又有着朱元璋太多的政治思虑。

洪武初年，中国北方大部分地区还没有攻打下来。面对当时的形势，朱元璋认为山东一地是抵挡南北的一个屏障，所以要先攻打山东，进而以黄河为屏障，再夺取潼关，最后平定全国。在这个过程中，淮河、长江就显得特别重要：若守住这里，北方南下便多了一层屏障；若失守此地，南下之军便长驱直入。而中都恰处江淮之间。于是，朱元璋决定，将淮河、长江临边的县、州通通划归凤阳府，这便出现了历史上第一个既包括长江又包含淮河的行政区划。

此外，这里群山环抱，地势起伏，历史上就是一个易守难攻之地，素有“建业之肩背，中原之腰脊”之称。中立府的地形，更有利于在战争时期发挥作用。而且，当时明朝定都南京，而此地作为中都，位于南京之北，这就形成了南北战争的战略缓冲地带。可见，凤阳府的设立，朱元璋是何等的用心良苦。

当然，朝廷设府不仅仅是考虑军事需要，更重要的是服务此后的经济建设。凤阳首次将长江、淮河划进一个区域，大批物资会沿着淮河、长江流域诸条水道，源源不断地运往南京，与此同时，有了漕运的支撑，凤阳府也会迅速发展起来。

三是选派李善长、汤和等得力官员前往营造，这些人多为朱元璋的淮西老乡，而且有管理、营造之长。

四是迁徙移民、遣送罪犯到中都屯田、充役。

五是赏赐公侯和造作军士。

……

就在这样一系列融合着乡土深情与政治思虑的决定中，中都凤阳的建设日见成效。然而，谁也没有想到，就在洪武八年（1375）四月，中都城建设“功将完成”之际，朱元璋却突然变卦了。那一次，他亲临巡视，“验功赏劳”之后，转身回到应天，就下令停建中都。这一个转弯来得如此之急，让大家一头雾水，谁也不知皇上心里到底怎么想的。据朱元璋自己说，是因为中都建设过于破费，劳民伤财，但是，一座苦心经营了整整六年，规模巨大、建设豪华的中都城就这么从此搁置，而且同年九月又开始按照中都宫殿的样子扩建应天吴王新宫，岂不是更大的浪费？

当然，朱元璋自有朱元璋的道理。尽管一直到今天，这道理究竟是什么，人们还没完全猜透。

有人说，朱元璋相信地舆、星象。罢建中都的前三天，“日上有背气”，朱元璋因此想起他的高参刘伯温的话：“凤阳虽帝乡，然非置都之地”，因此，决定罢建中都。

也有人说，这是由于政治的原因。朱元璋身边的功臣许多都是他的同乡，江淮人在高官中占了很大比重。朱元璋亲临视察时看到，中都工程尚未完工，百里之内，开国功臣和勋戚之家已宅第相望，许多淮西勋贵正在利用乡里关系扩充实力，结党营私，这让当皇上的人隐隐不安，他想起刘伯温的暗示：要抑制淮西勋贵实力的滋长。是的，凤阳一旦为都，这些人回到老家，会如虎添翼，更加难以控制。所以，朱元璋果断地叫停了迁都中都城。

清乾隆《凤阳县志》记载了另一种传说，说是一天朱元璋带领百官视察中都，边看边问这城建得怎么样？刘伯温说，好是好，就是地势太险恶，中都城外方丘湖芦苇冲天，能藏兵百万；城内蚂蚁山支上大炮，一炮能轰倒紫禁城。朱元璋一听，忙问那都城挪到哪里才好呢？刘伯温说，要朝东南移一箭之地。朱元璋听罢，立刻射出一箭，那箭直飞东南四十多里的地方，刚要下落，就被太白金星化成的老鹰叼住，一直飞到南京才落下，朱元璋只得放弃了定都凤阳的打算。

不管怎样，洪武十一年（1378），朱元璋终于下定决心，定都南京，而以凤阳为陪都。

此时的凤阳，虽然失去了作为都城的机会，但它的地位还是达到了历史的最高点。而且，作为陪都的中都仍在建设之中。就在下旨停建的当年，中都城里"既广且大"的国子学和"制度宏大，规模壮丽"的钟楼、鼓楼建设完毕，皇陵也在建设之中。洪武十四年（1381），中都兴建了"广三里"的演武厅、教场。洪武十六年（1383），建"规制宏丽"的大龙兴寺，十七年（1384），寿春王坟修治，建享堂，立石人、石兽。一直到朱元璋晚年，中都城还载着朱元璋浓浓的乡土思念，不断地处于修整之中。

三、皇城规制，实冠天下

面对这样一番介绍，今天的人们忍不住会想，600 多年前的凤阳，到底拥有一座什么样的城池？

说起来可能会令很多人想象不到，明代的中都城，曾经被古人称赞为

“重城壮且丽，飞观高百尺”，“虎踞龙盘圣祖乡，金城玉垒动秋芳”。而今人的评价更加直白。故宫博物院原副院长单士元称：“凤阳中都城了不起，中国几千年的皇城建筑，凤阳考第一，中国从奴隶社会以来，所建的都城中都是集大成的。它总结了唐、宋、元以前各代皇城建筑的经验，规模大，工艺精湛。”他的另一句玩笑话给人的印象更为深刻：“凤阳中都是爷爷辈的，南京故宫是儿子辈的，北京故宫是孙子辈的。”

这实在令人震撼，可它是确定无疑的事实。

据史料记载，明中都皇城，又称“明中都紫禁城”。朱元璋兴建的中都，建有外、中、内三道城。外为中都城，周长60余里，开12门，曰洪武门、南左甲第门、前右甲第门、朝阳门、独山门、长春门、正北门、北左甲第门、后右甲第门、涂山门、长秋门、子顺门，后因停建减去3门，但全城仍有9座门、28街、104坊、3市、4营、2关厢、18水关；中为禁垣，周长15里多，开4门，曰承天门、东安门、西安门、北安门；内为紫禁城，周近8里，开4门，曰午门、东华门、西华门、玄武门，规模比北京故宫还大1万多平方米。紫禁城内有正殿与文华、英武两殿，文、武二楼，东、

明中都城墙西华门遗迹

西、后三宫，金水河、金水桥等。正南午门外，左为中书省、太庙；右为大都督府、御史台、大社稷。中都城内外，还有城隍庙、国子监、会同馆、历代帝王庙、功臣庙、观星台、百万仓、军士营房、公侯第宅、钟楼、鼓楼等。《中都志》称它“规制之盛，实冠天下”。

读了这一段文字，别的不说，单是“朝阳门”“东安门”“午门”“东华门”“西华门”“玄武门”“金水河”“金水桥”……这些今天的中国人耳熟能详的名字，已经引起我们多少联想？更何况600多年后我们可以见到的凤阳护城河，依然那么宽大，浩荡。

还有令人惊叹的细节。中都城建筑所用木材都是天下名木，建大社坛的青、黄、赤、白、黑等五色土，取自直隶、应天等府和河南等10多个省。城墙墙体先用白玉石须弥座或条石作基础，上砌大城砖，其中已发现署有22个府70个州县及大量卫所、字号的铭文砖，可见动用人力物力之广。砌砖所用的灰浆是用石灰、桐油、糯米汁等材料混合而成，关键部位，甚至用熔化的生铁代替灰浆灌铸。所以，这城墙在明代两百多年的风风雨雨中，能够完好无损。

坚固的同时，是巧夺天工的装饰。中都皇城午门券门以及楼台四周的基部，总长500余米的白玉石须弥座上，连续不断地浮雕着龙、凤、鹿、象、麒麟、双狮绣球、牡丹、芍药、荷花、西番莲、云朵、方胜，浓浓地透出宋元艺术风韵。西华门、东华门和玄武门三券门洞两侧基部砖砌须弥座上，也镶嵌着模压的花卉、方胜，宫殿里石望柱、栏板、御道丹陛等，无不雕龙刻凤，华美异常。一直到今天，残留的午门上这些鲜活灵动的雕刻，似乎还在向人们诉说着中都城当年的辉煌。与之相比，南京、北京的皇城真是大为逊色，因为它们的故宫午门基部须弥座上，仅仅嵌有少量花饰。

凤阳明中都城墙基座雕花

至于中都皇城的石础，又得令北京故宫伤心叹气了——太和殿石础直径也就1.6米见方，还是素面朝天，凤阳中都却每块达到直径2.7米见方，础面正中，有半浮雕蟠龙一圈，外围刻有翔凤。

当然，最重要的是建筑格局。

据史志记载，中都城南北中轴线纵贯全城。南端自凤阳桥跨涧水，进洪武门，入洪武街，穿过云济街至大明门，长达2里。进大明门，沿御道至宽阔的凸字形广场，入禁垣承天门，经端门过五龙桥，至皇城午门，近1.5里。进午门，过内五龙桥，入奉天门，至正殿，正殿是中轴线的中心。往北入后宫，出皇城玄武门，经苑囿，越凤凰山巅，出禁垣北安门，下凤凰山往北直接北门（未建）长达10里。南北中轴线全长13. 5里。中轴线两侧，洪武街有东西对称的左右千步廊，中书省、大都督府和御史台等中央文武官署置午门侧，太庙、大社稷位阙门左右。皇城内主要建筑有：正殿奉天殿、华盖殿、谨身殿、东西宫等，两侧有文楼和武楼、文华殿和武英殿等。在大明门前云济街上，向东排列着城隍庙、金水桥、国子监、鼓楼；向西有功臣庙、金水桥、历代帝王庙、钟楼。城内外还有寰丘和山川坛、朝日坛和夕月坛、皇陵十王四妃坟、会同馆、百万仓、苑囿、观星台、龙兴寺、中都留守司及八所一卫、凤阳府治、凤阳县治等建筑群巍然壁立。

《明太祖实录》描绘了洪武六年（1373）六月中都城的相貌：皇城内，居中是奉天殿，左右两侧是东、西二宫，两翼前为文、武二楼和文华、武英二殿，正殿前为奉天门，内金水桥，后为后宫，两侧序列六宫；内金水河从城西北角涵漏入，向南折东再南，蜿蜒曲折，由城东南角涵洞出，注入护城河。玄武门外为苑囿，“四围松桧，竹树茂盛，春则花开如绣；果品庶类繁伙，岁以鲜果桃、李、梅、杏，则荐于皇陵并南京太庙、孝陵”。午门东西阙门前，左为中都省、太庙，右为大都督府、御史台、大社稷。

面对这座我国古代规模最大、最豪华侈丽的都城，单士元先生在《明中都》一书的序里由衷赞叹：“考其设计，则依法《周礼·考工记》……可以说中都宫殿是将几千年来奴隶社会和封建社会帝王宫殿规模，作了概括的总结，制定出一套完备的封建帝王宫殿的蓝本。从此，我们可以说营建中都是为洪武十年改制南京都城宫殿和永乐年间修建北京都城宫殿绘制了蓝图，制作了样板模式。”

可惜的是，这座宏伟的城池运气不是太好。

洪武八年（1375）中都城停建后，洪武十六年（1383）即拆中都宫室名材修建龙兴寺。明英宗天顺三年（1459），政府再一次拆中书省等衙门500余间，重建龙兴寺。至明末，国力日衰，中都土城及罢建后的不少建筑，年久失修，渐渐显出没落之相。崇祯八年（1635），农民起义军攻占凤阳，焚烧皇陵享殿以及龙兴寺、官府、邸舍等，随着大明王朝的覆灭，多年笼罩在凤阳城上的王者气象也随之消散。

清康熙六年（1667），中都改称县城。乾隆二十年（1755），皇城外禁垣、钟楼台基、中都城九门两段砖包城墙等等被拆，修建府城。

不过，直到此时，中都城主要建筑还基本完好。但劫难依然频频光顾，经历了太平军、捻军、抗日战争、解放战争的多次战火，经历了“文化大革命”的浩劫，中都城内外建筑终于基本损毁，只留下皇城午门、西华门及西城垣，坚强地矗立在原野之间。环绕簇拥在它们身边的，还有宽达80米的护城河，众多精美绝伦的须弥座石雕，巨型蟠龙石础、石栏板、望柱、御道丹陛石雕，以及五彩缤纷的琉璃构件。

此外，挺立在今日凤阳城中央的鼓楼，也努力证明着凤阳曾有的气势。它建于明洪武八年（1375），又称“中都谯楼”，是中都城的重要附属建筑，与西边已经消失了的钟楼相距6里，遥遥对峙于中都城中轴线的两侧。这是中国最大的鼓楼，终明一代，一直以其高大雄伟为国内之最。此外，这座鼓楼还有一个特别之处，它不是南北朝向，而是东西向坐落，据说是为了与“席山建殿，枕山筑城”的中都格局相平衡。不过，今天的人们站在它面前，眺望着门楼上“万世根本”四个大字，只觉得那身形，那架势，还有那独特的走向，都像极了当年性格独具、傲视群雄的朱元璋。

四、皇陵寺庙，深意各存

作为朱元璋的“龙兴之地”，凤阳独特的历史存留还有明皇陵和龙兴寺。

说起来朱元璋早死的老爹老娘怎么也不会料到，他们那样悲惨地死去，连一口棺材也得不到，日后，侥幸活下来的小儿子竟然给了他们莫大的荣耀，将他们封为皇帝、皇后，又给他们建了一座周长14公里，气势非凡

凤阳明皇陵神道

的大坟墓，起名叫“明皇陵”。

明皇陵一如中国各个历史朝代的皇帝陵，进门之后的神道两旁，石像生比比伫立。就像皇帝举行朝会时出现的皇家仪仗队。明皇陵长长的神道上，32 对石像生是明朝原物，也是明代雕刻最早、数量最多、刀工最细的陵寝石刻。这里有獬豸 2 对，狮子 8 对，望柱 2 对，马与控马人 6 对，老虎 4 对，羊 4 对，文臣 2 对，武臣 2 对，内侍 2 对。据说，在中国历代帝王陵中，石像生一般以 18 对居多，这里出现 32 对，是因为朱元璋的父亲去世时是 64 岁。与宋代石刻相比，明皇陵所有人物雕刻的表情、动作、神态都更接近生活，佩饰、衣物惟妙惟肖，动物雕刻也是连皮毛纹理都一丝不苟。

神道尽头，两侧各有一块碑。西为皇陵碑，是朱元璋亲撰的碑文。在此，这位布衣天子非常坦白地写出自己卑微的身世，描述了他从乞丐到皇帝的人生经历。令人想不到的是，东面竟然是一块无字碑，高高挺立在莽莽草野中，等待着后人评说。

今日凤阳县城内，另一处重要的文物遗存，是兴建于明洪武十六年

（1383）的龙兴寺。听老人们说，龙兴寺的前身是朱元璋早年出家礼佛的於皇寺，寺址在龙兴寺西南 15 里的二十郢村南。元至正十二年（1352），那座寺庙被焚毁了。

可是，朱元璋却一直没有忘记於皇寺，总想把它修建起来，那里有他太多的苦难记忆。洪武十六年（1383），这一愿望总算完成。据《明太祖实录》记载，初建时的龙兴寺，殿宇楼阁，规制宏丽，内有“佛殿、法堂、僧舍之属凡三百八十一间”，朱元璋亲自赐名“大龙兴寺”，并写下《龙兴寺碑》碑文。此外，据《凤阳新书》记载，龙兴寺还有御书亭，“洪武十六年建，内有圣主御书‘第一山’三大字，勒石树立，制极高邃，为中都之壮观也”。明朝历代皇帝对这座龙兴之寺恩赏多多，寺庙最繁盛的时候，拥有僧众五百，僧兵千余。俨然江淮佛殿中心。正因为如此，有人描写这里是“梵刹西连万岁山”，“梵王宫殿屹浮寰”，“蛟龙绝岘盘宇构，狮象诸天拱寺门”。虽然诗句有些夸张，却也能令人感受到那时龙兴寺的恢弘气象。

可惜的是，龙兴寺建后不满 60 年，便于明英宗正统五年（1440）被一场大火焚毁。此后，这座寺院屡毁屡建，与中都古城一样，一路跌跌撞撞地走来。最终，朱元璋亲题的龙兴寺碑和“第一山”碑都荡然无存，寺内铜佛、菩萨、罗汉等塑像粉身碎骨，众多题诗、碑刻、字画也散失一空，唯有“半亩山前屋，千株林外松”，依然壮观。

历史兴衰，发人感慨。

清末民初，康有为曾经到龙兴寺游览，面对破烂不堪的寺院，他写下《题朱元璋画像》一诗：“坏寺颓垣照夕阳，铜锅石碣甚荒凉。龙颜龙准开皇业，终尽僧房劫可伤。”相比之下，还是清乾隆年间，那一位远道而来的布衣诗人黄仲则写下的《龙兴寺》一诗，更有意味：“上头栋宇阅兴衰，事去英灵失护持。云气何年接芒砀，山门犹自枕钟离。圣朝宽大仍遗构，胜国苍凉只断碑。欲叩恒河沙数劫，人间除是法王知。”确实，世事变迁，谁又能洞悉内里，明示劫数？

1993 年 6 月，凤阳县政府决定，将龙兴寺交由县宗教部门和僧人管理，并开始筹资修建。1996 年底，明太祖殿和新建大雄宝殿、天王殿、地藏王殿、藏经楼及念佛堂、禅堂、寮房等先后修建完毕，一座规模宏大，气势雄伟的龙兴寺再现人间，只不过，今天护持它的英灵，已经不再是朱元璋。

五、凤阳花鼓歌，幻形六百年

而今，我们距离朱元璋的时代，早已过去六百多年，可朱元璋的名字，还长久地流传在民间。淮河流域所出的众多帝王，很多人早已被老百姓淡忘，只有刘邦与朱元璋，大家至今记忆犹新。

这当然有多方面的因素，可对于朱元璋来说，他的名气如此之大，与一首凤阳民歌的流传是分不开的。这就是那首中国大地上几乎人人会唱的凤阳花鼓歌。乍听起来，这是一首再简单不过的民歌，充满乡土气息的曲调，朴实、优美，朗朗上口的歌词，好懂、易记。但是，很多人并不知道，藏在这花鼓歌背后的故事，有多么丰富，简直就是一部明代以降的江淮历史。

说起凤阳花鼓，今天唱者、听者的第一感觉，就是以为它是老百姓对朱元璋的怨恨，其实错了。朱元璋是凤阳的儿子，也是中都凤阳城的肇建者。他登基以后，十分认真办理的一件大事，就是“永免凤阳、临淮二县税粮徭”，不是一时免除，而是“世世无所与”。据《凤阳新书》等记载，朱元璋不只一次以皇帝的口气、乡亲的情愫对乡人说：你们在家乡，有福的去做父母官，无福的就给我看守陵墓，种田的不要你们交租税，年老的只管逍遥自在地吃酒。一年三百六十天，你们就唱着过吧！

饱享皇恩的凤阳人，也就真的欢天喜地唱起来，那歌声是发自内心的感激。洪武年间，凡逢年过节、遇喜庆大事，凤阳花鼓队便驾着彩马香车，从凤阳府一直唱到应天府（今南京市），唱到朱皇帝、马皇后面前：

> 说凤阳，道凤阳，手打花鼓咚咚响，凤阳真是好地方，赤龙升天金凤翔，数数天上多少星，点点凤阳多少将。
>
> 说凤阳，道凤阳，手打花鼓咚咚响，凤阳真是好地方，皇恩四季都浩荡，不服徭役不纳粮，淮河两岸喜洋洋。

传唱于凤阳、南京一带的这首凤阳花鼓歌，歌词质朴，节奏轻捷，曲调欢快，反映了明初凤阳人的欢乐之情与感激之心。朱元璋属龙，由红巾军领袖坐上大明龙廷，老百姓说他是“赤龙天子”。 马皇后属鸡，百姓比喻她是“金凤”。由于朱元璋特别关注农民、农业、农村，大力推行一系列耕熟垦荒、奖励农桑的政策与措施，明代初年，中国粮食产量大幅度提高，“是时宇内富庶，赋入盈羡，米粟自输京师数百万石外，府县仓廪蓄积甚丰，至红腐不可食”，因此，真心赞颂的歌声就不只传唱在凤阳，而是全国许多地方。

但是，同样是在明代，怨恨朱元璋的人也不在少数。据史料记载，洪武三年（1370），朱元璋模仿汉高祖刘邦徙天下富豪于关中的办法，下令迁移江南民众 14 万户于濠州。但是，荒凉的濠州怎比得上山青水绿、富饶滋润的江南？那一时期，被迁徙的江南富豪们哭哭啼啼，扶老携幼，一路跋涉，这怎能不使他们怨恨倍增？更何况朱元璋还下达严令，不许他们私自回去。表面看起来，朱元璋是为了家乡的繁荣，为了自己的光宗耀祖、荣归故里，不惜加害于人，可细细琢磨，他却是大有深意。东南一带素来是朱元璋的大对头张士诚的地盘，朱元璋此举，既能打击东南地区的文人和富户，彻底斩断他们与张士诚余部的联系，又可以借江南富乡的人、财、物力和生产经验、技术，为凤阳注入发展活力。这一招效果显著，凤阳很快就展现出勃勃生气和兴旺景象，但就在喜沐皇恩的凤阳及其周边府县的土著人兴奋不已的同时，江浙移民却怨恨入骨，“怨嗟之声，充斥园邑。”

待到明末，李自成起义军攻占凤阳，军中高参李岩为了“收人心以图大事”，编写各种谣谚，挑选能说会唱的人奔波城乡，教会妇幼传唱，这就有了“说凤阳，道凤阳，凤阳本是好地方，自从出了朱皇帝，十年倒有九年荒。大户人家卖骡马，小户人家卖儿郎，奴家没有儿郎卖，身背花鼓走四方”。这歌声唱到了当年江浙移民心里。朱明政权倒台之后，原凤阳府及淮河两岸出现了移民大回迁，人们在

凤阳花鼓

回迁途中，走村入户，一路演唱凤阳花鼓，索钱财、讨饭吃，凤阳花鼓很快传唱四方。戏曲家孔尚任就在山西平阳看过凤阳花鼓的表演，并写诗赞颂到："凤阳少女踏阳春，踏到平阳胜故乡。舞袖弓腰都未忌，街西勾断路人肠。"

清代史学家赵翼曾亲笔记下了移民回归演唱凤阳花鼓的事实："江苏诸郡，每岁冬，必凤阳人来，老幼男妇成行逐队，散入村落间乞食，至明春二三间始回。其唱歌则曰：'家住庐州并凤阳，凤阳原是好地方。自从出了朱皇帝，十年倒有九年荒。'以为被荒而逐食也，然年不荒，亦来行乞如故。《蚓庵琐语》云：'明太祖时，徙苏、松、杭、嘉、湖富民十四万户以实凤阳，逃归者有禁，是以托丐者潜回省墓探亲，遂习以成俗，至今不改。'理或然也。"

有清一代，流民四处奔走，凤阳花鼓也就愈行愈远。早期的凤阳花鼓表演是用小腰鼓，后来改用小手鼓。花鼓鼓面直径3寸左右，鼓条为两根1.5尺左右的竹鞭或细竹根，小巧玲珑。表演者一手执花鼓，一手执鼓条敲打，然后用凤阳的"鲜花调"等曲调唱出来，身姿绰约，歌调悠扬，极具感染力。

彭启旭《都门竹枝词》记载："秧歌初试内家装，小鼓花腔唱凤阳"，"滚楼一出最多情，花鼓连相又打更"；李声振《百戏竹枝词》有："赛会时光趁踏青，记来妾住凤阳城。秧歌争道鲜花好，肠断咚咚打鼓声"；孔尚任《平阳竹枝词》云："凤阳少女踏春阳，踏到平阳胜故乡"；陈文瑞《西江竹枝词》载："弹弦卖唱都庐幢，多年邻封逐此邦。还有逃荒好身手，生涯花鼓凤阳腔"……

就这样，不知不觉中，凤阳花鼓的味道变了。此后，随着淮河水旱灾害的增多，凤阳百姓生活的日趋艰难，它渐渐成为两淮流民的乞讨歌。"凤阳妇女唱秧歌，年年正月渡黄河。北风吹雪沙扑面，咚咚腰鼓自婆娑。……我唱秧歌度歉年，完却官租还种田。"宁业高先生在《凤阳歌的演化轨迹》一文中提到，借唱行乞，冬出春归。荒年这样，熟年也这样，淮河两岸许多县乡渐渐形成风俗。乾隆十二年（1747），安徽巡抚潘思榘《请调济灾地事宜疏》称："凤、颍民风乐于转徙，在丰稔之年，秋收事毕，二麦已种，即挈眷外出，至春熟方归。"这种风俗一直绵延到近代、现代。

面对无情的历史，有专家不由地慨叹：“从明初政府向凤阳地区实施的优惠政策来看，朱元璋巴望着建设好中都，让家乡人过上好日子，他无论如何也想不到他的名字竟成了乞丐歌词中出现频率最高的词汇。”

时至20世纪80年代以后，凤阳花鼓终于有了新的篇章。1978年冬，朱元璋的淮西老乡们再一次挺身而出，向贫困宣战。他们冒着极大的风险，立下生死状，在土地承包责任书上按下了红手印，以敢为人先的“小岗精神”，改变了中国农村发展史，拉开了中国改革开放的序幕。

那一天，小岗村18位农民以朱元璋时代歃血为盟的方式，从小孩作业本上撕下来一张纸，写下了一份错字连篇的“生死契约”：“我们分田到户，每户户主签字盖章。如此后能干，每户保证完成每户全年上交（缴）的公粮，不在（再）向国家伸手要钱要粮。如不成，我们干部作（坐）牢杀头也干（甘）心，大家社员也保证把我们的孩子养活到18岁。”

写完后，他们填上日期——1978年12月。那一刻，没人发现这个日期有什么不对。因为，小岗人平日用的多是农历，农历和阳历有时会差上一两个月。两天后，其中的一位到小溪河集上买墨水精，看到供销社门市部的挂历，一推算，才搞清楚，“秘密会议”的日子应该是阳历11月24日，星期五；农历为戊午年，十月二十四日。当然，那时的他们并没有意识到，这个日子后来会变得那样重要，它将会载入中国的史册，淮河边上这个不起眼的小村落，会成为中国一场惊天动地大变革的杠杆支点。

几年之后，以小岗村这一纸承包书为起点，中国大地上乌托邦式的人民公社彻底解体，中国社会经济体制发生了巨大变化，13亿中国人改变了自己的命运。

自然，凤阳也开始走上新的道路，温饱不再是让乡亲们烦忧的事情，那一首传唱了600年之久的凤阳歌，又变得欢快喜兴。当凤阳女儿再次展开歌喉的时候，悠扬的曲调，质朴的歌词，满满地装着的，是凤阳人的洒脱和自豪。

第五节 两淮煤都，光耀华东
——淮南、淮北纪事

皖北大地上，有两座古老而又年轻的城市，这就是淮南与淮北。说它们古老，是因为两城都曾是淮夷故地，此后，一个是隶属春秋时代的州来国，另一个，曾经为春秋时期宋共公的国都；一个因西汉淮南王刘安而闪光，另一个因东汉沛王刘辅而知名。但是，它们又十分年轻。当曾经的历史远去之后，淮南建市于1950年，淮北建市于1960年。虽然新的历史相差整整十载，但淮南、淮北还是犹如一对孪生兄弟，亲亲热热地共生于皖北大地。它们有着太多的相似之处：同样为淮水滋润，同样经历楚风汉韵的熏陶，同样身处兵家必争之地，同样以煤兴市、号称煤都，同样输出煤电、光耀华东。为了国家建设，它们几十年如一日，乐于奉献，为了城市的美好愿景，它们正在规划、描绘新的蓝图，走上新的奋斗历程……

一、一曲煤歌，传唱两淮

皖北煤炭的历史，来之久远。淮北烈山脚下，人们一直传说，上古的时候，烈山就是一座熊熊燃烧的火山，几千年过去，大火熄灭，烈山被烧成两半，就成了“裂山”。据《汉书·地理志》载，淮河以南的寿县、凤台和怀远三县之间，有一座东西绵亘60余里的山峦，传说中，上古时代的部落联盟首领舜曾经在此耕种，所以，它的主峰叫作“舜耕山”。舜耕山每遇暴雨，就会有黑色的山洪流出，就是因为地下蕴藏着丰富的煤炭。

至于皖北人对煤炭的最早利用，至少可以追溯到三国时期。建安十五年（210）前后，亳州人曹操于邺城修建三台——铜雀台、金虎台和冰井台。其中冰井台内，贮藏了大批石墨。将近百年过去，西晋文学家陆云登临三台，见到如此多的石墨，大为惊奇，于是写信告诉他哥哥陆机。信中说：“一日上三台，曹公藏石墨数十万斤”，这里提到的石墨，就是煤。同时代陆翙所著《邺中记》，也记载曹操冰井台“上有冰室，室有数井。井深十五丈，藏冰及石墨。石墨可出，又热之难尽，又谓之石炭”。

唐宪宗元和三年（808），朝廷为避水患而设宿州，修筑城墙时，人们又一次发现了“投火可燃”的“石墨”。

皖北真正唱响煤炭之歌，是在宋神宗元丰元年（1078）。大文学家苏东坡任徐州知州时，在“州之西南”，也就是今天安徽萧县白土镇一带，发现了“石炭”。苏东坡十分高兴，专门赋《石炭歌》以纪之：

> 君不见，前年雨雪行人断，城中居民风裂骭。湿薪半束抱衾裯，日暮敲门无处换。岂料山中有遗宝，磊落如磐万车炭。流膏迸液无人知，阵阵腥风自吹散。根苗一发浩无际，万人鼓舞千人看。投泥泼水愈光明，烁玉流金见精悍。南山栗林渐可息，北山顽矿何劳锻。为君铸作百炼刀，要斩长鲸为万段。

在苏东坡浩瀚的诗文著作中，这首乐府诗艺术上并没有太多新意，却成为中国煤矿开发史上难得的文字资料。在这首诗中，苏轼将900多年前那一瞬间，老百姓发现煤炭资源后的兴奋和喜悦，煤炭的开发利用，甚至如何烧煤的方法都做了生动而又翔实的记载。

在苏东坡《石炭歌》唱响之后的漫长岁月中，淮河南岸，煤炭的开采利用也渐渐开始。据《方舆纪要》《安徽通志》《凤阳府志》等记载，舜耕山、洞山、上窑山（今均属淮南市）等地皆储藏有大量煤炭，当地人开掘土窑，采煤取暖，炊煮、锻造农具。南宋嘉泰年间，浙江商人陈运成为便利运输，从煤窑到淮河岸边码头，修筑坦道，舟车运载百里不绝。明代开国皇帝朱元璋，曾在家乡凤阳与今淮南毗邻的韭山一带屯兵数万，因为打造兵器的需要，“命中都留守司属士卒，于洛河山采取煤炭”。据统计，淮南各地，现在已发现清末以前的土窑遗址120多处。1930年4月，淮南煤矿局开凿九龙岗矿井时，曾挖出一块明代万历年间的石碑，碑上镌刻有煤窑开采的经过，当事人的姓名，是皖北煤炭开发史上的一处重要遗迹。

明万历年间，淮北烈山成为当时两淮流域规模最大、煤窑最多的矿区。至天启二年（1622）前后，仅八九年间，“开窑已至七十余处，计众当不下三千”。文献记载，当时的开采方式已经很多：“有用力操槌凿者，有辘轳引煤而上者，有荷担而出之者，非得四十余人则不能回环而举事也”。3000多名煤工在70余座煤窑中采煤，这些煤窑，竖井、平峒、斜井都有，生产上也有了掘进、采煤、排水、提升、运输等明确的分工，再加上煤炭的转运、贩卖以及其他附属于煤窑的行业、各色人等，可以想见，当时烈山地区的采煤业已经相当发达。

二、百年奋争，艰难行进

1840 年第一次鸦片战争，唤醒了中国的有识之士。随着“洋务运动”的兴起，“师夷之长技”的主张被越来越多的决策者认可，西方的先进技术和设备逐渐进入中国。随着八国联军对中国的进攻和《辛丑条约》的签订，以及俄国占领中国 150 万平方公里土地等一系列重大事件的发生，中国社会危机空前加剧，实业救国呼声日益高涨。

为维护自身的统治，光绪二十七年（1901），清政府宣布实行新法，积极推行新政，奖励民间工商业，兴办铁路、矿务。此时，清廷还颁布了《商会简明章程》，保障商会利益，保护商人的合法权益，并在农商、金融、铁路、煤矿、交通等领域，都颁布了法律法规。这一系列的“新政”措施，有力地促进了中国近代市场经济的发育，从而改变了洋务运动时期官方垄断经济的局面，洞开了公开竞争的市场经济格局。

晚清的中国，民间商人掀起了巨大的商业投资热潮，民间商人以股份公司的形式，投资铁路、开矿、冶炼、纺织、轮船、电力、瓷业、制药、印刷、金融等各个领域，据统计，从 1895 到 1911 年，全国民族资本工业的增长速度，平均每年达到 15% 以上。

这是中国资本主义经济勃兴的时代。在这样一个宏大的历史背景下，清光绪二十三年（1897），山东、亳州、宿州的富商集股成立烈山煤矿合股公司，试图以现代生产管理方式开发皖北烈山煤矿。清光绪二十六年（1900），合众公司获得朝廷“准予开矿”的授权，组织经营烈山煤矿，之后虽然几经周折，到清光绪三十四年（1908），普利公司经营的烈山矿，日产量还是达到了 300 余吨。1915 年以后，烈山矿进一步发展，陆续购进蒸汽机等设备，开凿新井，产量日多，员工增至近万人。为解决烈山至符离集之间的运输困难，公司出资拓宽河道，原煤改由水路运往符离集，运输能力提高两倍多，此外，公司还与津浦铁路局达成协议，调拨运煤专车，烈山煤矿的优质煤炭，很快行销淮河两岸、大江南北。

与此同时，淮南矿业也进入一个快速发展的阶段。宣统二年（1910），安徽省怀远县大通煤矿股份有限公司成立，次年9月开始出煤。由于战争、资金、技术等问题，大通矿虽曾一度停顿，甚至矿山荒废，公司夭折，但时代之力是巨大的，也是任何人不可阻挡的，1915年，上海、浙江一带的资本家集资10万余元，取“宏大亨通”之意，兴办了“大通煤矿股份有限公司”。因资金短缺、技术力量薄弱，大通公司想到了请另一个有实力、有技术、有经验的公司加盟，这就是成功地开办经营了枣庄煤矿的中兴煤矿公司。中兴煤矿驻矿经理戴绪万是寿县人，一听说家乡开矿，十分兴奋，立即带领工程技术人员亲自跑到大通，亲自勘查。经过协商，中兴煤矿决定在大通投资，并推荐了有经验的总经理、矿师、经理，还派员在大通钻探找煤，购置安装了锅炉、绞车等设备。从此，淮南煤矿进入了机器开采阶段，生产形势大为好转。到1929年时，资本总额升至140万元，职工1400余人，日产煤平均在700余吨，最高达1000余吨。

这时的大通煤矿公司，已经初步成为一个较为完备的股份制公司。可采出的煤必须销售，为了将煤炭销往蚌埠、南京、上海等地，公司修筑了一条由矿区通到淮河岸边的路基，终点是淮河南岸的一个渡口。这是一个荒凉偏僻的渡口，附近没有人家，仅有一对田姓夫妇，在岸边搭了一座茅庵，男的摆渡，女的卖些茶水零食。过往行人都在这里坐候渡船，天长日久，人们说到这个渡口时，就称之为“田家庵”。那时的人们绝对想不到，几十年后，田家庵会高楼林立、车水马龙，只不知那姓田的夫妇去了何方。

此后数年，在跌宕起伏的政局中，在南北军阀的混战间，淮南、淮北的煤炭事业几起几落，艰难前行。1928年，一个人物、一次会议，为两淮煤炭事业的发展带来新的契机。这个人，就是继承孙中山遗志的国民党元老、爱国志士张静江，这次会议，成立了由张静江任主席的建设委员会。据说，张静江曾直言不讳地宣称：“总理（指孙中山）提过的，革命就要建设，不建设，革命就要失败。因此，我党政军都可不管，惟有建设，我是一定要干的。”

会后，张静江以铁道、电气、通讯和水利等为主，开始大力发展基本建设。由于煤炭生产关于全局，是国家工业建设的基础，因此，他很快着手解决煤炭开采问题。1929 年春，张静江派人到淮南考察，准备成立煤矿局，1930 年 3 月，国民政府建设委员会淮南煤矿局就正式挂牌成立，4 月，九龙岗东矿一、二号井开工，6 月，九龙岗西矿三、四号井开工。这时的淮南煤矿局今非昔比，已初步具有现代化规模，机电、运输等设备一应俱全。接下来，煤矿局先后在矿区、洛河、蚌埠、浦口、无锡、上海等地建立了售煤厂，并组建了“淮通联合营业处”，统一售价，合伙销售，各矿销量按产量均摊，避免了开始阶段出现的两矿降价竞销的竞争局面。

随着煤炭生产能力的迅速提高，运输能力不足的矛盾日渐凸现，严重制约了煤矿的发展。张静江决定要“在安徽地图上画一条线”，修建安徽的通江铁路。立项通过了，铁路谁来修？当时的中国，技术人才极度匮乏，张静江犀利的目光，扫描到一个安徽绩溪人——程士范。

程士范，早年毕业于北洋大学土木工程系。1928 年任安徽省建设厅技正时，就著有《皖省轻便铁路刍议》一文，极力主张修建淮南经水家湖、合肥、巢县到裕溪口的铁路。1933 年，张静江两次屈尊拜访程士范时，程士范正担任上海邮政储汇总局副局长，月薪 600 元，外加车马费 1000 元。而张静江能够给他提供的全部收入，还不足他现在的车马费。很多人认为程士范不会接受，他已经不年轻了，已经步入不惑之年。但为了富国之梦，为了实现自己的抱负，程士范毅然辞掉“金饭碗”，出任淮南煤矿铁路工程处处长兼总工程师。

实事求是地说，张静江找到程士范，绝对是“知人善任”。程士范曾涉足金融界，懂得如何贷款借钱；程士范懂工程技术，修路是行家里手；程士范是安徽籍，便于和地方父老沟通。果然，一般工程技术人员绝对解决不了的问题，到程士范这里，都迎刃而解。一是勘线。淮南铁路线沿路民风强悍，修路占用土地，是会有人拼命的。很多官吏提起这件事都畏首畏尾，束手无策。不料，知识分子出身的程士范却胸有成竹。他联络当地士绅豪强，晓之以理、动之以情，居然能够借用地方力量武装护路，使勘线及建设用地有了保障。二是冠名。当时的路权规定，已修好的铁路线 200 公里内不得再建造平行铁路，否则视为侵权。淮南铁路恰恰距离津浦

张静江像

线不远，就在这个范围内。可程士范有的是办法，他先是巧妙地将通江铁路改称“淮南煤矿铁路”，然后，路基按正规铁路设计，却铺上窄轨距的轻轨和相应的枕木，这就不再是一般的营运铁路，不存在侵权问题。此外，他这一构思还降低了造价，但又不影响日后的升级换代。

淮南铁路 1934 年 6 月正式开工，次年 2 月 1 日，淮南至合肥的客运班车即得以开通。到 1935 年 12 月 12 日，自淮南田家庵至长江边裕溪口，干线全长 214 公里的淮南铁路全部竣工。张静江、程士范“在安徽地图上画一条线”的夙愿终于实现了。这是安徽省境内的第一条铁路，它的建成，极大地促进了淮南煤矿煤炭生产的发展，到 1936 年底，淮南煤炭总产量 81 万余吨，比通车前的 1933 年翻了一倍还要多。

至此，淮南煤矿及其配套工程淮南铁路，在中国近代历史上已经显现出特殊的意义：这座煤矿，是旧中国四大煤矿中唯一没有外资投入、洋人插手，而完全由中国人自己设计、开采、管理的大型煤矿；淮南铁路，也是当时世界上造价最低、建设速度最快的铁路之一。

然而，此时的烈山矿，虽然也得到建设委员会的关注，但不期而至的蒋、冯、阎大战，铺天盖地的洪水袭击，再加上矿山自身的经营不善，导致烈山矿失去了这一次百年不遇的发展契机，最终被迫停工。曾经远远领先于淮南煤矿的淮北煤炭事业，从此落后，直到 1936 年恢复生产，日产原煤才达到 400 余吨。

1938 年，一场浩劫降临两淮。6 月，日军侵占了淮北烈山煤矿。为掠夺我国优质煤炭资源，他们一方面利用原有设备续采，一方面铺设铁路专用线，与津浦线路接轨，准备大量运走原煤。但是，烈山矿的生产一直没能恢复到 1937 年初的水平。1941 年，恼羞成怒的日军把烈山煤矿的地面设施及矿用器材全部拆运到淮南，烈山南局数百间房屋被夷为平地，北局所剩厂房十余间也残破不堪。

此时的淮南，也被日军第三师团侵占。为实现“以战养战”的策略，他们开始了对淮南煤矿的疯狂掠夺，乱掘乱采，哪里近就先采哪里，哪里煤层厚就先采哪里，完全不按采煤规程进行。结果，巷道曲里拐弯，通风运输十分困难，工人的生命安全随时被威胁。那些年里，淮南矿山大小事故不断，水灾、火灾、塌方、瓦斯爆炸、冒顶时有发生。由于日军采用的采煤方式是落后的落垛式，又不严格按落垛式程序进行，煤矿回采率连一半也达不到。有的地方上部未采，下部就采完了，致使大量的煤藏浪费，登空、陷落等事故成了常事，采煤面支离破碎。据统计，1938 年 6 月至 1945 年 9 月，日军共掠取煤炭 429 万余吨，而断毁丢弃的煤炭资源，竟达到 800 余万吨。

抗日战争胜利后，淮南煤矿开始复苏。淮南矿路股份有限公司调来大批的发电机、绞车、锅炉等设备，提高了煤矿的生产能力，产煤量不断增加。1945 年 10 月产煤 8381 吨，12 月就增为 26511 吨，到 1946 年 12 月，月产煤就达到 62046 吨。1946 年，地质学家谢家荣发现了八公山新煤田，估算储藏量约有 4 亿吨，他还测定，整个淮南盆地是一个大煤田。第二年，八公山下新庄孜矿出煤，当年 12 月，日产煤就达到 200 吨。

这时的淮南，已经设有煤矿局、铁路局、警察总所、电厂、面粉厂、煤球厂、地产处、医院、5 所中小学。1947 年，安徽省立高级工业职业学校由蚌埠迁淮南洞山，更名为安徽省立高级工业专科学校，成为淮南第一所高等学校。

此时此刻，一座基于煤炭开发之上的淮南新城，已经呼之欲出。

三、淮南崛起，日新月异

1949 年 1 月 18 日，在一片胜利的锣鼓声中，淮南解放。解放前夕，中共地下党组织发动淮南煤矿的工人、职员及矿警，保矿护矿，整个煤矿完好无损地回到人民手中。

从此，淮南煤炭工业得到了突飞猛进的发展。1952 年 3 月，淮南解放后兴建的第一座矿井蔡家岗煤矿建成投产，揭开了淮南煤矿建设的序幕。1954 年，谢家集二矿、三矿、李郢孜一矿先后破土兴建，分别于

1956、1957年投产；1955—1964年，先后又有李郢孜二矿、毕家岗矿、李嘴孜煤矿、孔集矿动工兴建并竣工。云集淮南西部的建井工人，住窝棚、吃咸菜、战酷暑、斗严寒，创造了矿井建设的高速度。至1964年，淮南矿区新增矿井7座，设计能力达到855万吨。

2009年，淮南市煤炭产量达到8000余万吨。2011年煤炭产量已达到1亿吨左右，是中国13个亿吨煤炭基地之一。

与煤炭事业同步，淮南电力资源也以前所未有的速度迅猛发展。国家投入了大量人力、物力，对田家庵电厂进行改建。1956年，国产第一台6000千瓦发电机在田家庵电厂投产，成为我国电力工业发展的一个里程碑。此后，田家庵发电厂经过五期扩建，装机容量达到60.1万千瓦，包括了6000千瓦、1.2万千瓦、2.5万千瓦、12万千瓦等不同型号的国产、进口机组，如同一座电力工业博物馆，成为新中国电力工业发展的一个缩影。

1958年7月，一条由梅山水电站至六安开关站再到淮南市望峰岗变电所的110千伏输电线路建成并投入运行，淮南市的火力发电与大别山区的水力发电开始相互联结。1967年和1977年，蔡家岗至阜阳，田家庵发电厂至宿州的两条输电线路分别建成并投入运行，沟通了淮河南北两大区域性电力网。

1985年和1986年，装机总容量120万千瓦的洛河发电厂一期工程中的两台30万千瓦机组相继并网发电，将大量煤炭就地转化为电力，输送到华东各地。与之配套，连接皖、浙、沪的华东电网第一条500千伏超高压输电线路建成，淮南的电力通过5条110千伏线路，5条220千伏线路和1条500千伏线路，辐射到安徽省及华东各地，共向华东电网输送电量达242635万千瓦时，占淮南总发电量的60.2%。建国37年来，淮南累计向华东电网输送电量345.4亿千瓦时，占淮南地区总发电量的60.5%，充分显示了“能源城”的辐射功能。强大的电流，通过一座座变电所、一条条凌空飞架的高压输电线，源源不断地输送到华东各地，为华东地区的经济发展提供了坚强的能源保障。

自1910年大通煤矿股份有限公司成立至今，淮南煤炭已经走过百余年，自1950年淮南市正式成立至今，淮南市的历史不过一个甲子。与皖北诸多名城古镇相比，淮南还十分年轻，但年轻的它却已担起重任。没有人能设想，假如没有淮南源源不断输出的黑金与电力，长三角的机器将如何运转，灯火将如何点亮。

今天的淮南，是安徽重要的工业城市，“长三角城市群”的成员，是沿淮城市群的重要节点，是安徽省两个拥有地方立法权的城市之一，是合肥经济圈带动沿淮、辐射皖北的中心城市及门户，人们因此赞誉它是中国能源之都、华东工业粮仓。

四、新城淮北，缘煤而兴

与淮南相比，淮北作为煤城的历史，还要年轻很多。

民国期间，淮北矿业在战乱与灾荒之中艰难挣扎，失去了发展良机，曾经的千年古都，待到新中国到来时，只有隐约可见的春秋废墟、残破的村落、屈指可数的居民。

1948 年，震惊世界的淮海战役在东起海州（连云港），西至商丘，北起临城（今枣庄市薛城），南达淮河的广大地区打响，中国人民解放军淮海战役总前委先后入驻萧县丁里镇、濉溪县临涣镇文昌宫，淮北双堆集成为主战场之一。这是一场决定中国命运的历史大决战，也是三大战役中解放军牺牲最重、歼敌数量最多、政治影响最大、战争样式最复杂的战役。交战双方 140 万人在这片土地上进行生死搏击，鲜血浸透了千年沃土，也为尚在孕育之中的淮北市注入了不畏生死、一往无前的英雄豪气。

1955 年 5 月，按照国务院部署，各路勘探大军在这块烽火硝烟散去不久的大地上，展开了大规模的正规勘探。1957 年 7 月 5 日，《安徽日报》在头版向全国发布了“淮北平原发现大块煤田”的消息。10 月，淮北矿区开发建设者们就踏上了荒凉的淮北平原。1958 年底，皖北各县共招工近万名。宿、濉、萧三县还专门成立了支持煤矿办公室，动员民工，在短期内开挖出 200 多公里铁路、公路、河流改道的土石方。临泉、五河等县，从数百里外调集两百辆平板车协助矿区运输。历来贫困而且林木资源十分缺乏的皖北各县，为煤矿建设筹集了 35 万元的培训经费，支援了 1600 立方米杂木。

“明月当灯风擦汗，雪煮米渣当美餐”，几千名建井工人和数万民工一下子开进淮北，首先遇到的困难就是吃住。当地群众主动腾出了一些房子，但远远不能满足起码的需求。有些井口远离村庄，更无民房可以借宿，建设者们用芦苇、高粱秸、大席，在平地上搭起窝棚，一个窝棚少则数人，多则几十人挤在一起。这种简易窝棚挡不住风、遮不住雨，夏秋蚊虫叮咬，冬雪袭来，夜不能寐。

烈山井口的建设指挥部是工人和干部们垒起瓦子石盖上大席搭建起来的，遇到雨天，只好穿上雨衣、抱着电话指挥生产和施工。有幸住进民房的，也是几个人合用一张床，三班倒，轮流睡觉。为了解决住宿的问题，干部、工人、技术人员一起动手脱土坯，自建简陋的住房。那时候，对所有最先到达的建设者来说，脱坯建房都是最初的劳动必修课。

吃饭同样困难。淮北矿区建设开始不久，就遇到大饥荒。凡是在煤矿上的，无论干部、工人，不分级别，一律吃大锅饭。当时国家供应每人每月 27.5 斤口粮，还要扣除两斤“节约粮”，其中山芋干的配额超过 20 斤。副食供应几乎谈不上，肉和青菜都很少，一日三餐，山芋面窝窝头就咸菜。至于文化、卫生设施更是一无所有。井口刚刚开挖时，甚至连洗澡堂都没有。工人下井后一身泥水，只能在水坑、沟边、水井旁，打水冲洗一下。偶尔有电影放映队来工地放一场露天电影，那就是最高的精神享受。

器材设备以及动力的匮乏，更是淮北煤田筹建初期的严重困难。筹备处成立不久，煤炭部调来 10 辆苏联制造的“吉斯 5”型 3 吨载重汽车。这种老牌汽车的驾驶室是木制的，刹车是落后的拉杆装置，据说是苏德战争结束后，中国用羊毛换来的，因此被称为“老羊毛”汽车。“老羊毛”刹车、方向不灵，工人又叫它“瞎眼闯”。更要命的是，这 10 辆“老羊毛”接来后，有的当时就发动不起来，“趴窝了”。没有汽车，更没有起吊设备，只好人拉肩扛，马车、驴车一起上。建井三公司的全部施工设备，都是工人和干部从庄稼地里拉进施工现场的。杨庄变电所的变压器，是大伙用肩膀抬进去的。建井二公司在张大庄、朱庄打井，没有运输设备，就发动干部、工人到高岳山上扛瓦子石。工地上电力严重不足，时常停电，大家只好临时租用汽油灯照明。停电时，水泵不能开，大伙就排成长龙，用安全帽舀水。农用水车、牛皮包等原始的工具，都曾经用来排水、提升，动力是驴拉、人推。老建设者到现在都清晰地记得，张大庄矿风井开挖时，出土全部是人用大筐抬上来的。

淮北煤田建设井口碰到的最大困难是流砂。第一次开凿杨庄井筒时，由于流砂涌起，将滚筒稳车都卷入井下。第二次重新开工，请来北京矿业学院的大学生和各方专家现场"会诊"，仍然无法穿过流砂层。在与险恶的流砂进行了顽强斗争的过程中，淮北早期建设者谱写了可歌可泣的英雄篇章。烈山斜井采用超前木板桩法施工，1958 年 5 月 3 日凌晨，当施工进展到表土与风化带接触层时，因水压过大，突然发生了涌砂险情。当时值班的徐州基建局第三建井公司工区主任谢斌杰、队长邱玉凤，立即下井处理险情，并紧急安排工人撤退，但谢斌杰、邱玉凤二人却被流砂吞没，为开发淮北煤田贡献出了宝贵的生命。那时候，一旦井筒流砂涌出的警报传出，全矿井不论是现场的人，还是已经下班的人，正在看露天电影的人，不用招呼，都会一起涌向井口，连工作服都来不及换，立即下井堵砂、抢险。至今，人们还记得第三建井公司青年女技术员曹静，看到大家毫不犹豫地拿出自己的衣服、棉袄堵塞裂口，她竟把准备结婚的新棉被都塞了进去。

经历了艰难困苦的创业阶段，1959 年 4 月 1 日，烈山斜井移交生产，当年出煤 28 万吨。烈山竖井、袁庄矿、沈庄矿于 1959 年 12 月 31 日简易投产。4 对矿井的生产，为空旷而荒凉的淮北大地带来了热腾腾的气象，也在所有建设者心中勾画出理想的蓝图。沉寂千年之久的春秋古都将不再寂寞，百年来前赴后继的救国之梦将不再空幻，未来的煤炭新城即将诞生于这片黑金之地上。

就在这一年 7 月，濉溪市委委托安徽省建设厅设计院，编制了淮北市历史上第一次总体规划，将城市主城选址于濉溪县三堤口，距离最近的烈山矿 3 公里左右。但是，似乎是上天的意志，这一次总体规划未能付诸实施，因为 1963 年发洪水，三堤口地区被淹没。修改后的规划，将主城迁移到相山南麓，这里依山傍水，西有濉河，东有岱河，身后就是晋代修建的相山古寺。若干年后，当初的建设者们才得知，新城地址恰恰与 2000 多年前春秋宋国的国都几乎完全重合。于是，一座崭新的能源新城，就在一个久远的古国故都之上，开始了新的历史。

淮北建市之初，只有一条从濉溪县到杜集的交通便道，其中电厂至东岗楼段，是淮海路的前身，全市所有的公用设施，只有一台公交车和两眼水井。有人回忆，那时候的淮北，只有通往南宿州、北徐州的长途客运车，一天一班，在歪歪斜斜高低不平的泥泞路上行走，晴天尘土飞扬，下雨天，就不通车了。城里没有大学，没有高中，只有几所农村中小学；没有医院，只有几所个体医生的联合诊所和一些乡村医生；没有电影院、戏院、博物馆、图书馆、报社、体育场，只有几个农村集市、一些村庄以及大片的田野。几座小山，一片绿野，加上蜿蜒的河流，孤独的庙宇，以及相山脚下层次错落的简单屋舍，横竖交汇的乡间土路，这就是那时的淮北。

创业艰难百战多。由于初创阶段的先天不足、外在客观条件的局限和政治形势的变化，迫使年轻的淮北不得不在内忧外患中艰难探索，曲折前行。值得自豪的是，困难再多，淮北依然在前进，1962 年，张庄、朱庄、相城 3 对矿井建成投产。1963 年春夏之交，淮北连降暴雨，整个矿区汇水面积 1343 平方公里，矿区南部平原，积水深度在 0.4 米至 1 米之间。在洪水的突然袭击下，全矿区交通中断，1600 多户职工住宅被淹，部分职工居住无着，生活艰辛。在洪涝灾害面前，矿区各级党组织和广大工人干部团结一致，不等不靠，一面积极组织力量排涝护矿，一面着手恢复生产，在地面滞留积水的情况下合理采煤。结果，这几年淮北煤炭产量不但没有降低，还有所提高，1965 年底，生产原煤达到 218 万吨。紧接着，岱河矿、杨庄煤矿建成投产。到 1966 年，全市煤矿系统先后建成 8 对矿井，总设计能力 438 万吨。铁路、公路和输电线路也先后建成使用，职工住宅、学校、医院、商业网点等陆续建成并日臻完善，一个新兴的煤炭城市已经形成。

“文化大革命”中，尽管城市建设受到很大冲击，但是，淮北人却没有停止煤矿生产的发展。1976 年，淮北矿务局已建成 11 对矿井，以及淮北选煤厂、焦化厂、水泥厂、矿机厂、淮北电厂等一大批工业大中型企业。全局原煤产量突破了千万吨大关，跃居全国重点矿务局行列。

每当建设者们回想起当年，那些记忆的碎片里，满是建设者的温情与奉献，至今依然令人感动不已。从淮北走出的作家潘小平写道：

> 那时候的淮北，就是一个村子，但除了村子里的老百姓，哪哪儿的人都有：合肥、蚌埠、淮南、阜阳、江苏、山东、河南、东北……这是城市的开拓者啊，这里的一切：矿山、医院、学校、商场、火车站、幼儿园一切的一切，都是这些人创造的。他们在荒草丛生的山坡上搭起帐篷，升起炊烟，城市就诞生了。这都是些默默无闻的人，他们中的很多人已经死去，而活着的，仍是默默无闻。后来的人们，不可能知道他们的存在，而这座城市，也不可能知道他们的名字，但正是这样一些人，创造了这座闻名华东的煤城。……它还给建设者的后代，一个温暖的家乡，和一个共同的名字“淮北人”。

建市以来，四面八方聚集在一起的淮北人民，在古都废墟上谱写了自强不息的壮丽诗篇，初步建成了一个中国能源基地、华东动力之乡，有学者将它誉为“华东的鲁尔”，是支持沿海开放地区快速发展的后方基地。

五、破茧成蝶，华丽转身

多少年来，淮南、淮北的老百姓，都以自己的城市为自豪。确实，国家经济的发展离不开能源的支持，安徽省煤炭资源保有储量占华东地区的85%，而其中淮南和淮北两大煤田的储量，又占据全省煤炭储量的99%。毫不夸张地说，华东地区经济发展的每一步，都离不开两淮煤电的支持，人们生活的每一天，也都离不开两淮煤电。

但是，输出的背后意味着什么，却是多数局外人想不到的。

这是无私的牺牲，无私的奉献。常有人将资源型城市比喻成春蚕和蜡炬。春蚕丝尽，蜡炬泪干，接下来就意味着衰落与死亡。实际上，往往还等不到资源枯竭，这些城市已经百孔千疮。

两淮之地，曾经到处可见塌陷区。那是地下煤炭开采之后，地面塌陷留下的积水之地。它们一滩滩，一汪汪，是煤矿采煤之后留下的累累伤痕，村庄因此被破坏，土地因此不能耕种，道路因此中断，城市景观因此被严重损毁。一直以来，塌陷区的综合治理，都被认为是一个世界性的难题。在淮北这个典型的煤矿城市，截至2011年底，全市采煤塌陷土地已达28万余亩，且每年以约8000亩的速度递增，失地农民达30余万人，400多个村庄因塌陷而破坏。

但是，现在这个难题在淮北已经迎刃而解。自力更生，奋斗不止，淮北人的坚毅顽强，终于使百处塌陷，变身为百湖荡漾。看着绿波荡漾、岸柳如烟的南湖、东湖、桓谭公园、乾隆湖……不知道的人只以为这是皖北江南，但见湖湖优雅，其实，它们都是塌陷地。曾经的荒草废滩，经过淮北人多年的复垦治理，变身为融自然生态、休闲、旅游观光为一体的美丽公园。

比如南湖。从相山之巅向淮北市的东南方眺望，南湖公园如同一块巨大的翡翠，镶嵌于烈山之旁。这片因杨庄矿采煤塌陷形成的方圆 5.2 平方公里的水面，如今荷叶田田，莲花朵朵，簇簇芦苇随风舞动，群群水鸟振翅高飞。夏天，它是乘凉避暑的好地方，可以游泳，可以划船；冬天，可以观雪，可以溜冰。城市建设者们不仅赋予它灵性和秀美，也赋予它以生命与活力。现在，南湖水面面积几乎可以媲美杭州西湖，水质达到国家二级地表水标准，300 余种植物在这里繁殖生长，100 余种野生鸟类在此繁衍，一派湿地风光，吸引着八方来客。

濒临南湖，淮北市矿山博物馆巍然屹立。这里有“淮北第一钻”所在地，有如同矿山井巷一样的建筑，有淮北煤矿的采煤历史、采煤技术、采煤设备，成煤地质情况……它为煤城老一代提供了回顾以往的平台，更成为煤城新一代认识父辈历史与城市不平凡经历的时空隧道。

淮北的做法，被前来考察的联合国官员誉为“土地再生的奇迹”，淮北采煤沉陷区综合治理项目，获“中国人居环境范例奖”；2009 年 5 月 25 日，《应对全球变化挑战的城市生态修复宣言》在淮北诞生。目前，淮北已形成了 6 种复垦模式，包括深层塌陷区水产养殖模式、浅层塌陷区挖塘造地发展种植养殖模式等，累计治理利用塌陷地超 10 万亩，搬迁安置居民 20 万余人，被授予“全国土地复垦示范区”称号。

当然，所有能源型城市面对的最大困难，还是一旦地下资源枯竭，城市将何去何存。两淮煤炭曾经的付出越多，这一天到来就越早。当严肃的问题直接面对两淮煤城的时候，它们的选择是——再次开拓，再次奋争。

全国首个亿吨级煤电基地淮南，选择了煤电化与非煤产业“比翼齐飞”的产业转型路径。

首先，以煤为基点谋求发展，将煤炭资源“吃干榨净”。

淮南的优势在煤。在推进产业转型发展中，它们不是抛开煤炭资源另起炉灶，而是依托煤炭资源精耕细作，努力把煤炭吃干榨净，着力将资源优势转变为长期的经济优势。在实践中，淮南按照“规模化、高端化、精细化、循环化”的要求，引进战略投资主体，合力建设安徽最大的煤化工及化工新材料基地，总投资规模达到2500亿，包括66个重点产业投资项目。

其次，跳出煤炭谋发展，从“一煤独大”到“多业并举”。

作为资源型城市，淮南的发展不能脱离煤，但“一煤独大”带来了产业结构的不平衡，导致经济抗风险能力较弱。近年来，淮南大力发展战略性新兴产业，集中力量将具有竞争优势的高端煤机装备制造、新能源汽车、新能源光伏、生物医药等培育成主导产业。位于高新区的日芯光伏科技有限公司，是目前世界上规模最大、技术最先进的高倍聚光光伏发电系统及组件生产基地。公司生产的“高倍聚光光伏发电系统”及组件，已在青海格尔木得到应用，60 兆瓦已经并入国家电网在送电，可以满足 35 万个家庭的用电需求。位于经开区的陕汽淮南新能源专用汽车公司，合力打造中部新能源重卡新基地。在产量目标上，2015 年将实现 5 万辆汽车生产能力，确保生产销售 2 万辆，这也意味着淮南人的“汽车梦”将会越飞越高。像挖煤一样，淮南人正在“挖掘”科技项目，新型产业的项目越“挖”越多、

淮北市矿山博物馆

科技创新的能力就越来越强。

同样的转型之战，也在淮北市轰轰烈烈地展开。

近年来,淮北市精准定位,打造特色园区,探索资源型城市的转型之路。目前，全市已形成了错位发展的园区格局。以食品工业为主的凤凰山经济开发区，是目前安徽省唯一以食品为主题的经济开发区，拥有全国最大的饼干流水生产线，项目全部投产后，可年产饼干 4.5 万吨；以矿山机械制造为主的杜集经济开发区，是全国唯一的煤机制造专业开发区，吸引了诸多重量级企业入驻；以铜铝深加工等为主的濉溪经济开发区，2013 年共培育 7 家企业申报创新基金，8 家企业申报高新技术企业。目前，开发区内现有国家级高新技术企业 14 家，省级企业技术中心 8 家，拥有“安徽名牌产品”7 个，“著名商标”7 个。此外，以现代加工制造业为主的市经济开发区龙湖工业项目区，以纺织服装和新材料为主的市经济开发区新区等，也都各具特色，多路并进。

当华丽的转身完成之后，两淮煤都，又将会给我们带来什么样的惊喜?

第三讲

智者之思 流韵千载

从皖北之地，说到皖北之人，首屈一指的，当属众多非同凡响的思想家。

说起来也是奇巧，老子、庄子都曾生活在涡河之上，相距不过百里，而管仲所居，也在不远处的颍水之滨。这里地处黄淮之间，一眼望去，万亩田畴平整坦荡。有人说，正是这一望无垠的平坦，使得皖北思想家具有天造地设的大眼光，精骛八极、心游万仞的大胸襟，能够探讨关乎宇宙大道的大学问。山水融入心灵，历史铸造心性，时事激发灵感。一颗又一颗明亮的智慧之星从皖北大地冉冉升起，照亮了人类的千古时空。

第一节 道法自然，无为而治
——老子思想解读

老子姓李名耳，字伯阳，号老聃。春秋时期楚国苦县厉乡曲仁里人，即今天的安徽亳州涡阳人。走进亳州市涡阳县城，在202和307省道交汇处，人们远远地就能看到矗立在大街正中的老子像。盘腿端坐在青牛背上的老子，长髯飘飘，双目凝视远方，似在眺望长空，又似在深思人类的未来。

老子是涡阳人的骄傲，这片土地至今流传着许许多多关于老子的故事。相传他的母亲怀胎整整八十一载，在武丁庚辰二月十五日那天，刚想摘一颗李子尝尝，谁知才举手攀住树枝，腋下忽然生出一个满头白发的男孩，于是这孩子姓李，取名"老子"。又因为他"长耳大目"，所以又被称为"老聃"，"聃"就是耳朵长而大的意思。又有人说，老子诞生时，天上流星飘洒，九条龙从九口井中升腾而出，喷水为他沐浴。始建于东汉延熹八年（165）的天静宫遗址（当地人亲切地将它叫作"老子庙"）里面，就有"古流星园"，九口古井至今犹存。距离古流星园不远，有一处被称为"尹子孤堆"的墓葬，老乡们说，那就是老子高徒尹喜之墓。相传当年老子骑着青牛一路西行，将要走出函谷关的时候，关令尹喜出现了。原来，尹喜早早望见空中紫气东来，知道一定会有真人经过，于是亲自守候关口，果然见到老子骑着青牛，冉冉而至。尹喜十分敬仰老子，苦苦相求，希望老子在出关隐居之前写一本书传给后人。老子因此写下"言道德之意五千言"，上篇为《道经》，下篇为《德经》，合起来，就是人们所说的《道德经》，也称《老子》。写完这本书，老子骑着青牛出关而去，不知所终。

老子的身影渐行渐远，终于消失在尹喜的视线之外。若干年后，深深怀念恩师的尹喜，一路艰辛走到涡阳，定居在老子故居之旁，死后也葬在这里，永远守护着恩师的出生地。

当然，神话与传说绝不是历史，但它们中间，却包含了许许多多的文化信息。皖北人民正是在这些口耳相传的故事之中，传达了他们对老子的无比敬仰。

涡阳老子像

一、众妙之门，道德真经

不过，《道德经》却是真实而伟大的存在，它是探寻老子思想真谛的源泉。传世通行的今本《道德经》，共5000余字，一共有81章，前37章为《道经》，后44章为《德经》。除了今本以外，1973年湖南长沙马王堆汉墓出土了帛书《老子》甲、乙本，而且是《德经》在前，《道经》在后。1993年湖北荆门郭店战国楚墓又出土了3种《老子》竹简摘抄本。帛书《老子》和简本《老子》的出土发现，可以弥补传世今本的错讹遗漏，让后人更加真实地了解老子的思想。

《老子》不仅仅是一部哲学著作，它在道教徒心中更是被奉为经典。自东汉末年张道陵创立天师道（五斗米道）起，《老子》之言就成为道教宗奉的教旨教义，张道陵为了让教众熟记《老子》之言，还专门给《老子》做了注释，称为《老子想尔注》，作为五斗米道的经典。以后随着老子在道教中教祖地位的奠定，《老子》在道教经典中的地位更是不容撼动，人们往往把它称为《道德真经》。

《道德经》不过区区五千言，却影响了整个世界。在中国古代的典籍中，它与《易经》《论语》一起，被认为是“对中国人影响最深刻的三部书”。早在唐玄宗时期，这本书就已经被翻译成梵文向世界传播，据说，在世界文化名著中，翻译成外国文字发行数量最大的是《圣经》，而老子的《道德经》位居其次，被列入“世界十大名著”。因此可以说，老子及其《道德经》，不仅是中国的，也是世界的。《道德经》所蕴含的博大精深的思想，焕发着无穷的魅力，吸引着世界各地越来越多的人。德国哲学家尼采就曾说过老子《道德经》“像一个永不枯竭的井泉，满载宝藏，放下汲桶，唾手可得”。

那么，《道德经》究竟说了什么？

首先，它是中国道家思想和道教文化的众妙之门。

作为道家学派的开创者，老子思想的核心无疑是“道”。在《道德经》里，老子前后论“道”多达73次。此书开篇即为“道可道，非常道，名可名，非常名”，提出了一个不可言说的神秘概念——“道”。这个“道”，被老子描述为“有物混成，先天地生。寂兮寥兮，独立而不改，周行而不殆，可以为天地母。吾不知其名，强字之曰：道，强为之名曰：大”。也就是说，这个混然而成的东西，存在于天地形成以前，它无声无形，寂静而空虚，不依靠他物而独立长存，永不停息，循环往复，永不衰竭。它是天地之母、万物之本。就连“大道”这个称呼，也是老子勉强给它起的，因为它无法用简单的语言文字概括解释，它是精神的，也是物质的，需要用心来体悟。

在老子的哲学思想体系里，“道”具有多种意义和特性。

“道”是万物之宗，天地万物都由“道”产生。老子说：“道生一，一生二，二生三，三生万物。”在这里，一、二、三并不是具体的事物和具体数量，它们只是在表示“道”生万物，由少至多，从简单到复杂的一个过程。值得注意的是，老子这种说法否定了神的存在。他认为，“道”的本体一开始表现为无，并从无到有，由有到万物，“天下万物生于有，有生于无”，它是万物生生不息、蓬勃发展的根源。此后，《淮南子》进一步解说了宇宙发生的程序，认为在没有天地的时候，有一种混沌未分的气，后来这种气起了分化，轻清的气上浮为天，重浊的气下沉为地，这就是天地之始。很多很多年后，英国科学家霍金说宇宙是从一片虚无通过大爆炸演变而来，而老子早在2000多年前，已经阐述了“有”生于“无”的大道理，指出“道”是造成一切的无形无象、至虚至灵的宇宙根本。

“道”是宇宙运行的法则，事物运动变化的规律。这种法则和规律具有循环往复、返本复初、对立转化的特性。所以老子说“反者道之动”，“祸兮，福之所倚；福兮，祸之所伏”。也就是说，事物往往会向相反的方向运动发展，并且回到最初的状态。老子举出了很多对立统一、相互转化的矛盾关系，他认为：“天下皆知美之为美，斯恶已；皆知善之为善，斯不善已。有无相生，难易相成，长短相形，高下相盈，音声相和，前后相随。”用今天的话说，就是天下人都知道美之所以为美，丑陋的观念也就产生了；都知道善之所以为善，不善的观念也就产生了。所以有、无相互转化，难、易相互形成，长、短相互显现，高、下相互充实，音、声相互谐和，前、后互相连接。这一具有丰富辩证法的思想，对中国人的影响深入骨髓。西汉刘安主编的《淮南子》中，说了一个“塞翁失马，焉知非福”的故事，形象地阐述了“福之为祸，祸之为福，化不可极，深不可测”的道理，在中国可以说是尽人皆知。《吕氏春秋·博志》提到“全则必缺，极则必反”，即“物极必反”，同样是对老子“反者道之动”的通俗表述。毛泽东在《关于正确处理人民内部矛盾的问题》中曾说：“在一定条件下，坏的东西可以引出好的结果，好的东西也可以引出坏的结果。老子在两千多年以前就说过：‘祸兮福所倚，福兮祸所伏。’”南怀瑾在《老子他说》中用更切近的例子阐释了他对“反者道之动”的理解：打坐做工夫，有时越坐越差劲，许多人就不愿继续修了；殊不知，快要进一步发动的时候，反而会有相反的状况。做事也一样，做生意也一样。所以做生意稍稍失败，就要熬得住，熬得过去，下一步就会成功赚钱了。这也就是天地物理相对的一面，有去就有回，有动就有静。……做领导的人更要懂得“反者道之动”的原理，不怕别人有反对的意见，相反的意见正是“道之动”，换句话说，有反对才有新的启发，才有进步。

回顾以往，中国人曾经面对太多太多的灾难，许多时候，正是依靠《道德经》的这种辩证精神，才能顽强地渡过生命中最黑暗的岁月，而身处盛世之时，又能谨记“福兮祸所伏”的道理，保持谨慎之心。

老子的“道”，还是中国人“天人合一”思想的来源。“天人合一”是中国哲学的一个基本道理。季羡林先生的解释是：天，就是大自然；人，就是人类；合，就是互相理解，结成友谊。在现代社会发展中，人们总是企图以高度发展的科学技术征服自然、掠夺自然，最终吃尽苦头。此时回顾经典，才猛然记起华夏先哲的告诫，《道德经》的告诫是“天大，地大，人亦大。域中有四大，而人居其一焉。”显然，人类只是天地万物中的一部分，并不是天地之王。因此，“道之尊，德之贵，夫莫之命而常自然。”“道”虽然是万物之宗，虽然贵重无比，但却不能为所欲为，只能“以辅万物之自然而不敢为”，任万物自由自在地生长，不横加干涉。这就是“人法地，地法天，天法道，道法自然”的道理。

其次，老子的《道德经》，还提出了君王统治之术。

春秋时期，周室衰微，诸侯争霸，社会矛盾加剧，秩序混乱，老百姓生活困苦。面对这样的社会现实，老子认为统治者应改变治世方略，奉行“无为而无不为”的政治主张。

《道德经》在这方面最有名的比喻，就是“治大国若烹小鲜”。老子认为，统治者要顺应自然，无为而治，而不要任意妄为，管得太多，或横加干涉，以免适得其反。治理国家，就好比烹饪鲜鱼，鱼下锅以后，如果不断地去翻炒，必将是乱糟糟一团或稀巴烂一锅，没有了鱼形。他提出，统治者应当“以正治国，以奇用兵，以无事取天下”，即以清静无为之道治理国家，以奇巧、诡秘的办法用兵，以无为而治理天下。否则，任意妄为，不断干扰人民，必将引起混乱，以至“天下多忌讳而民弥贫，民多利器国家滋昏，人多伎巧奇物滋起，法令滋彰盗贼多有”。在老子看来，春秋时期的社会混乱恰恰是统治者“有为”的结果，是统治者不顾广大人民的自我意志、强制性地发号施令、妄自作为的结果。因此，他崇尚“我无为，而民自化；我好静，而民自正；我无事，而民自富；我无欲，而民自朴”的境界，让老百姓感觉不到政府的存在，自由自在地生活发展。

几千年来，“治大国若烹小鲜”这句话，深刻影响了一代又一代的中国政治家。它喻示着为政的关键在于不扰害百姓，否则，灾祸就要来临。一个执政者要保证国家的平安，不能以主观意志随意左右国家政治，不能朝令夕改、朝三暮四、忽左忽右，否则，就会使老百姓无所适从，国家就会动乱不安。

当然，老子所说的“无为而治”，并不是完全无所作为，而是不妄自作为，也就是说，只要不妄为，纯任自然，“无为而无不为”，没有什么事情做不了。在《道德经》第三章中，老子说：一个有道的统治者，要让百姓肚皮吃饱、体格健壮却没有机巧心智与贪念，让自作聪明的人不敢妄为，顺其自然、无为而治。那么，“为无为，则无不治”，国家就没有什么治理不好的。可见，在宽厚无为的政治中，老百姓往往淳朴自然；在烦琐有为的政治里，老百姓往往狡诈奸伪，这也就是老子所说的：“其政闷闷，其民淳淳；其政察察，其民缺缺。”

再次，老子的《道德经》，还概括了他对人生的深刻认识。

烽火连天的春秋时代，举世之人，个个自危。道德仁义被抛到脑后，追名逐利，相互倾轧，以强欺弱，以大欺小成为常态。有鉴于此，老子认真思索着人性问题，指出人性本来是朴实无华、清净寡欲的，只是因恶劣的后天环境而变得奸诈。因此有学者认为，老子是中国历史上第一位主张“性善论”的人。

在《道德经》中，老子多次指出，道的特性就是清静无为，“大道泛兮，其可左右。万物恃之以生而不辞，功成而不有，衣养万物而不为主。常无欲，可名于小”。这就是说，大道是无欲的，它成就了万物而从不把万物占为己有。人与天地万物都是由“道”而生，本性自然与“道”保持一致。这种基于“道”的人之本性，原本也是清静无欲的，老子将这种原始状态形容为婴儿的样子：“常德不离，复归于婴儿”，“含德之厚，比于赤子”。但是，污浊的社会毫不珍惜人类的美好本性，于是，“五色令人目盲，五音令人耳聋，五味令人口爽，驰骋畋猎令人心发狂，难得之货令人行妨”。种种看似美好的事物和痛快的经历，无情地摧毁着人的朴实美好的天性，激发人的贪欲，引起人的纷争，社会因此而混乱。

既然如此，人又该怎样恢复与大道相合的天性？

老子的药方有两个，一个是反对世俗的圣人教育。所谓“绝圣弃智，民利百倍；绝仁弃义，民复孝慈；绝巧弃利，盗贼无有。”但老子反对的是“世俗”的圣人教育，并不反对真正的圣人，在老子看来，真正的圣人应该是顺自然之性、任万物之情的，“是以圣人之治，虚其心，实其腹；弱其智，强其骨。”与此相关的，是“小国寡民”说。老子希望社会回归到纯自然形态，不至于因人类智慧的不断被开发，变得狡猾，不要因社会生产力的不断发展，使人欲壑难填，人民过着一种“甘其食，美其服，安其居，乐其俗”的生活。

另一个是“始制有名”。所谓“始制有名”，就是制作有名称的，为人类起码生存服务的东西。老子认为，“难得之货令人行妨，是以圣人为腹不为目，故去彼取此”。人类制造器物，要适可而止，要有一个限度，这就是吃饱穿暖，不要让“五色”“五音”“五味”破坏人的本性。

也许，今天读到老子这些想法，我们会觉得难以接受，但是，看到人类在无尽的物质欲望驱使下，对地球生态环境的破坏，是不是会想起几千年前老子在《道德经》中语重心长的嘱咐?

可惜，春秋战国，已是遍地无义战。为了争夺地盘、争夺财富、争夺王位，国家之间杀伐不已，人与人之间争执不断，流血，丧生，成为常态。

面对强者为王的社会，老子向人们提出了一种“弱用”的相处之道，即“弱者道之用也”。他指出，柔能克刚、静能制动、虚比盈好，如同水能穿石、舌存齿亡、虚谷深藏。人类应该效法道体，把它运用到现实人生中，在人与人的相处中做到柔弱不争、致虚守静。

在老子的眼中，水是最接近于道体特征的事物。翻开《道德经》，我们能看到老子经常以水作比喻，说明柔弱胜过刚强的道理。他说“天下莫柔弱于水，而攻坚强者莫之能胜”，“天下之至柔，驰骋天下之至坚”。水是天下最柔弱的事物，但它却能够穿山透地，攻克天下最坚硬的物体，可见最柔弱的东西里面，往往蓄积着人们难以估量的巨大力量，使最坚硬的事物无法抵挡。

通过对现实世界的观察，老子又寻找了很多证据，来说明柔弱胜刚强。他以人为例，说人活着的时候，身体是柔软的，而死亡的时候，身体就变僵硬了。据说，老子的老师商容（一说常枞）生病将死的时候，老子专门前去探望。商容张开自己的嘴，让老子看自己的牙齿和舌头，老子先是一愣，很快有所醒悟，对老师说：“您的牙齿都掉了，但您的舌头还在！”商容又伸出舌头问：“为什么舌头还完好无损呢？”老子明白了：“因为舌柔而齿刚，刚强的往往容易折亡，柔软的却能长久。”这就是有名的“舌存齿亡”的故事。不仅如此，老子认为草木的生长凋败也是如此，当草木蓬勃生长的时候，它的形体是柔脆的；当草木凋败的时候，它就变得枯槁坚硬。柔弱是一种生命力的象征，而刚强往往容易走向死亡。参天的大树在暴风雨中容易折断，柔弱的小草却能经受风吹雨打。所以，“人之生也柔弱，其死也坚强。草木之生也柔脆，其死也枯槁。故坚强者，死之徒；柔弱者，生之徒。是以兵强则灭，木强则折。强大处下，柔弱处上”。

水不仅是柔弱的，而且滋养万物不言其功、不争不夺、不偏不私；江海之水总是居于别人不喜欢的低处卑下的位置，但却能容纳百川。老子认为，人与人相处也应该借鉴水“处下”“不争”的特点，在利益面前谦让不争，功成名遂就身退，不要贪念富贵名位。由于水的这种柔弱正合乎“道”的弱用特征，是一种大善之德，所以老子以为“上善若水”。老子说，天地之所以长久，就是因为它们不考虑自己的利益才能长久，水之所以绵延不绝，具有无穷力量，就是因为它善利万物而不争。因此，要解决春秋以来人们急功近利、相争相夺的混乱问题，就要学会谦退不争，后身无私。这样，反而能成就自己或保全自己。自古以来，中国民间有“退一步海阔天空”的说法，正是老子谦让不争、不敢为天下先的形象解释。

除了用水比喻道，老子有时候也用虚空的山谷、橐钥（风箱）等比喻道体的虚静及其蕴藏的巨大的创造力和生命力。老子认为，天地间就如同一个风箱，虽然是空虚的，但却有勃勃生机，没有天地之道的运行，就不会有万物的产生。“道冲而用之或不盈。渊兮，似万物之宗。”作为产生万物的“道”，它是虚空渊深的，不会充盈自满。因为只有渊深的山谷才能汇聚百川，只有虚空的杯碗才能盛物。所以，人生就要致虚守静，深藏若虚，不能自满膨胀，所谓“上德若谷”水满则溢。

柔弱不争、致虚守静，充分体现了老子所说的“弱者道之用”的道理，“弱用”的主张和“无为而治”的思想一样，都本自“道”的自然观，前者是一种为人处世之术，后者则是一种“君人南面之术”。

总之，老子以“道”为核心，构建了一个博大精深的思想体系，这个思想体系奉“道”为万物之宗，以“道法自然”为纲，由天地之道推及人世之道，提出了自然无为和柔弱不争的观点，无论是在当时还是现在，都具有十分重要的地位和意义。今天流传在涡阳的一个神话故事，更形象地描绘了老子学说在当时民众中影响之大、之深。据说，因为老子的思想很符合老百姓的口味，他辞官归里之后，每天都有许多人聚在一起，听他讲道。一天夜间，大家又围在老子身边听讲，老子说上一阵，就停下来让大家发表意见，不料，就在人们纷纷发言的时候，一头挤进人群中的大青牛也说起话来。原来，大青牛听了老子的讲说，竟然被感化成仙。大青牛的主人激动不已，忙对老子说：“我这头青牛原本就是一头普通的耕牛，现在，能受您的点化成仙，您就收下它，权当坐骑吧！”老农话音刚落，青牛就转身冲老子点点头，卧在老子身边，让老子骑在自己的背上，连夜向西走去。

所以，我们看到的老子像，都骑着一头精神抖擞的大青牛。

二、中华宝藏，光耀五洲

老子远去了，但他的思想却光耀中华，2000多年来，明亮如初。

老子文化铸就了中华文明的思想根基。他的思想，不仅直接发展为老庄道家学派，而且成为先秦诸子百家的启蒙者。

儒家宗师孔子曾问教于老子。1973年河北定县出土的汉墓竹简中，有《文子》残简，人们看到如下文字：“孔子问道，老子曰：‘正汝形，一汝视，天和将至。摄汝知，正汝度，神将来舍。德将为汝容，道将为汝居。”文子是老子的学生，道家祖师，后被尊为太乙玄师。这一残简的记载，是关于老子与孔子师生关系最早的记录。此后，《庄子》中更有大量篇幅记载了他们的师生关系，如：“孔子行年五十有一而不闻道，乃南之沛见老聃。”此外，《史记》的记载也十分详尽：“孔子适周，将问礼于老子……孔子去，谓弟子曰：‘鸟，吾知其能飞；鱼，吾知其能游；兽，吾知其能走。走者可以为罔，游者可以为纶，飞者可以为矰。至于龙，吾不能知，其乘风云而上天。吾今日见老子，其犹龙邪！’”在这段绘声绘色的记述中，我们不仅可以看到孔子拜见老子求学的事实，也看到他对老子的膜拜之情。

当然，孔子之于老子，绝不仅仅是膜拜，更重要的是有思想上的学习和相通。比如，孔子也将“道”看作是至高理念。据《论语·述而》记载，孔子为自己和弟子们制定的生活准则是“志于道，据于德，依于仁，游于艺”。据统计，《论语》一书中，曾先后60多次提到“道”，尽管孔子之“道”并非完全如老子之“道”，但是对于“道”的看重却是同一的。此外，在《论语·卫灵公》中，我们也能看到孔子对老子“无为而治”思想的高度评价：“无为而治者，其舜也与！夫何为哉？恭己正南面而已矣！”

此外，即便是作为儒家思想核心的“中庸”，实际上也包蕴着老子的思想元素。《中庸》开篇就说：“天命之谓性，率性之谓道，修道之谓教。

涡阳老子庙

道也者，不可须臾离也，可离非道也。”这种言说方式，立刻使我们想起老子《道德经》。至于什么是“中庸”？“中”者，不偏；“庸”者，平常。合在一起，就是“最平常的正道”，一种不偏不倚的中正状态，恰恰与老子所提倡的“圣人去甚，去奢，去泰”；“高者抑之，下者举之，有余者损之，不足者补之”的观念相合。接下来，《中庸》又说：“喜怒哀乐之未发，谓之中；发而皆中节，谓之和。中也者，天下之大本也；和也者，天下之达道也。致中和，天地位焉，万物育焉。”读至此处，我们自然而然地会想到老子对“道”的诸多阐述，其中十分重要的一点就是“守中”。能始终守住“中”，就掌握了道，就可以从容应对万事万物无穷无尽的变化。

老子的思想还启发了战国末年著名思想家荀子的天道观。以老子的“知常”思想为指南，荀子提出“天行有常”的命题，认为人不必拜倒在天的脚下，不必听天由命。他在《天论》篇中说：“天行有常，不为尧存，不为桀亡。应之以治则吉，应之以乱则凶。强本而节用，则天不能贫；养备而动时，则天不能病；修道而不贰，则天不能祸。”这话的意思是，大自然的运行，自有规律，不会因为尧的圣明改变，也不会因为桀的暴虐变化。顺应自然之道进行治理，就可以得到吉祥，反之，违背自然之道，只会遭遇灾祸。

因此，人应当了解、把握“天之常”，以发展农业生产，尽量节约，注意积累和储藏粮食。

同样是在老子“知常”思想的基础上，韩非子提出“缘道理”的理性主义认识论。他在《解老》篇中说：“夫缘道理以从事者，无不能成……夫弃道理而妄举动者，虽上有天子诸侯之势尊，而下有猗顿、陶朱、卜祝之富，犹失其民人而亡其财资也。”这段论述，与老子“知常曰明，不知常，妄作凶”，内涵完全一致。

查阅典籍，我们还可以发现，老子的思想进入社会生活，进入政治领域后，对中国历史的发展具有重要作用，在相当大的程度上，决定了历史的进程。

在中国历史上，范蠡被称为第一个全面实践老子思想的典范人物。范蠡是文子的学生，老子的再传弟子。据《国语·越语》记载，越王即位后急于进攻吴国，范蠡劝诫道：“天道盈而不溢，盛而不骄，劳而不矜其功。夫圣人随时以行，是谓守时。天时不作，弗为人客；人事不起，弗为之始。今君王未盈而溢，未胜而骄，不劳而矜其功，天时不作而先为人客，人事不起而创为之始，此逆于天而不和于人。王若行之，将妨于国家，靡王躬身。”在这里，范蠡的中心意思是希望勾践顺应天道行事，天道要求我们盈满而不过分，气盛而不骄傲，辛劳而不自夸有功。圣人顺着天时行事，这就叫守时。对方没有天灾，不要发动进攻；对方没有人祸，不要挑起事端。现在君王没有等到国家殷富，就要采取过分的举动；没有等到国势强盛，就骄傲起来；没有辛劳，就夸耀自己的功劳；对方没有天灾，就想发动进攻；对方没有人祸，就要挑起事端。这样会违背天意，而且失掉人和。君王如果这样做，必将危害国家，损害自身。

显然，这段论述的基本思想，全部出自老子顺物而为的主张。

由于勾践没有听范蠡的话，越国在战争中大败。六神无主的越王再次请教范蠡，范蠡劝他保持强盛要顺从天道，转危为安要顺从人道，处理政事得当要顺从地道。这次勾践全盘接受，才有了越国的复兴。而我们今天却从这三个“顺从”中，再次看到老子的思想对范蠡以及越国政治决策的重大影响。

此外，人们熟知中国历史上最为人称道的三个黄金时期——汉代文景之治、唐代贞观之治和开元之治，君主的政治思想、统治之术，都与老子有密切联系。老子“治大国如烹小鲜”的策略，得到认真的贯彻，统治者不干扰百姓的生活，百姓依靠自己的努力发家致富。百姓富裕了，条条小溪汇入大江大河，国家也很快走上强盛之路。在大力推行黄老无为之治的西汉初年，国家从惨烈的战争中迅速复苏，迅速繁荣。历史学家范文澜曾描述，汉景帝末年，地方官府的仓里装满了粮食，国库里装满了铜钱，朝廷所藏的钱，积累到好几百万万，钱串子烂了，散钱无法计算，朝廷所藏的粮食，新旧堆积，一直堆到露天地上，让它霉烂。贞观年间，唐太宗李世民在治国策略上特别强调“惟欲清净，使天下无事，遂得徭役不兴，年谷丰稔，百姓安乐”。至贞观四年（630），全国“商旅野次，无复盗贼，囹圄长空，牛马布野，外户不闭”，一派祥和景象。待到李隆基为政的开元年间，老子最受尊崇，道教最为繁盛，玄宗有意识地实行无为而治，也取得可观的成就，当时的社会生活，正如诗人杜甫所描绘的那样：“忆昔开元全盛日，小邑犹藏万家室。稻米流脂粟米白，公私仓廪俱丰实。”

于是，古代帝王们一个个毕恭毕敬地抒发着他们对这位从涡水之滨走出的伟人的无上敬意：

唐玄宗李隆基以为《道德经》：“明道德生畜之源，罔不尽此，而其要在乎理身理国。理国则绝矜尚华薄，以无为不言为教……理身则少私寡欲，以虚心实腹为务。”

宋太宗赵光义说：“伯阳五千言，读之甚有益，治身治国，并在其中。”

明太祖朱元璋说：“朕虽菲材，惟知斯经乃万物之至根，王者之上师，臣民之极宝。”

清世祖顺治说：“老子道贯天人，德超品汇，著书五千余言，明清静无为之旨。然其切于身心，明于伦物，世固鲜能知之也。”

不过，所有种种，都不如清代著名启蒙思想家、政治家、文学家魏源的四个字更简明扼要，他说，老子之书是“救世书也”。

但这还不足说明老子思想影响的广大。《道德经》对中国的哲学、科学、政治、宗教等各个方面都产生了深远的影响，对中国人的世界观和人生观的影响更是难以估量。虽然汉武帝时确立了“罢黜百家，独尊儒术”的思想宗旨，但道家始终是一种植根于华夏民族灵魂深处的民间哲学。鲁迅曾经说过：“中国文化的根柢全在道家。”顺应自然、崇尚无为、讲究阴柔以及处下不争、致虚守静的道家思想，虽与儒家积极进取、刚健有为的态度形成鲜明的对比，但却与儒家一起成为中国传统文化的基石。因而，林语堂先生说：“道家和儒家是中国人灵魂的两面”。

时至今日，老子思想中的许多理念，正在被人们进一步认知。譬如老子“人法地，地法天，天法道，道法自然”的思想，对我们认识人与自然的和谐共处具有十分重要的意义，面对世界飞速发展的过程中，现代工业文明带来的许多问题，诸如大气污染、环境破坏、生态恶化、竞争激烈、暴力冲突等等，反观老子的思想，更能感悟到绿色发展、循环发展、低碳发展的重要性。再如老子人、地、天、道合一的自然和谐思想，不仅能推动一个民族、一个国家的科学治理或管理，而且由己及人、由修身到治国，推而广之、观照天下，还能促进整个世界的和平。老子认为，“以身观身，以家观家，以乡观乡，以邦观邦，以天下观天下”。他之所以能够了解整个天下的情况，就是明白观照天下的道理。当今的国际社会，恐怖主义、领土争端、民族纠纷、宗教冲突等引发的危机已经严重影响了世界的和平与发展。所以，解决这些问题，我们不妨从老子思想中汲取智慧，他的“自然无为”“柔弱不争”“致虚守静”“恬淡质朴”以及“为而不恃，长而不宰，功成而不居”等思想，不啻是一枚枚灵丹，让心浮气躁的世人安静下来。

总之，在2000多年前的中国，老子以他独特的眼光、睿智的思想奠定了中国道家文化的基石，在中国文化源远流长的发展史上具有举足轻重的作用。作为中国古代伟大的哲学家，他的思想充满着智慧的光辉，他不仅是属于中国的，也是属于世界的；不仅是属于古代的，也是属于现代的。

第二节 齐物逍遥，在宥天下
——庄子及其思想精髓

老子身后大约百年，涡河边一个不同寻常的婴儿呱呱坠地，他就是庄子。

庄子，名周，字子休，生活在战国中后期。安徽省亳州市的蒙城县，至今有一个代代相传的地名，就叫“庄周”，而城内始建于宋元丰元年（1078）的庄子祠，尚有苏东坡所撰《庄子祠堂记》的碑刻。今天的庄子祠，富丽堂皇，大三门、影壁、山门、逍遥堂、古衡门、濮池、五笑亭、观台、观鱼桥、梦蝶楼、南华经阁等一应俱全，而且，每年都有规模浩大的祭祀大典。

不过，这都是庄子的身后事了。当年他活着的时候，只是个小小的漆园吏，而且，就连这个微不足道的差事大概也没干多久，干脆辞官回家，过起了贫困但却自由的隐居生活。

在隐居的日子里，因为穷，庄子不得不打草鞋维持基本生计。有的时候，实在无米下锅，只好向别人借粮。据说，有一次庄子向过去的老朋友监河侯借粮，监河侯见庄子落魄，故意找借口说：“咱俩是多年好友，我肯定要帮你。但是，眼下我周转不开，等到年底收了老百姓的租子，我会借300两金子给你用！”庄子知道他是挖苦、托辞，就说：“我来的路上，听见有叫我名字的声音，回头一看，竟是一条鱼搁浅在路中间。我问鱼，你叫我干什么呀？它说它来自东海，却不幸落难到此，问我能不能用一斗或一升水救活它。我就告诉它，说要到南方去游说吴越国君，让他们来挖河引水，把它送回东海。鱼非常生气，它说，我只要用一斗一升的水就能救它，现在却说要等挖河引水来救它，那它早就死了。”庄子说完，掉头就走，从此与监河侯不再来往。

尽管生活十分穷困，但庄子从不为利禄所惑。据说，楚威王听说庄子学识渊博、贤明通达，想请他到楚国为相，于是，派使者拿着千金来聘。当时，庄子正在濮水钓鱼，对楚国使者的来到，他就像根本没有看见。使臣搬出

蒙城庄子祠

满车金银财宝，对庄子说，楚王想聘他为相。庄子笑了：“千金，是重利！卿相，是尊位！可是，你难道没见过用来做祭祀牺牲的牛吗？好草好料养几年，等它养得肥肥的，再给它披红挂彩，送进太庙，好不风光，可却是要杀了它来祭祀祖宗神灵啊。那时候，它再想自己像一只在泥淖里打滚的小猪一样活着，已经来不及了。所以，我宁愿像小猪一样，在污泥中自在快乐地游戏，也不愿被什么高官利禄所羁绊。我将终身不仕，以快吾志！”

又有一次，一个叫曹商的宋国人，被宋王派到秦国去出使，临行前，宋王赏赐给曹商几辆车。他到了秦国以后，靠着花言巧语溜须拍马，深得秦王的欢心，结果，秦王高兴之余，又赏给曹商100辆车子。回到宋国以后，曹商得意洋洋地去见庄子，讥笑庄子说：“你看你住在又穷又破的陋巷里，只能靠编草鞋兜售为生，饿得面黄肌瘦，皮包骨头。我可不会这样窝囊地活着。我只要几句话，就能让万乘之国的国君笑逐颜开，还赏赐我100辆车，这可是我的过人之处啊！”庄子淡淡一笑：“我听说秦王得病召医，给他开刀破脓割痔疮的，秦王就赏他1辆车。用舌头给他舔痔疮的，秦王就赏给他5辆车。治病的法子越卑下，赏的车子就越多。你不会是给秦王舔痔疮了吧？要不然，怎么能得赏如此多的车子呢？你真行！”

如此，庄子一生都过着贫困拮据但自由自在的生活。晚年，他经常在濮水、涡河一带垂钓，自得其乐，还常常与好朋友惠施一起出游，到濠梁观鱼。虽然很穷，却也快活。即将去世的时候到了，由于家徒四壁，弟子们都不知道如何来安葬老师，愁容满面，庄子却非常达观、淡然。他对弟子们说：“吾以天地为棺椁，以日月为连璧，星辰为珠玑，万物为赍送。吾葬具岂不备邪？”

一、《庄子》其书，雄奇瑰丽

庄子死了，但他的思想却传之久远。由于厌恶仕途，拒绝做官，庄子一生基本上都在隐居著述，或与几个弟子修道养生，留下了中国哲学史上的一部经典之作——《庄子》。据《史记》记载，庄子曾经“著书十余万言”，《汉书·艺文志》著录该书为52篇，现存33篇。今本《庄子》，是西晋时期郭象编定的，分为内篇7篇、外篇15篇和杂篇11篇。一般认为，内篇都是庄子本人所作，文笔雄奇瑰丽，思想深邃，是全书的精华。外篇和杂篇是由庄子的弟子或其他后学所作，但也反映了庄子的主要思想。

作为道家学派的代表人物，庄子和老子一样，是中国思想史上一位杰出的思想家，后人多把两人思想合称为“老庄哲学”。魏晋玄学兴起时，《庄子》和《老子》《周易》一起，被称为“三玄”，是玄学名士们格外青睐和争相注释的经典，其中向秀和郭象所作的《庄子注》最为有名。道教日渐盛行以后，《庄子》也成为道教徒信奉的经典。唐玄宗时，庄子被尊为南华真人，他的书也被奉为《南华真经》，地位仅次于《道德真经》。此后，历朝历代众多诗人争相赋诗作文，表达自己对庄子的敬仰与理解认知。李白曾有句：“万古高风一子休，南华妙道几时修”。宋代苏轼则说得直白：“吾昔有见，口未能言。今见是书《庄子》，得吾心矣！”相比之下，大明才子徐渭似乎更能体会庄子之意。他说：“庄周轻生死，旷达古无比。何为数论量，死生反大事？乃知无言者，莫得窥其际。身没名不传，此中有高士。”时至近代，闻一多认为：“中国人的文化上永远留着庄子的烙印”。李泽厚指出：“中国文人的外表是儒家，但内心永远是庄子。”

庄子画像

不仅如此，《庄子》还是中国文学史上最宝贵的财富之一。这本书最显著的特征，是行文的气势雄伟，意境开阔，想象奇幻，气象万千。深邃的思想出之以诗意盎然的散文与赏心悦目的寓言。鲁迅曾说："其文则汪洋捭阖，仪态万方，晚周诸子之作，莫能先也。"郭沫若评价："秦汉以来的每一部中国文学史，差不多大半是在他的影响之下发展的。以思想家而兼文章家的人，在中国古代哲人中，实在是绝无仅有。"当代哲学家金岳霖则称，这本书"与任何西方哲学不相上下。其异想天开烘托出豪放，一语道破却不是武断，生机勃勃而又顺理成章，使人读起来既要用感情，又要用理智。"

那么，什么是庄子思想的精髓?

首先，是自本自根，大道自然。

庄子承袭了老子"道"的思想。他不仅把"道"看作是宇宙的本体，万物的根本，而且是"自本自根"。他认为："夫道，有情有信，无为无形，可传而不可受，可得而不可见，自本自根，未有天地，自古以固存。"这就是说，"道"是真实而又确凿可信的，但它又无为、无形；它始终在传递着，却不能被具体接受；可以领悟，不可目见。在天地之前，它自古以来就独立存在。显然，在庄子的眼中，"道"是宇宙万物的总体，是宇宙万物存在的根本，同时也是超感觉的，在时间上无始无终，空间上无边无际，超然物外，具有无限神秘性。

但是，与老子不同，庄子所说的"道"，并不在于为了探讨和论证宇宙的本体是什么，而是更注重探讨人生的哲理。他总是将"道"与人的实际生活联系起来，力求探索人的精神怎样才能达到无限和自由的高度。他认为，人之生死如同大自然一样，都是不可强求的，所谓"天不得不高，地不得不广，日月不得不行，万物不得不昌，此其道也"。《庄子·至乐》记载了这样一个故事，庄子的妻子田氏死了，他的好朋友惠施前往吊唁，却看见庄子伸着两脚坐在妻子的棺材前"鼓盆而歌"。惠施十分生气，责怪庄子不该这样，庄子却说："刚开始我也很悲伤，可仔细一想，人本来就没有生命，没有形体，没有气质，在恍恍惚惚之间，才有了气，变而有形，再变而有生命，现在死了，又回到本然状态，这就像春夏秋冬四季运行一样自然。"既然如此，妻子是从自然中来，又回到自然中去，这当然不是应该哭，而是应该唱歌庆贺的事。

由此可见，在庄子看来，生死是人生中不可避免的事，生必然要转化为死，死也要转化为生，既然生有生的意义，死也有死的价值，那么，人就应当坦然面对生死，从容随顺生死之化，才算是领悟了生命的真谛。在《养生主》中，庄子又讲了一个寓言故事：老聃死了，秦失前去吊唁，号哭了三声就走。弟子问："你是老师的朋友吗？"回答说："是的。""既然是朋友，怎么能这样吊丧呢？"秦失说："可以。开始时，我以为到这里的都是至人，现在看来不是。方才我进去吊唁，有老人在哭，像哭自己的儿子；有年轻人在哭，像哭自己母亲。他们之所以到这里痛哭，一定有不想说而说，不想哭而哭的。这是背弃自然，背弃真情，忘记了人的生死都受之于自然。一个人来到世间，是顺时而生，离去了，是顺时而死。安于时运而顺应自然，一切哀乐之情就不能进入心怀，这就是自然的解脱。"

其次，庄子思想的精髓还在于自然率性、齐物逍遥。

庄子的"道"虽然是超越一切的无限神秘体，是不可眼见和言说的，但庄子的"道"却又是可以心知意会和"可得"的。因此，他认为人们都要努力去实现人与道的合一，即"得道"。"得道"的人被庄子称为至人、真人、神人或大宗师，他们不虑生死喜悲、不计利害得失，无拘无束、无牵无挂、一切任其自然，最后达到"堕肢体、黜聪明、离形去知，同于大通"的境界，这种境界，是庄子追求的自由人生和理想人格。

庄子认为"大道"既然是自然的，人也要顺乎自然，人的本性就是自然性。人要以自然为师，按照与生俱来的自然本质去生存，要"安时而处顺"，不要迷失本真，更不要被社会的物质和所谓"礼乐文明"等所束缚，一切外加于人的东西，都不符合自然人性。

庄子强调，人是自然界的一分子，与其他的动物并无实质的区别，"呼我牛也而谓之牛，呼我马也而谓之马"。在《齐物论》里，他讲述了一个动人的“庄周梦蝶”故事：有一天，庄子睡觉，梦见自己化作了一只美丽的蝴蝶，栩栩如生，非常惬意，其乐无穷。过了一会儿，他醒了，竟然有点恍惚：到底是庄周做梦化作了蝴蝶，还是蝴蝶做梦化作了庄周呢？在“梦蝶”的启示下，庄子提出了“天地与我并生，而万物与我为一”的齐物思想，简单地说，就是齐一万物——齐物我、齐是非、齐生死、齐贵贱等等。他认为，世界万物，包括人的品性和感情，看起来千差万别，归根结底却是齐一的，这就是“齐物”。人们的各种看法和观点，看起来也是千差万别的，但既然世间万物是齐一的，那么，归根结底，言论也是齐一的，没有所谓“是非”和“不同”。所谓“物无非彼，物无非是。自彼则不见，自知则知之。故曰彼出于是，是亦因彼。彼是方生之说也。虽然，方生方死，方死方生；方可方不可，方不可方可；因是因非，因非因是”。可见，庄子和老子一样，认为事物的运动发展中存在着矛盾对立，即有是就有非、有此就有彼、有生就有死、有大就有小、有美就有丑，而且这种矛盾对立也是可以转化的，因此一切事物都没有什么差别，相互之间也没有什么绝对的界限，这也是

蒙城庄子祠梦蝶楼

“道”的本质。

在描述“天地与我并生，而万物与我为一”的齐物逍遥思想时，庄子还表达了人与自然混为一体，不分彼此、和谐相处的理想。他向世人描述了一个人类回到远古时代，回到大自然，与禽兽同居，与草木共生的美好社会，并称之为“至德之世”。“夫至德之世，同与禽兽居，族与万物并……民居不知所为，行不知所之，含哺而熙，鼓腹而游”。2000多年过去，看看我们身边的社会，所有人都不能不感叹，这该是一个多么伟大的、富于远见卓识的理想！

归根结底，庄子的齐物论，是他追求人道合一和逍遥自由的思想基础。因为庄子的逍遥自由，实际上是一种超越生死、超越现实存在，不计利害、不分物我、不为物役、无己无待的绝对的精神自由。在庄子看来，无论是大鹏展翅扶摇直上九万里，还是修道高人列御寇乘风而飞，他们都算不上是真正的自由，因为他们都有所凭借，那就是“风”。真正的自由是无己无待的，即忘掉自己的形体，摆脱物役，没有任何凭借依靠的逍遥游，“若夫乘天地之正，而御六气之辩，以游无穷者，彼且恶乎待哉？故曰：至人无己，神人无功，圣人无名”。能做到这样，也就是“得道”了。

实际上，庄子一生都在践行自然率性和逍遥自由的人生。据说，有一次庄子去见魏王，因为太穷，衣服打着补丁，鞋子需要用带子绑住才能穿。魏王见他穿得如此破烂，不免吃惊地问：“先生怎么这样狼狈啊？”庄子凛然答道：“我只是穷而已，并不是狼狈！一个人丧失道德，那才是狼狈！衣服破了，鞋子穿烂了，只是穷苦罢了，并不代表狼狈。我虽然生不逢时，但也不狼狈！”这是何等的精神自足！

可见，和老子相比，庄子更强调人的自然本性，更注重个人精神的逍遥自由，更追求不为物役、无己无待的自由人生和理想人格。尽管现实的贫困和社会的混乱无时不在，但庄子依然能粗茶淡饭、安贫乐道，享受着“独与天地精神往来”的快乐。

第三，庄子的应世方略——在宥天下，乘物游心。

在《庄子·应帝王》里，人们可以读到这样一个故事。南海之帝叫儵，北海之帝叫忽，中央之帝叫混沌。儵忽二帝耳聪目明、七窍皆通，因此非常精明能干、大有作为。而混沌帝则耳塞目闭，也没有鼻子嘴巴，七窍都不通，对外界懵懂无知，但却善良纯朴、为人随和。儵忽二帝整天奔波，忙碌于南北之间，累了，就歇脚在中央的混沌之地。混沌帝对二帝非常友善，经常款待他们。儵忽二帝想报答混沌帝的善遇之德，两人商议后，决定给混沌帝凿通七窍，让他像正常人一样，靠眼睛、耳朵、嘴巴、鼻子等视、听、食、息。于是，他们每天给混沌凿通一窍，一共凿了七天，但万万没想到，混沌七窍被凿通以后，就死了。

这是个耐人寻味的故事。细细解读，可以发现其中的深刻寓意。显然，庄子认为，混沌本来处在天地之中，安于自然，无知无欲，毫不作为，却太平无事，但是，儵忽二帝非要人为地给混沌凿开七窍，结果反而害死了他。天下的治理也是如此，天下本不必治，也无须治，勉强去治天下，实际上就是害了天下，就像混沌之死一样。因此，君子不得已成为君王的话，最好的治世之术，就是“莫若无为”。一个有德的帝王是“以天地为宗，以道德为主，以无为为常”，因此，庄子说：“闻在宥天下，不闻治天下也。”在宥天下，就是要求统治者顺从人的自然本性，放任自由，让老百姓“安其性命之情”，使人民自在自得，以不治为治。在庄子看来，任何人为的管教和治理都是对人的自然本性的戕害，不合乎“道”的本质，只有虚静恬淡、寂寞无为，才是万物的根本，道德的极致。

不过，庄子毕竟生活在烽火连天、硝烟弥漫的战国时代，对于“今世殊死者相枕也，桁杨者相推也，刑戮者相望也”的社会现实和人民疾苦，不可能全然漠视。为此，他提出了重人贵生的人生观。在庄子看来，人，首先是自然的人，即使生活在功利的社会，也不能“以物易性”，更不能牺牲生命去追求那些外在的功名利禄。他希望人们能够“乘物游心”“全生保真”“安时处顺”，也就是重视个人存在，保全生命，守住本真。他反对“小人则以身殉利，士则以身殉名，大夫则以身殉家，圣人则以身殉天下”，认为这是人为物役，违反个体自然本性的做法。

《庄子·山木》讲了这样一个故事：庄子行走山间，看见一棵大树，枝叶繁茂，伐木人却不去砍伐，因为它无用。庄子感叹道：“这树因为‘不材’而可以享尽天年啊！”从山里出来，庄子去拜访朋友，朋友很高兴，让童仆杀鹅款待。童仆问:“一只鹅会叫,一只不会叫,杀哪只?”朋友答:“杀不会叫的。”第二天,弟子问庄子:“昨天山里的树因为‘不材’而能够享尽天年。可是今天主人的鹅,却由于‘不材’而丢掉性命。请问先生;在‘材’与‘不材’之间,您会如何处身?”

庄子笑道:“周将处乎材与不材之间。材与不材之间,似之而非也,故未免乎累。若夫乘道德而浮游则不然,无誉无訾,一龙一蛇,与时俱化,而无肯专为;一上一下,以和为量,浮游乎万物之祖,物物而不物于物,则胡可得而累邪!此神农、黄帝之法则也。若夫万物之情,人伦之传,则不然。合则离,成则毁;廉则挫,尊则议,有为则亏,贤则谋,不肖则欺,胡可得而必乎哉!悲夫!弟子志之,其唯道德之乡乎!”这段话的意思是:我会处于“材”与“不材”之间,这好像合于大道,却未必真正与大道相合,所以不能免于劳累。假如能顺应自然浮游于世,就不是这样。没有赞誉没有诋毁,时而像龙一样腾飞,时而像蛇一样蛰伏,跟随时间的推移而变化,不偏滞于某一方面;时而进取,时而退缩,一切以和作为度量,优游自得地生活在万物的初始状态,役使外物,却不被外物所役使,又怎么会受到外物的拘束和劳累呢?这是神农、黄帝的处世原则。至于说到万物的真情,人类的传习,就不是这样的。有聚合,也就有离散,有成功,也就有毁败;刚正会有挫折,崇高会被倾覆;有为会受到损害,贤能要受到妒害,而无能则会遇到欺侮。万不可偏执一端。可悲啊!弟子们记住了,人生只有归向于自然!

那么,人生在世,又该如何应世,才能真正进入道德之乡?

庄子在《逍遥游》里,提出了他著名的“三无”原则,这就是“至人无己,神人无功,圣人无名”。大意是说:真正的人没有自己,神妙的人不求功利,圣贤的人不求名声。

庄子所说的“至人无己”,并不是没有自我,而是说至人超越了被功名利禄所羁绊的自我,就可以通向自然之我,回复真实之我;“神人无功”,也不是说但凡神人都要无所作为,而是指神人能摒弃通常的世俗价值观念,不着意于对功利的苦苦追求;而“圣人无名”,是说圣人不在意别人的评价,因为他无需通过世俗的肯定来立足于人世。

有关这一点，庄子也讲了一个故事。他说，市南宜僚拜见鲁侯，鲁侯正面带忧色。市南宜僚问：“国君为什么面呈忧色呢？”鲁侯说：“我学习先王治国的办法，继承先君的事业；敬仰鬼神、尊重贤能，身体力行，没有短暂的止息，可是仍不能免除祸患，我因为这个缘故而忧虑。”

市南宜僚说：“你消除忧患的办法太浅薄了！比如有丰厚皮毛的狐狸和美丽斑纹的豹子，栖息于深山老林，潜伏于岩穴山洞，这是静心；夜里行动，白天居息，这是警惕；即使饥渴也隐形潜踪，还要远离各种足迹到江湖上觅求食物，这又是稳定；然而还是不能免于罗网和机关的灾祸。这两种动物有什么罪过呢？是它们自身的皮毛给它们带来灾祸。如今的鲁国不就是为国君您带来灾祸的皮毛吗？”他建议鲁侯远离封国，到偏僻的山野里去居住，但鲁侯担心路途遥远，又担心没有食物，于是，市南宜僚说：“减少你的耗费，节制你的欲念，虽然没有粮食也是充足的。你渡过江河浮游大海，一眼望去看不到岸边，越向前行便越发不知道它的穷尽。送行的人都从河岸边回去，你也就从此离得越来越远了！所以说统治他人的人，必定受劳累，受制于别人的人，必定会忧心。而唐尧从不役使他人，也从不受制于人。我希望能减除你的劳累，除去你的忧患，而独自跟大道一块儿遨游于太虚的王国。这样，你就能听任外物、处世无心，自由自在地遨游于世！”

在《大宗师》里，庄子用另一个简单的故事，将道理说得更明确。南伯子葵问女偊：“你年寿很高了，而面容却像少女。这是什么原因呢？”女偊回答说：“我保持着‘道’，三天以后就忘记了天下；又保持七天以后，便忘记了身外万物；再保持九天以后，便能忘记生命；已经忘记生命了，而后便能像早晨初升的太阳那样清明；像早晨的太阳那样清明了，而后才能体现独特的‘大道’。”

由此可见，在不受名利困扰、脱离世俗纷争的人那里，个体渺小的生命，一样可以背负青天，御风而行，遨游于天地之间，获得永恒的精神自由。

二、平民智者，参悟人生

在中国文化史上，庄子的影响极其深远。他所提出的人格理想，超然适己的生活精神，更是深深浸透了中国传统文人的精神世界。他以深刻的哲学思想为基础，以顺应自然、率性而为为旗帜，引导大家在保全自由“生命”的过程中，一心一意去追求生命的真正价值，追求一种归依自然，在山水之间独善其身的生活境界。在中国传统知识分子的心目中，老庄哲学，尤其是庄子的哲学，最贴近他们内心深处的隐秘愿望。而《庄子》中表现的那种超凡脱俗的独立人格，更是魅力无穷，成为中华民族的性格中的一种宝贵积淀。他所塑造的众多“真人”“神人”“圣人”“德人”“大人”“全人”，一个个精神自由，无所羁绊，能够超越自我，超越人间一切苦痛，这就给后世生活于黑暗中的知识者指明了一个寻求心灵自由的方向。于是，在庄子身后，有了嵇康、阮籍等魏晋文人的不羁，有了陶渊明的归去来，有了李白为代表的唐代文人的狂放，有了影响中国数千年的山林文化。

总之，庄子的思想是深刻的，也是耐人寻味的。他似乎看透了人生，因而不免冷眼冷语面对这个世界；他分明不舍人间，因而守身全生、游心于世；他仿佛心肠极硬、无情人世，于是鼓盆而歌；但他心肠真的很软，钟情万物，愿与麋鹿游。面对现实的无奈，社会良知的失落，庄子宣称“不如相忘于江湖”，“独与天地精神往来”。

细细研读《庄子》，我们还可以发现这位智者更多的独到之处。

譬如，他的书令我们感到亲切。身处百家争鸣的时代，先秦诸子往往都热衷于政治，游说于诸侯之间，希望他们能重用自己，采纳自己的学说，用以治国平天下。但庄子却如朱熹所称，“只在僻处自说”，或者是与人辩论。因此，他是平民中的智者。当别人都在以天下为己任，没完没了地对诸侯高谈阔论，反复宣传自己的“治人、治国”之道的时候，庄子却躲在水边钓鱼，坐在家里打草鞋，同时认真地告诉身边的朋友、学生，身处乱世，应当怎样自救与解脱，怎样保持心灵的安宁与清净，保持一个“人”的自然本性。他还贴心地告诉大家，如何在“无逃乎天地之间”的险恶中，“游刃有余”地养生，以尽天年。因此，他的哲学，核心是人生、人性、人心，是人生哲学。

但是，身处“僻处”，心却遨游天地，驰骋八方，诗性盎然，因此，《庄子》又不能不令我们惊叹。

翻阅《庄子》但见想象飞腾，意境雄奇。《逍遥游》写大鹏展翅九万里的故事，气势磅礴：“北冥有鱼，其名为鲲。鲲之大，不知其几千里也。”北冥就是北海，其中名叫鲲的鱼有多大？竟然是不知有几千里。当它“化而为鸟，其名为鹏，鹏之背，不知其几千里也”，大鹏奋翅而飞，翅膀就像垂在天边的云彩一样。在迁徙的路上，它“水击三千里”，“抟扶摇而上者九万里”，飞了六个月才飞到南海，才休息一下。如此豪放的写法震惊了李白，他说：“南华老仙发天机于漆园，吐峥嵘之高论，开浩荡之奇言。征至怪于《齐谐》，谈北溟之有鱼……五岳为之震荡，百川为之崩奔……”又如《达生》篇，庄子写“孔子观于吕梁”，这里的瀑布“悬水三十仞，流沫四十里”，一派壮阔气象。再如《秋水》，作者写道：“秋水时至，百川灌河；泾流之大，两涘渚崖之间不辨牛马。”寥寥几笔，即勾勒出浩瀚无涯的秋水气势。

四射的激情归于对现实的认识，《庄子》用大量的寓言深入浅出地说明他的道理。全书大小寓言共计 200 多个，有些篇目全部由寓言排比而成，有些篇目干脆通篇就是一个寓言。这些寓言大多如司马迁所说，“皆空语无事实”，是庄子虚构的，为什么这样做？还是因为他的著作从一开始就没有故作高深，而是面对平民。他需要让深刻的道理在一个个故事之中，“寓真于诞”，自然而然地走进大家心里。当然，这本书中也有很多寓言具有“多义性”，不同的人会有不同的理解，以一个寓言包藏无穷的万象，不尽的意蕴，更使人能领略它内涵的丰富和艺术的超绝。

众多的寓言凝结成众多的成语，他以“坐井观天”形容人的眼界狭小，所见有限；以“邯郸学步”比喻生搬硬套，机械地模仿别人，不但学不到别人的长处，反而会把自己的优点和本领也丢掉；以“贻笑大方”指让内行人笑话；以“餐腥啄腐”比喻追求功名利禄；以“越俎代庖”比喻超出自己的职责，越权办事或包办代替……每一个成语后面，往往都挂着一个或辛辣或深邃的寓言故事，同时也洋溢着生之趣味。这些成语一代代流传，至今依然生机勃勃。

第三节 九合诸侯，一匡天下
——管子及其思想概览

今天的安徽颍上县，有一条美丽的河，它从西北向东南款款而行，贯穿全县，最后投入淮河的怀抱，它就是颍河。颍河之滨有一个三面环水、历史悠久的小村庄，名叫“管谷村”。相传管谷村原名谷家庄，后来，村中一名土生土长的青年外出做了大官，回家探母时，发现家乡洪涝成灾，很想做点什么。母亲谷氏提议，开沟活水，变水害为水利，从此全村百姓得以安居乐业。此后，乡亲们为了纪念谷老太太和她的儿子，就将村名改为“管谷村”。

这位归来的游子，就是春秋时期著名的政治家、军事家、思想家管子。

一、春秋第一相，齐桓之仲父

管子，名夷吾，字仲，谥敬，后人亦称管敬仲。他的一生经历丰富，充满了传奇色彩，最终因辅佐齐桓公“九合诸侯，一匡天下”，成就霸业而享誉天下，齐桓公尊他为“仲父”，后世人则将他誉为“春秋第一相”。

静静的颍河蜿蜒流淌，涤荡了人间许多风尘，却永远洗濯不去后人对管子和管子思想的敬仰。春秋以降，人们一路追随管子的行迹、探寻管子的思想，以他的名字写下了一部伟大的著作——《管子》。这本书是一部融汇百家、经邦纬国的治世奇书，它是战国时期齐国的稷下学者们托名管仲所写的著作总集，后来又有管子后学加以补益。不过，此书虽然并非管子本人所作，但里面却记录了管子的许多言行事迹和治国方略，既包括政治、经济、军事、哲学等领域的思想，又涉及道家、法家等各家各派的观点，内容丰富、体系庞杂。几百年后，司马迁读了《管子》一书的相关内容后，大加赞赏，连连感叹“太详备了！”为此，他专门为管子作传，收入《史记》，希望这位伟人能够青史留名。

管子是皖北的骄傲。大约在公元前 723 年，这位在中国历史上书写出辉煌篇章的人物，诞生于颍河边管谷村的一个贫苦家庭。年少时的管仲，喜欢读书，喜欢习武。父亲的过早去世，使得他从小就特别懂事，一边刻苦读书，一边忙前忙后帮助母亲干活，小小年纪，就担负起家庭重任。俗话说，穷人的孩子早当家，那些年里，清清的颍河岸边，留下了少年夷吾多少劳碌的身影，春夏秋冬四季的田野之上，又印下他多少奔忙的足迹！

管子画像

以后，为了生活，管仲经过商，当过兵，跑过很多地方，吃过很多苦。就是在这期间，他结交了一个好朋友，名叫鲍叔牙。那时，两个年轻人经常一起合伙做生意，但凡赚了钱，管仲总是自己多拿点儿，给鲍叔牙少分点，鲍叔牙从不计较。但是，久而久之，鲍叔牙身边的人很不服气，纷纷埋怨。不料，鲍叔牙却认真地对他们说："我知道，那是因为管仲家里太贫困了，急需用钱，并不是他真的贪婪。"有一次，管仲看好了一门生意，劝鲍叔牙多投本钱，鲍叔牙一下子投了很多钱，可最后不但分文未赚，还将所有本钱赔个精光！管仲非常内疚，但鲍叔牙却全不介意，不仅没怪他，还反过来娓娓相劝："没关系啊，这是机不逢时，并不是你愚蠢！"后来，管仲被迫入伍当兵，曾经三战三逃，别人都讥笑他贪生怕死，只有鲍叔牙说："那是管仲挂念家中的老母亲需要奉养，并不是他真的胆小怕死。"春秋时期的周王室已经日益衰微，各诸侯国为了争霸都纷纷招揽人才，看到这个机会，管仲跑到好几个国家去谋职，结果，一次又一次，他都被罢免了。也许是看到管仲有些沮丧，鲍叔牙亲切地安慰他："我认为这是因为你生在乱世、怀才不遇，并不是你没有能力。"对于鲍叔牙的宽容、鼓励和理解，管仲十分感激，他常常对别人说："生我者父母，知我者鲍子也。"

此后，管子与鲍叔牙的友谊一直被后人啧啧称道，"管鲍之交"也被五湖四海的中国人所熟知，只要是形容人与人之间最诚挚的友情，人们自然而然地就会想到这个成语，同时，还有他们遥远却又真切的身影。今天的颍上县城北郊，一座纪念管鲍二贤的祠堂——管鲍祠巍巍挺立，接受着

颍上管鲍祠

天南地北仰慕者的朝拜。这座祠堂到底最早建于何时，已经说不清了，只知道早先的名字叫作“管子祠”，倒塌在千年历史风云中。可是，家乡的父老百姓怎能让管仲的身影消失？怎能淡忘管仲与鲍叔牙之间流传千古的情谊？因此，明朝万历年间，祠堂在原址之上重建。不过，新的祠堂不再仅仅属于管仲一个人，还增加了鲍叔牙的塑像。然而不幸的是，明清两代，皖北大地多灾多难，管鲍祠也不能幸免。明代末年，祠堂毁于兵火。清道光年间，乡亲们集资再建，咸丰年间又一次毁灭。1933 年，管鲍祠再一次从废墟中站立起来，三起三落，再次复出，没有什么能比这经历更能说明管仲和管鲍之交在颍上人心目中的分量了。

而今，来访者走到管鲍祠门前，推门而入，首先映入眼帘的，是青松翠柏，通向正殿的道路西边，有管仲的衣冠冢。正殿里，两尊高大的塑像高近两米，宛如兄弟的管鲍两人比肩而立，目光炯炯，似乎永远在守望着家乡，保护着家乡人民。

现在，让我们的话题再回到 2700 多年前的春秋时代。经过几年闯荡，管子与鲍叔牙一起来到了齐国。当时齐国的国君齐厘公（也作僖公）有三个儿子，长子是太子诸儿，次子是公子纠，最小的儿子是公子小白，管子和鲍叔牙被齐厘公分别任命为公子纠和公子小白的老师。两人虽然各为其主，但私人关系依然很好。齐厘公去世以后，太子诸儿即位，为齐襄公。齐襄公本是个好色之徒，在他当太子时，就与自己的妹妹文姜乱伦私通。等他即位后，更是变本加厉，不仅沉迷女色，而且昏庸残暴，搞得齐国上下人心惶惶、怨声载道。为了继续和自己的妹妹苟且偷欢，齐襄公竟然把身为鲁国国君的妹夫鲁桓公给杀了，在齐鲁两国引起很大震动。与此同时，倒行逆施的齐襄公还把自己的两个弟弟也视为眼中钉、肉中刺，总是想方设法加害。眼看着危险逼近，深有远见的管子和鲍叔牙，决定各自护送主人逃离齐国避难。于是，管子和召忽护送公子纠来到了鲁国，鲍叔牙则护送公子小白逃到了莒国。齐襄公十二年（前686），襄公的堂兄弟公孙无知发动叛乱，杀死襄公并取而代之，登上国君宝座，但是屁股还没坐热，公孙无知又被齐国贵族推翻。此时的齐国，一片混乱。

身在鲁国的管子和居于莒国的鲍叔牙，都一直密切关注着齐国的政局，当他们得知齐国无君后，不约而同地立即启程回国，急急护送各自的主人抢登君位。鲍叔牙和公子小白紧赶慢赶，却不料在半路上遭遇伏击，埋伏者不是别人，正是管仲。管仲一箭射中公子小白的带钩，机智的小白趁机佯装被射死。结果，管仲果然上当了，他以为小白真的死了，公子纠回国即君位已稳操胜券，于是，放慢了返回齐国的脚步。哪知道，那一边鲍叔牙和公子小白日夜兼程、马不停蹄，终于领先一步返回齐国。公元前685年，公子小白在众人拥戴下正式登上国君的宝座，这就是齐桓公。接下来的无情史实是，公子纠被杀，召忽自杀尽忠，管仲沦为阶下囚。就在人们都以为齐桓公会报一箭之仇杀死管子的时候，他的好朋友鲍叔牙却向齐桓公大力举荐重用管仲。齐桓公起初并不乐意，想让鲍叔牙为相，但是鲍叔牙对他说："我在五个方面都不如管仲：宽惠柔民不如他；治国有方不如他；鼓舞士气不如他；教化百姓不如他；安抚天下不如他。"听了老师鲍叔牙的话，齐桓公思量再三，为了国家社稷和齐国霸业的需要，他终于不计前嫌，不但没杀管仲，反而拜他为相，开始了齐国的伟大霸业。

从囚犯到卿相，管仲的人生出现了戏剧性的逆转。为报答齐桓公的知遇之恩，也是为了实现自己的梦想，管仲充分发挥出非凡的政治才华与政治智慧，尽心尽力辅佐齐桓公。在齐国为相的40年间，管仲对内改革内政、惠农宽商、发展生产，对外尊王攘夷、九合诸侯、一匡天下，使得齐国国力昌盛、民富兵强，取得了让世人瞩目的成就。回望历史，让我们看看管子是如何做到的吧！

二、守国以四维，治国在富民

面对齐襄公乱政以来留下的烂摊子，管仲深感责任重大。为恢复社会秩序，稳定政局，他提出了“守国之度，在饰四维”和“任法”的主张。“四维”就是指礼、义、廉、耻四条纲领，管仲认为，四维是规范上下尊卑等级关系和人的行为的道德准则，关系着国家的兴衰治乱，缺一不可。如果缺失一维，国家就会倾斜，缺失两维，国家就会危险，缺失三维，国家就会颠覆，四维全部丢失，国家就会灭亡。这就是“一维绝则倾，二维绝则危，三维绝则覆，四维绝则灭”，“四维不张，国乃灭亡”。因此，管子提醒齐桓公要想安定社稷、图谋霸业，必须宣扬四维，四维张，则君令行。当然，管子也明白，齐桓公初登君位，君威尚未建立，因此他认为必须依赖法令尊君治民。他认为“法者，民之父母也”，“法者，天下之至道也，圣君之宝用也”。君主必须以法治国，并通过强有力的法令，维护君威，发号施令。一个国家重视法令，国君就能得到大家的尊崇；国君得到了尊崇，这个国家就会长治久安。

春秋以来，周王朝已经礼崩乐坏，士、农、工、商各阶层之间的界限也有所模糊，四民出现杂居相处的情况。有鉴于此，管仲对齐桓公说：“士、农、工、商四民，是国家的柱石。不能让他们杂居相处，否则难以成事。”他认为治理国家，应该学习古代圣王的方法，让四民分居定业，“处士必于闲燕，处农必就田野，处工必就官府，处商必就市井”，这样，四民各安其职，管理起来就很方便。不仅如此，管子还创造了将居民组织与军队编制相结合的管理模式，这一点，在《管子·小匡》和《国语·齐语》里都有记载，其主要精神就是把齐国城郊地区分别划为 3 个部分和 5 个部分（即“叁其国而五其鄙”），实行四民分居，设士农乡 15 乡、工商乡 6 乡，一共 21 乡，国家以士农之乡作为主要兵源，在其中选拔出色的人充实军队，并划为三军，让桓公、国子和高子分别统帅。为了提高战斗力，三军一年四季都要通过狩猎等形式进行训练。遇有战事，随时出征，平时则安居乐业，这就是所谓“作内政而寄军令”。这个方法，不仅扩充了齐国军队，提高了齐军的战斗力，而且不误生产劳动，便于地方基层管理，从而让齐国在春秋初期的争霸中有了武力的保障。

管仲不仅具有政治谋略，也具有经济头脑。少年时期的贫苦，让他深知富民的意义；早年的经商生活，更让他懂得生财不易。据说有一次，管仲和齐桓公在一起聊天，齐桓公问管仲：“君王应该以什么为最宝贵？”管仲不假思索地说：“天啊！”齐桓公抬头看了看天，一脸困惑。管仲不禁笑道：“我所说的天可不是苍苍莽莽的上天，君王应该是以百姓为天啊！”原来，管仲是把老百姓比作了上天，希望齐桓公能执政为民、一切以民为天。以民为天，就要关心国计民生，富民、爱民、利民、益民、安民。所谓“仓廪实则知礼节，衣食足则知荣辱”，老百姓的衣食温饱关系到社会的治乱。因此，管仲十分重视发展经济，为了促进生产、富民强国，他充分发挥自己的经济才干，想方设法“通货积财”。

管仲认为“富民”是治国之基，治理国家首先就是要让老百姓富裕起来，老百姓富裕了就容易统治，老百姓太穷就不容易统治，即“凡治国之道，必先富民。民富则易治也，民贫则难治也”。让老百姓富裕起来的根本途径，是以农为本，重视农业生产，鼓励农民开垦田地，增收农业产量，所谓“民事农则田垦，田垦则粟多，粟多则国富。国富者兵强，兵强者战胜，战胜者地广”。如果一个农民不耕田，就会有人挨饿；如果一个农妇不织布，就会有人挨冻。桓公对管子的力农思想十分支持，在全国范围内积极垦荒、大力发展农业，并充分调动农民的生产积极性，采取了许多具体的惠农措施，如重视农时、保护粮价、发展农田水利、减免赋税，实行“相地而衰征”等有效措施。如此，在管仲的治理下，齐国的农业生产得到了很大发展，人民粮仓富余，国家国库充盈。

管仲虽然主张务本力农，但并不排斥工商业致富，而是积极鼓励贸易，发展工商业。在《管子·轻重》等篇里，有许多关于齐桓公与管仲讨论致富问题的记载，管仲明确表达了工商业可以通货积财、富国强兵的观点。他认为只有商业流通才能汇聚天下财富，“市者，天地之财具也。”根据齐国东边靠海的地理优势，管仲因地制宜，发展齐国的渔业、盐业等，以“通渔盐之利”。由于早年和鲍叔牙四处经商，尝尽了往来贩运的艰辛，因此，为了鼓励工商业的发展，管仲为商人大开方便之门。他曾要求齐桓公下令为各国来齐经商的商人们建筑住所，并根据商人财富的等次给予不同的招待，“请以令为诸侯之商立客舍，一乘者有食，三乘者有刍菽，五乘者有伍养。”对商人的优惠待遇，让“天下之商贾归齐若流水”。不仅如此，管子还一再建议齐桓公放宽关税，公元前667年，桓公即位19年，“弛关市之征”，税率仅为五十分之一，几乎等于不征税。管仲采取的惠商政策，极大地刺激了齐国商业经济的发展，齐国的都城临淄在当时成为天下最有名的大都会，商铺林立、人头攒动、市场繁荣，成为四方辐辏之地。

管仲不仅善于开源致富，也懂得节流之道，反对无度用费，主张节用积贮。他认为一个国家如果侈靡浪费，就会导致百姓贫苦，而百姓贫苦，又会引起社会风气的奸诈巧伪。所以，他要求统治者治理国家要取用有度，不可过侈，取财于民而能节制，国家虽小也能安定，征敛无度而又耗费不节制的话，国家再强大也会走向灭亡。如果没有分寸和节制，导致国库空虚、民用不足，就会引起君民上下彼此怨恨。

怀着对老百姓深切的关怀，管仲进一步提出了爱民、利民、益民、安民的思想，即爱惜百姓、有利百姓、使百姓得益、使百姓安稳。在《五辅》和《入国》中，他向齐桓公建议采取“六兴七体”和“九惠之教”等改善民生、扶助弱小的惠民政策。尤其是在“九惠之教”中，管仲提出了“老老”“慈幼”“恤孤”“养疾”“合独”“问疾”“通穷”“振困”“接绝”等九个方面的制度设计，显示了他对于社会民生福利以及弱势群体的关怀与扶助，也体现了浓厚的人文情怀和执政理念。

在管仲的精心营造下，齐国的农工商业得到了并重发展，实现了通货积财、富民强国的目标，其意义不言而喻。从这个意义上讲，管子又是一个具有经济头脑的政治家，难怪梁启超先生称赞他是一个“大理财家”！

三、称霸以民心，立业在外交

眼看着齐国在管仲的治理下日益富强，在各诸侯国中的地位日益上升，齐桓公不免欣喜难捺。于是齐桓公问管仲，是不是可以会盟诸侯称霸中原了？管仲对齐桓公说，还不到时候！在管仲看来，“以人为本”是称霸事业的开始，民心所向关系着社会和谐与国家的稳固安危。在管子《牧民》《霸言》等篇章中，我们可以看到，管仲反复强调“霸王之所始也，以人为本。本理则国固，本乱则国危”。为政的法宝就是懂得顺应民心，满足人民之所想，得民心者才能得天下，违背民心者必将失去天下，所以说“政之所兴，在顺民心；政之所废，在逆民心”。虽然齐国自身的国力增强了，百姓富裕起来了，但天下的民心所向依然是宗周。

管仲给齐桓公分析了天下局势。当时的天下，虽然列国纷争，周王室也日益衰微，但周天子名义上仍是天下共主，暂时还没有哪一个诸侯国敢冒天下之大不韪取而代之。而四周的少数民族不断侵扰周室以及中原各诸侯国，已成为华夏诸国的共患，尤其是北边的戎狄和南方的荆楚。所以管仲建议齐桓公打出“尊王攘夷”的口号，一方面能获得尊王的美名，另一方面可以让其他诸侯国归附于齐，共同抵御外族入侵，从而获得天下民心的归向。齐桓公连连称是，先后在“尊王攘夷”的口号下，进行了一系列讨伐戎狄荆楚的战事，并保护了一些受到外族侵犯的诸侯国。公元前681年，齐国出面召集宋、陈、蔡、邾等国，在北杏（今山东东阿）会盟，帮助宋国解决内乱。公元前663年，燕国遭到山戎的袭击，请求齐国出兵相救，齐桓公和管仲亲率大军北上救燕。公元前661和前660年，齐先后出兵伐狄救邢、卫两国，并帮助两国迁往山东、河南一带，远离戎狄威胁，使得“邢迁如归，卫国忘亡”。公元前656年，齐讨伐楚国，阻止楚国北进，并逼迫楚承认周王室天下共主的地位。100多年以后，孔子曾经为此慨叹道：“如果没有管子，我们华夏民族就会像夷人那样披头散发、穿着左边开襟的衣服了！”

齐桓公的一系列“尊王攘夷”之举，实际上代替周天子阻止了戎狄等外族对中原封国的进攻与破坏，让华夏诸国纷纷归附于齐，特别是那些饱受戎狄欺凌的小国如邢、卫等国，更是对齐国感激涕零，把齐国当作了依靠。从公元前681年北杏会盟开始，齐桓公先后多次在中原召集各诸侯会盟，史称“九合诸侯，一匡天下”。特别是在公元前651年，齐桓公与各诸侯国君在葵丘（今河南兰考）又进行了一次重要会盟，并达成了五项共识。当时的周天子周襄王也派代表参加了盟会，并带来了周天子赏赐给齐桓公的祭肉（赐胙），标志着齐桓公的霸业得到了周王室的认可，同时也表明齐桓公的霸业达到鼎盛。

毫无疑问的是，齐桓公霸业的确立，与管仲的智谋密不可分。管仲在初登相位时就制定了先修内政、后图外交、再立霸业的计划，充分显示了这位“春秋第一相”缜密的心思和高深的智慧。齐桓公按照管子仲的部署，步步前行，终于实现了称霸中原的愿望。所以连孔子也赞叹：“桓公九合诸侯，不以兵车，管仲之力也。如其仁，如其仁！”

然而，英雄也有迟暮时。转眼40年过去了，公元前645年，殚思竭虑、操劳一生的管仲积劳成疾，卧病在床。齐桓公特意前去探望管仲，君臣之间进行了最后一次交谈。齐桓公问管仲：“仲父现在病得如此严重，不知道将来谁能接替您的相位？”管仲说：“国君应该最了解自己的臣子啊！”齐桓公再问：“易牙怎么样？”管仲一口否决：“易牙为了讨好您，连自己亲生儿子都煮杀了给您吃，没有人性，不可为相。”齐桓公又问：“那开方行吗？”管仲答道：“开方本是卫国公子，却宁愿屈奉于您十五年，连自己的父亲去世也不回去奔丧，这样无情无义，是不可能真心忠于您的。而且他甘愿放弃千乘之封的机会，心中必有超过千乘之封的企图，国君您还是赶紧疏远这种人，千万不能任他为相。”齐桓公只好又问：“那竖刁应该可以吧？”谁知管仲又摇了摇头：“竖刁自宫来到您的身边，是不合人情的。他与易牙、开方这三个人都不能为相，请国君您疏远他们，如果宠信他们，国家一定后患无穷。”齐桓公当时正宠信这三个小人，听管仲如此一说，心中略有不快，于是他又问管子：“仲父你是想让你的好朋友鲍叔牙为相吧？”不料管仲却说：“鲍叔牙确实是个难得的君子，但是他爱憎分明，嫉恶如仇，见人一恶，终生难忘，这样的人不太适合为相主政的。”齐桓公一听急了：“那到底谁能接替你为相啊？”管仲于是向齐桓公推荐了隰朋。

这次病榻论相后不久，一代贤相管仲就撒手人寰。齐桓公闻讯痛哭，连呼：“老天啊，你这是折断了我的臂膀啊！”

一颗耀眼的明星划过2700多年前的华夏夜空，管仲陨落了。但是，在这个世界上，有些人是永远不死的，他留下的精神财富，会永远照耀世人前行的道路。管仲正是如此。从少年时微贱的草根人物到成为“春秋第一相”，他凭借卓越的政治智慧、过人的经济头脑以及爱民的理念，不仅实现了齐桓公的霸业，同时也成就了自己的梦想。他的成功，不仅在2000多年前的春秋时期具有很大影响，今天依然值得人们去思考和学习。三国时期著名的军事家诸葛亮就常常以管子自比，晚清学者梁启超则称“管子者，中国之最大政治家，而亦学术思想界一巨子也”。

第四节 西汉淮南子，东汉素丞相
——漫谈刘安与桓谭

告别春秋时代的管子、老子、庄子，汤汤淮水一路直奔向前，穿越大一统的秦帝国，开始面对中国历史上空前强盛的大汉王朝。汉王朝的开创者刘邦是沛县人，不折不扣的皖北近邻。当年他斩蛇起事的芒砀山，横亘在今天苏北与皖北的交界处，而他曾经避难的皇藏峪，则处于皖北萧县的怀抱中。

因此，刘邦立国后，皖北一直是汉王朝腹心所在，也是两汉文化重要的发祥地之一。公元前196年，汉高祖刘邦封他的侄子，刚满20岁的刘濞为沛侯，建立沛侯国，都相城（今淮北市），9年以后，吕后又封自己的侄子吕种为沛侯。东汉建国后，光武帝刘秀建立沛国，将自己钟爱的儿子刘辅封为沛王。其后，沛王国的王位传8世，直到220年，东汉灭亡，沛王国才被撤除。

与雄踞一方的沛国遥遥相对，汉代淮南也是国家重镇。同样是在公元前196年，刘邦封自己小儿子刘长为淮南王，都寿春（今寿县）。

两汉期间，皖北地区经济发达，文化繁荣，人才辈出。其中尤为引人瞩目的，是西汉淮南王刘安，东汉相城人桓谭。前者蹈虚守静、博采众长，并招天下宾客集思广益，为后人留下了一部百科全书式旷世杰作《淮南子》；后者术辨古今，力图兴治，尤以反谶纬神学著称于世，写下《新论》一书，时人誉为“素丞相”。他们一前一后，两汉两淮，犹如闪耀在皖北上空的双子星座，千秋光照中国思想史。

一、皇室恩怨，刘安之悲

在今天的淮南、寿县一带，提起淮南王刘安，可谓无人不知、无人不晓。据《史记》和《汉书》记载，刘安生于公元前 179 年，是汉高祖刘邦的孙子，汉武帝刘彻的叔父。如此显赫的身世，令人想到刘安必定生于无忧之地，长在安乐之乡。

但是，帝王之家的子孙，往往会经历比普通百姓更为艰难的人生历程。

刘安的父亲刘长是汉高祖刘邦的少子，自幼丧母，由吕后抚养长大。可是，刘长的母亲是谁，又是怎样死的？不弄清楚这个问题，也就难以理解后来的刘安。

其实，刘长的母亲是个出身贫寒的侍妾，无名无姓。后世学者为叙述方便，称她为“赵姬”。汉高祖八年（前 199），刘邦路经赵国，女婿张敖把赵姬献给刘邦，一夜宠幸，这女子竟然怀上身孕。从此，张敖不敢让她住在宫内，为她另建外宫居住。

高祖九年（前 198），张敖获罪，母亲、兄弟和妃嫔全部遭到拘捕。可怜赵姬已经临产，也被关进死牢。她向狱吏哭诉来龙去脉，可是，正在火头上的刘邦，又怎么会去理睬一个卑微的侍妾？赵姬的弟弟赵兼拜托辟阳侯审食其求救，审食其也不肯尽力。结果，满怀悲愤的赵姬生下刘长后，含恨自杀。狱吏抱着嗷嗷待哺的刘长送到皇上面前，刘邦将这个一出生就失去母爱的婴儿交给吕后抚养。

高祖十一年（前 196），幼小的刘长被封为淮南王。虽然贵为诸侯国君，但失去母爱，还是孩子内心最大的痛。成年后的刘长，曾经宁可放弃王爵，也要去给母亲守坟，在他的生命中，母亲的惨死始终是一个无法解开的心结。为了解开这个结，他瞅准机会，击杀了当年不肯出力营救赵姬的审食其，再以后，则于封地内“自为法令、拟于天子”。汉文帝刘恒对这个弟弟似乎一直很宽容，但最后，还是以谋反之罪，将刘长流放，并废了他的封国。刚烈的刘长在流放途中绝食而死，死后被谥为厉，人称“厉王”。有关汉文帝与弟弟刘长之间的恩恩怨怨，自古说法不一，倒是有一首儿歌唱道：“一尺布，尚可缝；一斗粟，尚可舂。兄弟二人不能相容！”这似乎并非空穴来风。个中真相，至少刘长的王后，也就是刘安的母亲，应该知道。

刘长死时，他最大的儿子刘安，不过刚刚 5 岁。为避免遭人话柄，汉文帝于十六年（前 164）将原先的淮南故地一分为三，分别封给刘长的三个儿子：长子刘安为淮南王，都寿春（今安徽寿县）；二子刘勃为衡山王；三子刘赐为庐江王。

刘安袭封淮南王时年仅 15 岁，虽贵为藩王，但刘安并不喜欢声色犬马的生活，而是十分爱好读书和鼓琴，并且喜欢结交天下宾客。文景时期，黄老思想十分流行。刘安在淮南为政，也十分重视黄老之术。他推行道家的清静无为之治，安抚百姓，声誉流传天下。很多有才之士纷纷来到寿春，聚于刘安门下，其中苏飞、李尚、左吴、田由、雷被、毛被、伍被、晋昌等八人最为有名，号称“八公”。翠峰之间，观流水而听松涛，沐朝阳而眺晚霞，刘安常与八公在一起探讨学问、谈仙论道。据说今天淮南、寿县交界处的八公山，正是因此得名。刘安不仅谦虚好学、礼贤下士，而且才思敏捷、能言善辩、长于文辞。武帝即位后，对其文采大加赞赏，常常与刘安在一起谈古论今、切磋诗词歌赋，刘安曾经受命作《离骚传》，以及《颂德》《长安都国颂》等，深得武帝青睐。

然而造化弄人。刘安虽然“流誉天下”，并似乎醉心于修道炼丹，不谙政治，但他的心中始终无法化解幼年丧父的痛。父亲被贬而死，使得刘安时时存有叛逆之心，就连他自己也说：“时时怨望厉王死，时欲畔逆，未有因也。”史载，他一方面让女儿刘陵在长安结交皇帝身边的左右大臣，悄悄刺探信息；另一方面，与王后蓼荼、王太子刘迁一起，加紧在淮南封国内积财蓄兵、制造器械、收附逃亡、网络宾客，伺机起兵谋反。汉武帝虽然接连几次收到举报刘安意图谋反的密报，但都网开一面，不予计较，刘安也渐渐收起反叛之心。但刘安的儿子刘迁和妻子蓼荼却极力鼓动刘安起兵，加上朝廷也开始了“削藩”事业，刘安心有不安，不免左右为难、犹豫不决。元狩元年（前122），还没等刘安起兵，他家后院就出了大乱子。首先是庶子刘不害，因为长期得不到父亲的宠爱，心有怨恨，而刘不害的儿子竟然密告自己的叔叔、王太子刘迁谋反；与此同时，“八公”中的伍被、雷被，或因劝阻刘安不成，或被刘安疑忌，也先后向朝廷告密。这一次，汉武帝终于大开杀戒，派人从刘安家中搜出了准备用于谋反的攻战器械和伪造的玉玺金印。自知无可逃脱的刘安被迫自杀。

刘安死后，王后蓼荼与儿子刘迁、女儿刘陵被判弃市。惨惨阴风中，母子三人在闹市，一同被枭首示众。

至此，多才多艺的淮南王刘安，终于随着他的祖母、他的父亲，一起消逝于茫茫人世，那一年，他57岁，为王42年。刘安死后，葬在八公山下，汉武帝顺水推舟，下诏废除淮南国，改为九江郡，收归中央。从刘长到刘安，父子两代淮南王，就此族灭国覆。

二、千古不朽，《淮南鸿烈》

但是，斯人已逝，行迹不朽。而不朽的根本，是由于他招致天下宾客，集体编写了一部旷世杰作——《淮南子》。《淮南子》初名叫《鸿烈》，“鸿”的意思是大，“烈”的意思是明，合在一起，即表示此书如“道”一样，包含了广大而光明的道理，后世通称为《淮南鸿烈》或《淮南子》。

《淮南子》的作者，一般多认为是刘安和他的宾客们。据东汉高诱在《淮南子》叙目中说，刘安与苏飞、李尚、左吴、田由、雷被、毛被、伍被、晋昌等八公，以及诸儒大山、小山之徒，合著此书，成书大约在西汉景帝和武帝年间。史载当时有内篇21篇，中篇8卷，外篇33篇，但流传至今的仅有内篇21篇，外篇和中篇多已散佚。刘安和他的门客们创作该书的目的，按照《淮南子·要略》中所说，是为了“纪纲道德，经纬人事”，而该书的思想主旨，则是以道家之学为主，博采众家之长，上讲天道，下究地理，中通人事。它兼容道、儒、名、法等诸子百家思想成分，包罗哲学、政治、教育、物理、化学、医药、音乐等多种学科知识，是一部不折不扣的百科全书。

自问世以来，《淮南子》一直被看作一部绝代奇书。

东汉时期曾为《淮南子》作注的高诱，以数语概括了它的博大精深——“言其大也，则焘天载地；说其细也，则沦于无垠。及古今治乱，存亡祸福，世间诡异瑰奇之事，其义也著，其文也富，物事之类，无所不载。”

近代著名学者梁启超明确指出了它的文学地位——“《淮南子》匠心经营，极有伦脊”，“其书博大而条贯，汉人著述中第一流也”。

现代著名学者任继愈则重在阐述它的思想地位，认为这是“一部划时代的重要著作”，因为，它终结了中国哲学的“子学时代”。

另一位皖籍现代学者刘文典先生则不仅称赞“淮南王书博极古今，总统仁义，牢笼天地，弹压山川”，而且，为张扬此书，他耗费数年心力，遍采群书，撰写了一部扛鼎之作《淮南鸿烈集解》。

那么，《淮南子》为什么能受到后人如此的厚爱？这就不得不深入书中，一起寻找答案。

乍一翻开《淮南子》，可以见到贯穿全书的基本宗旨，都是老庄道家淡泊无为，蹈虚守静的精神。从《原道训》到《泰族训》共20篇，作者承继了老庄“道生万物”的基本理论，肯定了“天道自然”的特性，并由“天道”论及地理人文，强调依据四时五行以及阴阳的节气特性“立事生财”，提出了在生活中追求“清净恬愉”的自然人性，在政治上倡导“虚静无为”的主张。在《要略》篇里，作者概括说：“欲一言而寤，则尊天而保真；欲再言而通，则贱物而贵身；欲参言而究，则外物而反情。”大概意思是，如果要用一句话来说明其中的道理，那么就是尊重天道而保持本真；如果再用第二句话来通晓其中的道理，那么就是轻视外物而珍视本身；如果想用第三句话来探究其中的奥秘，那就是抛弃外物束缚而返璞归真。尊天保真、贱物贵身、外物反情，这不正是老庄道家思想的真实写照吗？

可是，如果仅仅停留在对老庄之说进行阐释，《淮南子》也就失去了独到的价值。创新的思考，赋予它勃勃生机。《原道训》《俶真训》《天文训》等篇，在对“道论”做系统的阐述时，不仅继承了老子、庄子等先秦道家关于“道”的思想，而且在许多方面加深了对“道”的理解。

比如对于“无为”的认识。

“无为”，可以说是老庄道家思想的精髓，老子强调“无为而无不为”，庄子则主张无为不治、无所作为。《淮南子》也十分重视“无为”，但却批评了先秦道家消极无为的思想：“或曰：‘无为者，寂然无声，漠然不动，引之不来，推之不往。如此者，乃得道之象’，吾以为不然。”作者历考神农、尧、舜、禹、汤的功业，指出：神农氏教民“播种五谷”，发明医药，“一日而遇七十毒”；尧积极从事政治管理与社会教化，“西教沃民，东至黑齿，北抚幽郡，南道交趾。放驩兜于崇山，窜三苗于三危，流共工于幽州，殛鲧于羽山”；舜“辟地树谷，南征三苗，道死苍梧”；禹沐风栉雨，“决江疏河，凿龙门，辟伊阙”；汤夙兴夜寐，勤于政务。这些古圣先王，一生勤政为民，兴利除害，倘若“称以‘无为'，岂不悖哉！”因此，《淮南子》果断地说：“自天子以下至于庶人，四肢不动，思虑不用，事治求澹者，未之闻也”。

刘安与八公

那么，作者心目中真正合理的“无为”又是什么?

《淮南子》说，老子的“无为”绝不是无所作为，而是因势利导：“夫地势水东流，人必事焉，然后水潦得谷行；禾稼春生，人必加功焉，故五谷得遂长。听其自然，待其自生，则鲧、禹之功不立，而后稷之智不用。”事实正是如此，虽然水是向下流的，庄稼是春天生长的，但如果没有人的疏导、劳作，不对其“事焉”“加功焉”，而“听其自流”“待其自生”，那么，水也不会“潦得谷行”，五谷也不会“遂长”。

当然，有为必须顺势。《淮南子·泰族训》说：“禹凿龙门，辟伊阙，决江浚河，东注之海，因水之流也。后稷垦草发菑，粪土树谷，使五种各得其宜，因地之势也。汤武革车三百乘，甲卒三千人，讨暴乱，制夏、商，因民之欲也。故能因，则无敌于天下矣。夫物有以自然，而后人事有治也”。在这里，“因”就是尊重客观规则，所以能“无敌于天下”。相反，“若夫以火熯井，以淮灌山，此用己而背自然，故谓之有为”。这种夸大人力作用的有为，被称之为“塞而无为”。

可见，在人与自然的层面上，《淮南子》的“无为”之说，既肯定了客观事物的自然法则，又承认并容纳了人的主动性，堪称可贵。

身处西汉鼎盛期那个蓬勃向上的年代，再加上位居诸侯国主，刘安那建功立业的愿望，自然而然地融入《淮南子》的“无为”论，表现在政治层面，也体现出有别于老庄思想的独到之处。

《淮南子》考察了秦王朝的短命与汉初统治者依靠“无为而治”，迅速使国家走向兴盛的现实，从兴亡、成败、祸福等对立面总结了历史经验，提出君主治国的根本大法是“无为”。只有“无为”，才能保证国泰民安，实现社会的有序发展。在《主术训》中，作者系统论述了经过改造的“无为”的政治理论：“人主之术，处无为之事，而行不言之教，清静而不动，一度而不摇，因循而任下，责成而不劳。是故心知规而师傅谕导，口能言而行人称辞，足能行而相者先导，耳能听而执正进谏。是故虑无失策，谋无过事，言为文章，行为仪表于天下，进退应时，动静循理，不为丑美好憎，不为赏罚喜怒，名各自名，类各自类，事犹自然，莫出于己。”

在这里，作者对君主的“无为而治”做了一个概括说明：君主的无为，绝不是无思无虑、静默拱手,也不是凭一己私意的轻举妄动,而是赏罚公正,秉众人之智,用众人之力。要做到这种无为,为人君者就应该,“心知规”“口能言”“足能行”“耳能听”,要能够制定合理的政策,听取大家的意见,判明是非,“进退应时,动静循理”。这种“无为”,实际上是对汉初无为政治的一种理论总结。

据此,作者对“无为”做了新的解释:“若吾所谓无为者,私志不得入公道,嗜欲不得枉正术;循理而举事,因资而立;权自然之势,而曲故不得容者;故事成而身弗伐,功立而名弗有。”也就是说,这种“无为”,是不用个人的私欲爱好影响自然规律和客观的物理人情,而是按照事物已有的形势和条件,因势利导地积极行动。事情成功了不夸耀,功业建立了也不据为己有。可见,在自然与社会两个层面上,《淮南子》的“无为”之说,都是既肯定了客观事物的自然法则,又承认并容纳了人的主动性。

作为“人主之术”,《淮南子》兼容先秦以来的儒、法、阴阳等各家学说,博采众长,精彩论述比比可见。

谈到治理国家,作者说:

“仁者,百姓之所慕也;义者,众庶之所高也。……然世或用之而身死国亡者,不同于时也。”——世上有施行仁义而身死国亡的,这是因为仁义施行得不合时宜。

“以一世之度制治天下,譬犹客之乘舟,中流遗其剑,遽契其舟桅,暮薄而求之,其不知物类亦甚矣!”——只是用某个朝代的制度来治理天下,就好像有一人乘舟,船到江中的时候丢失了他的剑,他赶紧在剑掉落下去的船舷的位置刻下记号,等到黄昏船靠岸的时候他在所刻的记号处下水寻找,他不明白,此时事物已经变化很多了。

“食者民之本也,民者国之本也,国者君之本也。是故人君者,上因天时,下尽地财,中用人力。是以群生遂长,五谷蕃殖。”——吃饭是人民的根本;人民是国家的根本;国家则是君主的根本。因此君主,对上天要顺应它的四季变化,对大地要尽可能地发挥它的潜力,在国家中使用人的力量,由此万物得以顺利生长,粮食作物得以繁殖。

“鱼得水而游焉则乐。塘决水涸,则为蝼蚁所食。有掌修其堤防,补其缺漏，则鱼得而利之。国有以存，人有以生。国之所以存者，仁义是也；人之所以生者，行善是也。”——鱼有了水，在水中游是很快乐的。如果水塘决堤，水都流尽了，那么鱼也会被蝼蚁给吃掉。这时如果有人去补这个缺口，那么这对鱼是有好处的。国家有国家存在下来的条件，人有人活下来的条件。国家之所以能存在，是因为有仁义；人之所以能活下来，是因为有人做好事。

“兵之胜败，本在于政。政胜其民，下附其上，则兵强矣；民胜其政，下畔其上，则兵弱矣。故德义足以怀天下之民，事业足以当天下之急，选举足以得贤士之心，谋虑足以知强弱之势，此必胜之本也。”——战争的胜负，最根本的是政治。政治能够驾驭民众，人民就会依附于君主，因此军队肯定会强大；要是民众反对国家的政治，百姓就会背叛君主，那么军队的战斗力肯定会被削弱。所以德政道义能够让天下百姓受到感化，事业能够应对天下的当务之急，选用的贤才能够取得天下贤士的拥戴，计谋智虑能够看出敌我双方力量的强弱，这些才是取得胜利的根本之所在。

谈到人才的重要性，作者说：

“故国之所以存者，非以有法也，以有贤人也；其所以亡者，非以无法也，以无贤人也。”——国家之所以兴旺，并不是因为有法，而是因为有贤人；国家之所以灭亡，并不是因为没有法，而是因为没有贤人。

“故圣主者举贤以立功，不肖主举其所与同。”——圣明的君主善用贤者来建立功业，无能的君主则喜欢用和自己一样的人。

“善用人者，若蚈之足，众而不相害；若唇之与齿，坚柔相摩而不相败。”——善于用人的人，尽管管理的人多如马蚈虫的百足，但也不会相互妨碍；如同嘴唇与牙齿，坚硬和柔软相互摩擦但是并不相互伤害。

谈到个人修养，作者说：

“故圣人行之于小，则可以覆大矣；审之于近，则可以怀远矣。”——圣人有时候一个小的举动，却可以产生大的影响；妥善处理身边的小事，却能安抚远方的人们。

“事或不可前规，物或不可虑，卒然不戒而至，故圣人畜道以待时。”——很多事情不是事前可以知道的，往往是突然间就来临了，所以聪明的人都是修养自身以等待时机的到来。

谈到谋略，作者说：

“故物或损之而益，或益之而损。”——万事万物总有表面受损而实际得益的情况，也有表面得益而实际受损的情况。

“所谓有天下者，非谓其履势位，受传籍，称尊号也，言运天下之力，而得天下之心。”——所谓拥有天下，不是说拥有天子的权势地位，得到传国图籍玉玺和尊号，而是说能够运用天下之力，得到天下民心。

此外，在中国文学史上，《淮南子》也是一部不可多得的精品。作者娴熟地使用赋体写作，全书铺张华美、层层渲染、步步推进、辞采富丽。大量生动的故事，又使说理形象精辟，仅《道应训》一卷，就有 50 多则富有哲理的小故事，对《老子》一书中抽象而深邃的“道”理，进行了巧妙的解说。此外，《淮南子》还运用了大量的成语，特别是加工、创造了大量鲜活的成语，更为后人留下一笔宝贵的语言财富。其中如“顺之者利，逆之者凶”（顺之者昌，逆之者亡）；“止事以事，譬犹扬堁而弥尘，抱薪而救火”（抱薪救火）；“功成名遂身退，天之道也”（功成名遂）；“祸与福同门，利与害为邻，非神圣人，莫之能分”（祸福同门）等等，一直流传至今。有学者依据《中国成语大辞典》《中华成语大词典》等辞书统计查证，一部《淮南子》，使用的成语至少有 530 条以上，其中在先秦文献资料中没有出现过，为《淮南子》首次使用或为后世提供了成语资料的，达到近 300 条之多。

至于《淮南子》记载的众多神话故事、民间传说、历史典故更是千年来广为传颂。诸如女娲补天、嫦娥奔月、后羿射日、共工怒触不周之山等神话，关于三皇五帝与大禹治水的故事传说，缤纷多彩，传之久远。

千年岁月悠悠而逝，如今，淮南王刘安已不知魂归何处。后世的人们叹惋刘安的悲剧，为他演绎了一个不死的神话。传说，当汉武帝派人到淮南缉捕刘安时，八仙公取鼎煮了仙药，让刘安与家人喝下，于是大家一起飞身升天，就连鸡犬舔食药罐后也跟着一起飞上天去，这就是“一人得道，鸡犬升天”的来历。

三、慷慨陈词，桓谭反谶

斗转星移，从西汉到东汉，从淮河之南到淮河之北，皖北又一颗明星升起、陨落，他就是桓谭。

大约在公元前 23 年，相城一个大宅门里，传出婴儿呱呱落地的响亮哭声，汉成帝太乐署长官太乐令——一位杰出的音乐大家欣喜地迎来自己生命的传承人。有趣的是，历史遗忘了这位官高位显的太乐令的名字，却牢牢地记住了他的儿子——桓谭，字君山。

从古沛相城走出，桓谭自幼遍习五经，及至青年时代，已经是博学多通、才华横溢。一时才俊，诸如刘歆、扬雄等，都是他的好友。他们一起指点江山，激扬文字，辨析经文真伪，研究社会人生。桓谭文章写得漂亮，察看社会问题鞭辟入里，辨析言辞针针见血，揭露一班腐儒的虚伪和荒谬直捣要害，久而久之，声名远播，人人钦佩。不过，因为他为人简单直率，不修威仪，尤其不喜欢当时儒家今文经学的繁琐附会之风，还时常非议当世俗儒，不免怀才不遇，一直担任着郎官之职。

及至外戚王莽擅权以后，由于他尊儒兴学，偏好古文经学，桓谭和好友刘歆、扬雄等人均得以重用，桓谭先被任为谏议大夫，后又被封为明告里附城。公元 9 年，王莽篡位代汉，建立新朝。桓谭和刘歆等人一起成为王莽新朝的骨干力量，并担任了王莽新朝的掌乐大夫一职。据说，当时的朝廷之上，众多大臣对王莽阿谀奉承；朝廷之外，儒生们也个个赞颂有加。就连桓谭十分崇敬的大文豪扬雄，也写下文章，吹捧王莽“执粹精之道，镜照四海，听聆风俗，博览广包，参天贰地，兼并神明，配五帝，冠三王，开辟以来，未之闻也”。这时候，朝野之间似乎只有桓谭“独自守，默然无言”，一直死死地圈在自己的世界里，冷眼旁观时局变化，一声不吭地做他那无权无势的“掌乐大夫”。

几年过去，天翻地覆。王莽政权在天怒人怨中垮台，随从王莽的千余名朝臣一败涂地，魂归黄泉。几度惨烈的战争之后，“独善其身而不失其操”的桓谭几度起伏，总算安然无恙。

公元 25 年，东汉光武帝刘秀即位，下诏征求天下博学之才，桓谭名列待诏，但他上书言事观点不合刘秀的胃口，没有被采用。后来，经过宋弘的保举，桓谭来到朝廷，成为议郎给事中，得到更多的进谏机会。这时的桓谭，为进言奋不顾身。比如，他上疏《陈时政所宜》，在论及君臣关系时，提出君臣“共定国是”。可那是什么年代，什么情况？刚刚平定天下的刘秀正绞尽脑汁避免西汉诸侯强横、权臣跋扈和外戚篡位的局面再现，想尽一切办法加强专制体制，维护皇权的巩固，桓谭的话，岂不是太不中听！

可桓谭偏偏要说。他再次上疏，说：“臣前献瞽言，未蒙诏报，不胜愤懑，冒死复陈……”而复“陈”内容，更加令刘秀难以接受，因为他竟然猛烈抨击谶纬。

文行此处，我们不得不说说什么是谶纬。谶纬是中国古代谶书和纬书的合称。谶是秦汉间巫师、方士编造的预示吉凶、传达天意的预言；纬是汉代附会儒家经义衍生出来的一类书，谶纬结合，构成对未来社会的一种政治预言。秦末陈胜、吴广大泽乡起义，就利用谶语制造了“大楚兴，陈胜王”的预言，一下子获得众人拥戴。前车后辙，东汉光武帝刘秀也是利用谶纬当上皇帝的。他起兵之时，什么“刘氏复起，李氏为辅”，什么“刘秀发兵捕不道，四夷云集龙斗野，四七之际火为主”，还有“卯金刀，名为刘，赤帝后，

桓谭塑像

次代周”等等，一时传言纷纷扬扬。所有这些，都成为刘秀即位称帝的依据。依靠谶纬起家，自然也要依靠谶纬管家。刘秀登基以后，朝廷任命官员、决定政务，甚至办理外交，都以谶纬为据。后来，刘秀干脆发诏颁命，正式“宣布图谶于天下”，天下读书人趋之若鹜。而桓谭恰在此时要批判谶纬的荒谬，简直就是捅老虎屁股，揭皇上老底！

可桓谭偏偏要坚持把话说透。在《抑谶重赏疏》中，他说：“臣观先王留下的记述，都以仁义正道为根本，并无奇怪荒诞之事”，“那些玩弄小聪明、小技艺的人，编造纬书，伪造图谶，用以欺骗有贪心的人，甚至贻误君主，君主怎能不离他们远一些呢？臣闻听陛下信奉谶记，这是多么错误的事啊！那些符谶之事，有时应验，不过是偶然的巧合。望陛下听取正确意见，摒弃那些无知小人的邪说，按五经的本来意义行事”。他更指出灾异迷信的不可信，认为：“灾异变怪者，天下所常有，无世而不然。”对于怪异现象，只要明君、贤臣等能够修德、善政“以应之”，就可以逢凶化吉，“咎殃消亡而祸转为福”。所有这些言论，虽然痛心疾首，但毕竟还属抗言帝王，只能让桓谭在刘秀心中的形象变得讨厌。因此，《后汉书》桓谭本传里有记载：“帝省奏，愈不悦。”

又过了些日子，刘秀准备建立一个灵台。所谓“灵台”，是集观象台、天文台为一体的建筑。古人重星象，特别是那些迷信谶纬之士，更是认为星星的运行、陨落、变化，都与人间世道兴亡盛衰、重要人物的生死存亡密切相关。因此，灵台建在哪里，朝向何方十分重要。为了保证灵台的建筑不出差错，刘秀特意召集群臣开会，讨论确定灵台建设问题。会上，大臣们人人想在皇上面前显示自己的学问，显示自己对灵台建设的关心，一个个引经据典，争论不休。当然，他们所引的“经”，所据的“典”，主要来自谶纬之学。朝堂上，只有白髯飘飘的桓谭伫立一边，默不作声。不过，他脸上的表情肯定满是鄙夷，满是愤怒，以至于已经很讨厌他张嘴的刘秀，竟然一定要他表态。

桓谭毫不犹豫地选择了最能惹恼皇上的回答：“臣不读谶。”也就是说，我不屑于读谶纬之书。这简直就是在刘秀脸上扇了一个响亮的耳光！刘秀强压怒火，再问：“卿何以不读谶？”桓谭径直跪到刘秀面前，郑重禀告：

“谶语均系无知小人、欺世惑众之辈所为，背离经义，荒诞无稽，贻害社稷、贻害国家。虽偶有言中，十不及一，或牵强附会，或偶然巧合。甚望陛下勿受其害。”一个臣子，胆敢说皇上的信仰是无知小人、欺世惑众之辈所为，是贻害社稷、贻害国家之举，怎能不让皇帝恼羞成怒？刘秀狠狠地一拍桌子，大声呵斥：“大胆桓谭，非圣无法！拉下斩之！”

年逾古稀的桓谭吓坏了，他惊恐万状地趴在地上，一边连连叩头，一边叫着：“陛下息怒！”

所幸刘秀还不是一个糊涂皇帝。盛怒之后，他渐渐冷静下来，想着鲜红的血迹在桓谭满头银发间迸散，不由得心一软。他挥了挥衣袖，免去桓谭死罪，决定将他发配到今天安徽大别山区的六安郡担任郡丞，也就是郡守的副手，以免再见到他心烦。

于是，千恩万谢之后，70 多岁的桓谭颤颤巍巍地踏上远谪之路。他是如何依依不舍地告别家人，孤苦伶仃地踏上行程，如何在凄风苦雨中郁郁独行，遥望渐行渐远的东都洛阳，他心中有没有对皇上的失望、怨恨，有没有自怜、自责，今人都无从知晓，接下来的，只有一个确凿无疑的事实残酷地摆在面前：公元 56 年，桓谭死了。死在从东汉都城洛阳发配六安的崎岖山路上。

若干年后，北宋改革家王安石叹息道：“崎岖冯衍才终废，索寞桓谭道不谋。”古往今来，有独到见解并在当权者面前直言进谏的臣子，大多是在寂寞孤独中死去的。

四、《新论》之作，术辨古今

桓谭死了，他的诸多著述也随着时光的流逝，渐渐消失在历史的烟云里。《后汉书》本传载：“初谭著书，言当世行事二十九篇，号曰《新论》。”又说桓谭“所著赋、诔、书、奏，凡二十六篇”。

可今天，我们能见到的桓谭著述，只有寥寥几篇，现今存世的《新论》，全靠后人不断辑佚而成。但是，这部书的重要性却显而易见。王充曾说，“挟桓君山之书，富于积猗顿之财”。刘勰在《文心雕龙》中也提到，“桓谭著论，富号猗顿”，意思是说桓谭的著述之丰可与大商人猗顿的财富匹敌。

据说，桓谭写作《新论》的初衷是效仿刘向《新序》陆贾《新语》而作，创作目的在于通过对古今治术的分析，实现兴治天下的愿望，也就是《本造第一》里所说的“术辨古今，亦欲兴治”。但《新论》写成之后，桓谭毕恭毕敬地将这份呕心沥血之作献给皇上，聪明的光武帝刘秀就随手将书扔到一边，笑着说：“每卷太重，读来困难。”

其实不是读来困难，而是不合口味。中国的皇帝喜欢君主独裁，桓谭却偏偏要为“王道”唱赞歌。他搬出孔门之事来教训皇上，针对有些“俗儒”说“图王不成，其弊亦可以霸”，他一句话将这些人抵到后墙上：“传曰：‘孔氏门人五尺童子不言五霸事者，恶其违仁义而尚权诈也。”自古皇帝都希望得到贤臣辅佐，他却说：“王者易辅，霸者难佐”，皇帝听了怎么会高兴?

还有，中国古代帝王都渴望求长生之术，不是派人去海外仙山找神仙，就是在家炼金丹，只想养神保真，长生不死。桓谭却直截了当地揭穿：人的生老病死和一切生物的自然本性一样，不能更改，正所谓“生之有长，长之有老，老之有死，若四时之代谢矣。而欲变易其性，求为异道，惑之不解者也”。所谓“长生不老”只是迷信和妄想。针对方士们所说的人的精神可以独立于形体之外，而且对形体起决定性作用，“养神保真”就可以长生不死，桓谭的批判更是不留余地：精神居于形体，恰似火在蜡烛上燃烧。烛已燃尽，火从何来？精神与形体本不可分，精神岂能独存？正因为人死之后无知无觉，才有人编造人死之后的荒诞故事，使活着的人难辨真伪，用以欺世惑众。至于养身，可能延长人的寿命，但也不能使人长生，生命是有限的，明智之士不会相信长生不死的谎言，只有愚昧者才迷信。

翻阅《新论》，如同聆听2000年前的君山先生授课。他正襟危坐，时而轻抚长髯，时而摇头叹息，时而疾言厉色，时而微露笑意，侃侃而谈。从天地的发生说到为王之道，从寻求辅佐之臣的方法和原则，说到文章的体裁、自然界的特征，从新的天道观，说到解除社会弊病、正确解释经典……他不仅谈到如何确立治国方策，如何认识自然规律，如何辨析疑难问题，还语重心长地说到如何交结朋友，如何弹好琴，如何写好文章，甚至还提出了中国最早的小说概念，这就是“若其小说家，合丛残小语，近取譬论，以作短书，治身理家，有可观之辞”，远比庄子笔下的“小说”更接近文体阐述。而他谈到音乐时那种“音不通千曲以上不足以为知音”的自信，“遭遇异时，穷则独善其身而不失其操，故谓之‘操’”的“琴操”论，则不能不令人肃然起敬。

最有意思的是，桓谭言语之间虽有一本正经的阐述，义正词严的辩驳，但也不乏令人忍俊不禁的幽默与机智。譬如，方士西门君惠说：“龟称三千岁，鹤称千岁。以人之材，何乃不及虫鸟邪？”——乌龟能活三千岁，仙鹤能活一千岁，人还能不及虫和鸟吗？桓谭的反驳只有一句话：“谁当久与龟鹤同居，而知其年岁耳？”也就是说，有谁能与龟鹤长期生活在一起，证明它们确实有三千岁？如此诘问，举重若轻，一下就将对方问得哑口无言。

这才是大学者、大胸怀、大文章。难怪后来的无神论者王充会那么推崇桓谭，评价《新论》是“文由胸中而出，心以文为表”，“论世间事，辨照然否。虚妄之言，伪饰之辞，莫不证定”。他说，世间作文章的人很多，但不少人不能准确判定是非好坏，而桓谭恰恰能做到这一点。当年陈平没做大官的时候，在乡间分肉给百姓，十分公平，这就是能当丞相的征验，而割肉与割文（评价文章）是一个道理，如果桓谭能够当汉代丞相，一定可以胜任。以此为据，王充进一步断定：“孔子不王，素王之业在于《春秋》；然则桓君山，素丞相之迹，存于《新论》者也。”从此，桓谭就有了“素丞相”之称。

第四讲

学统永续 教泽长流

皖北之地，何以情思绵长？皖北之人，何以流韵千载？皖北之艺，何以深沉博大？这就不得不说到皖北教育。

在中国历史上相当长的一个时期，皖北一直处于学术与教育的中心区域，可谓学统永续，教泽长流。道家鼻祖老子开创的私学教育行走于全国前列；经学教育大师桓荣桃李满天下，引领学术发展；闵子和蔡顺的孝行故事承担着社会教育的功能，影响深远。随着中国经济中心的南移，皖北教育曾经转向沉滞缓慢，直到西潮迫来，在新式教育发展的潮流中，它抖擞精神，走向复兴，重现了郁郁文风。

第一节 儒林风雅，代代传承
——古代皖北教育的辉煌

回望悠悠历史，从先秦经魏晋到唐宋，皖北地区的教育盛况足以令人称羡，尤其是私学教育一直十分兴盛。两汉之间，皖北经学及经学教育在全国更居领先地位，由此造成皖北文化、学术与教育的繁荣局面，在全国教育格局中位居中心。先秦诸子博大的思想体系中，蕴涵着熠熠生辉的教育思想，影响深远，以桓荣为代表的教育家，代有其人，世世传承，为教育与文化的发展，做出了卓有成效的贡献。

一、教育萌芽，渐近文明

众多考古发现能够证实，得力于淮水的滋润，古老的皖北大地，在传说中的五帝时代，已经产生一些大型原始村落，文化面貌、社会性质、家庭结构都发生了很大变化，皖北教育也随之开始萌芽，甚至出现了原始文字，以及初步具有学校性质的“成均”等教育场所。

今天美丽的珠城蚌埠有一个神奇的地方，那就是距今约 7000 年的双墩遗址。人们在这片遗址里发掘出许多文物，其中出土的大量陶片十分引人注目。拂去层层历史的尘埃，仔仔细细地观察陶片，我们可以发现上面刻画着一些神秘的符号，这些刻画符号数量巨大、内容丰富、结构独特，与西安半坡遗址的刻画符号颇有相似之处，同时还具有明显的自身特点。迎着新时代的阳光，它似乎正在向我们诉说上古的奥秘。在人类遥远的过去，我们的先祖们曾经于社会生活中逐步创造、应用各种简单的记事方法，如结绳、刻木等，随后又形成最初的原始文字。双墩遗址陶片上的这些刻画符号，应该就是沿淮地区各个氏族部落之间表达特定含义的记录符号，是原始阶段的简单文字，可以说是中国文字起源的重要源头之一，也由此表明，早在 7000 多年前，皖北地区就已显露出早期文明的曙光。既然有了文字，就需要通过学习来掌握、推广，因此原始文字的产生，直接促进了上古教育及学校的萌芽。

双墩遗址器物上的刻画符号

从蚌埠一路向西北而行，是著名哲学家、文学家庄周的故里——蒙城。这里的许町镇毕集村，也有一处史前遗址——尉迟寺遗址。在这里，人们惊奇地发现了一大片平整的广场。这个广场不禁让人想起了传说中的五帝之学“成均”。按照古代字书的解释，“成均”本意是指平坦宽阔的场地，并且是经过人们专门加工而成，很可能就是指原始氏族部落居住区里的广场。

尉迟寺遗址位于黄河与淮河长期堆积泥沙形成的淮北平原上，是高出地面 2—3 米的堌堆状堆积，总面积约 8 万平方米，经过多次考古发掘，聚落遗存的真实面貌与整体布局清晰地呈现出来，它以红烧土排房建筑为主要特点，不仅有围沟、房屋、墓葬，更有街道、广场。

据《安徽蒙城县尉迟寺遗址 2003 年发掘简报》称，这个遗址在排房之间有活动广场，面积约为 500 平方米，由红烧土颗粒拌黄土，经人工砸实铺垫而成，平整坚硬。如果能够穿越时空，我们或许能够在这个宽阔的广场上，看到孩子们欢快嬉戏的热闹场景，可以看到氏族部落的人们祭祀先祖时的肃穆神情，可以听到部落首领进行战斗动员的铿锵话语，可以感受到先民围绕在部落图腾——鸟形神器的四周顶礼膜拜的虔诚气息，可以感受到氏族教育与教化的庄严郑重。原始氏族公社后期，由于氏族的规模逐渐扩大，社会生活也趋向复杂化，除家庭生活、生产劳动和与外敌作战的军事行动外，还有各种祭祀、庆典等集体性的礼仪活动。“成均”因此既是部落成员祭祀、动员之所，也是宣传首领教诲、进行社会教化之地。古代文献一般把先民一系列有助于文明开化的社会活动看成是社会教化的形式，并将举行这类活动的场所称为“大学”，当然，这里所谓“大学”不是后世儒家

鸟形神器

所褒扬的那种完美无缺的“大学”，也不是后世专门意义上的成均与学校，但它确是引导先民从原始社会向文明时代发展的重要场所，从这个意义上，我们可以把尉迟寺遗址中的广场，看成是先民教育活动的场所，也就是皖北教育最初的萌芽。

二、私学教育，勃然兴起

在夏、商时期，古老的皖北大地都是接近统治中心的区域，尤其是在商代，它更是殷商文明的重要发祥地，经济、文化与教育均有较快发展。此后，西周宗法制与分封制，也对皖北地区的教育有直接影响，各诸侯国设立学校、泮宫及地方乡学，并与周天子掌控的国学相连。

时至春秋战国，刀光剑影之下，中国社会发生了大动荡、大转折。随着诸侯争霸、王室衰微、宗法体系解体，战争与动荡带来了文化的碰撞，带来了学术的自由，也带来了私学的兴盛。自古教育体系完备、教育资源丰厚的皖北地区，私学勃然兴起，人才层出不穷，形成了对中国乃至世界都有巨大影响的文化圈。

说到这件事，就得先说说什么是“私学”。多年来，从殷商到西周，教育制度基本是“学在官府”，学术和教育均为官方所把持，所有的教育资源，从典籍文献到祭祀典礼用的礼器，也全都掌握在官府手里，普通百姓根本无缘接触。民间无学术，也就无学校。在这种体制下，教育对象必然是以贵族子弟为主。但春秋年间，随着周王朝的日趋衰落，王室丧失了控制天下的能力，于是列国纷争、大国称霸，旧有的统治秩序被彻底打乱，“学在官府”的教育走向衰落，天子的辟雍、诸侯的泮宫、地方的乡校逐渐消亡，而适应新形势需要的新教育形式——私学开始兴起。

俞启定先生主编的《中国教育简史》指出，私学的产生和发展，是中国教育制度上一次历史性的大变革，私学依靠自由办学、自由就学、自由讲学、自由竞争来发展教育事业，不仅符合历史潮流，也开辟了中国教育史的新纪元。而皖北，由于天时地利，成为此时中国私学最为活跃的地区，其中首要的原因，当然是人才的拥有。

翻开历史的卷册，我们发现，自春秋之世礼崩乐坏，王官之学分裂，礼乐之官四散，他们中的很多人都流落民间。据《论语》记载，孔子周游列国时遇到了一些隐士，如长沮、晨门、桀溺、荷蓧丈人、仪封人、楚狂接舆等等，均为遁迹草野的隐者。晨门是负责早晚开关门户的人，荷蓧丈人是用拐杖挑着锄草工具的人，长沮、桀溺则是“耦而耕”——在一起耕田的两位农夫。他们退隐江湖，对社会感到失望，不愿与人接触。孔子曾让学生子路去拜见荷蓧丈人，而他却仿佛知道子路要去似的，提前离家出走了。子路向长沮、桀溺问路，桀溺对子路说：“滔滔者，天下皆是也，而谁以易之？且而与其从辟人之士也，岂若从辟世之士哉？”意思是，像洪水一样的东西，满世界到处都是，你们同谁去改变它呢？与其追随孔丘那种逃避坏人的人，为什么不跟着我们这些人逃避整个社会呢！

但这些生活于底层社会的隐者却多有礼乐文化修养。他们中间，有的能够根据孔子击盘的乐音，听出孔子的盘声深意，有的能引用《诗经》里的话规劝孔子。楚狂接舆见孔子，从他身边过时唱了一首歌：“凤兮凤兮，何德之衰！往者不可谏，来者犹可追”，分明意义深长；荷蓧丈人听到子路问：“子见夫子乎？”一个简要的回答竟然流传千古：“四体不勤，五谷不分，孰为夫子？”所有这些，都不是没有接受过教育的普通百姓所能做到，这就很容易令人想到，他们是流散民间的官学学者。从古籍文献的记载来看，春秋时期诸多隐者活动的中心区域，基本上在距离东周国都洛阳不远的汝水与颍水流域，也就是现在的皖北及周边地区，他们的大量出现，为皖北私学发展提供了必要前提，皖北也因此成为中国最早产生私学的地区之一。今天，当我们借助文献得以了解当年皖北私学的鼎盛，似乎还能看到众多门徒簇拥着老子、孔子，于皖北大地四处游走，四处求学问道的情景。

在这些求学问道者之中，孔子曾经多次南下拜访老子。如今的皖北、豫东，是道家产生的地理中心，而道家学派的创始人——老子，同时也是皖北私学教育的大师，并具有全国性的影响。

老子知识渊博，精通周礼，曾任周守藏室之史。《史记·老子韩非列传》说，老子“居周久之，见周之衰，乃遂去”，隐居于故乡涡水之滨，许多人慕名前来拜师求学。老子收徒不论贵贱、来自何方，采取来去自由的管理方式，众多弟子当中，传说比较有名的是杨朱、柏矩、庚桑楚等人。据说，杨朱的一个朋友曾经向老子求学并大有收获，杨朱听说以后，专门前去拜老子为师，求问明王之治。学习一段时间后，杨朱希望继续到各国游历，老子并不勉强他，于是，杨朱就离开老子，又前往他国游学。柏矩是老子非常欣赏的弟子，跟随老子学习几年后，他向老子提出，要更多地了解和认识社会，老子一时舍不得他离开，就劝他说："已矣！天下犹是也"，意思就是，算了吧，天下到处都和这里一样。但最终，老子还是同意了柏矩的一再请求，于是柏矩离楚游齐。庚桑楚拜在老子门下，朝夕聆教，对老子思想有着深入细致的领会，"偏得老聃之道"，颇得老子思想的精髓。后来，庚桑楚率领弟子居住在鲁国畏垒山，把喜欢炫耀小聪明的奴仆和标榜仁义的侍婢都赶出去，留下了敦厚朴实、任性自得的人共同生活。居住三年之后，畏垒山一带农作物大丰收，当地人民相互转告：庚桑楚刚来畏垒山时，我们都感到诧异，甚至嘲笑他的做法。如今我们一天天地计算收入，虽然还略嫌不足，但一年总的收益也还富足有余，"庶几其圣人乎！"我们为什么不一起敬奉他呢？文子是老子西行入秦途中所收弟子，他充分继承老子思想，又博采各家之长，开创黄老学派之先河。

在中国教育史上，老子是极其重要的人物。他虽然不像孔子与墨子那样招收大批弟子传道、授业，但这种不断有人登门拜师求学的教学形式，意味着私学教育因此而兴，老子也成为中国最早开创私学教育的大师之一。

老子之后，孔子创立儒家私学，墨子创立墨家私学，影响波及列国。孔、墨分别率领弟子周游列国，出入陈、蔡、宋、楚之间，皖北地区有很多人成为儒墨两家弟子，他们的活动，促进了私学的进一步发展。他们持说奔走，交互激荡，自由争鸣，不仅成就了皖北地区空前繁荣的文化学术景象，而且使私学的发展不断深入。

在这些人中，孔子的弟子颛孙子张就是一个代表。

子张，姓颛孙，名师，他早年遇到在陈国讲学的孔子，即拜孔子为师，那时候，他还是个刚刚 10 岁的孩子。有文献记载，子张是孔子三千弟子中年龄特别小的，比老师整整小了 48 岁。此后，年轻的子张亦步亦趋，紧紧追随孔子周游列国，在皖北大地上留下了串串足迹。这些足迹由小渐大，子张也在老师的教导下，一天天地走向成熟。尽管年龄小，出身低微，还曾经犯过错，但他很快成为“显士”，跟着孔子叙写《春秋》，编写《礼记》，厘定乐章，《论语》中也有了许多关于他的记载。一部《论语》20 篇，其中子张与孔子的对话就达 13 段之多。

从这些记载中我们可以读出，子张笃志忠信，将孔子关于忠信的教诲写在大带上，以示永远不忘；他鄙视道德修养低下者，认为缺乏道德、信仰不坚的人有了不为多，没有不为少；他提出，士应该看见危险敢于豁出生命，看见所得便考虑是否该得；祭祀时严肃认真，居丧时则应悲痛哀伤。与人交往时，他宽冲豁达，主张“尊贤容众”，但又有点冲动、急躁，所以当子贡问孔子“颛孙师与卜商，哪个好一些？”孔子说：“颛孙师办事过了头，卜商办事赶不上。”子贡说：“那么颛孙师好一些？”孔子说：“过犹不及”——过了头与赶不上同样不好。

20 岁时，子张曾与闵子骞、子贡等一起，到萧（今天的宿州市萧县）游历天门山，萧地的青山绿水，给了他很深的印象。后来，孔子去世了，子张为孔子守孝结束，就把家搬到萧地居住，至今这些地方还留有圣人场、晒书台等遗迹。中年以后，他隐居在家，独立招收弟子，宣扬儒家学说，成为皖北又一位私学大师，而“子张之儒”也位列儒家八派之首，《大戴礼记·千乘》就是他们的文献。

子张死后，他的子孙中，为学者众多，依然代代相传儒学。有一次，他的孙子钟，请学于父亲申详。申详说：“吾闻子思之告白也，夫教，必始于《诗》《书》，终于礼乐，而曲乐不与焉。”这番话简明扼要地说明了教化与礼乐两者之间的关系，与孔子的礼乐观一脉相承。钟的儿子汶，据史料记载，“博学强记，淹贯六经，当七雄纷争之时，魏召为相，不受。著书万言，所感皆心性之理”。十二世冲，字太玄。因秦焚书灭儒，遂隐居于三台山藏书石室，至今那儿仍有井洞遗迹，相传为太玄藏书处；十六世简，“博学好古，纂修遗书”。入汉以后，汉武帝废黜百家，

颛孙子张像

独尊儒术，孔子及其弟子受到尊崇。汉昭帝时，子张后代颛孙简首封博士，世世相袭；北齐天保二年（551），皇帝封子张为萧伯（爵位）；宋真宗时，封子张四十五世孙书绅土地5顷40亩，专用于后代子孙上学读书，免纳皇粮。从此，颛孙子张一家定居的村子改名为学田村，至今犹存。

经历了秦末战火，当历史走进两汉时期，皖北私人讲学之风再度盛行。当此之时，皖北地区经济高度发达，是全国重要的经济区，这就为私学的兴盛提供了坚实的基础。说到经济，我们可以先考察一下汉代皖北的人口数量，这对认识该地区的经济发展水平有着重要的参考意义。今天我们所说的皖北地区，主要包括当年的沛郡大部、汝南郡一部，及临淮郡、九江郡的部分地区。据《汉书·地理志》载，当年汝南郡有37县，共2596148人，县均70166人；沛郡有37县，共2030480人，县均54878人。而那时的京畿三郡，各郡人口都不足百万，合三郡共2436360人，县均人口数刚过4万，与皖北地区尚有较大差距。

发达的经济，代代相传的私学传统，蔚然成风的学习氛围，都促使皖北再度成为私学教育的领先高地。

这一时期，皖北的私学教育表现为地方儒生、经师聚徒讲学，推行教化。这些私家教育大致有三种类型：一是蒙学性质的书馆或家馆，以识字为主要目标；二是具有专业基础教育性质的乡塾，为进入更高学习阶段作预备；三是专经研习的精舍或精庐，以研讨学问为目的，执教者多为名师大儒。皖北诸儒在各地广聚生徒、传经立说，一家经师的弟子门生往往多到几百，甚至上千人，分散到全国各地，这样皖北私学教育就不再局限在皖北地区，而是走向了全国。在这个过程中，皖北出现了一批大师名儒，产生了若干教育世家。比如，梁人丁宽，跟随田何学《易》，学成后，成为汉代乃至后世易学的主流。他的弟子、砀（今砀山县）人田王孙，也广收门徒，成为丁氏易学发扬光大的关键人物。沛国相（今淮北市）人桓谭，“博学多通，遍习《五经》，皆训诂大义，不为章句。能文章，尤好古学，数从刘歆杨雄辩析疑异”。汝南细阳（今太和县）人张酺，少年时代就跟随祖父学习《尚书》，能传其业，后来又跟随龙亢（今怀远县）人桓荣，勤学不怠，聚徒以百数，东汉明帝永平年间，他多次在御前讲解《尚书》，并为皇太子授课。

此外，龙亢桓荣家族更成为举国瞩目的教育世家，桓荣于两汉之际授学，有徒数百；他的儿子桓郁教授《尚书》，门徒常达数百人；桓郁的儿子桓焉能传其家学，弟子传其业者又是数百人。

可见，这一时期，皖北私学在教育领域的成就与贡献，已是丝毫不逊于官学。

天下分久必合，合久必分，及至魏晋南北朝时期，由于国家长期分裂战乱，学术中心与教育中心渐渐从京师转移到地方，从朝廷转移到家族，官学虽然屡屡建设，但总是发展无力，私学却一直较为兴盛。这种转移趋势在皖北地区有非常鲜明的表现。皖北地处南北之中，各世家大族都十分重视家族教育与文化传承，逐渐成为学术传播与发展的核心。《安徽通史》第二卷根据《隋书·经籍志》《旧唐书·经籍志》和《新唐书·艺文志》，制成《魏晋南北朝时期安徽籍人士著述一览表》，共收110多种文献。除庐江何氏家族有20余种文献、姑孰（今当涂）周兴嗣有3种文献外，其他80余种文献的作者都出自皖北，其中曹氏、夏侯氏、嵇氏、戴氏、桓氏、刘氏、薛氏、胡氏等家族的成员有非常突出的表现。由此可见，直到魏晋南北朝时期，安徽学术与文化发展的重心仍在皖北地区，与之密切关联的则是这一历史阶段皖北私学教育的持续发展。

这一时期皖北地区私学教育发达，表现为学子求学具有多样化的特点与形式，譬如刻苦自学、拜师受教、家学传承等。西晋名儒杜夷曾经“寓居汝颍之间，十载足不出门”，博览群书，成为一代大儒，在乡梓教授私学，弟子多达千人；嵇康也是“学不师授，博洽多闻”，尤其喜好和推崇老庄之学，成为著名玄学家。

在这些人中，吕蒙自学的故事流传最广，这位出生于汝南富陂（今阜南县）的军事将领，早年家贫没有机会学习，后来又因军务繁忙而没有时间读书，经过孙权劝说后，他才真正开始读书，“笃志不倦，其所览见，旧儒不胜”，军事才能也随之迅速提升。有一次，向来并不看重吕蒙的鲁肃就如何对付关羽的问题，与吕蒙交谈，吕蒙向鲁肃提出5条应对计策，鲁肃非常惊讶，拉着吕蒙的手，真诚地说，我一直以为你只是一个军人，粗通武略，能打仗而已，却不知道你有这样的大智慧，你真是学识英博，“非复吴下阿蒙”，吕蒙对说，“士别三日，即更刮目相待”。

倪宽塑像

吕蒙发愤自学的事迹，是中国古代将领以勤补拙、笃志力学的代表，而西汉倪宽也是勤奋自学的典范，他小时候家里非常贫穷，为了学习，就在伙房里给人家帮厨做饭，有时候打短工补给家用。后来倪宽到细阳县（今太和县）拜师，一边求学，一边下田锄地，他锄地的时候，总是把经书带在身旁，一到休息时，就抓紧用心诵读，这就是“带经而锄”的故事。倪宽为官时，劝农业，缓刑罚，理狱讼，深得民心，后与司马迁等共定《太初历》。《汉书·倪宽传》之后有赞曰“汉之得人，于兹为盛，儒雅则公孙弘、董仲舒、倪宽……文章则司马迁、相如”，将倪宽与董仲舒、司马迁、司马相如等人并举，其成就及影响由此可见。倪宽勤奋学习的精神一直激励后人，太和县倪邱镇有倪公祠和经锄楼，中心学校也以“经锄人生”作为校训，教育学生勤奋上进。

夏侯惇是沛国谯人，是拜师受教的典型，《三国志》记载惇“年十四，就师学”，更有意思的是，有人侮辱他的老师，他竟然把侮辱者杀死了，不仅反映出他的暴烈脾性，也能看出他是在维护老师的尊严。夏侯惇追随曹操南征北战，戎马倥偬，仍然“亲迎师受业”，实属难能可贵。

在美术、雕塑及音乐等艺术领域，谯郡铚地（今淮北濉溪县）人戴逵、戴颙父子都有极高造诣和很大影响，是家学传承的典范。戴逵特别擅长塑佛像，曾为会稽山的一个寺庙做无量寿佛像，将定型之前，偷偷藏在幕帏之后，听取大家的议论和意见，然后反复修改，用时三年，才最终完成创作。南朝宋世子在瓦官寺铸造了一座一丈六尺高的铜佛像，铸成以后，佛像的面部显得很瘦，大家没有办法，不知所措，于是把戴颙请来诊断，戴颙说：“并不是面部瘦，而是肩臂太肥的缘故。”大家恍然大悟，赶忙锉减肩臂，面部瘦的毛病果然随即消失，对他的技艺及境界，众人无不感叹佩服。

三、两汉经学，皖北极盛

私学的灿烂如花，让皖北地域风雅醇厚、人文荟萃。然而皖北并不仅仅只有私学教育，官学教育也是历史悠久，尤其是两汉时期，更是繁盛一时。

两汉官学的发展，一方面如同私学一样，有强大的经济力量的支撑，另一方面也得力于皖北地区地方行政长官的重视。这一时期，皖北各郡地方长官多为一代大儒。西汉时曾任九江太守的戴圣，是小戴《礼》学的创始人；曾任临淮郡太守的孔安国，为古文经学的鼻祖；曾任沛郡太守的何武，少时“诣博士受业，治《易》”；而孔光，“孔子十四世之孙也”，元帝时曾任虹（今泗县）长。东汉时，生于《尚书》学世家、世代为博士的欧阳歙，担任过汝南太守；曾经少传《欧阳尚书》，教授数千人的宋登，为汝阴（今阜阳）令，后来又出任颍川太守；生于《鲁诗》世家的高诩，曾担任符离（今宿州符离镇）长；博通五经、因撰写《说文解字》名垂千古的许慎，也曾任洨（今灵璧县）长。这些大儒出任皖北各地行政长官，必然会极大地推进当地官学的兴办、发展。再加上一些私学大儒也是官学之所宗，如此官私相互渗透，相互促进，皖北教育的盛极一时已是必然。而这个时候，由于汉武帝接受董仲舒的建议，推崇儒学、表彰六经，列儒家经典于官学，儒学独尊地位得到确立。汉代儒家纷纷对仁、礼等传统儒学资源进行新的阐释，并结合阴阳五行等学说，创造出新的思想理论模式，这种对儒家经典的诠释与阐说，构成“经学”。两汉是经学极盛的时期，皖北则由于官学、私学两者均盛，也就自然而然地成为两汉经学研究的中心区域之一，出现了数位宗师级人物，对经学传播与经学教育起到重要作用，也对后世儒学发展产生较大影响。

那时候，皖北经学及经学教育几乎可以和齐鲁之地并立。

具体表现之一，是经学传播时间较早，至迟在汉文帝时，《诗经》学已在汝阴（今阜阳）一带流播，这可从阜阳双古堆汝阴侯夏侯灶墓出土的简牍文献中得到印证和反映。双古堆汉简《诗经》有《国风》残文近60篇，涉及14国，按照汉代初年楚地阅读习惯抄写，很多字的用法与今本不太一样，篇次排列也与今本略有不同。和该时期北方系统的毛诗和齐鲁韩三家诗的佚文比较，无法归入其中的任何一家，所以双古堆汉简《诗经》的出土，被认为是“六艺”《诗》类经典最重要的发现，也说明皖北诗经的传播与教育具有自身特点。双古堆汉简有《周易》残文,内容包括今本《周易》六十四卦中的四十多卦。汉简中的《仓颉篇》，属于传统小学范畴，字体是隶书，字数内容超过20章，应是汉初“闾里书师”用于为通经教育服务的识字和习字教材。夏侯灶墓出土有3枚与儒家有关的篇题木牍，分别和《孔子家语》《说苑》《新序》及《荀子》等儒家著述的内容相关，其中与《孔子家语》有关的木牍有章题46条，多与孔子或其门人关联。

皖北经学发达的第二个表现是，形成了一个规模很大的经学学者群体，其中不乏宗师级学者。《汉书・儒林传》记载今皖籍学者16人，从籍贯分布来看，属于淮北沛郡的有12人，属九江郡的有3人，而九江郡治寿春，亦属皖北。他们不仅治学各有专长,而且享有崇高的学术地位:施雠是《易》施氏学宗师，高相为《易》高氏学宗师，庆普是今文《礼》庆氏学宗师，翟牧是孟氏《易》翟氏之学的开创者，邓彭祖为梁丘《易》邓氏之学的开创者，褚少孙是《鲁诗》褚氏之学的开创者，唐林从许商治《尚书》，也颇有成就，号为“德行”。蔡千秋是《谷梁春秋》传人，先后受学于荣广和皓星公，为学最笃，汉宣帝召见蔡千秋，让他与公羊家一起说经，获得宣帝认可与首肯。后来蔡因有过而降职，宣帝再找治《谷梁》的学者，发现没人能够赶得上蔡千秋，为延续谷梁之学，任蔡为郎中户将，并选派十人跟随蔡千秋研习《穀梁》学。

西汉甘露三年（前51），汉宣帝亲自主持“石渠阁论经”盛会，讨论儒家五经异同，沛郡薛广德、施雠与闻人通汉三人以一代大儒身份论于石渠，薛广德治《鲁诗》，施雠精于《易》，闻人通汉则是《礼经》学者。薛广德曾师从王式，又在楚国教授《鲁诗》，大儒龚胜、龚舍都曾随学。萧望之做御史大夫时召为属下，经常在一起切磋学问，纵论天下事，视之为大器。施雠年少时从砀人田王孙学《易》，后来施迁长陵，田王孙为博士，他又再次追随田王孙，完成学业。薛、施二人的经历大约可见经学传播的基本路径。

薛广德和施雠不仅学问精通，而且具有非常优秀的品质与人格魅力。

薛广德为人温雅有蕴藉，在担任御史大夫时，胸怀天下百姓，敢于对上直言相谏。有一次皇帝到甘泉射猎，薛广德上书劝谏，说："现在关东地区老百姓流离失所，生活困难，民生凋敝，而陛下却每天撞亡秦之钟，听郑卫之乐，过着奢靡逍遥的日子，做臣子的非常忧心。随从的士兵与官员也都困顿劳乏，希望陛下赶快回到王宫，想一想怎么样和老百姓同忧乐、共患难，如此才是天下之大幸啊！"再有一次，皇帝祭祀宗庙，出长安城便门后想乘船，广德劝谏应当从桥上走，说："如果陛下不听臣的建议，臣就自杀血溅车轮，陛下也就不能入庙祭祀了！"张骞的孙子张猛也进言"乘船危，就桥安"，皇帝无奈只好从桥入庙。广德性情之耿直，于此可见。薛广德任御史大夫 10 个月后请求告老还乡，回到故乡沛地，太守到边界迎接他，沛地百姓都以他为荣，甚至悬挂收藏他乘坐的车子，留传子孙后代。

施雠品性谦让，常称学问已废，不能教授他人。梁丘贺与施雠都是田王孙门人，因做少府而事务繁多，梁丘贺派儿子梁丘林和门人张禹向施雠问学，施最初不肯相见，梁丘贺一再恳求，并说"结发事师数十年，贺不能及"。施雠拜博士，成为一代《易》学宗师，授学张禹、鲁伯等人，张禹官至丞相，鲁伯为会稽太守。

四、教育思想，熠熠生辉

茫茫禹迹，翼翼皖北，从远古以来，皖北地区的教育思想就源远流长。与大禹同一时期的皋陶，立五刑、九德，法德并施，对强化部落间的联系，促进国家繁荣强盛产生积极作用，开创了中国法制思想及法制教育的先河。春秋战国时期，思想自由，百家争鸣，"皖北三子"管子、老子、庄子各有博大精深的思想体系，教育思想也蕴含其中，熠熠生辉，是中国教育史上的宝贵遗产，值得重视和发掘。

管子的治国策略与主要思想保存在《管子》一书中。作为大政治家，管子非常重视教化与教育的作用，把教化和教育作为治理国家、实现霸业的基本国策。

在教育领域，管子的贡献有两点特别值得关注。

第一，管子明确提出"树人"思想，他说："一年之计，莫如树谷；十年之计，莫如树木；终身之计，莫如树人。一树一获者，谷也；一树十获者，木也；一树百获者，人也”。这是说比起粮食、树木这些有形之物来说，人的价值最高，所以培养人即通过教育树人是最重要的工作。

第二，《管子》一书所收《弟子职》，记弟子事师、受业、馔馈、洒扫、执烛、坐作、进退之礼，规定的非常详细，涉及学生学习、生活、礼仪等各个方面，结尾处还要求学生“各就其友，相切相磋”，是一种非常有效的学习方式。《弟子职》是中国古代教育史上第一个较为完备的学生守则，也是后代官学、私学、书院制定学规、学则的范本。

老子的教育思想在先秦堪称独树一帜。

与儒家尚礼乐、重政教的主张不同，与墨家尚义利、重人为之教相异，更有别于尚法治、重律令的法家之学，老子独倡“法自然”“尚无为”的教育，与其哲学思想一脉相通。老子认为，“道”是宇宙万物的总根源，是事物发展变化的总规律，是人类社会一切生活领域必须遵循的根本法则，所以教育的本质就是依循道的基本法则，顺应人的自然本性，引导受教育者不断追求道的本体，最终达到返璞归真的境界。只有这样才能使人的本性得以完全发展，使人复归自然、诚朴无邪，整个社会才能得到安定，长治久安。老子猛烈抨击违背大道法则的世俗教育，发出“绝圣弃智”的呼吁，弃绝统治者制造的虚伪的仁义之学，废止扭曲人性的人为之教。

在教学方法上，老子提出应运用“用反”和“双观”原则。老子认为，任何事物都有矛盾对立的正反两面，相互对立，相互依存，相互转化。教学上运用这一法则，就是用反言来表示正言，所谓“言相反而理相成”，从反面深化含义，加深对事物及道理的理解，例如曲则全、枉则直、敝则新、损而益、大成若缺、大巧若拙、大辩若讷、进道若退等，都具有很强的说服力。所谓“双观”，就是从事物的正反两面来观察和分析问题，诸如有与无、难与易、上与下、长与短、进与退、前与后、福与祸、荣与辱、强与弱、刚与柔等对立面及其相互转化，既深富哲理，又因对比鲜明而浅显易懂。

继承并发展了老子的教育思想，庄子推出自然主义的教育观，提出自然主义的教育本质说。他认为，凡是人为的教育都是违背人的自然本性，是以外力束缚、摧残人性，人的本性是顺应自然，教育本质就是顺应人的自然本性，进行自由充分的发展。教育的目标是培养至人、真人，至人、真人的境界就是超然尘俗、物我两忘、逍遥自在、无名无情、无己无功，甚至无知无识，任人称他为牛为马也毫不为意，不以生死为怀，如同鲲鹏翱翔太空、游于四海。庄子所谓绝对自由的真人，实际上只能是一种空想，但就反对扭曲人性的教育、提倡个性解放而言，无疑具有一定的进步意义。

在教学问题上，庄子提出顺应自然的原则，按照学生身心和客观事物规律进行教学，使学生的自然本性得到自由和充分的发展，《庖丁解牛》的故事生动说明了这一原则。庖丁为文惠君解牛，文惠君被他神奇刀功惊服，问他怎么样练就这样高超的技艺，庖丁回答说，他好的是道，“依乎天理”“因其固然”，意思是他非常熟悉牛筋骨肌肉生长的状况，对牛的脉络结构已经了然于胸，所以在解牛时才能得心应手、游刃有余，才能踌躇满志、技高于世。庄子还以治马、养鸟与驯虎为例，要依顺马性、鸟性与虎性去驯养，否则就可能把马和鸟养死，更有可能驯虎不成反被虎伤，人的教育也一样，必须顺应自然本性，正确引导发展。庄子的见解对当前的教育教学仍然具有不可忽视的启示意义。

老庄教育思想与教学方法，形成与儒家教学思想既相互对立又相互补充的格局，对后世产生巨大而深远的影响。

西汉淮南王刘安召集宾客，发挥先秦道家思想，兼采儒、墨、名、法及阴阳诸家之长，编成《淮南子》，这部被誉为“牢笼天地，博极古今”的著作，也包含了丰富的教育思想。《淮南子》猛烈抨击儒家的礼乐仁义，认为它违背了道的根本法则，是“大道”废的结果。《淮南子》还尖锐地指出，儒家教育是虚伪的世俗之学，违背了人的自然本性，惑乱人心。该书充分肯定教育的重大作用，明确指出教为本，法是末。法只能杀掉不孝的个人，而教育能使人具有孔子、曾参那样的德行与修养，法可能让一个人不去偷盗，教育却可能让人像伯夷那样廉洁。

在教育教学方法上，《淮南子》提出了顺天适情、循序渐进、勤学力行等许多具有普遍意义的见解和主张，其思想在继承老庄的基础上，已开始有所突破与前进，建立了适应新的时代需求的教育思想体系。它排斥儒家的禁性迫情教育，主张因地、因势“行不言之教”，强调统治者和老师的日常言行对老百姓和学生都具有强烈的示范性，并以舜的故事说明“行不言之教”的效果。舜在历山耕作时，主动将肥沃的土地让给别人，后来便兴起礼让的风气，大家都能把好的土地互相推让，舜虽然没有指东道西、吆喝命令，却用他高尚的道德情操和身体力行，影响着老百姓，大家在耳闻目睹和潜移默化中自然受到熏陶和教育，都愿意向他学习。

此外，三国时著名的玄学家、文学家及音乐家嵇康的教育思想，也十分值得重视。嵇康尤好老庄、排斥六经，他的教育思想具有强烈的反对儒学名教的战斗精神，核心是“越名教而任自然”，带有清晰的老庄色彩。名教是儒家教育思想的理论基础，具体表现为儒家极力倡行的仁义礼乐、名分等级之教，嵇康认为这种教育是“天性丧真”的教育，钳制人的思想、戕害人的个性，违反人的自然发展规律。他深刻揭露六经教育的虚伪性，痛斥“六经为芜秽”“仁义为臭腐”，发振聋发聩之论，为惊世骇俗之言。嵇康认为，理想的教育就是“承天理物”“默然从道”，一切顺应自然，培养出至人与君子。

五、教育大家，成绩卓著

从先秦两汉，经魏晋南北朝，再到唐宋时期，皖北学术与教育一直处于较为发达的状态，儒林风雅，代代传承，皖北大地涌现了一大批声名远扬的教育家，伊尹、桓荣、曹操、刘韐、吕希哲等人就是其中杰出的代表。

皖北曾是商朝文化发祥的重要区域，商汤长期在南亳商丘一带活动，他三番五次地派人去聘请伊尹，伊尹开始辅佐商汤，为汤“言素王及九王之事”，是中国第一个帝王之师。伊尹历经三朝，辅佐四君，提出对民众进行教育，使百姓人人向善的主张，开后世民本教育先声。他尤其注重对君王的教育，要求君王时刻牢记上天赋予的明德，注意自身修养，因为自身的道德修养才是最为重要的治国之本，正所谓“天作孽犹可违，人作孽不可活”。

桓荣（？—59），字春卿，沛郡龙亢（今蚌埠市怀远县）人，东汉经师，龙亢教育世家的创始者。桓荣的一生是崇儒尊道、献身教育、成就英才的一生，其道德之高，术业之精，育人之诚，成材之多，堪称一代师范。少年桓荣负笈长安，跟随著名学者、博士朱普，学习《欧阳尚书》。因为家境贫寒，他常常依靠为别人打工赚取学习和生活费用，其余所有时间都用在刻苦攻读之上，15 年都顾不上回家。看到他在饥渴之中还夜以继日地苦读，亲戚桓元卿很不理解，问：“你下这么大的苦力气读书，什么时候才能学而有用呢？”年轻的桓荣笑而不答。老师朱普去世后，桓荣忙赶到九江寿春（今寿县）吊丧，自己背着土为老师筑坟。安葬老师后，他就留在当地教书，既为老师守孝居丧，也表现出承继师业的决心。两汉之际，天下大乱，为寻求一个安静的读书环境，桓荣带着弟子，抱着经书，藏到山里，“讲论不辍”。后来，他又到江淮之间开办私学，聚徒讲学，成为一代私学大师。在桓荣故乡怀远龙亢，今有桓傅故里石坊一座，应是对桓氏一生功业的最好纪念。

建武十九年（43），桓荣已经 60 多岁了。这时光武帝刘秀选求通晓经籍之人，为太子讲《尚书》，得到桓荣的学生何汤。刘秀问何汤：“你的老师是谁？”何汤回答：“沛国桓荣。”刘秀立即召桓荣，每到朝会时，常让桓荣在公卿面前讲解经书，连连叹息：“我得到先生太晚了！”于是，桓荣拜议郎，又拜为太学博士。在太学讲授时，桓荣展现了渊博的学识和优雅的教风。有一次，光武帝驾临太学，正巧碰到博士们会聚一堂辩论经学，桓荣身穿儒服，态度谦恭，阐述经义，不以声音高亢、言辞犀利而胜人，总能以理相服，显出其宽厚涵养，颇具古君子之风，其他博士只能洗耳恭听，给光武帝留下深刻印象，特加赏赐。又一次，在会庭之中，皇帝赏赐奇果，其他受赏的人都装到怀里，只有桓荣捧在手里拜谢，皇帝笑着说:“此真儒生也”。

桓荣在光武帝时拜太子少傅，授太子（汉明帝）读书；后来，桓荣的儿子桓郁先后任章帝与和帝的老师，桓荣的孙子桓焉又教授安帝和顺帝，桓荣的曾孙桓麟侍讲桓帝，从桓荣到桓麟，四代历任六世帝王之师，绵延百年，可谓“一门真儒生，四世六帝师”。汉明帝即位之后经常到桓荣家里，请桓荣居西面东而坐，在文武百官和桓门生徒数百人面前，天子亲自执业讲经，并经常说：

桓荣像

“大师在是”，给桓荣非常尊崇的地位，从此开始，中国人就常常尊称授业师为“西席”。

桓荣年老多病，明帝很着急，多次派人去看病，于是，从皇宫到桓家，被派去的官员和太医相望于道，络绎不绝。桓荣病好后，明帝又亲自到老师家，问候起居病情。车子刚到街口，明帝就下车步行，手里捧着经书，恭恭敬敬地走到桓荣面前，流着眼泪，赐给老师各种用品，过了许久，才依依不舍地离开。自此以后，来探视桓荣的诸侯大夫，都不敢再乘车到桓家门前。桓荣去世后，明帝亲自临丧送葬，大力彰显了桓荣的教育成就。

在教育方法上，桓荣确实有许多独到之处。比如，汉代经学教育大多采用章句形式进行教学，后代学者多在继承先师章句的基础上，努力增添自己的学说，一来二去，章句篇幅就越来越大，最终成为学习的负担。桓荣师从朱普学习《欧阳尚书》有 40 余万字，他虽然虚心问学，却不完全盲从师说，认为“浮辞繁长，多过其实”，所以到他传授时，就将 40 余万字删减到 23 万字。此后，桓荣的儿子桓郁又删为 12 万字，更便于学习者的记诵与理解，这样，就有了《桓君大小太常章句》，在学术界享有很高的地位。

桓荣一生以讲学为务，从早年聚徒私学到做帝王之师，执教生涯长达 50 余年，桓郁、桓焉、桓典等也都教授于学，名重当时。《后汉书 · 桓荣传》论说 ：“中兴而桓氏尤盛，自荣至典，世宗其道，父子兄弟代作帝师，受其业者皆至卿相，显乎当世”，正是对桓荣及桓氏家族在汉代教育领域里贡献与地位的准确概括。

在古代皖北教育史上，曹操也多有建树。他曾先后发布《军谯令》《修学令》《求贤令》等育才、用才的命令，为统一北方奠定了人才与实力基础。他非常重视人才，提出唯才是举，只要有才，不论出身贵贱，哪怕是敌军将领，都能为其所用。张辽、徐晃、于禁、文聘等骁勇善战、胆略过人的猛将，原来都是曹操的对手，曹操都能用之不疑。曹操并不因为重视寒族人才而轻视豪族人才，例如许褚为地方豪强，勇力过人，曾在两军阵前用手拖拽牛尾巴，吓退敌首，曹操非常欣赏他，说 ：“这不就是我的樊哙吗！”

作为政治家，曹操深知教育的重要作用。面对东汉末年儒道衰微、学校教育遭到严重破坏的局面，曹操把兴办儒学、培养人才作为大事来抓。建安七年（202）曹操屯兵家乡，发布《军谯令》，说旧土人民为战乱死伤太多，往往走上一天也难能见到旧相识之人，十分伤感，很多将士绝后，下令寻求亲戚作为他们的后代，分给大家田地，由官府提供耕牛，并且“置学师以教之”。这道命令是抚恤阵亡将士、笼络人心的手段，也反映了大政治家对教育的重视。第二年，曹操又发布《修学令》，说：“丧乱以来，十有五年，后生者不见仁义礼让之风，吾甚伤之。其令郡国各修文学，县满五百户置校官，选其乡之俊造而教学之，庶几先王之道不废，而有以益于天下。”对年轻人不再有仁义礼让之风，曹操十分伤感、担忧，因此要求各地加强教育。事实证明，《修学令》的贯彻实施，既为曹魏地方学校恢复建立奠定了基础，也为曹魏在三国竞争格局中处于优势地位起到积极作用。

曹操是心系天下的政治家，是驰骋沙场的军事家，是横槊赋诗的文学家，是致力兴学的教育家，也是一位优秀的父亲。他非常重视家庭教育，在培养接班人方面取得突出成就。曹操的儿子曹丕、曹植都很有文采，是建安文学的中坚，在中国文学史上占有重要的地位。曹彰则是武艺壮猛、有将领之气，能身先士卒，冲锋陷阵。“大船称象”故事的主人公曹冲也是聪明过人。与其形成鲜明对比的是刘备，曹操曾评价刘备“今天下英雄唯使君与操耳”，但刘备却是一位失败的父亲，“扶不起的阿斗”甚至成了无能的代名词。

在教子成才问题上，秦皇、汉武、唐宗、宋祖等帝王都不成功，跟他们比，曹操可算相当优秀。曹操在教育子女时注重全面发展、文武兼习，他曾经打造了五口宝刀，准备将其分别送给不好武而好文的儿子，借以表明其希望与态度。曹丕在童年就开始骑马习射、练习武艺，又博览《史记》《汉书》及诸子百家书，腹有诗书，才华横溢，和其父亲一样成为既能跃马扬鞭，又能吟诗抒怀，文武兼备的帝王。

在注重全面发展的同时，曹操也允许孩子的学习有所偏好、学有所长。曹植喜文而厌武，从小就好为文章，曹操赐他一把宝刀，意在勉励他习武，但曹植却说佩戴锋利的宝刀，只为自卫防身，并不意味着崇尚武功。对于曹植这种言行和态度，曹操没有训斥，而是予以默许，这一态度充分成就了建安之杰曹植的“才高八斗”，才有了《登台赋》的流传至今，才有了“本是同根生,相煎何太急”的七步成诗。曹操要求喜欢习武的曹彰多读书，曹彰表示大丈夫一定要像卫青、霍去病那样，率领10万大军，驰骋疆场，建功立业。曹操对曹彰被坚执锐、临难不顾，“好为将”的志向表示了欣赏之意。按照现代教育理念说，允许学有偏好，就是尊重孩子的选择，允许个性发展。

回首皖北历史，还有一位教育大家不能不重点推出，这就是刘瓛（434—489）。刘瓛字子珪，沛国相（今淮北市）人，南朝宋齐名儒。刘瓛早年家境贫寒，外表“姿状纤小”，不善于修饰打扮，用他自己的话说，就是“夙婴贫困，加以疏懒，衣裳容发，有足骇者”。但是，这个纤小疏懒的躯体内却蕴含了无尽的能量，他一生著有《周易乾坤义》《周易四德例》《周易系辞义疏》《毛诗序义疏》《毛诗篇次义》《丧服经传义疏》，又《刘瓛集》30卷，实实在在当属著作等身、学富五车的大家。因为“性拙人间，不习仕进”，所以，尽管被丹阳尹袁粲举荐为秘书郎，但也不为皇上所用。此后，他曾官拜邵陵王郡主簿，安陆王国常侍，安成王抚军行参军，不久，都因为“公事”被免职。按说白白地丢了官，应当是很郁闷的事，但刘瓛似乎全不在意。透过《南齐书》的描述，我们能看到一个淡泊洒脱的读书郎：他“素无宦情”，根本不想当官，只是为了赡养老母，才出任彭城郡丞，后来皇上想让他再多兼几个职，他居然不乐意，这就是史书所称“除车骑行参军，南彭城郡丞，尚书祠部郎，并不拜”。

此后，刘瓛一直从事教育工作，聚徒教授，常有几十人跟随左右。《南史·刘瓛传》记载，他“儒学冠于当时，都下士子贵游莫不下席受业”。有一段时间，刘瓛和吴苞同在褚彦回宅讲授，大家白天听刘瓛讲《礼》，晚间听吴苞说《论语》，很是热闹，一时成为盛事、幸事。南朝诸多知名学者，如严植之、何胤、杜栖等人都曾在刘瓛门下，著名无神论学者范缜更是他喜爱的学生。

按照惯常思维，给这么多贵族学生当老师，刘瓛早该居华屋，享美食，

吕公著像

呼风唤雨，颐指气使了，可1000多年前的一代大儒，却安安稳稳地兄弟三人合住在一个名叫“檀桥”的地方，“瓦屋数间，上皆穿漏”。房子不好倒也罢了，要命的是还漏雨。后来皇上把一处美宅赐予刘瓛，刘瓛却说：“房屋太好就是灾难了，这么华美的房屋岂是我居住的？所幸它可以作为讲堂。”可惜的是，他还没有来得及将这房子变成学校，自己就去世了。

刘瓛去世时56岁，梁武帝为他立碑，谥曰“贞简先生”。

岁月匆匆，皖北教育家层出不穷。北宋时，寿州（今安徽凤台）走出一位名叫吕公著（1018—1089）的人，令我们不得不将目光聚集在这一家族中。

吕公著曾任御史中丞，拜尚书右仆射，兼中书侍郎，与司马光一起同心辅政，死后谥“正献”，政声显赫。但是，从骨子里看，吕公著更是一位教育家。他出身于皖北的名门世家，父亲是北宋仁宗时期的宰相吕夷简，叔祖父是太平兴国二年（977）丁丑科的状元、曾三次登上相位、封许国公、授太子太师的吕蒙正。从这样一个世代为儒的家庭走来，吕公著年轻的时候就堪称满腹经纶，进士及第后，出任通判颍州，与比他大11岁的颍州知州欧阳修结为讲学之友。欧阳修推荐吕公著担当谏官，称其“器识深远，沉静寡言，富贵不染其心，利害不移其守”，还说吕公著“心乐闲退，淡于世事，然所谓夫人不言，言必有中者也”。欧阳修出使契丹，契丹国君问及中国有学行之士，欧阳修第一个提到的就是吕公著，吕公著讲经议论，人称“讲说尤精，语约而理尽”，司马光则说：“每闻晦叔（公著字）讲，便觉己语为烦。”

吕公著一生门徒遍天下，也包括他自己的儿子吕希哲、吕希绩、吕希纯。若干年后，长子吕希哲再度名扬天下，不是因为官居高位，而是由于教育有方，由于他主张为学“不主一门，不私一说”。

由于家庭的原因，希哲少年时就得以遍交当世著名学者，他曾初学于庐陵学派欧阳修弟子焦千之，继而和程颐一起从学于安定学派胡瑗，后来因心服程颐学问，甘拜程颐为师。接着又学于孙复、邵雍、王安石等大学者，成为“荥阳学派”的开创者。吕希哲当过兵部员外郎、崇政殿说书、右司谏、光禄少卿等职务，崇宁党祸之后，就远远地离开了京师，居住淮、泗之间，授徒讲学。这些年里，他过得很艰苦，甚至衣食不给，绝粮数日，但有皖北大地的亲切抚慰，有众多好学青年不远千里而来，先生心中十分淡定，他曾作诗云：“除却借书沽酒外，更无一事扰公私。”吕希哲的学生中，很多人都成为著名学者，比如汪革、饶节等人不远千里，到符离从学，其后成为江西学术文化的中坚力量。

吕希哲身后，吕家的教育故事还在延续。希哲之孙吕本中（1084—1145），不仅诗学理论很出名，也是一位很有影响的教育家，所到之处，士子争相投于门下，可谓桃李满天下。五世孙吕祖谦，世称“东莱先生”，南渡后居金华，主讲丽泽书院，弟子众多，学术影响极大，几乎可以和朱熹、陆九渊并肩而立。

第二节 千万经典，孝义为先
——闵子骞、蔡顺与皖北孝文化

皖北地区地处南北交通、东西相会的要冲地带，很早就成为各种文化汇聚之地。自春秋战国直至两汉，齐鲁文化中儒家重礼仪、重孝道的思想影响广泛，在皖北地区形成了发达的孝文化，闵子、蔡顺等人的孝道故事至今口耳相传，对中国古代的伦理道德教育产生了深刻的影响。时至两汉，皖北各地长官，特别是太守，也努力把儒家所宣扬的伦理道德观念日常化、法制化，使之内化为寻常百姓判断是非的价值尺度。经过几代人的努力，儒学经义深入皖北人心，成为约定俗成的乡规里约，社会教育广泛开展之后，以孝为核心的道德教化得以实行。

一、孔门闵贤，单衣顺母

闵子，名损，字子骞，春秋时期鲁国闵公的后裔，据说先祖是受封于鲁国的周公旦的长子伯禽。他比孔子小 15 岁，大约出生在公元前 536 年，卒于公元前 447 年（一说公元前 487 年）。在列国纷争的春秋时期，闵子骞举家迁往宋相邑居住，即今天的安徽省宿州市曹村镇南，由于闵子以孝贤闻名于世，故后人多褒称其为“闵贤”，是我国古代历史上有名的“二十四孝”之一。至今宿州市闵祠村还存有闵墓、闵祠等遗迹，当地也盛传着闵子的许多故事。

据文献记载，闵子骞是孔子的得意门生之一，以德行著称。为人沉稳恭敬，正直不阿，曾跟随孔子周游列国讲学。《论语》里虽然记载闵子骞的事迹言行并不多，但孔子对其评价都相当高。《先进》篇里记有这样一个小故事，说闵子在孔子身边求学随侍十分尽心尽力，态度恭敬而且从不妄言，不像子路、子贡等人个性比较张扬，所谓“闵子侍侧，訚訚如也”。但是有一次，鲁人大兴土木要改建长府，一贯慎言的闵子骞却大加批评，认为原来的长府已经很好，没有改建的必要。孔子深知闵子骞的个性，所以对人说：“夫人不言，言必有中。”意思是赞扬闵子骞平时寡言少语，但一说话就一语中的，很得要害。闵子骞为人低调，不喜欢做官，鲁国的季氏执政时派人去请他到费邑当官，他坚决不做，并告诉来人，如果再来找他，他就会逃到汶水北面去隐居避世。因此，孔子十分欣赏闵子骞，认为他是个品德高尚的君子，其德行可与颜渊相媲美，尤其对他的孝行给予了高度肯定。

在皖北民间，闵子骞的孝行故事可谓是家喻户晓、代代传承，最为有名的就是“单衣顺母”（也称“鞭打芦花”）的故事。相传，闵子骞幼年时候就丧母，他的父亲又续娶，后母为人刻薄，时常虐待闵子骞，但他从不向父亲抱怨。后来后母自己也生了两个儿子，冬天到了，后母给自己生的两个儿子穿的棉衣，里面装的是暖和的棉花，给闵子骞做的棉衣里塞的却是芦花。有一次，闵子兄弟三人跟随父亲驾着牛车外出，行至今天萧县一带，恰逢天降大雪，天寒地冻，父亲让闵子骞赶车，可是因为芦花棉袄不御寒，闵子骞冻得缩成一团，手僵硬得握不住鞭子，结果鞭子掉在地上。他的父亲不明底里，怪闵子骞偷懒不好好赶车，就用鞭子怒抽闵子。鞭子抽打在闵子身上，结果衣服被抽破绽开，露出了里面的芦花。他的父亲方才恍然大悟，心疼地抚摸着闵子骞被冻僵的双手，又生妻子的气，又可怜自己的儿子。待回到家后，闵子骞的父亲决定休掉妻子，可是闵子骞却哭着乞求父亲说：“母在一子单，母去三子寒。愿大人思之。”说得父亲大为感动，于是听从闵子骞的意思没有休掉妻子，闵子骞的后母也深受感动，对自己的行为感到非常惭愧、后悔，从此对闵子骞一视同仁，一家人母慈儿孝、和和睦睦地过起了日子。闵子骞以德报怨的孝行很快在各地传遍开来，孔子听说这件事以后，大加称赞：“闵子骞真是太孝顺啦！别人是无法挑拨离间他与父母兄弟的关系了。”据说，后代乡贤士绅就在闵子骞被父亲鞭打处立了块碑，刻有“鞭打芦花处”碑文，以此来纪念闵子骞，至今，萧县西南还有一个村子，全名就叫“鞭打芦花车牛返”。“鞭打芦花”的故事和孔雀东南飞的传说、桐城六尺巷的传说及徽州楹联匾额等共同入选安徽省非物质文化遗产名录。

作为孔子的学生，闵子骞和他的老师一样，在战火纷飞的年代一直大力宣扬儒家的孝悌仁义和礼乐思想。据说孔子去世以后，出于对老师的尊敬与爱戴，闵子骞和孔门其他弟子一起为孔子守墓三年，孝师的行为再次感动天下。闵子骞晚年的时候，慕名前来跟随他学习的人越来越多，闵子的孝行愈发发扬光大起来。

闵子骞的孝行不仅闻名当世，也流传于后代。在山东嘉祥武梁祠出土的东汉时期画像石上绘有我国最早的孝义人物故事图，闵子骞就名列其中。我国古代有名的“二十四孝”故事，尽管经过历代演变，但闵子骞一直居于其中，成为历史上最有名的大孝子之一。历朝历代对闵子骞屡加追封褒奖，并把闵子在内的“二十四孝”作为孝亲的典范加以广泛宣传，对社会民众进行道德教育，以巩固国家的伦理纲常和统治思想。

民间更是以图文并茂的画像、砖雕、石刻，或者以喜闻乐见的戏曲说唱等各种形式，广泛宣传闵子骞的孝行美德故事，从而使闵子骞的孝行日益深入人心，传为千古佳话，正所谓“闵氏有贤郎，何曾怨晚娘。尊前贤母在，三子免风霜”。尤其是在闵子骞当年生活的主要居住地和活动范围区，即今天的宿州、萧县、淮北一带，更是形成了浓厚的孝文化氛围。当地的人家都以闵子为荣，并把闵子的孝亲美德故事口耳相传，一代传给一代，闵子骞已然成为家家户户教育子孙孝亲尊长的楷模，至今影响深远。闵祠村现有闵子祠堂，门前有古井，名为孝泉，四壁嵌有多通历代碑记，祠堂内有古柏树和古银杏树各一棵，仿佛仍然在静静叙说闵子孝贤的故事；祠堂北侧有闵子墓，直径约 40 米，高 5 米，近旁还有两座小墓，据传是闵子两个弟弟闵革和闵蒙的墓，墓园松树茂密，“闵墓松风”是古宿州八景之一。

二、东汉蔡顺，孝感天地

蔡顺，字君仲，生活在西汉末年到东汉初期。据说，蔡顺的故里在今天的安徽淮北蔡里一带，《后汉书》记载其为汝南郡人。东汉以来，蔡顺就以“至孝”著称，是中国古代历史上久负盛名的大孝子，被奉为“二十四孝”典范之一，有关于他的孝亲故事贯穿于他的一生，主要有为母尝毒、噬指弃薪、拾桑异器、伏棺避火、闻雷泣墓等。

据说，蔡顺很小的时候父亲就去世了，年幼的他和母亲相依为命。母亲经常要出去帮人干很多活，才能养活他。年幼的蔡顺十分懂事，不仅帮母亲干活，而且特别孝顺母亲，每当母亲帮人洗衣服累得腰酸背疼时，蔡顺就帮母亲捶背。等蔡顺年纪渐长以后，母亲因为长期劳累，体弱多病，他就毫无怨言地担负起赡养母亲的义务。平时家里有什么好吃的，都给母亲留下来吃。有一次，他的母亲因为喝多了酒，呕吐不止。蔡顺非常担心母亲是否中毒，于是就亲口去尝母亲呕吐出来的食物加以检验，其孝心可见一斑。

因为家贫，家里连烧火的柴火也没有，蔡顺经常要上山砍柴。每次出门去砍柴，蔡顺总是挂念着家中的老母亲，怕她一人在家有什么不妥。有一次，蔡顺又上山砍柴了，砍着砍着，突然觉得心里一震、胸口发痛，他担心母亲有事，马上丢下柴火，急急忙忙往家赶。回到家以后，忙跪到母亲跟前询问。原来家中忽然来了客人，老母亲希望蔡顺赶紧回来招待客人，看儿子久久未还，就咬破自己的手指，盼望儿子能感悟到快快回家。果然，母子连心，蔡顺心动弃薪归家。看着母亲咬破的手指，蔡顺心疼不已，以后出门更是快去快回，不敢耽搁，尽量不离母亲左右。

西汉末年，王莽当政，天下混乱，老百姓无以为生。蔡顺的家里更是穷得无米下锅，为了生存，蔡顺只能常常跑到野外去采摘桑葚回来果腹，而且每次都带着两个篮子去，一个篮子里装熟透的紫黑色桑葚，一个篮子里则装还不太熟的红色桑葚。有一次，他又到野外的桑林里去采桑葚，回家路上却遇到了作乱抢劫的盗贼，盗贼见他手里提着两个篮子，装着不同颜色的桑葚，觉得很奇怪，问他原因。蔡顺告诉盗贼，因为这一篮紫黑色的桑葚已经熟透，比较甜，是留给母亲吃的；另外一篮红色的桑葚还不熟，比较酸，是自己吃的。盗贼听了蔡顺的话，被他的孝心感动，不但没有抢劫他，反而另外送了他几斗米，外加一只牛腿，让蔡顺回家做给母亲吃。蔡顺高高兴兴地拿着米和肉回家了，和母亲吃了一顿许久未有的饱饭。

在蔡顺的精心照顾下，母亲活到 90 岁高龄才寿终正寝。母亲死了，蔡顺非常伤心，他想把母亲好好安葬。但是尸体刚刚入棺，邻居就发生了大火，熊熊火焰快速蔓延，一间连着一间烧过来，眼看就要烧到蔡顺家里。蔡顺见状，忙用身体护住母亲的棺柩，呼天叫地，大哭不止。结果，神奇的事情发生了，大火竟然绕过蔡顺家的屋子，烧向别人家，最后，众多邻里之中，只有蔡顺家在火灾中得以幸免。事后，人们都说，这是因为蔡顺的孝心感动了天地，所以天地神灵帮他躲过了一劫，正是“伏棺得免”。

蔡顺的孝行并不因为母亲的去世就结束了，母亲下葬以后，蔡顺一直为母守墓，因为害怕母亲孤单，也不愿出远门，时常在墓前与死去的母亲说话。据说，蔡顺的母亲活着的时候，特别害怕听到打雷声。等她去世下葬以后，每每遇到电闪雷鸣天的时候，蔡顺就跑到母亲的坟墓四周边走边哭，并摸着母亲的坟冢大声地说：“娘啊，儿子蔡顺在这里。”蔡顺“闻雷泣墓”的孝心感天动地，很快名扬天下。东汉时，正以孝道治天下，太守鲍众听说蔡顺的孝行以后，就推举蔡顺为孝廉，让他去当官。

蔡顺拾葚供亲砖雕

但是蔡顺却不忍远离母亲的坟墓，最终没有去就官，一生守在母亲的墓前，一直到他80岁去世为止。

孔子曾经说，一个人的孝心，不仅要看他在父母生前的表现，还要观察他在父母去世后的所为，所谓“生，事之以礼；死，葬之以礼、祭之以礼”。蔡顺的孝行完全符合孔子的要求，因此，在汉代儒家的大力宣扬下广为流传，魏晋南北朝以来的一些壁画、砖雕和画像石上，经常会有孝子蔡顺的故事题材，内容上尽管多有变异，但都足以说明蔡顺的孝亲美德。一些古代文献里，如《后汉书》《孝子传》《太平御览》等也记载了蔡顺的孝行故事。广为人知的“二十四孝”，更是代代相传，把蔡顺的孝行表彰天下，树立为典范。

同样的皖北孝子，在《新唐书・孝友传》中也有记载：“宋思礼，字过庭，事继母徐为闻孝。补萧县主簿。会大旱，井池涸，母羸疾，非泉水不适口，思礼忧惧且祷，忽有泉出诸庭，味甘寒，日不乏汲。县人异之，尉柳晃为刻石颂其孝感。”

听说这一孝行，著名文学家骆宾王专门写了《灵泉颂》，对宋思礼进行表彰，颂曰：

> 粤若稽古，厥初生民。其谁不孝？独我难伦。义不悖道，仁不遗亲，爱敬尽力，孝弟通神。顾我罔极，因心感至。冥契动天，甘泉涌地。泠泠无竭，蒸蒸不匮。曾是我思，永锡尔类。爰有劳人，景行芳尘。事谐则感，道洽斯亲。孝为礼主，名为实宾。倘斯文之不坠，知盛德之有邻。

三、赵孝让肥，孝悌为本

在中国传统文化中，历来孝悌并称，孝，指还报父母的爱；悌，指兄弟姊妹的友爱。孔子曾经说："孝悌也者，其为人之本欤！"他认为孝悌是做人、做学问的根本。在儒家看来，家庭伦理关系中最根本的就是孝悌，它能使家庭和睦、上下和顺，它既是一切德行的本源，也是教育教化产生的根源。从字源角度讲，孝字上面是老的上半部，下边就是子，象征年轻人搀扶老人，悌的左半边是心，右半边是弟，象征着心中关怀着同辈人。

东汉沛国蕲（今宿州市）人赵孝让肥的故事，是处理兄弟关系的典范。

赵孝字常平。他有一个弟弟叫赵礼，兄弟两个人相处得十分友爱。但是，天降灾祸，有一年，由于收成不好，饥荒严重，社会治安也很混乱，一伙强盗蜂拥而至，四处抢掠。百姓们慌忙逃命。见找不出多少粮食和换钱的东西，强盗们一怒之下，就开始抓人，赵礼不幸被抓走了。

穷凶极恶的强盗们将赵礼五花大绑捆起来后，绑在树上，然后在旁边架起炉灶，开始烧水，他们竟然准备拿赵礼来充饥。

哥哥赵孝听说弟弟被抓走了，心急如焚。他很快冲到强盗的面前，哀求强盗放人。强盗哪里肯放？赵孝忙说："你们还是把我兄弟放了，他已经饿了很长时间了，很弱也很瘦，不如我这么胖这么肥，或许还能管得了饱？"

强盗们听了赵孝这番话，一下子都愣住了，他们没想到天下还有这样甘愿送死的人，一个个相互震惊地对视着。很快，他们就决定释放兄弟两人，但又要求赵孝必须弄些米送来。不料过了一阵子，赵孝又来了，他说："我找不到米，你们还是把我吃了吧。"强盗们从没见过这样爱护兄弟、诚实守信的人，最终还是把他放了。

以孝悌为本，可以敦睦风俗。闵子骞单衣顺母，能够体现父慈子孝的理想父子关系，同时鞭挞了"后母"的某些做法，给后母树立了榜样角色。蔡顺尊亲、养亲、孝亲很容易被社会舆论接受并广泛传播。这种通过树立榜样的教化方式，显然更容易达到社会教育的最终目的。赵孝让肥，彰显的是家庭关系中的和睦友善。秦汉时的《孝经》说："孝为百行之首。"儒家提倡孝悌，要求子弟敬重父兄，晚辈善事长辈，作为一种社会道德风尚，自古以来就受到人们的重视，并且成为社会教育、学校教育中的重要内容。从教育的角度看，闵子骞、蔡顺、赵孝的孝义行为与孝道伦理的教化，非常自然地结合在一起，为普通老百姓树立了活生生的榜样，不仅具有规范家庭成员之间关系的重要功能，还可以规范并引导良善、和谐的社会关系，形成良好的社会风尚和长治久安的局面。

《宜秋山赵礼让肥杂剧》插图

近年来国内出现了争抢历史名人的热潮，包括闵子骞和蔡顺，关于他们的出生地或里籍，也都有不同的说法，笔者在此无意将他们一定“论证”成皖北人，但有一点是肯定的，不论蔡顺生在何处，或是闵子死后葬在哪里，其实已经不那么重要了，重要的是他们的孝行和故事在皖北地区有着普遍的存在和广泛的传播，而且发挥着重要的社会教育作用，承担着社会教化的功能，重要的是我们要真正理解他们的孝行实质和精神内涵，诸如孝亲、仁爱、宽容和善良。经过时代的扬弃，闵子和蔡顺的孝亲故事仍然具有鲜明的现实意义，有助于淳化民风，有助于构建和谐社会，有助于提升民族凝聚力。

第三节 郁郁文风，泱泱学海
——近代以来皖北教育的复兴

中国经济与文化重心南移的进程，到宋代基本完成。当皖南徽州学术大兴，皖中桐城派独占天下文章鳌头的时候，拥有无比丰厚的历史文化底蕴，曾经以发达的经济、鼎盛的文化傲视天下的皖北，却被历史大潮冲向边缘地带，与中国学术与教育的中心区域渐行渐远。此时，皖北教育发展，无可奈何地失去了往昔辉煌，进而转向停滞、衰微。从南宋到清代，皖北教育一直低迷徘徊，难以振作，直到晚清以降，西潮迫来，在新式教育大发展的潮流中，才逐步走向复兴，令人重见郁郁文风。如今，皖北人脚踏时代发展大潮，乘风破浪走向繁荣鼎盛的新时代，泱泱学海之盛景，正重现于皖北大地。

一、转向滞缓，近于边缘

北宋时期，安徽境内各地教育大致呈均衡发展的态势，但是到了南宋，由于战争、水患，安徽教育重心完成由北向南的转移过程，皖北地区的学术与教育逐渐走向没落，这在书院和科举两个方面，反映得最清楚。

书院是中国古代特有的教育组织形式，最早出现在唐代。北宋时期形成制度，南宋时大盛。在传播思想、发展教育、培养人才、丰富教育理论与经验等方面，书院都有重要贡献。由于每个地方书院的兴起及盛衰，往往和经济、文化及教育有着密切的关系，所以，书院也是地区教育发展水平的外在表现。

据《安徽文化史》（上卷）记载，北宋时期，安徽建有6所书院，其中，西湖书院位于皖北颍州（今阜阳），这说明北宋时期皖北教育仍与全国保持一致的水平。西湖在颍州城西，长10里，宽约3里，是颍河诸水汇流处，风景优美。欧阳修于1049年调任颍州之后，对西湖进行疏浚治理，种植瑞莲和黄杨，新建宜远、飞盖等桥，并常来泛舟游览。据（乾隆）《颍州府志》记载，欧阳修爱西湖之胜，建书院于湖之南。

进入南宋，皖北全地深受战乱影响，为了生存，民风转向尚武，年轻人喜欢舞刀弄枪，当兵吃粮，很少求师问学。再加上这时的皖北处于金的统治之下，科举制度不健全，书籍被毁，私塾先生只能依靠记忆教授学生，教育遭受巨大的创伤。据统计，南宋时期安徽有28所书院，主要集中在沿江、江南地区，皖北地区竟然一所也没有，教育事业的凋敝可以想见。这也是皖北教育发展史上的低谷。

进入元代，天下渐渐稳定，皖北地区的教育形势也逐渐好转，翻阅地方志可以见到：泗州虹县张孚"兴学化民，时俗丕变，邑人德之"；亳州城父县伯颜"崇文教，修学宫"；萧县耶律廷瑞"改建学宫，士风一振"；宿州监郡木撒飞重起文山书院东斋，延请师儒，"尽心课士"，获取科举功名的人数有了明显增加。

明代凤阳府所辖地域与如今皖北地区大约相当，共有书院15所，其中怀远县有西山、文昌和真儒书院3家，寿州有循理、安丰、淮南、淮肥和涌泉书院5家。虽然凤阳府书院数在安徽各府州中排序比较靠前，但由于所属县数较多，平均每一个县只有1.2所，这个数量还是比较少的。但如果我们考虑到安徽是明代全国书院较为发达的省份，那么，就书院数量及由此反映的教育水平来看，皖北在全国范围内并不是落后地区。

作为中国古代重要的人才选拔制度，清代科举制度已经发展到完全成熟的阶段，与文化、学术尤其是教育紧密关联，每个地方的科举水平，尤其是进士群体的规模，是这里教育水平、文风盛衰的直接体现。考察安徽清代沿淮地区的进士群体，我们可以看到这样一组数据：清代安徽全省进士1192人，其中沿淮地区共175人，仅为全省进士总数的14.68%，这一数字甚至远低于安庆府或徽州府一府进士数。与其形成鲜明比照的是，在两大区域州县数、人口数大约相当的前提下，江南地区有进士520人，全省占比达到43.62%，是沿淮地区的近3倍。省内进士空白县（终清一代未有进士）共有4个，全部集中于皖北地区，即涡阳、太和、蒙城与亳州。

当然，清代皖北地区科举水平低下的原因是多方面的，基础性因素是经济的落后，深层原因是特殊的社会风气——尚武少文的风气具有普遍性。此外，还有许多人没有注意到的隐性原因，这就是清代进士取录层面的“分省取士”制度。皖北地区在经济、民风、文教等领域和豫东南、鲁西南等地区非常接近，同属北方文化区，但皖北士子长期与文风炽盛的苏南地区（苏皖两省分定进士名额之前）、皖南地区读书人同场竞技，而苏南地区又是清代全国科举水平最高的区域，这样一来，皖北地区的弱势进一步被放大，外在表现就是南北两大区域进士人数极为悬殊。由此推论，皖北地区科举及教育水平的低下，是和皖南、苏南等极发达地区比较而呈现的状态，就全国范围，尤其在北方文化区来说，皖北地区教育水平并不像一般想象中那样落后，那样不堪言表。

再一个值得注意的趋势是，如果以道光元年（1821）为界，将清代科举考试分成前中期和后期两个阶段，那么与前中期相较，后期沿淮地区在省内科举格局中的落后局面已稍有改观。该地区前中期和后期分别有进士90人和85人，占全省同期的比例分别是12.9%和17.1%，后期上涨了4.2个百分点，攀升幅度较为明显，与江南地区的差距大为缩小，这种转变和皖北教育近代转型的趋势恰好一致，清代皖北唯一的状元孙家鼐，也恰恰出在这一阶段。

二、状元帝师，于教有功

晚清以降，西潮迫来，中国传统教育面临危机和挑战，皖北教育在近代教育转型过程中产生了一位具有全国性影响的人物——状元、帝师孙家鼐。

孙家鼐（1827—1909），字燮臣，安徽寿州（今寿县）人，出身书香门第，青年时就以精通经史子集而闻名乡里。他沉潜好学，立志高远，1859年获中状元，成为清代皖北唯一的状元。据说，他是以一副妙联而大魁天下的。在最终确定进士及鼎甲名次时，咸丰皇帝要求每位考生以大清王朝的兴盛为题作对联，孙家鼐稍加思索，挥笔而就：

> 亿万年济济绳绳，顺天心，康民意，雍和其体，乾见其行，嘉气遍九州，道统绍羲皇尧舜；

二百载绵绵奕奕，治绩昭，熙功茂，正直在朝，隆平在野，庆云飞五色，光华照日月星辰。

孙家鼐像

这是一副嵌字联，不仅歌颂了大清王朝的丰功伟绩、国泰民安，而且将历代皇帝的年号，如顺治、康熙、雍正、乾隆、嘉庆和道光非常巧妙地嵌入对联，对仗工整，通畅贴切，别具匠心，咸丰皇帝一看，不禁拍案称绝，立即擢孙家鼐为一甲一名，也就是状元。状元及第后，孙家鼐被授翰林院修撰，1878 年在毓庆宫行走任上，与翁同龢一起，教授年幼的光绪皇帝读书，由此成为帝师，也是后来光绪帝最信任和伴随时间最长的老师。此后，他历任工、刑、户、礼、吏部尚书，拜体仁阁大学士，转东阁、文渊阁，再晋武英殿大学士，位极人臣。

孙家鼐虽然贵为状元帝师、晚清重臣，但却一直秉持“简约敛退”之风，生平无疾言遽色，甚至连外国传教士李提摩太也说，他是所有中国官员中最有教养、最具绅士风度的人之一。他多次担任学政、乡试主考官、会试总裁、殿试阅卷大臣，但却从不谋私，从不专横跋扈。庚子国难之后，外国人要求惩办祸首、杀戮大臣，编修官刘廷琛认为这样做有失国体，并疾言厉色地指责宰辅不能据理力争就是失职。身为宰辅的孙家鼐听了，立刻承认过错，并向大家道歉。有人认为，刘廷琛从此肯定要倒霉了，不料孙家鼐不但没有记恨此事，反而保举他当了御史，认为刘的责备是出于大义，由此可见其忠，将来也必不负国。

孙家鼐虽然位高权重，却严于自律，严于治家，至今，在他的家乡寿州还流传着很多传说。据说，1899 年孙家鼐回乡省亲，夜晚便服出行。走到钟楼巷附近，遇到都司率队巡逻，竟然将他误认为是行迹可疑的窃贼，当即抓了起来。当他们带着孙家鼐走到状元府门前时，孙要求叩门，请人作保。门一打开，守门人大惊失色，痛斥都司妄行，这可吓坏了都司。第二天，地方官带着都司前来请罪，没想到孙家鼐不但没有怪罪，反而称赞都司忠于职守，并建议提升。这件事一时间被州人传为佳话。

还有一次，孙家鼐出城门时，迎面碰上一个挑粪担的壮汉，那壮汉把粪水溅在了他的衣服上。孙家鼐并没有说什么，反倒是那壮汉大声呵斥起来："我是状元家种田的，溅脏了你的衣服，你敢把我怎么样！"状元公一字一板地说："状元家种田的也要讲道理，不能仗势欺人啊！"后来人们告诉那壮汉，你碰到的那个人就是孙状元啊，壮汉顿时傻了，懊悔不已。几天后，这件事四邻八乡无人不晓，孙状元的德行流播乡里。

孙家鼐既是帝师重臣，也是著名学者和教育家，对近代中国教育，尤其是新式教育的发展做出了巨大贡献。其中最重要的一件事，就是创办了京师大学堂。如果说，光绪皇帝是建立京师大学堂的最高决策者，那么，孙家鼐就是建立京师大学堂的主要设计者和领导者。戊戌变法期间，他被任命为管学大臣，先后上《议覆开办京师大学堂折》《奏筹办大学堂大概情形折》，系统阐述说明办学思路与教育理念，不仅是开办京师大学堂的重要原则，也对近代新式教育的发展有着极大的指导价值。

孙家鼐的意见主要有：

第一，必须首先明确办学宗旨。孙家鼐指出，京师大学堂必须以中学为主、西学为辅，中学为体、西学为用，中学未备者以西学补之，中学失传者以西学还之，以中学包罗西学，不能以西学凌驾中学，这是中体西用理论在教育领域的有力倡导。

第二，提出分科办学的思路。他的意见是，拟在京师大学堂设立10科，即天学科（附算学）、地学科（附矿学）、道学科（附各教源流）、政学科（附西国政治及律例）、文学科（附各国语言文字）、武学科（附水师）、农学科（附种植水利）、工学科（附制造格致）、商学科（附轮舟铁路电报）、医学科（附地产植物化学），10科之设总古今、包中外，已和近代学科体系十分接近，由此可见设计者的世界眼光和近代意识。

第三，重视师资建设。他提议仿照燕昭王筑黄金台以待天下贤士的办法，悉心访求教习，并对中西教习的条件提出明确要求。他说，中国教习必须品行纯正、学问渊博，知晓中外大势，即使不懂外语也可以；外国教习则必须深通西学、精识华文。孙家鼐强调选择高质量的教师，尤其是以德为先的要求，即使在今天的教育领域仍然具有启示意义。

第四，关于学生来源，孙家鼐强调要慎选生徒，入选者应性行纯正、身家清白，年龄最好在 25 岁，以中学西学兼通为上等，中学通而西学略通者次之，西文通而粗通中学者又次之，三等分别编班，发给不同的薪水津贴。这种对学生进行分等的标准很有意味，值得当今教育界深思借鉴。

第五，对学成毕业的学生应推广出身，用今天的话来说就是解决毕业生的出路问题，让他们能够学有所用。他说“学而不用，养士何为，用违其才，不如不用”，必须宽筹出路，才能鼓舞人才。为此，他设计了三条出路，类似于后来的国家给毕业生分配工作的政策：其一立科，准许大学堂学生参加科举，并且在乡试与会试层次单设时务一科，单独录取；其二派差，对科举考试不中的学生，由学堂发给文凭，依其所长，派往各国使馆充当翻译，或者分配到海军、陆军、船政和制造各局充任帮办；其三分教，即仿照西方师范学堂学生例，派往全国各地陆续开办的中小学堂担任教习，正是学有所用、用其所长，也可以保证地方学堂有良好的师资。

第六，在教学及治学理念方面，孙家鼐明确提出，“学问乃天下万世之公理，必不可以一家之学，而范围天下”，这实在是至言要论。意思是在教学与教育过程中决不能以一家之言限制学生的学习与研究。或许可以这样说，蔡元培先生倡导的“兼容并包，思想自由”的北大办学方针和学术风气，正是对孙家鼐教育思想的承继和发展。

戊戌政变之后，光绪皇帝曾经推行的变法新政几乎全被废除，正是在孙家鼐的努力坚持和苦心经营之下，京师大学堂才被保留下来，并且于 1898 年年底正式开办。这件事对近现代中国教育，尤其是高等教育产生的深远影响，怎么评价都不过分。从宏观层面看，中国近代大学教育体系开始建立，在京师大学堂的带动下，全国各级各类新式学堂随之纷纷兴办，渐成潮流；从微观层面看，有所谓“先有京师大学堂，后有北大美名扬”的说法，如果没有京师大学堂的开办，北京大学是否能顺利诞生，是否能在波澜壮阔的中国现代史上承担潮流引导者的角色，都将成为疑问。此外，北京师范大学、中国政法大学等多所大学也和京师大学堂有着千丝万缕的联系，可以这样说，京师大学堂是近代中国高等教育的起点、基础和摇篮，而这一切又和孙家鼐这样一个皖北教育大家紧密相连。

孙家鼐不仅是京师大学堂的主要创办者，他还先后担任管学大臣、学务大臣，是当时全国教育行政的最高首长，负责全国学务的管理及改革工作。我们可以这样说，孙家鼐是近代中国教育转型和发展过程中的设计者、推进者和践行者，是近代中国成绩卓著、影响深远的大教育家。

三、新式教育，逐潮而上

清代的教育体制，还是沿袭明朝，在各地建立很多府学、州学、县学等官学，民间开办书院、私塾、社学等，教育学生学习儒家经典和经史文学，并通过科举制度选拔人才。但是，随着鸦片战争的炮声将中国轰入近代，古老帝国面临3000年未有之大变局。人们很快发现，传统教育与科举体制培养中的人才，根本不足以应对危局。甲午年间黄海海战的惨败，更促使国人猛醒，意识到要避免瓜分豆剖的亡国危机，必须解决人才乏绝的局面，必须变革旧式教育，必须培养新式人才，于是，戊戌变法推行了一系列以创立京师大学堂为核心的教育改革。20世纪初，清朝廷痛定思痛，下定决心推行新政，而清末新政早期的主要内容，就是革新教育，命令各省创办各级各类新式学堂，尤其是在1905年彻底废除科举制度之后，学堂获得了迅速发展。

正是在这一历史背景下，皖北及安徽全省掀起了教育变革与创办新式学堂的热潮。位于安庆的求是学堂，是近代安徽人自己创建的第一所中学与西学并重的学校，标志着安徽传统教育向近代教育转换的开始，对安徽教育有着深远影响。到清末新政时期，安徽建立了真正意义上的近代教育行政系统，引导着安徽近代教育的发展。这一时期，皖北新式教育基本与全省保持同步，在某些领域甚至走在全省前列。

比如，晚清学部在设计近代教育行政体制时，提出各地应成立民间教育团体教育会，以调动社会力量谋求教育普及，借助士绅群体，协助行政机构推进新式教育。1907年11月，凤阳、颍州和泗州等地绅士联合组成皖北教育会，成为推动皖北新式教育变革的重要力量，而皖南教育分会，则一直到1908年10月才在芜湖举行首届全体大会。

皖北新式普通教育也走在全省前列。1907年全省共有6所蒙养院（与后来的幼稚园相当），分别设在青阳、合肥等地，其中有 2 所在寿州和蒙城。科举制度废除后，安徽初等教育有了明显起色，但各地发展并不均衡，到 1907 年，八府当中凤阳府发展势头最猛，已建成小学堂 39 所，领先其他各府；泗州有 14 所，在 5 个直隶州中位列前茅。就县（州）级区划来看，颍上有 15 所，凤阳、怀远和宿州分别建有 8 所，也都处于领先地位。据 1908 年统计，安徽共有中等学堂 23 所，学生 1548 人，平均每校 67 人，规模最小的学校只有 15 人，而颍州府立中学堂已有学生 133 人，超出平均数 2 倍，是全省规模最大、人数最多的中学堂。皖北实业教育（即后来的职业教育）不仅走在全省前列，且有开创之功。1907 年，太和县创办中等蚕桑学堂，阜阳士绅集资申请创建蚕桑学堂，并且举行了招生考试，这两所学堂是安徽近代第一批农业学堂，虽然生源少、规模小、教员不足、办学设备简陋，但却标志着近代安徽实业教育的开端，此后其他各地仿效，陆续开办农业、工业、商业等实业学堂。

皖北新式教育发展态势强劲，不论是与全省平均水平比较，还是和皖南地区比较，一改过去落后、荒芜的局面，在某些领域甚至能够驾而上之。可以说，清季十年是皖北新式教育发展的黄金阶段。出现这种局面，至少有三点原因。

第一，在新式教育改革之前，皖北与皖南教育之间的差距已经出现缩小的趋势，当然这种差距的缩小，主要是因皖南地区学术、教育遭到破坏而趋向衰落。

第二，皖南地区学术及教育的发达主要体现在旧学领域，在新式教育的改革进程中，这种发达往往会成为阻碍或包袱。

第三，也是最重要的一点，新式教育推广主要依靠从上而下的国家行政系统推动，新式学堂的布局也完全着眼于行政区划。也就是说，在改革初期，中等学堂建在各府治所在地，小学堂则以县为单位创办，无意之中促进了教育发展的均衡，有利于原先教育稍显落后的皖北地区。也正是这种教育依行政区划布局的特点，决定了皖北地区该时期的高等学堂与高等教育几乎是空白，因为高等学堂要建在省城。

民国建立以后，皖北地区教育在晚清革新的基础上继续发展，虽然受全国政局变幻影响较大，但在普通中等和初等教育、职业教育、师范教育等领域的各项事业，都能在曲折和困顿之中，不断前行。虽然是穷乡僻壤，也有学童琅琅读书之声。1947 年，安徽省政府决定把蚌埠高级工业职业学校升格，迁到淮南改建为安徽省立工业专科学校，有土木、机械和电机三科，招收初中毕业生，学制五年，这是当时全省唯一的工科学院，也是当时全省三所高等学校之一。这所学校的建立，标志着皖北高等教育的起步，更为皖北大地的教育事业增添了一抹鲜丽的亮色。

抗日战争期间，在皖北地区的各抗日根据地，中国共产党领导及时制定教育指导方针和教育目标，迅速恢复和发展因战争而遭到破坏的教育事业。根据地利用改造私塾、新建中小学校等方式展开教育，取得明显效果，其中夏陶然的教育工作很具有代表性。夏陶然原来是新四军侦察员，因身体不好而转到地方，担任中潼村小学校长。他从根据地的实际出发，立足于农村及农民的需要，创造出一套适合贫困农村办学的方法，受到群众的拥护和欢迎，这个村的适龄儿童基本上都上了小学。他办学思路的主要特点是，坚持办学与社会结合，学校与生产结

《夏陶然的道路》

合，老师与学生结合，并强调学以致用，比如学校重视教学生学写应用文、单据、路条等，很受家长欢迎，得到社会认可。这一做法先后在淮北及全国各解放区推广，成为“夏陶然道路”。除了以淮北中学、雪枫小学为代表的中小学教育外，各根据地非常重视干部培训和教育，创造性地利用冬学班、识字班等形式，进行群众识字教育，初步将教育由精英层面推进到群众层面，开启大众普及教育的帷幕，在教育史上有着特殊的地位。

清季直到民国，皖北士绅及地方名流非常注重女子教育。他们积极筹措经费，克服种种困难，开办女子学堂或女子学校，为皖北开启民智、提高素质做出了巨大贡献，其中宿县周淑贞变卖奁田、兴办女学的故事最具典型意义。

周淑贞（1870—1938），原名周静斋，出生在宿县城内一个富裕的大家庭，有兄弟姐妹 9 人。周家聘请塾师教育子弟，却拒绝了周淑贞入塾学习的要求，淑贞便坚持自学。有一次，重男轻女的父亲一把夺过她正在读的书，甩进火里。看着瞬间变成灰烬的书，她说：“你能烧我的书，总不能烧掉我的心吧？”这话打动了父母，于是，周淑贞也能够跟着老师读书了。

成年之后，周淑贞决定办女子学校，让更多的女孩子得到教育。1912 年秋天，历经种种磨难，周淑贞借黄家祠堂大屋开办的女子私塾终于正式开馆了，这是皖北地区女子冲破教育牢笼的创举。一开始，女塾只有 8 个学生，渐渐地，人数越来越多，富贵人家的女孩纷纷入塾就读。第二年，周淑贞的女塾扩大为女子学堂，定名为“私立宿县启秀女子初级小学堂”。学堂成立了校董事会，以推行女子教育为宗旨，以新学为主要学习内容，当年就招收学生 100 多人。

周淑贞兴办女子学堂，一时在皖北传为佳话，但是，由于学校发展过快，经费无着，最终，她不得不忍痛将小学堂交给基督教会。但是，这并不是周淑贞创办女学的结束。1917 年，她克服多种困难，又创立了面向贫家女子的“宿县私立第一女子小学堂”。学校创建需要校舍，周淑贞找来找去，终于发现附近的白衣阁比较合适，这里没有僧尼居住，可以改造利用办学。但是，事情很不顺利，居住在这里的一部分破落户，先是扬言要打断周氏夫妇的腿，后来又索要高额搬迁费。为了解决这笔搬迁费和校舍修缮费，周淑贞想来想去，没有别的办法，于是，她果断变卖陪嫁田产，又借了高利贷，终于得到了校舍。修缮期间，为了节约开支，周淑贞亲自动手洗刷桌凳，打碎庙里的泥胎塑像，拼制黑板。这时，社会上的保守势力对她冷嘲热讽，丈夫的胞兄得知弟媳卖田产、毁坏神像，简直怒不可遏，大发脾气，对弟弟说："你老婆不守妇道，还要办什么洋学堂，丢光了张家的脸，败坏了张家的产业，你不管她，我要管你！"但是，所有这些都不能动摇周淑贞办学的决心，她始终认为，为贫家女子办学合乎天理、人情，自己问心无愧。

周淑贞办学过程中有一个创造性举措，她为学校添置了轧花机、织布机、织袜机和缝纫机，让年龄大些的女学生做缝纫、织花边，边读书边做工，这样既有助于解决学校经费，也能培养学生的工作技能，已经具有半工半读的色彩，是皖北职业教育的雏形。因为办学效果好，社会认可度高，这所学校后来更名为"宿县公立第一女子小学"，周淑贞仍然担任校长。晚年，周淑贞生活艰难，双目失明，贫病交加，但她兴办女子教育事业过程中物我两忘的精神与追求，永远铭刻在皖北教育史上。

四、适逢盛世，迎头赶上

1949年以后，新中国对旧时代的各种教育机构进行了全面接收、整顿与改造，大力发展社会主义性质的教育，皖北教育也随之进入一个全新的阶段。

经过多年发展与积累，皖北地区已经形成完整的教育体系，九年制义务教育得以普及，中等教育发展势头强劲，部分示范性高中已具有较强的核心竞争力，在全省有较高的知名度。高等教育从无到有，在社会发展和经济建设领域发挥着越来越重要的作用，安徽理工大学、安徽财经大学、淮北师范大学等高校在学科建设、人才培养质量、学校综合影响力等方面位居省内前列，部分学科具有全国性影响。此外，皖北各市都有高等学校，如阜阳师范学院、安徽科技学院、蚌埠医学院、蚌埠学院、淮南师范学院、宿州学院、亳州师专（现更名为亳州学院）等等，为地方发展尽智尽力。与此同时，皖北地区高等职业教育的发展也欣欣向荣，为皖北经济建设培养了一大批实用性、技术性人才。

在学校教育蒸蒸日上的同时，皖北社会教育的园地也是色彩斑斓，武术教育、艺术教育、特殊教育、幼儿教育都有长足发展，进一步充实了皖北教育的整体格局。行走在辽阔的皖北大地，几乎随处可以看到武术学校，这里的武校数量多、规模大。皖北武校教育十分发达，既是历史上尚武风气的延续，体现了鲜明的地方特色，也具有清晰的时代特征，武校教学在坚持强身竞技的同时，更注重文武结合、全面发展。宿州市萧县是“中国书画艺术之乡”，形成于清朝中期的龙城画派在清末民国时期就已名震徐淮，刘开渠、朱德群、王子云、萧龙士等大师蜚声海内外，改革开放以来艺术之花再度绚丽绽放。萧县有良好的书画教育传统和浓厚的书画教育氛围，书画不仅仅是高高在上的“艺术”，更能融进普通百姓的一般生活。书画活动几乎遍及农家院落，普通人家也可以四壁生辉，爱画者日盛，学画者日众，种葡萄的画葡萄，种棉花的画棉花，种蔬菜的画蔬菜，养家禽的画鸡鸭，建筑工人画楼房等等，风格朴实无华，有着浓郁的乡土气息和生活的真实感，由此萧县成为真正意义上的“书画艺术之乡”。

由于经济、社会与历史等诸多方面原因，皖北教育仍然有很多问题，制约了皖北的整体发展，教育总量、增量和结构存有较大矛盾，管理水平、教育观念、教育质量也成为进一步发展的瓶颈，教育不均衡的状况尤其突出。在基础教育领域，尤其是农村，办学往往只能处于低水平的维持状态，高等学校的全国性影响力相对较弱。有鉴于此，安徽省委省政府、安徽省教育工委及教育厅近年来陆续出台政策，加快皖北教育发展，支持皖北教育崛起。我们完全有理由期待并相信，在改革开放的大背景下，皖北教育能够抓住历史机遇，再现昔日辉煌，为国家与地方的现代化建设做出更大的贡献。

第五讲

汉晋挺秀　唐宋传声

皖北是诗的国度。

相传，上古之时涂山氏女娇的一声叹息，成就了中国第一首情诗，被称为“南音之始”。身处华夏大地东西南北的交汇点，来自淮夷部落的深情与来自中原地区的持重在她心中相互碰撞，北方平原的豪迈与楚地的飘逸在她身上融合，浓浓诗情也就如千里淮河一样，汩汩而出。于是，老子开创了追求自然之美的美学观念；庄子以汪洋恣肆、自由挥洒的文风，登上了中国文学史上第一个浪漫主义高峰……而细品《陈风》，我们又读出彼时皖北百姓的深广忧愤，以及男欢女爱情深如水的朦胧清幽、温馨灵动。

第一节 魏晋风流，皖北为最
——曹氏父子与建安文学

从先秦来到魏晋，皖北经历了一路坎坷。春秋事迹已远，两汉风光不再。魏晋时代的皖北，处处是征伐杀戮，处处是刀光剑影。昔日的千里沃野，此时白骨遍地，一片惨凄。然而，就在这遍地烽烟之中，以曹操、曹丕、曹植为代表一批皖北作家闪亮登场，成为中国文学史上承前启后、光芒闪耀的心宿。他们真切地描写人民生活的种种悲惨境遇，抒发自己渴望建功立业的雄心壮志，表达对于人生的深刻见解，掀起了我国诗歌史上文人创作的第一个高潮。由于这时正是汉献帝建安年代，因此后世称之为“建安文学”。

一、曹操：建安文学的引领者

从无尽的凄风苦雨中走出，建安文学与生俱来地满被悲凉；驰骋于金戈铁马之间，作家们又赋予它满怀豪壮；人生无常的感慨与建功立业的热望交织在一起，铸就了意境宏大、慷慨幽深、刚健有力的建安风骨。而皖北大地哺育的曹氏父子，以他们独特的政治地位、深刻的人生体悟、雄奇的诗文作品，成为最早挺起建安风骨的脊梁。

正因为如此，古代文学研究专家萧涤非先生曾说：“曹氏父子之产生，实为吾国文学史上一大伟迹。曹操四言之独超众类，曹丕七言之创为新体，既各擅长千古，五言之集大成，子建尤为百世大宗。以父子三人，而擅诗坛之三绝，宁非异事？”

有人说，建安文学是历史的妙笔，这妙笔的起点便是魏武曹操。确实，曹操既是中国历史上杰出的政治家、杰出的诗人，也是一个孤独的寻觅者——寻觅理想，寻觅知音。正是在这孤独的寻觅之中，他成为建安文学的引领人。

曹操（155—220），字孟德，小名阿瞒，沛国谯县（今安徽亳州市）

人。从小，他就具有与众不同的传奇经历。曹操本姓夏侯，父亲曹嵩过继给宦官曹腾做养子，曹腾曾任中常侍，受封费亭侯。东汉末年，帝权他落，朝廷控制在宦官和外戚手里，部分宦官更是权倾朝野，所以，曹操的家世出身，为他积攒了一定的发展基础和政治资本。但是，他毕竟没有高贵的血统作为依托，因此，他纵然能在权力与金钱方面成为世家大族，却永远无法具有汉室世家大族的观念。

曹操像

史书记载，年轻的时候，曹操“生性机警，为人通脱”。他博学多识，却分明对那时候最流行的“经学”没有兴趣，而且最讨厌空谈。他喜欢文学、棋艺、音乐、武艺，能够“手射飞鸟，躬擒猛兽”，又任性好侠，很有些放荡不羁。这就难免被一班夫子们认为“不修品行”，不研究学业，所以，当时许多人并不看好他，只有梁国的桥玄等人认为此子不凡。据说，桥玄曾对曹操说：“天下将乱，非命世之才不能济也，能安之者，其在君乎？”南阳何颙也预言：“汉室将亡，安天下者，必此人也！”据《后汉书·许劭传》记载，素以知人著称的许劭，也曾对曹操说过：“君清平之奸贼，乱世之英雄。”到了小说《三国演义》问世，就变成了“子治世之能臣，乱世之奸雄也”。

不论是奸贼还是英雄，曹操确实在东汉末年的动乱中显示了非凡的才干。汉灵帝中平年间（184—189），宦官与大将军何进兵戎相见，混乱之际，军阀董卓乘机率军入洛阳把持朝政，立汉献帝，废洛阳，迁都长安，引发天下大乱，各地驻军纷纷起兵讨伐。当此之际，曹操变卖家产，招兵买马，参与了讨伐董卓的联军。从这一刻起，他迈出了“乱世英雄”的脚步。这一年，曹操 35 岁，正值事业的青春期。从 35 岁到 53 岁，曹操用了将近 20 年的时间，讨平袁绍、袁术、吕布等等大小军阀和地方割据势力，初步平定了中国北方，开始了“挟天子以令诸侯”的霸业。

但是，风光无限的曹操其实还是孤独的。

他不具有汉室的观念却成了汉室的“周公”，对于下层，他是“口含天宪”

的统治者；对于上层，他又是出身不明的僭越之人。他的确架空了汉室，然而倘若不是他的横空出世，“不知当几人称帝，几人称王？”他大刀阔斧地进行卓有成效的政治改革，但在很多人眼里，他终究还是“挟天子以令诸侯”的国之贰臣。或者，如宋代苏洵所说，是一个“有取天下之虑，而无取天下之量”的家伙。

他不仅孤独，而且思索。正因为如此，他才有太多的情怀、抱负、思想需要抒发，这就有了《薤露行》《蒿里行》的悲叹，有了《观沧海》的感慨，有了《龟虽寿》的人生思考，有了慷慨激昂的《短歌行》。

作为一位胸怀天下的杰出政治家，百姓的生死哀乐是曹操始终关怀的大事。面对东汉末年军阀混战、百姓流离失所，曹操沉痛地写下《薤露行》。此诗从汉灵帝所托非贤开始写起，直至董卓入京，灵帝遭废。灵帝本想请外戚何进剿灭宦官，结果双方火并，却引来董卓。董卓先废灵帝，立献帝，并在洛阳烧杀掠夺，然后挟持献帝迁都长安。曹操在诗中讽刺汉灵帝“沐猴而冠带，知小而谋强”，对于董卓，他直斥其为“国贼”，并对董卓“荡覆帝基业，宗庙以燔丧”的逆天行径表示了极度的愤慨。洛阳的百姓在董卓的胁迫下被迫随同西迁，留下了哭天喊地的哀号和焚烧殆尽的废墟，面对此情此景，曹操不能不写道“微子为哀伤”。

逆贼的罪行激发了曹操的宏图大志，他响应袁绍的号召，起兵讨伐国贼。但是进兵途中的所见、所闻、所感，让他对这场灾难有了新的认识。在《蒿里行》中，曹操以史书的笔法，将这次军事行动的失败原因，以及战争给百姓带来的灾难真实地记录下来：

> 关东有义士，兴兵讨群凶。初期会盟津，乃心在咸阳。军合力不齐，踌躇而雁行。势利使人争，嗣还自相戕。淮南弟称号，刻玺于北方。铠甲生虮虱，万姓以死亡。白骨露于野，千里无鸡鸣。生民百遗一，念之断人肠。

此诗句句沉重。“关东有义士，兴兵讨群凶”，但是，联军的主帅袁绍并非英明之人，尽管他出师讨伐董卓的口号喊得非常响亮，并且发誓“乃心在咸阳”，欲一举扫靖逆贼。可各路人马心怀鬼胎，以至于“军合力不齐，踌躇而雁行”——大家都试图保存实力，并且为了蝇头小利，内讧四起。盟主袁绍自己私下谋划立刘虞为帝，并且刻金印，妄想称霸，袁绍的弟弟袁术在淮南也不安分，索性自己称帝。各路军阀逆天而行，带来的不可能是天下太平，只能是无数战士和百姓的累累白骨、斑斑血迹。“铠甲生虮虱，万姓以死亡。白骨露于野，千里无鸡鸣。生民百遗一，念之断人肠”，诗中字字句句，沉厚郁勃，是作者发自内心的哀痛。

这两首诗，上承《诗经》的“风雅精神”，以强烈的现实主义精神和悲天悯人的人道主义情怀而独树一帜；下启唐代杜甫等人关心民瘼、心忧国家的诗史传统。明代文人钟惺因此赞美它们为“汉末实录，真诗史也”。

同样沉郁的情怀也表露在《苦寒行》和《步出夏门行》中。建安十一年(206)，曹操率兵北上，途中经过太行山著名的羊肠坂道，写下《苦寒行》。一代英豪，在这里却没有强作姿态，而是赤诚坦率地写出征途的艰险：

北上太行山，艰哉何巍巍。羊肠坂诘屈，车轮为之摧。树木何萧瑟，北风声正悲。熊罴对我蹲，虎豹夹路啼。溪谷少人民，雪落何霏霏。

当此之时，即便身为统帅，也不能不思念家乡：

延颈长叹息，远行多所怀。我心何怫郁？思欲一东归。

但是，战争夺去了原本应当平静幸福的生活，却将迷茫和苦难送到每一位将士身边：

水深桥梁绝，中路正徘徊。迷惑失故路，薄暮无宿栖。行行日已远，人马同时饥。担囊行取薪，斧冰持作糜。悲彼《东山》诗，悠悠令我哀。

于是，委曲如肠的坂道、风雪交加的征途、食宿无依的困境，对于军旅生活的厌倦，不可排解的思乡之情，一层层叠加在诗人胸中，终于化为一首古直悲凉、真诚质朴的诗作。

建安十二年(207)，曹操北征乌桓，途中他以乐府旧题创作了组诗《步出夏门行》，真情的流露、博大的襟怀、宏伟的意象，使得这一组诗作尤其令人难忘。在开头的序诗中，他就无遮无挡地写出自己远征中的困惑：

云行雨步，超越九江之皋。临观异同，心意怀犹豫，不知当复何从？经过至我碣石，心惆怅我东海。

一旦登上碣石山顶，居高临海，曹操心中慷慨激昂的另一面顿时得以张扬，于是，他酣畅淋漓地抒发出满怀的壮志豪情：

东临碣石，以观沧海。水何澹澹，山岛竦峙。树木丛生，百草丰茂。秋风萧瑟，洪波涌起。日月之行，若出其中。星汉灿烂，若出其里。幸甚至哉，歌以咏志。

面对萧瑟秋风，曹操却没有丝毫的感伤，只有心中的“洪波涌起”；面向大海，更觉辽阔壮美，日月、星汉皆出眼前，浑然一派吞吐宇宙的宏伟气象。清代大学者沈德潜说，曹操诗歌“时露霸气”。确实，倘若没有宏伟的政治抱负，没有建功立业的雄心壮志，没有对前途充满信心的乐观气度，无论如何也写不出这样壮丽的诗境。

《步出夏门行》的第三首诗是《冬十月》。作者的目光再一次聚焦百姓生活：

孟冬十月，北风徘徊，天气肃清，繁霜霏霏。鹍鸡晨鸣，鸿雁南飞，鸷鸟潜藏，熊罴窟栖。钱镈停置，农收积场。逆旅整设，以通贾商。幸甚至哉！歌以咏志。

在诗中，北风刮个不停，严霜又厚又密，鹍鸡晨鸣，大雁南飞，猛禽藏身匿迹，熊罴入洞安眠，肃杀严寒中一派平和安宁。农具已经闲置，收获的庄稼堆满谷场，旅店正在整理布置，以供来往的客商住宿，真是一幅美妙的乡间图景。透过这些景色，我们仿佛能够看到诗人关切的目光，那目光中诉说的，分明是他希求国家统一、政治安定和经济繁荣的理想。正因为如此，清代的乐府诗研究专家朱乾才说：“《冬十月》，叙其征途所经，天时物候，又自秋经冬。虽当军行，而不忘民事也。”

同样，紧接在《冬十月》之后的《土不同》，写了曹操北伐乌桓之后，回到冀州，这里的乡土与黄河以南作者的家乡有太多的不同。深冬，河里漂浮着冰块，舟船难以前行，地被冻得连锥子都扎不进去，田地荒芜，长满干枯厚密的蔓菁和蒿草。河水冻结，坚冰覆盖，有识之士穷困潦倒，好勇斗狠的人却不在乎，随意犯法，作者因此“心常叹怨，戚戚多悲”。

《步出夏门行》的最后一首，是名扬四海的《龟虽寿》。经历了多年的征战、杀伐，已经进入“知天命”之年的曹操，对人生的思索、体悟豁达、开朗：

神龟虽寿，犹有竟时。腾蛇乘雾，终为土灰。老骥伏枥，志在千里；烈士暮年，壮心不已。盈缩之期，不但在天；养怡之福，可得永年。幸甚至哉！歌以咏志。

确实，人生有限，这是任何人都不能逆转的事实，但是，天命不可违，人的理想抱负却不可失去。一个人如果能永远乐观奋发，自强不息，青春自会长存，寿命自可延续。显然，这首诗既饱含激情，又充满哲理，既有对于自然规律的清醒认识，又表现了对待有限人生的积极进取的姿态，一扫汉末文人感叹浮生若梦、劝人及时行乐的悲调。作者广阔的襟怀，深沉的思辨，具有一种震撼人心的力量，使后代无数英雄志士为之倾倒。

说到《龟虽寿》，还有一个有意思的故事。据《世说新语》记载，东晋时代重兵在握的大将军王敦，每每酒后辄咏曹操句——“老骥伏枥，志在千里；烈士暮年，壮心不已”。这时，他总要以如意击打唾壶作为节奏，结果，壶口尽缺。

看过《三国演义》的人都会清楚地记得第四十八回的一段内容：曹操平定北方后，率百万雄师，饮马长江，与孙权决战。是夜明月皎洁，他在大江之上置酒设乐，欢宴诸将。酒酣，取槊（长矛）立于船头，慷慨而歌：

> 对酒当歌，人生几何？譬如朝露，去日苦多。慨当以慷，忧思难忘。何以解忧，唯有杜康。青青子衿，悠悠我心。但为君故，沉吟至今。呦呦鹿鸣，食野之苹。我有嘉宾，鼓瑟吹笙。明明如月，何时可掇。忧从中来，不可断绝。越陌度阡，枉用相存。契阔谈宴，心念旧恩。月明星稀，乌鹊南飞。绕树三匝，何枝可依？山不厌高，海不厌深。周公吐哺，天下归心。

这就是有名的“横槊赋诗”。

在曹操诸多作品中，《短歌行》的内涵最为丰富，情感也最为复杂。它真切地体现了曹操彼时彼地对人生无常的感慨，及时建功立业的迫切希望，而为了建功立业，他求贤若渴，一颗心就像明月常行那样不会终止，披肝沥胆地盼望人才的到来，这肯定是《短歌行》的主调。

但是，细细品味，这首诗又有挥之不去的悲凉笼罩其上。有研究者因此想到曹操此时自身的处境。曹操创作这首诗时，正值赤壁大战，孙曹实力悬殊甚大，胜败已无悬念。孙吴一灭，天下基本平定，因此，诗中“月明星稀，乌鹊南飞。绕树三匝，何枝可依”其实也是曹操心中最纠结的问题。是功成身退，留下一世美名？还是废除汉廷自己称帝？若功成身退，汉廷早已没有威信，天下依然可能再次分裂，曹操满门也无安全可言。若废帝自立，则篡汉之名成为事实，一腔的抱负，一生的经营，只能落得像董卓一样的千古骂名。诗中曹操期盼的是“周公吐哺，天下归心”，但自己最终能不能像周公一样开辟一个太平世界，实在还是一个问号。正因为如此，那种人生无常的感慨才会如此浓烈。“忧从中来，不可断绝”的郁郁之气；“契阔谈宴，心念旧恩”的深情回忆；“绕树三匝，何枝可依”的迷茫困惑；丝丝缕缕，缠绕在《短歌行》中，使它分外耐人寻味。

有评论指出，曹操诗歌的宝贵价值，就在于它们是真正的诗。汉武帝罢黜百家，独尊儒术，把汉代人的思想禁锢了三四百年，弄得汉代文人不会写诗，只会写那些歌颂帝王功德的大赋，没完没了地注释儒家经书，真正有感情、有个性的文学得不到发展。直到东汉末年，天下分崩，风云扰攘，思想并无汉儒桎梏、心中雅爱诗歌文章的曹操带头离经叛道，真切地抒发自我情感，才给文坛带来了自由活跃的空气。因此，他的诗作虽然现存仅仅 22 首，其中还有 3 首存在著作权争议，但他却当之无愧地成为一位诗歌新时代的开创者。

此外，由于自幼熟谙音律，这使得曹操不但爱好乐府，而且有能力创造乐府诗。在他的倡导和影响下，建安时代的乐府诗作品，在这一诗体的发展历程中起到了承前启后的重要作用。从现存作品来看，曹操的 20 余篇诗作都是乐府。他不仅自己痴迷于乐府诗的写作，还影响了他的儿子曹丕和曹植，以及依附于他们的文人集团。攻取荆州后，曹操得到汉代雅乐郎杜夔，便给他职位，让他创定雅乐。《晋书·乐志》记载：“汉自东京大乱，绝无金石之乐。乐章亡绝，不可复知。及魏武平荆州，获汉雅乐郎河南杜夔，能识旧法，以为军谋祭酒，使创定雅乐。”一时间，魏国朝野，创作乐府诗蔚然成风，而曹操的作品，成就尤为卓越。作为一个富于进取的政治家、军事家，他以广阔的视野反映重大社会生活，表现出吞吐宇宙的气象，大大拓展了过去乐府民歌反映现实的狭小眼界，因此，清代诗评家沈德潜才说：“借乐府写时事，始于曹公。”

最后，曹操使四言诗焕发了青春。自《诗经》以后，四言诗渐趋没落，极少佳作。而曹操之出，彻底改变了这一状况。他的四言诗构思独特，古朴沉雄，以充沛的情感、质朴的语言和刚健的气势，征服了代代读者。宋代敖陶孙在《诗评》中说：“魏武如幽燕老将，气韵沉雄。”明代胡应麟于《诗薮》中也称：“魏武雄才崛起，无论用兵，即其诗豪迈纵横，笼罩一世。”

在几十年的南征北战中，曹操“虽在军旅，手不释卷”，除了自己创作诗赋外，他更对建安文学的兴盛起到了决定性作用。驻扎在邺城的时候，由于他的号召和罗致，饱经战火兵燹颠沛流离的众多文人，终于在邺都找到栖居之所。一时邺下文风昌盛，形成了包括建安七子在内的邺下文人集团。这些人尊曹操为“贤主人”，他们或追慕曹操的创作风格，倾力于乐府诗的创作；或匠心独运，自成一家，宾主唱和，开创了建安文学的繁荣时代。

曹丕像

二、曹丕：邺下文人集团的核心

曹丕（187—226），字子桓，是曹操的第二子。曹操长子曹昂在建安二年(197)随父征张绣时战死，于是，曹丕被立为太子。建安二十五年(220)十月，汉献帝禅位，曹丕登基称帝，公元226年病亡，谥号文，世称“魏文帝”。

也许是曹操在文治武功方面的成就过于突出，所以曹操的儿子们或多或少地都以曹操的人生高度为榜样。年轻时候的曹丕如同其父一样，文武兼修。他6岁学会骑马，8岁学会射箭，此后，“学击剑，阅师多矣”。一次，酒酣耳热之际，他与奋威将军邓展比试剑法，二人以甘蔗为剑，曹丕三次击中邓展的肩膀。与此同时，曹丕也酷爱诗书，8岁便能作文，15岁写成《蔡伯喈女赋》，长大后，更是“博贯古今经传诸子百家之书”。

登基称帝之前，曹丕一直都是邺下文人集团中最活跃的组织者，许多文学活动都是围绕着他进行的。早年，曹操四处征战，常常委派曹丕驻守邺下。在邺下的安定生活中，他与建安七子孔融、王粲、陈琳、徐幹、阮瑀、刘桢、应玚频繁相聚，游赏饮宴，赋诗为文，往来唱和，正所谓“觞酌流行，丝竹并奏，酒酣耳热，仰而赋诗”，既热闹非凡，又盛况空前，实属汉末文坛的一大盛事，而曹丕就是这邺下文人集团的中心。笙歌曼舞之中，邺下文人纵情高歌，诗情也随之奔腾，一首首精妙的诗赋便在这样的生活中得以酝酿、创作。

在邺下文人集团中，曹丕突破了太子与文士“雍容侍从”的关系。他将这些曹氏僚属真正当作朋友，建立了深厚的友谊，甚至“行则连舆，止则接席”。而他以学驴叫的方式为老朋友王粲举行葬礼，更是文坛千古佳话。《世说新语·伤逝》记载：“王仲宣（王粲）好驴鸣，既葬，文帝临其丧，顾与同游曰：‘王好驴鸣，可各作一声以送之。’赴客皆一作驴鸣。”

一个庄严肃穆的葬礼，却有一群衣冠楚楚的贵人齐作驴叫，场面多少有些滑稽，但滑稽背后，却是曹丕与邺下文人相处交友的一片真情。

在曹操的政治生涯中，建安十三年（208）具有某种转折意味，作为当时的文士精英，陈琳、刘桢、应玚、阮瑀、王粲等都已汇聚其幕下。这时的曹操似乎已不需要招买人心而显其大度了，所以便露出杀机，孔融很快死于他的刀下。但也正是从这个时候起，曹丕作为邺下文人的知音与核心的形象，则日益清晰起来。

《世说新语·言语》记载：“建安十六年，世子为五官中郎将，妙选文学。使桢随侍太子。酒酣，坐欢，乃使夫人甄氏出拜，坐上客多伏，而桢独平视。他日公（操）闻，乃收桢，减死输作部。”

友人相聚，曹丕让甄氏出拜，是亲善友好的表示，而“性行不均”“少所拘忌”的文士刘桢，竟然平视太子妃，惹得曹操横加干涉，差点要了他的命。耐人寻味的是，本应对刘桢“平视”最不高兴的曹丕，却没有因此怪罪他。刘桢后来免遭杀戮，其中不能说没有曹丕的开脱之力。对此，张溥《刘公干集题辞》认为：“公干平视甄夫人，操收治罪，文帝独不见怒……其知公干，诚犹钟期、伯牙云。”

刘桢生前曾写有《赠五官中郎将》诗，对曹丕与自己的友情作了相当真切的描述。诗中写道自己在漳水边养病，曹丕亲来看望，“所亲一何笃，步趾慰我身。清谈同日夕，情眄叙忧勤”之句，描绘出一幅高山流水会知音的画卷。

曹丕虽身为“副君之重”，但是评论邺下文人的文学成就，却总是以褒扬为主。他尊重这些艺术家的个性，即便指出缺点，也是委婉得当。比如在《典论·论文》中，他评论诸子“应玚和而不壮。刘桢壮而不密。孔融体气高妙，有过人者，然不能持论，理不胜词，至于杂以嘲戏，及其所善，扬、班俦也”。如此评点，既显示出领袖风度，又极为公允持正。建安诸子逝世后，贵为太子的曹丕还亲自为他们编订文集、撰写序文。阅读至今尚存的《陈琳集序》《繁钦集序》《建安诸序》等残文，我们很可见其良苦用心。正因为如此，曹丕作为邺下文学领袖的身份，得到了邺下文人的衷心认可。

不过，作为曹操的儿子，曹丕还是很早就走上战场，建安二年（197），他随曹操南征张绣，张绣先降后反，曹操的长子曹昂与侄子曹安民遇害，年仅 10 岁的曹丕却乘马逃脱；建安九年（204），曹丕随曹操攻破邺城；建安十六年（211），他已经官拜五官中郎将、副丞相；建安二十一年（216），曹丕带着曹叡和东乡公主，随曹操东征孙权；建安二十四年（219），曹丕率众平定密谋攻打邺城的魏讽，诛杀魏讽……多次征战，使曹丕深切地看到民间疾苦，他的诗歌创作很早就开始凸显社会战乱这一建安文学的共同主题。譬如《陌上桑》：

> 弃故乡，离室宅，远从军旅万里客。披荆棘，求阡陌。侧足独窘步，路局笮。虎豹嗥动，鸡惊禽失，群鸣相索。登南山，奈何蹈盘石。树木丛生郁差错。寝蒿草，荫松柏，涕泣雨面沾枕席。伴旅单，稍稍日零落。惆怅窃自怜，相痛惜。

在这里，行旅之苦、百姓之灾、战士思乡的悲哀与痛苦，宛若眼前。与其他建安文学作家不同的是，曹丕的作品更善于描写那个动乱社会中无辜者的内心世界，如《莺赋》有句：“怨罗人之我困， 痛密网而在身。顾穷悲而无告， 知时命之将泯。”生动地刻画了底层百姓面对重重苦难的无奈，而《上留田行》中“居世一何不同？上留田。富人食稻与粱，上留田。贫子食糟与糠，上留田”，则不再仅仅像父亲曹操那样直面“白骨露于野，千里无鸡鸣”，进行客观描写，而是替贫苦农民抒发藏在内心深处的极度不满。

但无论如何，与父亲相比，曹丕还是少了些英雄气度，他不能像曹操那样，不需雕章琢句，诗作一出，即掷地有声。无论是“云行雨步，超越九江之皋”，还是“对酒当歌，人生几何”，曹操都有与日月山川比肩也绝不逊色的气概，曹丕没有。他的诗作更委婉，更细腻，在细腻委婉之中，为建安文学增添了另一抹色调。

曹丕长于写作描写男女爱情和游子思妇的题材，所有代思妇、代游子之作，都写得真切、动人。譬如《燕歌行》二首，诗中，曹丕化身为女子，以女子的口吻写出了对远方出征丈夫的思念。从“思妇”的角度，反映了东汉末年战乱流离的现状，表达出被迫分离的男女内心的怨愤和惆怅。情真意切，被王夫之盛赞为“倾情，倾度，倾色，倾声，古今无两”。

再如他的《出妇赋》，曾被公认为古往今来怨妇诗里的前三名。“念在昔之恩好，似比翼之相亲。惟方今之疏绝，若惊风之吹尘”。开头寥寥几笔，写尽了夫妻初婚的美好，如今丈夫的无情。听到被休这个噩耗时，女人只觉如一阵“惊风”吹来，那么突然，那么无奈。丈夫是不可抵挡的风，而她，只能像轻尘一样被吹走，任凭命运摆弄。

曹丕多情，而且长于思考，当代著名学者叶嘉莹评价他是一位“理性诗人”，实际上，他更是个感性与理性兼长并美的艺术家。身处动乱年代，在残酷的权力斗争之中，面对兄长曹昂的战死，面对名士孔融被政治斗争无情的扼杀，眼看建安七子中的五人，一年之内先后被瘟疫夺去了生命，曹丕深深地感到了个体生命的脆弱渺小，不能不经常思虑生死际遇。他的《杂诗》二首，写出漫漫秋夜，烈烈北风中，游子的辗转无眠。听着草虫的悲鸣，看着南翔的孤雁，他心中涌起无限惆怅之情：一面是“欲济河无梁”，归家无路；另一面是“惜哉时不遇”，人生道路崎岖不平，险阻不断。于是，满怀忧愁与深深的孤独浸透了全诗。

孤独与忧愁之中，他常常徘徊在“生”与“死”的话题里。死亡和衰老是他最经常思考又总是参不透的话题。在《短歌行》中，他咏唱：“仰瞻帷幕，俯察几筵。其物如故，其人不存……人亦有言，忧令人老。嗟我白发，生一何早？”这是一个人身处变化万端的社会中，对故人死亡的悲叹，对自己在忧思中早生华发的无奈承受。在《大墙上蒿行》里，他感叹：“人生居天壤间，忽如飞鸟栖枯枝”，“为乐常苦迟，岁月逝，忽若飞”，充满人生无常的悲戚。在《善哉行》中他更写道：“还望故乡，郁何垒垒……忧来无方，人莫之知。人生如寄，多忧何为。今我不乐，岁月如驰。”一种远离家乡、饱经乱世折磨的流落之悲、饥寒之痛，伴随着岁月如驰、人生如寄的郁郁情丝，织成了曹丕心中无法破解的网。

最终，曹丕坦然承受了死亡。他给朋友吴质写信，怀念彼此共同的朋友，说他们“观其姓名，已为鬼录，追思昔游，犹在心目”。意思是，朋友们的姓名现在已经在地府的名单上了，而我们曾经一起游宴的场景却还历历在目。他又说：“自古及今，未有不亡之国，亦无不掘之墓也。”这大概是最古怪的皇帝的语言。历史上大多数皇帝都知道“万岁”是不可能的，但依然笑眯眯地领受着，只有曹丕，说了这么一句。但这一句话倒是很有助于我们深刻地认识他，认识他的诗作。

对于建安文学来说，曹丕除了有组织之功，还有创造之绩。作为“魏响”的开拓者，曹丕一反汉儒的神秘主义和经院哲学，大胆创新、大胆开拓。

首先，他将那一时期的诗歌创作引上多样化的道路。曹丕的诗歌基本上以五言为主， 但四言、六言、七言或杂言的也不少。《芙蓉池作》《钓竿》《黎阳作三首》等， 都是五言体；《善哉行》《短歌行》都是四言诗；《上留田行》可以算是六言体。七言诗如《燕歌行》二首，是今存最古、形式最为完整的七言“歌行体”诗歌，奠定了中国古代七言诗的基础，确立了七言诗的地位。而他的杂言诗，如《大墙上蒿行》，句子短的才三个字，长的多达九个字，参差变化，形式新奇。

此外，据《隋书・经籍志》称，曹丕还是魏晋第一部堪称优秀的志怪小说《列异传》的作者。这部小说题材丰富多彩， 叙事波澜起伏，故事生动引人，几乎具备后世怪异小说的所有类型。它不仅对六朝志怪小说的繁荣起了很大的示范作用，而且还影响到了唐传奇甚至是明清志怪小说的创作。

当然，更需要大书特书的，是曹丕的文学理论著作《典论・论文》。

在中国文学理论批评史上，《典论・论文》具有划时代的意义，它是我国第一篇文学理论专著。它被称为中国古代文论开始步入自觉的一个标志。

《典论・论文》从批评“文人相轻”入手，强调“审己度人”，对建安七子的创作个性及其风格给予分析，并在此基础上提出了“经国之大业，不朽之盛事”的文学价值观，“四科八体”的文体说，以及“文以气为主”

的作家论。

《典论·论文》第一次肯定了文学的功能和价值，曹丕说："盖文章，经国之大业，不朽之盛事。年寿有时而尽，荣乐止乎其身，二者必至之常期，未若文章之无穷。是以古之作者，寄身于翰墨，见意于篇籍，不假良史之辞，不托飞驰之势，而声名自传于后。"

曹丕指出，著书立说的目的是为了立言扬名，永垂不朽，当与立德、立功并论。这就空前地提高了文学在社会生活中的地位，彻底动摇了文学对政治经学的依附，使文学在理论上得以独立，对当时以及后世的文人都产生了深远的影响。

在《典论·论文》里，曹丕第一次正式提出了"四科八体说"的文体论。他认为，文体各有不同，风格也随之各异。"四科"共计八种，其中奏、议与书、论属于无韵之笔，铭、诔、诗、赋属于有韵之文。它们本质相同，都是用语言文字来表现一定的情感，但其"末异"。也就是说，在其文体特征上，奏、议要文雅，书、论重说明，铭、诔尚事实，诗、赋则应该华美。这就阐明了文体和风格的关系。

此外，《典论·论文》还提出了"文以气为主"的著名论断，这就是文论史上著名的"文气说"。以"气"论文和作家，是曹丕《论文》最突出的理论贡献。这里所谓"文气"，是指表现在文学作品中的作家的自然禀赋、个性气质。"文以气为主"，强调了作品应当体现作家的特殊个性，这种个性只能为作家个人所独有，"虽在父兄，不能以移子弟"。曹丕认为，建安七子各自显示出各自的才能，究其原因，是由"性"的差异所导致。这种对于创作独特性和不可改变性的强调，体现了魏晋时期"人的自觉"和"文的自觉"的时代精神。

在《典论·论文》中，曹丕对文学批评的态度提出了有价值的意见。他反对"文人相轻"和"贵远贱近"，主张"君子审己以度人"，至今仍有现实意义。

对于曹丕的《典论·论文》，鲁迅先生十分赞赏，在《魏晋风度及文章与药及酒之关系》一书中，他说："用近代的文学眼光看来，曹丕的一个时代可说是'文学的自觉时代'，或如近代所说是'为艺术而艺术的一派'，文章的华丽好看，却是曹丕提倡的功劳。”

三、曹植：集建安文学之大成

曹植（192—232），字子建，曹操的第三子。三曹之中，曹植的文学成就无疑是最高的。如果说曹操是建安风骨的开创者，曹丕是邺下文人集团的核心，那么曹植则集建安文学之大成。南朝刘宋时期的文学家谢灵运自视甚高，目空一切，但是他对曹植却充满着敬意。他有一个著名的比喻，说天下的才总共一石，曹植一人独占八斗，而他占了一斗，另外一斗，天下人共占。

但是，这样一位伟大的才子，一生却充满了伤痛。人说曹丕一直生活在曹操丰功伟业的影子里，而曹植的后半生，则始终无法摆脱曹丕为他铺设的死亡阴影。

曹植出生于乱世，成长于军旅。13 岁以前，他基本上都是跟随父亲，过着马上为家的生活，直到建安九年（204）曹操击败劲敌袁绍集团，定居邺下，日子才算安定。然而，尽管身处乱世，曹家的文教之风依然兴盛，父兄皆为诗赋高手，曹植十多岁时，已经能够诵读诗论、辞赋十万言。他思路快捷，谈锋健锐，每次碰到父亲提问，总是应声而对，脱口成章，时人称为“绣虎”。这太高的天赋旷世罕见，已经到了令人难以置信的程度。有那么一段时间，连曹操也对自己这个老三产生了怀疑，以为有人为他代笔，写出那些才华横溢的诗文。一次，曹植交上作品，俊美异常，曹操眉宇之间刚刚流露一点疑问，曹植立马回应：“言出为论，下笔成章，顾当面试，奈何倩人？”小伙子直截了当地告诉父亲，我手写我心，下笔立就，哪里需要别人代笔，父亲尽可以亲自考查！

正巧，邺城铜雀台刚刚落成，曹操命诸子一起登台，并要求以铜雀台为题，各自作赋一篇。题出之后，只见曹植略加思索，一挥而就，第一个交卷，成就了流传至今的《登台赋》。曹操读后又惊又喜——曹植的作品不仅文采一流，而且抒发了愿随父亲建功立业、平定天下的雄心壮志。从此以后，曹操对曹植倍加宠爱。只不过，做父亲的怎么也不会想到，他这份宠爱，既给曹植带来了数次政治机遇，也给曹植的后半生带来无尽的忧患。

从13岁定居邺城，到29岁父亲去世，这17年间，曹植过着十分快乐的日子。青春年少，依恃父亲的宠爱，加上出类拔萃的文采风流，曹植与兄长曹丕一起，在邺下的文人集团中，成为诗酒饮宴的核心。贵公子的生活离不开斗鸡走狗等娱乐活动，而天生诗人气质的曹植，对这样的日子似乎更加的迷恋。他在这一时期创作的很多作品，都是这种富贵悠闲生活的体现，比如《斗鸡》《公宴》等诗，以及《娱宾》《感节》等赋。这些作品虽然是游戏之诗，但是，“群雄正翕赫，双翘自飞扬。挥羽激清风，悍目发朱光”，还是将斗鸡的形态写得活灵活现，而“长鸣入青云，扇翼独翱翔”又使得胜公鸡那骄傲的神情宛若眼前。

曹植像

可惜的是，邺下生活虽然自在，政治斗争的暗流涌动却使人心惊胆寒。涉及谁为世子的问题，亲兄弟也不再顾念手足之情，曹丕与曹植兄弟间的政治斗争开始了。按照立嫡为长的原则，长子曹昂去世，曹操应该立身为兄长的曹丕为储。但是，他偏爱曹植。建安十六年（211），曹操封曹植为平原侯；十七年（212），徙封为临淄侯，恨不能一手为曹植铺就一条登上王位的金光大道。此时，明眼人都看出了曹操的心意，可当事人曹植的表现，却一次又一次地让父亲失望。曹植天性浪漫，有着诗人的单纯和热情，即便是在军机大事方面，他依然不改诗人的脾性。

建安十九年（214），曹操南征孙权，命令曹植留守邺城，并命丁仪、杨修等干练之臣辅佐。临行前，曹操语重心长地对曹植说：“我23岁的时候就担任顿邱令了。今日回想起来，正是因为有昔日的历练，今天才不后悔。你也23岁了，怎么能够不奋发图强呢？”如此谆谆教导，显然饱含着为父、为王之人对儿子的厚爱和激励。但是，面对父亲的良苦用心，曹植却没有交上满意的答卷。——军政大事毕竟不是写诗作赋，援笔立就，曹植的诗人气质没有给他的政治活动丝毫加分，相反，他常常任性而行，不仅不注意修饰约束自己，而且饮起酒来毫无节制，让曹操颇为头痛。

建安二十二年(217),趁着曹操外出,好诗酒、爱风流的曹植借着酒意,私自登上王室的马车,擅自打开王宫的司马门,一路纵情驰骋。司马门外的大道是皇帝举行典礼的时候才能行走的道路,即便是“挟天子以令诸侯”的曹操,也从来没有随意践踏。得知曹植的行为,曹操怒发冲冠,虽没有严惩爱子,但心中的失望,已经到了极点。这年十月,曹操终于下诏,立曹丕为世子。

世子之争的失败,让原本好诗酒风流的曹植更加沉沦,于是常常借酒消愁。他不知道,实际上此时,父亲并没有完全放弃自己。曹操心里太喜欢这个才高八斗的三子,尽管没能立为世子,但依然对他委以重任,希望他在军队中磨炼意志,锻炼政治素质。但是,曹植还是改不了贵族公子的习气。建安二十四年(219),曹仁为关羽围困,曹操让曹植担任南中郎将,领兵解救曹仁。如果此行能够建立军功,那么曹操或许还可以重新考虑世子问题。但是诏令下达后,曹植酩酊大醉,根本无法接令。这时候,曹操真的心灰意冷了,去世以前,他再也没有任用曹植。

曹操的离去,给了曹植人生路上最大的打击,他不但在政治上彻底失去了机遇,而且在人身安全上也失去了庇佑。与兄长争夺世子的10年中,他的得意忘形深深地刺痛了曹丕。虽然曹丕是邺下文人集团的核心人物,但是在诗赋创作上,人们都说曹丕逊色于曹植。可以想象,邺下文人集会,曹丕固然是众人追捧的中心,可风头最盛的,往往还是曹植。曹丕去世后所留下的文字,没有只言片语提到这个弟弟,或许他的心结在这一时期就已经形成了。

延康元年(220),曹丕继位。掌权后,曹丕做的第一件事,就是将曹植的羽翼丁仪、丁廙两兄弟处死。说起丁氏兄弟,也是与曹丕久有过节。当年清河公主当嫁,曹操听说丁仪素有才名,父亲丁冲又是自己的老朋友,打算结为亲家。但这时曹丕站出来了,他说丁仪有一个眼睛不好,不合适,结果亲事黄了。可后来丁仪在曹操手下当了官,表现出非凡的才干,曹操大为赏识,十分后悔:“丁仪,好士也。即使其两目盲,尚当与女,何况但眇?是吾儿误我!”此后,丁仪、丁廙积极拥立曹植做太子,曹丕怎么能放过他们?这一次,他不仅诛杀丁仪、丁廙,甚至残忍地杀掉了丁家5

岁以上所有的男丁。

黄初四年（223），曹植被封雍丘王。那一年，曹植和胞兄曹彰一同赴京面圣。在京期间，又遭受了人生一次重要的打击。

据《世说新语》记载，曹丕为迫害曹植，命他在七步之内赋诗一首，如果不成，则将“行大法”。曹植应声赋道：“煮豆持作羹，漉菽以为汁。萁在釜下燃，豆在釜中泣。本自同根生，相煎何太急？”这便是著名的“七步诗”。曹植借豆子和豆萁来比喻同胞相残，也让曹丕羞愧万分，暂时收起剪除曹植之心。但是，自此之后，曹丕的威胁，如同悬在头上的利剑，让曹植的生活始终弥漫着死亡的气息。他就像惊弓之鸟一样，日日惶恐不安，诗作也一再表现出忧虑和恐惧。

好在曹丕在位仅有短短的 6 年。曹丕去世后，继任者曹叡碍于叔侄的情面，放松了对曹植的逼迫。此时，曹植没有了生命的威胁，但在政治上仍一直受到冷落。尽管他多次要求于国于民有所作为，但都被曹叡婉拒。又度过 6 年郁郁寡欢的生活，曹植死了，年仅 41 岁。

回顾曹植的一生，真是冰火两重天。29 岁前的生活与 29 岁后的生活截然相反。环境的改变和心态的转变，使得曹植的文学创作也清晰地划分为两个世界。不过，29 岁之前，曹植虽有诗酒风流，却并不意味着他没有宏图壮志。作为曹操的儿子，建功立业一直是他的宏大志向。在《与杨德祖书》中，他曾如此看待文学与政治的关系：“辞赋小道，固未足以揄扬大义，彰示来世也……吾虽德薄，位为藩侯，犹庶几戮力上国，流惠下民，建永世之业，留金石之功，岂徒以翰墨为勋绩、辞赋为君子哉？”

尽管才华横溢，但年轻的曹植对辞赋并不在意，他认为这不过是小道，与万世基业无法相提并论。男儿当建功立业，流芳百世，不能在辞赋上徒耗一生。正因为怀抱这样的理想，曹植青年时代的创作呈现出两种风貌：一方面，斗鸡走狗、富贵悠游，俨然一幅贵胄公子生活图画；另一方面，关注民生疾苦，如父兄一样，在诗中体味乱世的艰难。

比如《送应氏》。建安十六年（211）秋，刚行冠礼的曹植暂时告别了在邺城宴饮游乐、吟诗作赋的优游生活，慨然请缨，随父西征。一路上跋山涉水，晓行夜宿。当西征大军辗转到帝都洛阳时，曹植被眼前的一幕惊呆了：饱受战火的洗劫之后，洛阳城往日的繁华消逝得无影无踪，昔日气势雄浑的皇宫，已成脚下一片废墟，残砖断瓦湮没在杂草间，片片黄叶满城乱舞。顿时，一股激流涌上心头，曹植提笔写道：

> 步登北邙阪，遥望洛阳山。洛阳何寂寞，宫室尽烧焚。垣墙皆顿擗，荆棘上参天。不见旧耆老，但睹新少年。侧足无行径，荒畴不复田。游子久不归，不识陌与阡。中野何萧条，千里无人烟。念我平常居，气结不能言。

在诗中，曹植为读者展现了一个处处断壁残垣，千里不见人烟的洛阳。这是对天下苍生的深切同情，也是建安文学创作的独有特色——“世积乱离，风衰俗怨，并志深而笔长，故梗概而多气”。诗人的感情如江河般奔流，“念我平常居，气结不能言”，忧国忧民情怀，赢得后世读者的尊敬。

此外，曹植的另一篇早期之作《白马篇》，则是他青年时代英姿飒爽、意气风发，渴望建立功勋的精神写照。

> 白马饰金羁，连翩西北驰。借问谁家子？幽并游侠儿。少小去乡邑，扬声沙漠垂。宿昔秉良弓，楛矢何参差！控弦破左的，右发摧月支。仰手接飞猱，俯身散马蹄。狡捷过猴猿，勇剽若豹螭。边城多警急，虏骑数迁移。羽檄从北来，厉马登高堤。长驱蹈匈奴，左顾凌鲜卑。弃身锋刃端，性命安可怀？父母且不顾，何言子与妻？名编壮士籍，不得中顾私。捐躯赴国难，视死忽如归。

在这首诗里，作者虽然没有点名“游侠”是谁，但想来就是曹植的自我写照，而挥洒其间的慷慨激昂、发扬蹈厉之气，纵然没有曹操的郁郁沉雄，却也别显雄放热烈之风。

29岁后，曹植终年生活在曹丕投下的死亡阴影中。他不再像年轻时那样目空一切，而是谨小慎微地表达着自己那份沉重的心情。尽管对曹丕的所作所为非常不满，但他也只能通过隐晦的词句来表达无尽的悲愤。

黄初四年（223），曹植与同母兄任城王曹彰、异母弟白马王曹彪一道，赴京师洛阳参加“会节气”的活动。据《世说新语》记载，在京师期间，曹植经历了“七步诗”风波，而“武艺壮猛，有将领之气”的曹彰则突然暴死。那一天，后宫之中，曹彰、曹丕兄弟俩和母亲卞太后一起下围棋，兴致盎然之际，曹丕命人进献了一盘枣子。他事先命人在枣上下了毒，自己专挑没毒的吃，不明就里的曹彰却吃了有毒的枣子，没多久，就死了。

会节气过后，诸侯王各自返回封地。曹植兄弟三人一同赴京，如今，归程中只剩弟兄两人，心中惨凄，怎能用语言表述？两弟兄本来已经难过得犹如泣血杜鹃，更没想到朝廷居然还派了一名监国使者，沿途监视诸王归藩，并规定诸侯王在路上不可同行，不许互相接触。羞辱、愤怒、悲伤积聚一处，曹植于怒火中烧之际，写出传诵千古的抒情名诗《赠白马王彪》。

这首诗是继屈原《离骚》之后，中国文学史上又一首长篇抒情诗。全诗正文共 80 句，400 字，篇幅之长、结构之巧、感情之深，都是古典文学作品中罕见的。秋风萧瑟，寒蝉凄切，原野荒芜，残阳如血，一片黯然、忧伤、失落、迷茫中，曹植与曹彪执手相别。泪眼相对，无言以告。此次别离，不知是否还有他日相见之机？抑或是永无再会之缘？依依不舍，揽辔踯躅，嘤嘤叮咛，兄弟间欲说还休的浓情厚意，凝成“离别永无会，执手将何时”之句，相互之间的谆谆告诫、深情勉励，又化为“丈夫志四海，万里犹比邻。恩爱苟不亏，在远分日亲”。凭借诗人的敏锐嗅觉，曹植感知到天涯海角的那种遥远，“人生处一世，去若朝露晞。年在桑榆间，影响不能追。自顾非金石，咄唶令心悲”。这六句诗，写尽曹植对人世沧桑，命若朝露的感慨。

后世诸多批评家都认为，《赠白马王彪》是建安诗歌中的顶峰之作，无人能及。

与曹操、曹丕相比，曹植更富有诗人的气质。他是我国第一个大力写作五言诗的诗人，为中国五言诗的发展并走向成熟做出了杰出的贡献。他的热情、才华和不幸，使他有条件倾注大量的精力于文学创作，从而获得了“建安之杰”的地位。清代诗评家吴淇在《六朝选诗定论》中，说他是“一代宗匠，高踞诸子之上”。

此外，曹植对邺下文学的突出贡献，还表现在作品的艺术技巧上。他的诗一方面具有质朴的汉乐府的基础，保留着许多民歌中生动活泼的表现手法，同时又能够摈古竞今，博采新词，刻意锤炼，变汉赋的体物与乐府的叙事为抒情，变质朴为华美，进一步发扬光大了由曹丕所开拓的情多慷慨而词采华丽的建安诗风。如《公宴》《白马篇》《美女篇》《名都篇》等，既巧用比兴，抒写真情，又讲究辞藻声韵，刻画景物精细形似，无论是状写山光水色，还是勾勒飞鸟潜鱼，都能够“貌其形而得其似”，逼真如画。这就使中国古典诗歌由单纯的写意，发展到形神具备，而诗中的多方铺叙，更营造了优美的诗境，实现了“体物”与“缘情”的有机结合。

从此，中国抒情诗走上情景交融的道路，而引导它圆满完成从“质木无文”到“辞采华茂”历程的人，是曹植。

《诗品》的作者钟嵘因此称赞曹植“骨气奇高，词彩华茂，情兼雅怨，体被文质，粲溢今古，卓尔不群”。明末清初大学者王士祯尝论，汉魏以来二千年间诗家，堪称“仙才”者，只有曹植、李白、苏轼三人耳。

第二节　中古哀情，千载悲思
——“竹林七贤”中的嵇康、刘伶

稍晚于三曹挥洒才情的时代，嵇康、阮籍、山涛、向秀、刘伶、王戎及阮咸七人，常在山阳县（今河南辉县、修武一带）竹林之下会聚。他们饮酒、放歌、服药、清谈、纵情山水，清静无为而又洒脱倜傥，被世人称为“竹林七贤”。

生活在一个统一王朝消失的时代，魏晋读书人面对的是社会的动荡不安，政局的变幻不定。混乱而痛苦的现实，让他们思治而不得，只能苟全性命于乱世。这时，曾经的循规蹈矩、道貌岸然，似乎都成了天大的玩笑，传统的力量在无形中消失，越来越多的名士在无望之中选择了叛逆。他们佯狂而避世，在清醒与沉醉里优游，在痛苦和癫狂里迷失，于是，就有了留名千载的“魏晋风度”。

“竹林七贤”正是魏晋风度的代表，而七贤中的嵇康、刘伶，则是皖北的儿子。

一、龙章凤姿说嵇康

嵇康（223—263），字叔夜，谯国铚（今安徽淮北临涣）人。嵇康本不姓嵇，姓奚，祖籍会稽人，他的先祖因为躲避仇家，千里迢迢迁徙到古铚城。因铚地有山，名叫嵇山，嵇康祖上定居嵇山之侧，改姓为“嵇”。至于嵇康家族为什么迁居、改姓，原因不得而知，但是在门阀制度下，必定是有十分不得已的苦衷。

嵇康的父亲名叫嵇昭，曾做过治书侍御史。

嵇昭早卒，嵇康是在母亲和兄长嵇喜的照顾下长大的。由于缺少父亲的严格教导，加上母兄的溺爱，嵇康的童年生活颇为骄纵。据嵇康自己记述，幼年时，他常常一个月不洗脸，直到脏痒难忍，方才洗澡。母亲和兄长对这个幼子、幼弟慈爱有加，没有强迫他习儒业，而是任其自由发展。少年时代不必孜孜以读汉儒经学，为嵇康的自由成长提供了思想空间，自由的家庭环境，又给了嵇康充分展示自然个性的可能。待到成人，嵇康思想上追随老庄，主张“非汤武而薄周孔”，“越名教而任自然”，影响深广。艺术上，他不仅诗文创作成就卓著，音乐、书法、绘画，亦皆不同凡响：他改编并弹奏的《广陵散》，不仅仅是一支琴曲，更是一个历史传奇。他撰写的《琴赋》与《声无哀乐论》，登上了中国古代音乐理论的高峰；他画成的《巢由洗耳图》《狮子击象图》，至唐代尚留存于世。就连养生，他也是既有理论，更具实践，堪称一代大师。《晋书・嵇康传》因此说他是“学不师受，博览无不该通”。

冥冥之中，嵇康也许受到上天的眷顾。他不仅才华出众，就连相貌，也是超一流。《世说新语・容止》记载：“嵇康身长七尺八寸，风姿特秀”。又记他的好朋友山涛之语：“嵇叔夜之为人也，岩岩若孤松之独立；其醉也，傀俄若玉山之将崩。”后世，人们形容伟男之醉，就会说“玉山倾倒”，典故正出于此。

有了横溢的才华、出众的仪表，嵇康自然而然地拥有一个幸福家庭。他是曹魏宗室的女婿，迎娶了魏武帝曹操之孙、沛王曹林的女儿长乐亭主为妻。婚后夫妻恩爱，育有一儿一女，儿子嵇绍聪明可爱，长大后也是青史留名的人物。

按说，拥有如此品性、材质、家庭背景，嵇康本可一展宏图，不幸的是，他恰巧生在魏晋时代最黑暗的一个历史阶段——曹氏、司马氏两大权力集团开始火并，而且曹氏家族早已没有了魏武帝曹操那般雄图大略，甚至没有曹丕的志向、抱负、策略，很快居于下风。

面对复杂的政治斗争，嵇康表现出他那“岩岩若孤松之独立”的精神，坚决不与乱政的司马氏合作。大将军司马昭想要礼聘他出任幕府属官，他跑到河东郡躲起来不见面；同为竹林七贤的好友山涛离官之时，举荐嵇康代替自己，嵇康立即写了一篇《与山巨源绝交书》，列出自己有“七不堪”“二不可”，坚决拒绝为官；出身名门的关内侯钟会恭恭敬敬前去拜访，想请他出山，也遭到他的冷遇。《世说新语》中说，当年钟会撰写了《四本论》，想求嵇康一见，可又怕嵇康看不上，情急之中，竟隔着墙扔到嵇康家里，转身就跑。而这次造访嵇康，钟会已经身份显赫，踌躇满志，满以为可以享受座上宾的待遇，不料，他进门以后，嵇康就像没看见似的，继续在家门口的大树下“锻铁”。钟会觉得无趣，悻悻地准备离开，恰在此时，嵇康开口说话了。他问钟会：“何所闻而来，何所见而去？”钟会回答：“闻所闻而来，见所见而去。”这件事，心胸狭隘的钟会一直恨恨地记着，伺机报复。

噩运终于到来。嵇康有个好朋友，名叫吕安，是个“志量开阔，有拔俗气”的人。他的哥哥吕巽，看上弟弟美貌的妻子，就下手了。吕安气愤难捺，想要举报哥哥，嵇康劝他不要发作，保身重要。不料，吕巽竟然先下手为强，诬告弟弟吕安不孝。吕巽原本也是嵇康的朋友，可这一回，耿直的嵇康再也不能容忍，立即挺身而出，写了《与吕长悌绝交书》（巽字长悌），并为好友辩护。这件事原本不是什么了不起的大事，“孝”与“不孝”固然重要，但事实是很容易查清的，但长久以来恨透了嵇康的钟会，却瞅准了这个机会，赶紧向司马昭报告，说嵇康“言论放荡，非毁典谟”。一直恼恨嵇康不合作的司马昭，巴不得将这个在读书人中影响力太大的曹魏宗亲除掉，既然有了理由，虽然是个难以成立的理由，他也要充分利用。

于是，嵇康、吕安被判死刑。

在中国文学史上，嵇康是最富人格魅力的文学家之一。竹林七贤中，嵇康虽不是年龄最长、最具文采的一个，但是，他的人格魅力使得他成为竹林七贤的核心人物。后人在《晋书·嵇康传》里，用了最美的文辞书写这位生于皖北濉涣之地的才子，他“美词气，有风仪”，“龙章凤姿，天质自然。恬静寡欲，含垢匿瑕，宽简有大量”。

嵇康的诗歌，一如他的气质、人品。他崇尚老庄之学，常在诗中抒写自己的人生感悟和玄学思考。这种玄学的思考，给他的诗歌带来了一种崭新的审美想象空间。哥哥嵇喜即将从军远行之际，嵇康写下《赠秀才入军》诗十八首，一派来自玄学的悠远意境使它们飘散着令人神往的淡然静远之气。

在第十四首里，他写道：

息徒兰圃，秣马华山。流磻平皋，垂纶长川。目送归鸿，手挥五弦。俯仰自得，游心太玄。嘉彼钓叟，得鱼忘筌。郢人逝矣，谁与尽言。

于此，嵇康想象着哥哥行军之暇，如何领略山水乐趣：他将在长满兰草的野地上休息，在鲜花盛开的山坡上喂马，在草地上弋鸟，在长河里钓鱼，一边若有所思地目送南归的鸿雁，一边信手抚弹五弦琴，他的心神，将畅游在天地自然之中，随时随地领悟着自然之道。就这样，一个“目送归鸿，手挥五弦。俯仰自得，游心太玄”的高士形象，呼之欲出。高士盘坐山间，仰视鸿雁，淡然抚琴，琴音回荡山谷间，思绪与琴弦一起悠悠跳动，山、人、琴音融为一体。显然，嵇康在这里所写的，与其说是征人生活，不如说是自己纵心自然的情趣。他以凝练的语言，表达了一种飘然出世、心游物外的风神，传达出心中那种悠然自得、与造化相侔的玄学追求。短短一首诗作，两次引用了庄子寓言。“得鱼忘筌”来自《庄子·外物》篇：“筌者所以在鱼，得鱼而忘筌。”意思是言论不过为表达玄理的手段，目的既达，手段就不需要了。“郢人逝矣”来自《庄子·徐无鬼》，庄子说，曾有郢人将白土在鼻上涂了薄薄一层，像苍蝇翅似的，叫匠石用斧子削去它。匠石挥斧成风，眼睛看都不看一下，把白土削干净了。郢人的鼻子毫无损伤，他的面色也丝毫没有改变。郢人死后，匠石的这种绝技也不能再表演，因为再也找不到同样的对手了。这是庄子在惠施墓前对人说的故事，意思是惠施死后，他再没有可以谈论的对手。嵇康将这个故事放到全诗之末，深深地表达了自己对嵇喜从军远去的惋惜心情。

与玄学诗中的自然清幽相比，嵇康的人生感悟诗凄切、清峻，藏在这些人生感悟背后的，是政治淫威之下，诸多名士的悲壮抗争与惨烈捐躯。面对昔日引为同道的士人的罹难，嵇康在《秋胡行》中发出了一声长叹：

> 贫贱易居，贵盛难为工；贫贱易居，贵盛难为工。耻佞直言，与祸相逢。变故万端，俾吉作凶。思牵黄犬，其计莫从。歌以言之，贵盛难为工。

在诗中，嵇康感叹，“耻佞直言”的正直之士往往“与祸相逢”。在此，他化用了李斯的典故“思牵黄犬”——李斯曾富贵一时，权倾朝野，但是最终为赵高所害。临刑前，他感叹当年牵着黄狗，在上蔡东门外打猎的生活再也没有了。嵇康借此表达出自己远离权利、明哲保身的愿望，但不幸的是，生性简亢的嵇康还是被送上了刑场。

身处司马氏的监狱，嵇康依然气定神闲地创作了多首诗歌。其中著名的《幽愤诗》，既是研究嵇康个性与思想的至为重要的文献，也是嵇诗“有言必尽”“一往必达”风格的代表作。在这里，他深情地回顾了自己自幼丧父，“母兄鞠育，有慈无威”，“不训不师”的童年；长大后“托好老庄，贱物贵身。志在守朴，养素全真”的志向。他自责在吕安事上的粗疏，反省自己不能像“大人物”那样“胸怀宏大”，藏纳垢耻，非要辨别是非善恶，这虽然是自己的“义直”，但身陷囹圄，终究令人“神辱志沮”。但是，无论如何，“志在守璞，养素全真”，才是本志，即便面临死亡，他依然不改初衷。

嵇康是自曹操后又一位擅长四言诗的大家，今天，他尚存诗作50余首，四言诗占一半以上。此外，嵇康的散文《声无哀乐论》《与山巨源绝交书》《琴赋》《养生论》等，都是千古相传的名篇。《隋书·经籍志》著录嵇康有集13卷，现已散失，仅存10卷本。明人刻有《嵇中散集》；鲁迅也曾辑校《嵇康集》，收入《鲁迅全集》中。

明末清初大学者王夫之在《读通鉴论》里说：“孔融死而士气灰，嵇康死而清议绝。”

是的，嵇康的离去，带走了属于魏晋时代的名士风度。尽管阮籍、山涛等人依然存于世间，但是在司马氏政权下苟活的名士，早已没有了竹林中的那份任诞、率真、逍遥、单纯。

二、醉中清醒是刘伶

在竹林七贤中，刘伶并没有留下太多的诗篇，甚至连生卒年都已模糊不清，可刘伶的故事却传遍华夏大地。

刘伶，字伯伦，沛国（今安徽濉溪）人，曾经做过建威参军。他身材矮小，容貌丑陋，但是性情豪迈，胸襟开阔，不拘小节。平常，刘伶不与人随便交往，沉默寡言，对人情世事一点都不关心，只有遇到阮籍和嵇康，才会有说有笑。因此，他也加入了竹林七贤的行列。

《世说新语》中记载了很多刘伶的故事，这些故事都表现了他对老庄思想的追随，对传统“礼法”的蔑视。比如，刘伶纵酒放达，常赤身裸体地在屋里晃悠，朋友来拜访，被吓了一跳，怪他不穿衣服。不料，刘伶不仅不以为然，还反过来责怪：“我以天地为住宅，以房屋为衣裤，你怎么跑到我的裤子里来了？”这话看似荒诞，可荒诞背后，是刘伶与当时所谓“正人君子”行为格格不入的豪迈与不羁。

又比如，刘伶喝醉了，渴得厉害，就向妻子要酒喝。妻子把酒都倒了，把喝酒的用具也全砸了，哭着劝阻刘伶：“你喝酒太过分了，这不是养生的办法，应该戒掉！”刘伶说：“很好。不过我自己不能戒了，只有在鬼神面前祷告，发誓戒酒，这样才行。你去准备酒肉吧。”妻子说：“遵命。”于是，妻子把酒肉供奉在神像前，让刘伶祷告发誓。刘伶跪下说：“天生刘伶，以酒为命，一饮一斛，五斗除病。夫人之言，万不可听！”说罢，拿起酒肉吃喝起来，晃晃悠悠又醉了。

据说，刘伶从不关心自己的家产和钱财，常常乘一辆车，携一壶酒，放浪形骸。他身边的仆人总是随身背着一把铲子。刘伶对仆人说：“如果我醉倒他乡，死于荒野，那就就地埋葬。”

在竹林七贤中，刘伶是一个没有留下太多文字的人，但是他的豪放不羁却名闻遐迩。因为时时以酒为伴，刘伶还为心爱的酒写下了一曲传诵千古的《酒德颂》：

> 有大人先生，以天地为一朝，以万期为须臾，日月为扃牖，八荒为庭衢。行

无辙迹，居无室庐，幕天席地，纵意所如。止则操卮执觚，动则挈榼提壶，唯酒是务，焉知其余？有贵介公子，搢绅处士，闻吾风声，议其所以。乃奋袂攘襟，怒目切齿，陈说礼法，是非锋起。先生于是方捧罂承槽、衔杯漱醪；奋髯踑踞，枕曲藉糟；无思无虑，其乐陶陶。兀然而醉，豁尔而醒；静听不闻雷霆之声，熟视不睹泰山之形，不觉寒暑之切肌，利欲之感情。俯观万物，扰扰焉，如江汉之载浮萍；二豪侍侧焉，如蜾蠃之与螟蛉。

此文中的“大人”，虽然没有言明所指，但显然是刘伶的自喻。他“行无辙迹，居无室庐，幕天席地，纵意所如”。这种漫无边际的冶游，以天地为居室的境界，以及纵情随意的行为方式，都是刘伶的精神与行为的写照。在文中，刘伶以一个醉眼惺忪的在野狂士形象出现，并宣称“唯酒是务，焉知其余”——除了喝酒，他不知道世间的一切。其实，刘伶何尝不知道世道险恶？瞬息万变的权力争夺战中，魏晋文士的生命如同昙花一样瞬间凋零，如同晨露一样顷刻蒸发。他不能不借酒避世隐逸，“志存保已”。那些对刘伶持有异议的贵介公子和缙绅士大夫，不能容忍刘伶的狂放不羁，对着刘伶咬牙切齿地陈说礼法的重要性。而刘伶则携酒自品，怡然自得，“无思无虑，其乐陶陶”，以“静听不闻雷霆之声，熟视不睹泰山之形，不觉寒暑之切肌，利欲之感情”的态度，淡然处之。

因此，刘伶尽管没有留下鸿篇巨制，一篇《酒德颂》却已写尽了魏晋名士的风流身影。

经典不在于数量，而在于文字的背后是否能够折射出时代的光影，透露出岁月的声音，刘伶做到了。

第三节 乐府新声，感动华夏
——李绅、白居易与新乐府运动

历史常常有惊人的巧合。魏晋时期，曹操为乐府诗的发展做出极大的贡献，在宫廷乐府机构已经不复存在的动乱岁月中，他对时人所轻视的民间乐府创造性地加以继承，仿制和创作了大量诗歌，并赋予它巨大的感染力。几百年后，进入唐代，仍然是皖北厚土哺育的诗人，又成为“新乐府运动”的首倡者。

乐府，本来指的是掌管音乐的官署和机构，最迟在秦代已经设立。汉代自武帝以后，乐府诗大盛于时，成为汉代文学的重要组成部分。它“感于哀乐，缘事而发”，颇具批判精神。建安时期，很多诗人在曹操的引领下，大力写作乐府诗。他们或借古题咏时事，如曹操的《薤露行》《蒿里行》，或即事名篇，自创新调，如曹植的《名都》《美女》诸篇。当历史走过盛唐之时，经历了天宝十四载（755）的安史之乱，社会获得一个短时期的安定，表面上全国又趋于太平统一，李唐王朝似乎又有中兴的可能，一批文人又有了改革现实、恢复盛唐荣耀的希望，而以白居易、元稹、李绅为核心的新乐府运动，也就在这种社会形势下产生了。他们主张恢复古代的采诗制度，发扬《诗经》和汉魏乐府讽喻时事的传统，使诗歌起到“补察时政”“泄导人情”的作用，强调以自创的新的乐府题目咏写时事。

一、李绅：新乐府运动的敲门人

尽管人们都知道唐代新乐府运动是以元、白为首，但第一个敲击这扇大门的人，却是出身皖北亳州的李绅。

李绅（772—846），字公垂，祖籍亳州。他在家排行二十，时称“李二十”，又因为个子短小精悍，朋辈间昵称“短李”。他的曾祖父李敬玄，武则天时期官至中书令，封赵国公。这是一个擅长于礼的读书人，著有《礼论》60卷、《正论》3卷、《文集》30卷。《全唐诗》收录了他的《奉和别鲁王》《奉和别越王》等作品。李绅的祖父李守一，官成都郫县令；父亲李晤，历任金坛、乌程、晋陵等地县令。因为当时为官者家属都随往任所，因此，李绅生于乌程（今浙江吴兴县）。

李绅塑像

对于李绅来说，童年时代美好的回忆过于短暂。他 6 岁丧父，所幸母亲卢氏是个知书达理的世家女儿，她亲自教授儿子诗文经义。可惜，儿子刚刚 9 岁，母亲又撒手人寰。不满 10 岁的李绅只得依靠长兄照料。少年时代，李绅的记忆是孤凄的，但是，他从小就有救世济民的志向，又常常感到知识贫乏，正是所谓“徒怀利物心，未怀藏身宝”，学习越发刻苦努力。

德宗贞元二十年（804），李绅为参加科举考试西游长安，结识了比他小 7 岁的元稹。元稹是长安人，在京期间，李绅寓居元稹住处，受到元稹的热情款待，他为元稹《莺莺传》命题，写成流传至今的名诗《莺莺歌》。据《旧唐书·李绅传》记载，此时，李绅已经颇有诗名，他“形状眇小而精悍，能为歌诗。乡赋之年，讽诵多在人口”。《新唐书·李绅传》又说，他“为人短小精悍，于诗最有名，时号‘短李’”。

元和元年（806），意气风发的李绅再次进京科考，这一次，和他同考的除了元稹，还有与他同龄的太原人白居易。白居易幼年曾在皖北符离度过，说起来与亳州李绅更有几分乡情，三人从此结为一生好友。这一次，喜报频传，35 岁的李绅进士及第，他的两个好友也在“才识兼茂明于体用科”中脱颖而出。

但是，欢乐似乎并不长久，进士及第后的李绅只被授予一个名叫国子助教的官职。他并不喜欢，也不指望靠俸禄过活，不久，便辞官东归。当他抵达金陵时，驻扎此地的观察使李锜十分欣赏他的才华，将他留在身边，任命为从事官。可没多久，李绅就发觉李锜这人太过专恣。第二年，李锜竟想叛唐谋反，令李绅起草文书，李绅坚决不从，被李锜一怒之下关进囚牢。直到李锜造反失败、下狱被杀后，李绅才得以脱身。此后，朝廷嘉奖他的胆识和气节，元和四年（809），李绅被召入京，任校书郎。

这是李绅生命中最精彩的日子。脱离险境，得到重用，挚友相聚，情投意合，更重要的是，未来的宦海沉浮也还遥远。就是在这样一种大好心情之中，李绅一口气写下《乐府新题》20首，赠与元稹。元稹读罢，觉得"雅有所谓，不虚为文"，立刻"取其病时尤急者，列而和之"，创作了《和李校书新题乐府十二首》。千年之后的今天，我们已经无缘得见李绅那20首《乐府新题》，但是，在元稹的和诗中，却有"秦霸周衰古官废，下堙上塞王道颇。共矜异俗同声教，不念齐民方荐瘥"，"少壮为俘头被髡，老翁留居足多刖。乌鸢满野尸狼藉，楼榭成灰墙突兀"，"何时得向笋簴悬，为君一吼君心醒。愿君每听念封疆，不遣豺狼剿人命"等句，句句皆是忧国忧民之思，句句饱含报国激情，由此，我们也不难想象到李绅之作的原貌。

如此诗作送到白居易手里，同样一腔报国情的白居易读了又读，爱不释手，随之推出自己的50首诗作，命名为《新乐府》。

至此，唐代著名的"新乐府运动"开始了，如果说李绅是敲门人，元稹是奠基者，那么，白居易就是旗手，而李、白二人，恰恰都与皖北有着不可分割的联系。

二、白居易：新乐府运动的旗手

白居易（772—846），字乐天，晚号香山居士、醉吟先生，祖籍山西太原。一提起这位大名鼎鼎的诗人，就连孩子也会想起那首脍炙人口的名作：

> 离离原上草，一岁一枯荣。野火烧不尽，春风吹又生。远芳侵古道，晴翠接荒城。又送王孙去，萋萋满别情。

遗憾的是，这首古诗中国人几乎个个会背，却很少有人知道，诗中的风景、情思，均来自皖北一个古镇。

在今天宿州符离集东北的濉河之滨，有一片荒草丛生的丘墟。这片宅地就是唐代大诗人白居易的故居——东林草堂。

白居易生于河南新郑。他出生不久，河南一带便发生战事。这时，白居易的父亲白季庚任职徐州，六兄担任符离主簿，外祖父陈润任职徐州古丰，正巧都在符离周边，于是，父亲将妻子儿女安排在符离的东林草堂。

白居易像

此后，濉河的汩汩清波流淌在白居易身边，滋润着他的心，也成就了他永远难以忘记的回忆，以至于后人翻开他的诗集，触目皆是诗人对符离集的依恋。

在符离集，白居易结识了 5 个关系密切的挚友，他们就是白居易笔下的“符离五子”——刘五、张仲素、张美退、贾握中、贾沅犀。白居易与他们一起，同泛障湖，游流沟寺，登武里山，诗酒盘桓，度过了人生最美好的青年时代。在长诗《醉后走笔酬刘五主簿长句之赠，兼寄张大、贾二十四先辈昆季》中，他写道：

> 刘兄文高行孤立，十五年前名翕习。是时相遇在符离，我年二十君三十。得意忘年心迹亲，寓居同县日知闻。衡门寂寞朝寻我，古寺萧条暮访君。朝来暮去多携手，穷巷贫居何所有。秋灯夜写联句诗，春雪朝倾暖寒酒。障湖绿爱白鸥飞，濉水清怜红鲤肥。偶语闲攀芳树立，相扶醉蹋落花归。张贾弟兄同里巷，乘闲数数来相访，雨天连宿草堂中，月夜徐行石桥上……二贾二张与余弟，驱车逦迤来相继。操词握赋为干戈，锋锐森然胜气多。齐入文场同苦战，五人十载九登科……大底浮荣何足道，几度相逢即身老。且倾斗酒慰羁愁，重话符离问旧游。北巷邻居几家去，东林旧院何人住。武里村花落复开，流沟山色应如故……

在这首长诗中，我们可以清晰地看到诗人对符离的满怀深情，他熟悉符离的山山水水、里巷门寺。符离的一沟一桥、一草一木，都深深刻印在诗人脑海中。这里有诗人的初恋，有他的生别离、潜别离、长相思：“汴水流，泗水流，流到瓜洲古渡头，吴山点点愁。思悠悠，恨悠悠，恨到归时方始休，月明人倚楼。”

此外，符离还有他一生念念不忘、耿耿于怀的牵挂——他的外祖母、大兄、小弟，他的族兄六兄、十五兄都埋葬在此。

符离是白居易生命中的热土。贞元三年（787），17 岁的白居易西北上长安，次年就得了一场大病，几乎死去。诗人悄悄地离开长安，又回到符离家中，得到皖北水土的滋养，他很快痊愈。

那么，白居易一生在符离总共生活了多少年？有研究者认为："白居易 11 岁随家人迁居符离，33 岁移家长安，在符离生活 22 个春秋。"另有学者指出，因为母亲居住符离，白居易一直将符离当成家乡，从 13 岁起，他就居住在这里，即使是外出游历，也总是要归来，前前后后加在一起，至少有 10 年之多。

不论哪一种判断更为准确，白居易对符离的情感都是显而易见的。为了符离，他留下了许多诗篇，比如《重到毓村宅有感》《汴河路有感》《题流沟寺古松》《乱后过流沟寺》《隋堤柳》《埇桥旧业》《茅城驿》《长相思》《朱陈村》等等。

符离给了他温馨的回忆，也给了他上进的动力。由于"符离五子"中，除了贾沅犀，先后都考中了进士，白居易也立下宏图壮志。贞元十六年（800），29 岁的白居易进士及第，随后回家乡探望亲戚。3 年后，他参加皇上选拔特殊人才的"书判拔萃科"考试及第，与同时及第的元稹订交，成为终身唱和的好友。元和元年（806），白居易再次参加"才识兼茂明于体用科"考试，再次及第。这一回，他与李绅相遇订交。

这是不寻常的相遇，它意味着"新乐府运动"即将开始。

三、新乐府运动：关心时事，聚焦民生

在准备参加"才识兼茂明于体用科"考试时，白居易曾与好友元稹一起，认真思考现实社会的种种问题，写下了 75 篇"对策"。这些后来被编为《策林》的政治短论，涉及当时社会方方面面问题，比如反对横征暴敛，主张节财开源，禁止土地兼并，批评君主过奢，等等，两个年轻人对社会的强烈责任感，对政治的满怀激情尽显无遗。《策林》写作的初衷，自然是为了应对考试，可一旦进入写作，进入思考，它就已经不单单是考试的工具，更多融入其间的，是两个年轻人的抱负、情怀、忧思。

翻阅《策林》，我们能见到一篇《采诗以补察时政》。这篇文章系统地谈到了诗的功能与作用。白居易认为，诗是人们有感于某种事实而触发了情感的产物，所谓"人之感于事，则必动于情，然后兴于嗟叹，发于吟咏，而形于歌诗矣"。因此，他强调，从诗歌中可以了解社会问题，观"国

风之盛衰”“王政之得”，所以国君应当效法古人，设采诗之官。

元和元年（806）以后，这一理论逐渐成熟，见到李绅之作以后，白居易的许多想法进一步清晰。《新乐府》50首问世，他在序中明确地提出，诗应“为君、为臣、为民、为物、为事而作，不为文而作也”。一方面，他要求君主“欲开壅蔽达人情，先向歌诗求讽刺”；另一方面，他呼吁诗人在诗中反映现实问题，提出讽谏。在给挚友元稹的信里，他说出了一句传诵千古的名言“文章合为时而著，歌诗合为事而作”。

由此可见，新乐府运动不是一场纯文学的运动，而是完成远大政治目标的一个组成部分。怀抱着为君、为臣、为民的愿望，白居易的写作原则是，“非求宫律高，不务文字奇，惟歌生民病，愿得天子知。”——诗歌不要写得那么华美艰深，只求写得通俗晓畅，便于传唱和理解。他这样说，也这样做，《旧唐书·白居易传》记载，白居易“所著歌诗数十百篇，皆意存讽赋，箴时之病，补政之缺，而士君子多之，而往往流闻禁中”。让诗歌传到宫禁之中，让皇帝得知，以诗歌反映社会现实，以诗歌推动政治改革，以诗歌唤起民众的舆论，这就是白居易的愿望。

那么，此时此地的白居易、元稹、李绅为什么会如此强烈地希望诗歌担负起政治的责任？这就不能不从中唐的国计民生说起。那一时期，安史之乱虽然平定，但唐代的中兴之梦尚难实现。藩镇割据、党争激烈、宦官专权，边防空虚，时有外敌入侵，加之内战频仍，地主兼并土地，老百姓赋税繁重，农村两极分化，官僚地主的享乐生活与劳动人民的悲惨处境形成鲜明的对比。当此之时，社会要求更多的诗人从抒发个人的悲欢离合，逐渐改变为吟唱社会的丧乱流离，要求诗歌从高高在上的艺术之殿堂移步人间，以通俗化、大众化的形式，为广大群众所用。如此，白居易、元稹、李绅等有志于济苍生、安社稷的政治家兼诗人，选择了新题乐府，以匡时济世。

新乐府诗作一直向着这一目标努力。

李绅的《悯农》是全中国妇孺皆知的诗作，也是真正的“代匹夫匹妇”立言之语。据说，李绅为官后，曾于某年夏天回故乡亳州探亲访友。恰遇浙东节度使李逢吉回朝奏事，路经亳州，于是二人携手，登上城东观稼台，遥望远方，不禁心潮起伏。李逢吉感慨之余，吟了一首诗，最后两句是：“何得千里朝野路，累年迁任如登台。”意思是，如果升官能像登台这样快就好了。李绅却被另一种景象感动了。看到田野里的农夫在火热的阳光下挥汗如雨地锄地，他情动于衷，一字一句吟道：“锄禾日当午，汗滴禾下土。谁知盘中餐，粒粒皆辛苦。”

李逢吉听了，连说：“好，好！这首作得太好了！一粥一饭得来都不易呀！”

李绅仰天长叹，接着吟出：“春种一粒粟，秋收万颗子。四海无闲田，农夫犹饿死。”

回到书房，李绅又提笔写下第三首：“垄上扶犁儿，手种腹长饥。窗下织梭女，手织身无衣。我愿燕赵姝，化为嫫女姿。一笑不值钱，自然家国肥。”

千百年来人们只见到前两首，直到近代，人们才在敦煌石窟中的唐人诗卷中，发现第三首《悯农》诗。

同样是描写农民生活的艰难，白居易有《观刈麦》：

> 田家少闲月，五月人倍忙。夜来南风起，小麦覆陇黄。妇姑荷箪食，童稚携壶浆，相随饷田去，丁壮在南冈。足蒸暑土气，背灼炎天光，力尽不知热，但惜夏日长。复有贫妇人，抱子在其旁，右手秉遗穗，左臂悬敝筐。听其相顾言，闻者为悲伤。家田输税尽，拾此充饥肠。今我何功德，曾不事农桑。吏禄三百石，岁晏有余粮。念此私自愧，尽日不能忘。

在这里，农民的辛苦、赋税的繁重，昭然若揭。繁重的赋税既已使贫妇人失掉田地，那么，等待着正在割麦的一家人的，又会是什么命运？今日的拾麦者，就是昨日的割麦者；而今日的割麦者，也可能成为明日的拾麦者。强烈的讽喻意味，自在不言之中。诗人由农民生活的痛苦，联想到自己生活的舒适，倍感羞愧，内心久久不能平静。

此外，白居易又有《卖炭翁》揭露“宫市”的强夺民财；《买花》表现贫富差距的悬殊；《重赋》写地方官员巧立名目，大肆搜刮聚敛，向皇帝进贡讨好；《伤宅》写达官贵人奢侈成性，动辄大兴土木，营造园第，对百姓造成灾难；《轻肥》极言内臣的生活之豪奢，结尾处通过“是岁江南旱，衢州人食人”，深刻地揭露了当时的社会矛盾；《捕蝗》则一方面描写了农民捕蝗“天热日长饥欲死”，另一方面直语“我闻古之良吏有善政，以政驱蝗蝗出境”……

这种关心时事、聚焦民生的“新乐府运动”，20年间取得很大成效，在社会上产生了广泛的影响。在给元稹的信中，白居易很骄傲地说：“凡闻仆《贺雨》诗，众口籍籍，已谓非宜矣；闻仆《哭孔戡》诗，众面脉脉，尽不悦矣；闻《秦中吟》，则权豪贵近者相目而变色矣；闻《乐游园》寄足下诗，则执政柄者扼腕矣；闻《宿紫阁村》诗，则握军要者切齿矣。大率如此，不可遍举。”

虽然腐败的权贵们对新乐府诗作恨之入骨，但老百姓却表示了热烈的欢迎。元稹在《白氏长庆集序》中记录了白居易诗作的受欢迎程度：“禁省、观寺、邮堠墙壁之上无不书，王公妾妇、牛童马走之口无不道”，“至于盗窃名姓，苟求自售，杂乱间厕，无可奈何”，“自篇章以来，未有如是流传之广者”。

元和十年（815），白居易横遭毁谤，远谪江州。此后的李绅，也卷入没完没了的党争之中，新乐府运动因此遭遇挫折。尽管如此，这场运动还是在中国诗歌史上留下了光辉的一页，并对后世诗歌的发展产生了深远的影响。

1000多年之后，倡导文学革命的胡适，大力赞扬了以白居易为领袖的新乐府运动，认为这是中国文学史上的一次文学革新运动，它以诗歌造成舆论，有助于改善政治。此外，现代诸多文学研究大家，诸如陈寅恪、刘大杰、钱基博等，都给予这一场运动以极高的评价。

第四节 颍州好句，青史长存
——北宋诗人的颍州情结

颍州西湖兴于先秦，闻名于唐，鼎盛于宋，没落于晚清和民国。它位于今天阜阳城西北约三公里处，正在古代颍河、清河、白龙沟、小汝河交汇点上。多年来，颍州西湖与杭州西湖、扬州瘦西湖齐名。明正德《颍州志》载："西湖水面宽阔，长十里，宽三里，水深莫测，广袤并济"，为"天下胜绝"。清嘉庆《颍州志》描绘了古代颍州西湖的秀美风光：菱荷飘香，绿柳盈岸；芳菲夹道，林宛烂漫；曲径通幽，斜桥泽畔；画舫朱艇，碧波涟漪；楼台亭榭，错落其间。《大清一统志》更说："颍州西湖闻名天下，亭台之胜，觞咏之繁，可与杭州西湖相媲美。"

然而，这还不是最重要的。颍州西湖之所以名动天下，还因为它承载了太多的诗情。千百年来，西湖美景与淳朴民风相结合，吸引了众多文坛精英。时至宋代，颍州先后有蔡齐、晏殊、欧阳修、苏轼、吕公著、苏颂等七大名人任知州。他们流连忘返，直将颍州比故乡，以安放一颗颗在宦海沉浮中疲惫的心灵；他们倾尽笔墨，留下一首首余韵悠远传颂千古的歌咏诗篇；他们之中更有人"筑室买田清颍尾"，"独结茅庐颍水西"，以终老于此表达自己对颍州西湖的热爱。

于是，有关颍州西湖的诗作，也就成为皖北文学史上最有诗情画意的一章。

一、轻舟短棹西湖好

据史料记载，最早歌咏颍州西湖胜景的，当推唐朝诗人许浑。这位文宗太和年间进士、颍州从事，曾以"山雨欲来风满楼"之句传世。在《颍州从事西湖亭宴饯》一诗中，他吟道："西湖清宴不知回，一曲离歌酒一杯。城带夕阳闻鼓角，寺临秋水见楼台。兰堂客散蝉犹噪，桂楫人稀鸟自来。独想征车过巩洛，此中霜菊绕潭开。"诗中的西湖，正值深秋季节的傍晚，霜染红叶，菊绕湖开，夕阳西下，客散人稀。高耸的城堡身披余晖，湖边楼台倒映于荡漾的金波之中，直令游人心醉。

宋代承平百年，天下晏然，西湖胜景，更为世人仰慕。在欧阳修之前，知颍、泛颍并歌咏西湖者，有大中祥符状元、在颍州设立宋朝第一个地方儒学的蔡齐，有欧阳修的恩师、曾经官至宰相兼枢密使的晏殊，有写下“红杏枝头春意闹”句、世称“红杏尚书”的宋祁等人。他们都是因为种种原因被贬来到颍州，却不约而同地成为颍州西湖的歌咏者。

比如晏殊，他因忤逆权贵罢相，以工部尚书知颍州。虽然仕途坎坷，但西湖的自然美景很快抚慰了他躁动的心，甚至让他忘却今昔何年。在《和王校勘中夏东园》一诗中，他写道：“东园何所乐，所乐非尘事。野竹乱无行，幽花晚多思。闲窥鱼尾赤，暗辨蜂腰细。树影密遮林，藤梢狂罥袂。潘蔬足登膳，陶林径取醉。幸获汝颍水，忘却今昔世。欢言捧瑶佩，愿以疏麻继。”这里的东园，就是颍州西湖之怡园，也是当时西湖东岸的著名景区之一。

宋祁更不用说了，西湖的景色在他眼里壮阔、幽深，魅力无穷。因此，他的《咏西湖上寄颍州相公》一诗写道：

湖边烟树与天齐，独爱湖波照影时。岸蒋渚苹春披靡，佛楼僧阁暝参差。相君万一来湖上，手弄潺湲更忆谁？

颍州西湖还留下北宋大诗人王安石、梅尧臣、刘敞、刘攽等人的足迹与诗篇。王安石曾应邀至颍州西湖游览，留下“书院四周水上连，平湖万顷叶田田。无穷红点无穷碧，正是游人探望天”的诗句。梅尧臣是宣城人，北宋首都在开封，由于颍州地处宣城与开封的交通要道，梅尧臣多次路过颍州。并娶了兵部郎中、西昆诗人刁衎的孙女。刁衎在咸平五年（1002）做过颍州知州。新婚之后，梅尧臣与妻子刁氏到达颍州，见到了当时的颍州知州晏殊。他们兴致勃勃地谈诗论文，以诗论诗，留下不少佳篇，朱东润先生在他的《梅尧臣传》里，特别对这一文坛趣事做了生动的记载。

不过，提起颍州西湖，人们第一个想到的，往往还是宋代大诗人欧阳修。在阜阳人的心目中，是欧阳修成就了颍州西湖，同时，也是颍州西湖让阜阳人记住了欧阳修。其中一个重要的原因，就是欧阳修的心中、笔下，不仅有颍州之景，更有颍州之人。

北宋仁宗庆历五年（1045），欧阳修在朝中遭谗，被贬至滁州任太守。赴任途中，他绕道颍州，看望恩师晏殊，借以排解胸中郁闷。晏殊深知其意，便陪同他游览颍州西湖，不料初到颍州，欧阳修就遇到一段奇缘。据赵令畤《侯鲭录》卷一记载："欧公闲居汝阴时，一（歌）妓甚颖，文忠（欧阳修谥号）歌词尽记之，筵上戏约，他年当来作守。"据说，欧阳修遇到的歌妓名叫棠儿，是颍州城歌舞俱佳的丽人，平日就喜欢吟咏欧公诗词。这一次，欧阳修即兴写诗一首，棠儿双手接过，仅浏览一遍，便熟练地弹唱起来，一字不差，委婉动人，将欧阳修乐得须发皆动，连声称赞。转过头来对晏殊说，以前我只知颍州有个西湖，没料到颍州还有这样色艳艺绝的丽人儿，他年我当来颍州作知州！

不料 4 年后，原本在扬州任知州的欧阳修，竟真的改知颍州。只是此时棠儿姑娘已不知去向。于是，欧阳修提起笔，写下"柳絮已将春去远，海棠应恨我来迟"。

当然，棠儿的故事是真是假，还很难说。可初任颍州，欧阳修就迫不及待地来到西湖游览，却是事实。面对湖光山色，他赋诗赞美："菡萏香清画舸浮，使君不复忆扬州；都将二十四桥月，换得西湖十顷秋。"清幽、明净的颍州西湖不但打动了欧阳修，诱发了他的诗情，更让他迫不及待地邀请还在宦海浮沉中的友人来西湖把酒言欢。在《初至颍州西湖种瑞莲黄杨寄吕发运》中，他说："平湖十顷碧琉璃，四面清阴乍合时。……每到最佳堪乐处，却思君共把芳卮。"

欧阳修对颍州西湖发出由衷的赞美，不仅仅是因为西湖美景可以带来视觉的冲击，更是因为在西湖畔，他找到了心灵上的皈依和宁静。

颍州不仅有西湖的波光潋滟，更有淳朴的民风。皖北民众生性纯良，宋代颍州更是"民淳讼简"，这使欧阳修疲惫的身心得到休息。他在文中写道："爱其民淳讼简而物产美，土厚水甘而风气和，于时慨然已有终焉之意也。"在青州任上，他又写下思颍诗，说颍州："年丰千里无夜警，吏退一室焚清香。青春固非老者事，白日自为闲人长。禄厚岂惟惭饱食，俸余仍足买轻装。君恩天地不违物，归去行歌颍水旁。"

晚年，为宦多方的欧阳修终于回到颍州，并定居于此，直至去世。如今颍州西湖唯一幸存的文物建筑——会老堂，见证了当年欧阳修与友人饮酒、赋诗的历史。史书记载：熙宁五年（1072），前副相赵概以八十高龄来颍州访欧阳修，知州吕公著也前来看望。欧阳修、赵概、吕公著三人会于此堂，饮酒，赋诗，故名“会老堂”。

在颍州，欧阳修写尽它春夏秋冬的美景：在《新春有感寄常夷甫》一诗中，颍州之春是：“坐惊颜鬓日摧颓，及取新春归去来。共载一舟浮野水，焦陂四面百花开”——郊野的春水春光春色，迎面扑来。在《初夏刘氏竹林小饮》《酬张器判官泛溪》中，他写颍州之夏：“春荣忽已衰，夏叶换初秀。披荒得深溪，扫绿荫清昼。……况兹夏首月，景物得嘉候。晚蝶舞新黄，孤禽弄清咮”，“园林初夏有清香，人意乘闲味愈长。日暖鱼跳波面静，风轻鸟语树荫凉”，好一派“风轻鸟语”的田园风光。颍州之秋令欧阳修陶醉，这里细雨霏霏，菊花盛开，正是“西风酒旗市，细雨菊花天”。而颍州冬雪，则是欧阳修的最爱。在《雪晴》诗中他说：“悠悠野来水，滟滟西溪阔。晓日披宿云，荒台照残雪。风光变穷腊，岁律新阳月。冻卉意初回，渌醅浮可拨。岂止探芳菲，耕桑行可阅。”腊月将近，初春即临，冻卉萌芽，春耕始备。一旦大雪降临，颍州“暮雪浩方积，醁醅寒更浓。毋言轻此乐，此乐难屡逢”。此情此景，一年 之中能逢几次，正好有美酒佳肴，何不痛快享乐一番？

当然，最能表现欧阳修对颍州深爱的作品，还是《采桑子》词十首。十首中每首第一句，都有“西湖好”三字。在《思颍诗后序》中，他写道：“思颍之念未尝一日稍忘于心。”此后，宋代另一位文人葛立方用一句话概括了欧阳修与颍州西湖的关系：“欧阳永叔居官之日多，然志未尝一日不在颍也。”

二、十年思颍今在颍

颍州西湖的美景不但让醉翁欧阳修愿意在此长醉不醒，大名鼎鼎的苏轼也选择颍州作为人生的一个驿站。欧阳修在西湖畔归隐之时，苏轼和苏辙曾以弟子身份一同前来拜访。师徒于良辰美景中相会，自然开怀畅饮，欣然忘归。苏轼在《陪欧阳公燕西湖》中写道：“谓公方壮须似雪，谓公已老光浮颊。朅来湖上饮美酒，醉后剧谈犹激烈。”苏辙则劝老师更尽一杯酒，因为“十年思颍今在颍，不饮奈此游人何？”

也许天意要将苏轼这位蜀中才子与颍州西湖连在一起。就在这次欢会十年后，苏轼由杭州调任颍州。接到这份调令，苏轼十分高兴，挥笔写下《到任谢表》：“汝颍为州，邦畿称首。土风备于南北，人物推于古今。宾主俱贤，盖宗资、范孟博之旧治；文献相续，有晏殊、欧阳修之遗风。”居住于此，可以“览几席之溪湖，杂簿书于鱼鸟”，他感叹“平生所乐，临老获从”。可惜，此时欧阳修早已仙去，只留下西湖畔的六一草堂。苏轼到任后，首先来到六一草堂，深情地悼念这位恩师。在《祭欧阳文忠公文》中，他沉痛地写道：“凡二十年，再升公堂。深衣庙门，垂涕失声。白发苍颜，复见颍人。颍人思公，曰此门生。虽无以报，不辱其门。清颍洋洋，东注于淮。我怀先生，岂有涯哉！”

欧阳修虽然已经驾鹤西游，但他的两个儿子欧阳叔弼、欧阳季默依然居住在颍州，而颍州签判赵德麟和颍州教授陈师道，也都是苏轼的诗友。此时苏轼到来，五人相聚，喜出望外，自然免不了觥筹交错，诗词唱和。在《泛颍诗》中，苏轼将他轻松欢快的心情唱了出来：“我性喜临水，得颍意甚奇。到官十日来，九日河之湄。”颍州任上，没有案牍之劳形，只有心情的放松，气氛的和谐，这就是“吏民笑相语，使君老而痴”。当然，苏轼并不痴，只是被眼前美景迷醉，所以，他又写道：“使君实不痴，流水有令姿。绕郡十余里，不驶亦不迟。上流直而清，下流曲而漪。画船俯明镜，笑问汝为谁。忽然生鳞甲，乱我须与眉。散为百东坡，顷刻复在兹。此岂水薄相，与我相娱嬉。声色与臭味，颠倒眩小儿。等是儿戏物，水中少磷淄。赵陈两欧阳，笔参天人师。观妙各有得，共赋《泛颍》诗。”颍州西湖的美景让苏轼赞不绝口，以至于令他想起刚刚告别的杭州西湖，因此他有句称：“泰山秋毫两无穷，巨细本出相形中。大千起灭一尘里，未觉杭颍谁雌雄。”

苏轼在杭州时，爱民如子，颇有政绩，一道苏堤千古留名。在颍州，苏轼一样秉持着悲天悯人的情怀，积极地为颍州百姓谋福利。

元祐六年（1091）初冬，旱灾严重威胁着颍州百姓的生计。十一月一日，苏轼在张龙公祠祈雨。不想上天果然怜悯皖北百姓，飘起了大雪。祈雨得雪，天意眷顾，苏轼高兴地在聚星堂庆祝，即兴赋《聚星堂雪》诗一首，一句“众宾起舞风竹乱，老守先醉霜松折”，活灵活现地写出了苏轼和众人的高兴。久旱得甘霖，苏轼如同儿童般的手舞足蹈，举杯大醉。由于旱灾常威胁颍州西湖的生存，苏轼还利用抗旱工程之便，让人重新疏浚了西湖。经过整修后的颍州西湖更加美丽，在《新开西湖》中，苏轼不无自豪地写道：“西湖虽小亦西子，萦流作态清而丰……十年憔悴尘土窟，清澜一洗啼痕空。”

除了干旱，水灾也常常威胁着皖北大地。苏轼一上任就碰到了一起与水灾有关的行政交涉。当时，位于颍州上游的陈州动员了 18 万人，准备开挖一道深渠，将上游的水引入淮水。此举虽然可解陈州之水灾，但无疑是让颍州承担了泄洪的责任。作为太守，苏轼毫不犹豫地上书奏请停止这项工程。苏轼认为此举乃是“以邻为壑”，“使颍人代陈人受过”，经过苏轼的交涉，朝廷最终决定停止这项工程。

在颍州任上，苏轼和欧阳修一样都获得了精神上的宁静，这对于一生奔波的苏轼来说，是一件幸事；对于颍州来说，也是幸事。

不过，中国两位伟大的文学家都在颍州找到了精神上的慰藉，在西湖畔寻觅到了诗情画意，并非偶然。宋代另一位诗人陈师道，也在颍州留下诸多篇章，写下了他在那里的快意人生。

元祐五年（1090），陈师道由徐州调任颍州教授。对于颍州，他充满了期待，因为这里“文献相续，晏殊、欧阳修之遗风”。在颍州，不但可以感受西湖的秀美，更可以与苏轼、赵德麟以及欧阳修的两个公子酬唱往来。在《次韵苏公涉颍》中，陈师道记录了五人相聚的那种美好情境：

> 冲风不成寒，脱木还自奇。坐看白日晚，起行清颍湄……公与两公子，妙语含风漪。但怪笑谈剧，莫知宾主谁。

在风景宜人的颍州西湖边饮酒赋诗，是人生一大快事，陈师道因此感觉众人妙语连珠，谈空说有，兴致高昂，以至于宾主不分。

这段日子里，陈师道于西湖之滨写下《木兰花·汝阴湖上同东坡用六一韵》《次韵苏公西湖观月听琴》《次韵苏公劝酒与诗》《次韵苏公督两欧阳诗》《次韵苏公题欧阳叔弼息斋》《次韵苏公竹间亭绝句》等大量诗作，既有对颍州西湖清幽宁静风光的描写赞美，也有他与苏东坡在湖畔闲步时那种自在和安逸的细细品味。

然而，“欢乐趣，离别苦”，筵席还是走到了曲终人散的时候。元祐七年（1092）春，苏轼调任扬州知州，赵德麟不久后也调任他乡。两位诗友的离去，让陈师道感到了孤独，好在还有颍州西湖可以作伴，可以消散离愁别绪。苏轼离开后，陈师道常常独自一人在湖畔独行，“邂逅无人成独往，殷勤有月与同归”。孤独中的诗人与山水贴得更近，在《后湖晚坐》中，陈师道写出了嵇康式的玄意：“水净偏明眼，城荒可当山。青林无限意，白鸟有余闲。身致江湖上，名成伯季间。目随归雁尽，坐待暮鸦还。”诗中明镜一般的湖水，与青林、白鸟一起，共同构筑出一幅淡雅、悠远的画面。

陈师道告别颍州的时候，最后一次走到湖边，并为西湖写下了《湖上》《西湖》两诗：

> 湖上难为别，梅梢已著春。林喧鸟啄啄，风过水粼粼。缘有三年尽，情无一日亲。白头厌奔走，何地与为邻？
>
> 小径才容足，寒花知自香。官池下凫雁，荒冢上牛羊。有子吾甘老，无家去未量。三年哦五字，草木借辉光。

据阜阳王秋生先生介绍，在北宋吟咏颍州西湖的诗人当中，以西湖景点为题写诗最多的一位，当属苏颂。苏颂是北宋著名贤相之一，他学问渊博，对经史百家之说、图谶、音律、天文、算数、山经、本草等无一不精通，嘉祐六年（1061）出知颍州。在《颍州到任谢二府启》中，苏颂说：“自国而南，颍为善郡。长久之寄，时号优恩。昔之偃息以作藩，莫非朝廷之旧望。”显然，能到颍州任职，他是很高兴的，毕竟颍州为“善郡”，是诸多朝廷重臣曾经任职的地方。

在颍州，苏颂写作了很多诗篇，其中《和梁签判颍州西湖十三题》诗一组，共写了颍州西湖的十三个景点，诸如飞盖桥、女郎台、缬芳亭、去思堂、西湖、西溪、涵春圃、射堂、碧澜堂、野翠堂、临胜阁、清风亭、四望亭，今日展卷，千年之前的西湖景点一一在目，俨然一幅北宋颍州西湖胜迹图。

第六讲

琴声笛韵 燕剪莺簧

千载之前，桓谭、嵇康、桓伊、戴逵等中国音乐史上光芒四射的名家，以他们的笛声琴韵，向世界展示了皖北深厚的艺术底蕴。千年之后，得汉晋明清之锻造，皖北儿女代代传承的艺术灵气，催生了这里民间戏曲、曲艺、舞蹈和民歌的勃生。来自地层深处的乡土热力与激情，引领皖北百态千姿的表演艺术茁壮成长。同时，淮河儿女热情地张开双臂，欢迎各种外来优秀艺术的传入。然后，他们将本乡本土的故事、情思、语言、唱腔、动作注入其中，不断推出新的艺术形式，不断丰富着皖北大地上的艺术品类。

第一节 楚汉遗韵，魏晋流风
——皖北四大音乐家与三大名曲

中国不仅是一个诗的国度，也是一个音乐舞蹈的国度。《吕氏春秋·古乐篇》记载："昔葛天氏之乐，三人执牛尾，投足以歌八阕。"这是上古音乐、舞蹈、诗歌合一的最早的艺术表演形式。而《尚书·益稷》中"予击石拊石，百兽率舞"，既形象地描写了敲击磬石奏乐的方法，同时也让我们看到，伴随音乐，各种野兽都相率起舞，更何况乎人？

不过，到了周代，中国自古就具有的诗、乐、舞合一的传统，逐渐起了变化，被纳入政治化的礼乐体系之中。季札观乐，从音乐中可以听出国家之盛衰，孔子把"尽善"放在"尽美"之上，音乐便成了宫廷祭祀、庆典、享筵、迎宾等活动表达礼制规格的标志。所以，孔子对鲁国季氏用天子之乐，以八个行列在庭院中表演乐舞的僭越行为，非常气愤，发出"是可忍，孰不可忍"的斥责，后世儒家甚至极端地认为，"乐，乐也。君子乐得其道；小人乐得其欲"。

真正的音乐，是在民间。老百姓在劳动生活中，"饥者歌其食，劳者歌其事"，用自然的歌声表达喜怒哀乐，既可以抒发自我感情，也可以作为社群之乐。中国成语典故中"响遏行云""余音绕梁""高山流水"，都是民间音乐经典的概括。这种"原生态"的民族音乐，不同于"上以承宗庙，下以化兆民"的正统乐曲，它们保留在民间，活在为数不多的有真知灼见的音乐家心中，琴韵笛声永远与自然相和谐，体现了中国民族音乐传统。

汉晋之间，皖北濉涣之地走出的四大音乐艺术家，就是这样的音乐人，而与这片土地相关的三大著名古曲，也正是这样鲜活的艺术作品。

一、高山流水皖北情

濉水与涣水是从河南流入皖北的两条河，沿河之相城（今淮北相山，濒临濉水）、铚邑（今濉溪临涣，濒临涣水）历来被称为“濉涣文章地”。《水经注》有“濉涣之间出文章，天子郊庙之服出焉”的记载，随着“文章”一词逐渐有了“文采”文字写作、“文学”甚至“人文”等意义之后，“濉涣多文”一说，就成了人们对这片人文鼎盛的土地的一个重要概括。

恰恰就是在这片灵气卓异的土地上，春秋时代，有了《高山流水》的故事，汉晋之间，四位名垂青史的音乐艺术大家，更是犹如耀眼星辰一般集中出现，照亮了中国古代音乐史。

说到《高山流水》，就要先说说中国古代汉族十大名曲，它们是《高山流水》《广陵散》《平沙落雁》《梅花三弄》《十面埋伏》《夕阳箫鼓》《渔樵问答》《胡笳十八拍》《汉宫秋月》和《阳春白雪》。这十支曲子，以优雅动人的旋律打动人心，传之久远，成为代代中国人耳熟能详的曲目。但是，很少有人知道，这十大名曲中的《高山流水》《广陵散》和《梅花三弄》，与皖北的土地，皖北的人物，都结下不了之缘。

《高山流水》的最早出处为《列子·汤问》:“伯牙善鼓琴,钟子期善听。伯牙鼓琴,志在登高山,钟子期曰:‘善哉,峨峨兮若泰山。’志在流水,曰:‘善哉，洋洋兮若江河。’伯牙所念，钟子期必得之。伯牙游于泰山之阴，卒逢暴雨，止于岩下。心悲，乃援琴而鼓之。初为霖雨之操，更造崩山之音。曲每奏，钟子期辄穷其趣。伯牙乃舍琴而叹曰：‘善哉，善哉，子之听！夫志，想象，犹吾心也。吾于何逃声哉？’”

《吕氏春秋·本味篇》也有类似记载：“伯牙鼓琴，钟子期听之。方鼓琴而志在泰山，钟子期曰：‘善哉乎鼓琴！巍巍乎若泰山。’少选之间而志在流水，钟子期又曰：‘善哉乎鼓琴！汤汤乎若流水。’钟子期死，伯牙破琴绝弦，终身不复鼓琴，以为世无足复为鼓琴者。”

《高山流水》或伯牙与子期的故事究竟发生在什么地方？各地传说不一。有人说，汉江之滨是二人相见之处，现在，汉阳月湖畔还有子期墓、知音亭和琴台等古迹。但在春秋时宋共公建都的古沛相城（今淮北市），也一直有一个流传久远且更加详细的说法。今天的淮北市东郊 25 里处，有一个梧桐村，旁有山，名梧桐山，满山的梧桐，正是制琴的好材料。这片土地春秋时属宋，后被并入楚国。相传楚国大臣俞伯牙精通音律，琴艺高超，偶然经过这片山水优美、梧桐茂密的地方，竟流连忘返，在此小住下来。一天晚上，面对明月清风，他兴致勃发，援琴而奏。突然，听到有人叫绝。伯牙停止演奏，只见一人走来，一身樵夫打扮。伯牙知道遇到了行家，又连奏《高山》《流水》二曲，来人一一指出其中寓意与精妙之处。伯牙兴奋地起身，拉住来人的双手，连呼："知音，知音！"原来这位樵夫名叫钟子期，也曾为官，后辞官居此。于是，两人就在梧桐村定交，约定来年此时此地再见，继续切磋琴艺。没想到的是，一年后伯牙来到梧桐村，子期早已去世。伯牙悲痛至极，来到子期墓前，跪地抚琴，为知音好友重奏《高山流水》，沉痛地说道："君一去，我世上再无知音，弹琴何用？"于是，摔碎古琴，从此不再弹奏。为纪念伯牙、子期的旷世相聚，从此，"梧桐村"更名"聚贤村"，人们把俞伯牙住的地方叫"上聚贤村"，钟子期住的地方叫"下聚贤村"。

2015 年 1 月 11 日，一条来自安徽省凤阳县的新闻引起人们注意，人们在凤阳马鞍山南麓凤凰咀发现了钟子期墓冢。

这是距离明中都城西北约 3 公里处的一个山坳里，一处突兀的土坡上，坐南面北，孤零零地立着一座坟茔，圆形封土堆高 2 米，直径 6 米，墓前立有一块硕大的石碑。碑身正面镌刻"先贤钟先生子期之墓，中华民国十九年双十节建"。基座上，"缉商缀羽高山志，晓律知音流水情"的刻字清晰可见。

那么，钟子期的墓葬为什么会坐落在凤阳呢？据唐人林宝《元和姓纂》记载，钟姓是宋微子的后代，因为住在钟离，于是以"钟"为姓。这本书还特别提到"楚有钟仪、钟建，又钟子期与伯牙为友。"而"钟离"，就是现在的安徽凤阳县临淮关一带，与钟子期墓所在地相距不足 10 公里。所以，自古就有钟子期为钟离人的说法。

在凤阳钟子期墓所在的山坡下，有大青郢、小青郢两个村子，据当地人介绍，"青"原为"琴"，由于年代久远，慢慢谐音成为现在的名字，而两个村子，相传就是伯牙摔琴所留，当年伯牙痛摔瑶琴后，大的一半所落位置，即为大青（琴）郢，而小青（琴）郢所在的位置，就是被摔碎的瑶琴那小的一半。

村落名字的来由终归为传说，早已无从考证。只有高山流水的故事，一代代在皖北流传，那琴音也就仿佛一直在淮北梧桐村，在钟离古国的土地上久久流淌……

二、识见高远桓君山

如果说《高山流水》的故事，还仅仅是传说，那么，濉涣之地出现的四大音乐家——桓谭、嵇康、桓伊、戴逵却个个于史有载。

桓谭，字君山，相城（今淮北市）人，生活在两汉之际。他不仅是著名的思想家、哲学家、经学家，也是音乐理论家和古琴演奏家。《后汉书·桓谭传》介绍，桓谭出身音乐世家，父亲是汉成帝时的太乐令，到了王莽时，“好音律，善鼓琴”的桓谭也当上掌乐大夫。父子两代，都是当时国家音乐艺术机构的负责人，负责皇帝举行国家大典时的音乐事宜，可见桓氏音乐造诣之深。

但是，作为国家音乐的掌门人，桓谭对儒家礼乐教化的观念，却是格格不入。出于一个艺术家的天性与深厚的艺术修养，更出于一个思想家不肯墨守成规，反对“事事效古”的理念，桓谭不断在民间鲜活的音乐中发现着自然、清新的大美，常常“采诗夜诵”，“颇离雅操而更为新弄”，醉心于改编创作繁声新曲——一种曾经被孔子斥责过的民间音乐“郑声”。这些带着生活本有的鲜活之风与男女深情的地方乐曲一经桓谭之手，顿时变得更加沁人心脾、令人陶醉，再加上桓谭高超的琴艺，那琴音更显袅袅绕梁。

桓谭鼓琴的声名很快传遍朝野。《后汉书·宋弘传》记载，光武帝刘秀每次宴饮，都要桓谭演奏琴曲。听惯了宫中一成不变、四平八稳的雅乐，耳边突然飘起如此浪漫清新、悠悠扬扬的新曲，刘秀十分兴奋，大为赞赏，桓谭似乎也备受宠爱。不幸的是，有思想、有学识、有才艺的桓谭，骨子里还是一介书生，当他还陶醉于美妙的音乐旋律里，陶醉于每一次演奏的大获成功的时候，危险已经像一只老虎，暗暗伏在他的身边。

就整体而论，汉代是一个礼法森严、经学勃兴、儒教压倒一切的年代，因为大圣人孔子说过“郑声淫”，“恶郑声之乱雅乐也”，因此，来自田野乡间匹夫之口、优美动人的民间音乐“郑声”，就被一班正人君子斥为“亡国之音”。一天，曾经举荐桓谭为“通儒之士”，将他送到光武帝身边任职的太中大夫、大司马宋弘，专门将桓谭叫到自己家。待到桓谭毕恭毕敬地走进来，只见宋弘一身朝服正襟危坐，满脸怒容，见了来客，连座位也不让，劈头就是一顿训斥：“我推荐你，是希望你以道德辅佐国家，你却进郑声以乱雅颂，这不是忠正之人的作为！你是自己改掉，还是让我依法来治你的罪呢？”好一顿当头之棒，直打得桓谭晕头转向，他想驳斥，想辩白，可宋弘根本不给机会。再说，宋弘毕竟是对自己有知遇之恩的师长，是朝野间人人敬重的国家重臣，桓谭除了连连叩首，一时全不知如何是好。他呆呆地站着，过了很久，才得到宋弘的恩准，唯唯退下。

几天后，刘秀又一次大会群臣，照例命桓谭鼓琴。不得不照办的桓谭惴惴不安地坐下，一抬头，看到脸色铁青的宋弘正不错眼珠地盯着自己，两道目光恰如两柄利剑，直刺得他一身寒意。桓谭突然感到，以往每次演奏之前朝廷上举目所见的那些充满期待、充满赞赏的目光，此时此刻也似乎变得冷若寒冰。刹那间，所有的自信烟消云散，灵活的十指僵硬无比，桓谭心慌意乱，手足无措，“郑声”自然不敢再碰，“雅乐”也弹得凌乱不堪。一曲未成，朝堂上众臣面面相觑，宝座上的刘秀更大惑不解。他刚想开口询问，宋弘就一步抢上，跪奏：“我推荐桓谭的目的，是想让他以忠正引导皇帝，他反而使朝廷喜爱郑声，这是老臣的罪过。”“郑声乱雅”，这可不是一个小罪名，更何况它还是“亡国之音”！刘秀感到自己被欺骗了，恼羞成怒，立刻罢了桓谭的官。

千年之后的我们，自然无缘聆听桓谭美妙的琴曲，所幸他的传世著作《新论》中，还有《琴道》篇，能让我们透过断简残篇，一窥桓谭极高的音乐理论建树。《琴道》篇讲琴的制作结构，琴的美学理论与琴的历史，解说传世琴曲的产生背景与思想寓意、音乐特点，形象而又生动。比如，在介绍琴曲《禹操》时，他说“昔夏之时，洪水襄陵沉丘，禹乃援琴作操，其声清以溢，潺潺湲湲，志在深河”，寥寥数语，让人仿佛亲临洪水为灾的凶险场面，亲见大禹疏河导淮的艰苦卓绝，更让人闻琴声而敬仰先贤，思援琴而颂扬禹功。

《琴道》篇最为核心的几句话是：

> 八音之中，惟丝最密，而琴为之首。琴之言禁也，君子守以自禁也。八音广博，琴德最优。大声不震哗而流漫，细声不湮灭而不闻。古者圣贤玩琴以养心。

这就是琴的音乐地位。中国音乐传统按发声部位的制作材料，将乐器分为八类，即金、石、土、木、丝、竹、匏、革八音。桓谭认为，丝这一类乐器制作最精细严密，琴应该排在丝类乐器的首位。

谈到琴的命名与作用时，桓谭采用了“声训”的训诂方法，取与“琴”字音近的“禁”字，来说明琴之所以叫作琴，是因为有禁止、有约束。君子要注重操守，严以律己，故借琴来达到这一目的。“古者圣贤玩琴以养心”，是对这一观点的强调。“琴德最优”，是说琴作为乐器，音色优美，音声动听，音量适中，形体美观合度。这当然是儒家的音乐观念，它要求音乐能够移风俗、正人心。作为国家最高典乐之官，桓谭这样讲是职责所在，但除却职责，这也是儒家知识分子的共识。中国古代读书人大都琴、书随身，正是把读书与养心相结合的标志。

桓谭《新论》中有较早的又比较权威的音乐理论与音乐史资料，是后人反复引用的文献，而桓谭也就在中国音乐史上，在古代音乐家的行列中，占有了重要一席。

三、特立独行嵇中散

继桓谭之后，特立独行的谯国铚人（今淮北临涣）嵇康，是我国音乐史上又一位杰出人物。

嵇康，字叔夜，是“竹林七贤”的代表性人物。他不仅在哲学、文学等方面有所建树，更在中国音乐史上出类拔萃。他精于琴道，熟谙琴理，中国十大名曲之一《广陵散》，正是因为有了他的弹奏，才名扬海内，而他写就的音乐专论《声无哀乐论》，是一部极富思辨性的美学论著，不仅在中国音乐史上有着极其重要的影响，就是在当今音乐美学领域的研究中，仍然具有十分重要的价值与作用。此外，还有他那“精当完密，神解入微”的《琴赋》，也一直被人称为“音乐诸赋之冠”。

说到嵇康，人们立刻联想起来的，往往就是《广陵散》。

《广陵散》，传统古琴曲，又名《广陵止息》，是汉魏时期相和楚调组曲之一，既用于独奏，也用于合奏。“广陵”是扬州的古称，“散”是操、引乐曲的意思，《广陵散》的标题说明，这是一首流行于古代广陵地区的琴曲，也是我国古代的一首大型器乐作品。它的演奏，多用琴、筝、笙、筑等乐器。

据说，《广陵散》萌芽于秦、汉时期，至魏晋时，逐渐成形定稿。有关记载最早见于曹魏时应璩的《与刘孔才书》：“听广陵之清散”，随后曾一度流失，后人在明代朱权编印的《神奇秘谱》中发现它，经重新整理，才有了我们今天听到的《广陵散》。这是一首来源甚古的琴曲，因早期已无内容记载，现在人们多以聂政刺韩王的民间传说，来解释它的意义。相传聂政是战国时期的韩国人，他的父亲为韩王铸剑，因为延误了上交期限，被韩王杀害。为了替父报仇，聂政到泰山学琴十年，然后用漆涂身，吞炭改变自己的音色，再返韩国。这一次，他在距离皇宫不远的地方弹琴，琴艺之高，令行人止步，牛马停蹄。韩王听说后，立即召他进宫演奏。聂政趁韩王不备，从琴腹里抽出匕首，一刀刺死韩王。为了不让家人受连累，他转而用匕首毁掉自己的容貌，然后自尽。

《广陵散》是我国现存琴曲中唯一一首具有戈矛杀伐战斗气氛的乐曲，直接表达了被压迫者的反抗斗争精神，具有很高的思想价值和丰富的艺术价值。《神奇秘谱》中的此曲乐谱，共有45个乐段，分开指、小序、大序、正声、乱声、后序6个部分。正声以前，主要是表现对聂政不幸命运的同情；正声之后，则表现对聂政壮烈事迹的歌颂与赞扬。正声是乐曲的主体部分，着重表现了聂政从怨恨到愤慨的感情发展过程，刻画了他不畏强暴、宁死不屈的复仇意志。全曲始终贯穿着两个主题音调的交织、起伏和发展、变化。

《广陵散》作者是谁，我们已经不得而知。但《广陵散》的名扬四海，却是因为嵇康。据说，当年嵇康游于洛西，晚上住在华阳亭，引琴而弹。夜里，忽然有客来访，自称是古人，与嵇康共谈音律，“词致清辩”。后来，他用嵇康的琴，弹奏了声调绝伦的一曲，就是《广陵散》。这位不知名的“古人”将琴曲传授给嵇康，并发誓不再传与别人，遂飘然而去。

公元263年，嵇康因拒绝与司马氏合作，被捏造罪名，推上断头台。据《晋书·嵇康传》记载，行刑当日，洛阳城为之哗然，3000名太学生集体请愿，请求赦免嵇康，请求让嵇康来太学做老师。但这些要求怎么可能被同意？临刑前，嵇康神色坦然，他抬起头看了看日影，知道还有一点时间属于自己，便向哥哥嵇喜要来平日里最喜欢的琴，舒展双臂，神色自若地弹奏了一曲《广陵散》。铮铮的琴声，神秘的曲调，回荡在刑场之上，一如往常那样感人心魄，一代名士的最后风流，就这样在激昂慷慨的乐曲中铺天盖地，注入万千读书人心底。最后，嵇康放下琴，长叹一声："《广陵散》于今绝矣！"然后，从容引颈就戮。这一年，他39岁。

嵇康死了，《广陵散》却因此名声大振。

与《广陵散》同样名传后世的，还有嵇康的《声无哀乐论》。此文采取宾主对话的方式，假托秦客与东野主人相互问难，就音乐到底有无哀乐之情的问题，展开剖认与论辩。文中"东野主人"代表了嵇康的主张，"秦客"则代表和他主张不同的人们。这篇著作打破了陈腐经学沉闷的空气，在当时整个思想界引起了巨大反响。

《声无哀乐论》由八组辩论组成，通过"秦客"和"东野主人"的八次问难、辩答，论述了音乐的表情功能和社会作用，音乐欣赏的主观和客观性，人类听觉和视觉、嗅觉、味觉之间的关系，感情表达和音乐表现形式的多样性等等问题。针对儒家片面夸大音乐社会作用的理论，嵇康指出，音乐是客观存在的东西，而人的感情是主观存在，两者之间没有必然的联系，即"心之与声，明为二物"，"音声有自然之和，而无系于人情"。由此，他提出"声无哀乐"的观点。针对儒家"治世之音安以乐，其政和；乱世之音怨以怒，其政乖；亡国之音哀以思，其民困"的观点，嵇康回答："和声无象，而哀心有主。夫以有主之哀心，因乎无象之和声，其所觉悟，唯哀而已。"也就是说，声音是无象的，但是人的心有哀乐之分，用悲哀的心情去听音乐，音乐也就是悲哀的了。由此可知，嵇康的这部作品，就是从否定儒家开始的。魏晋玄学时期，是人的主体意识觉醒时期，嵇康此作，可以说是从音乐鉴赏的角度，大胆肯定主体思想的存在，将"心"从"声"的制约中解放出来，从而在音乐鉴赏中获得主导地位。

当然，嵇康在强调鉴赏主体之"心"的能动作用时，也并不忽略音乐之“声”的心理效应。他认为音乐对人的这种心理效应不是哀乐，而是躁动与安静、专一与散漫。音声“简以单复、高埤、善恶为体，而人情以躁静、专散为应”，“声音之体尽于舒疾，情之应声亦止于躁静耳”。从这点可以看出，嵇康仍然肯定了人在情绪上对音声的反应，而这种“躁情”的情绪反应，是不同于哀乐的情感体验的。嵇康认为，音乐作品能为人心所感知的诸种感觉要素，如节奏、旋律、和声、音色，以及它们所组合而成的特定的音乐形象或听觉效果，都包含在“单复、高埤、善恶”这6个字当中。不同乐器演奏出来的音乐，或者不同地域、不同风格的乐曲，会引起欣赏者不同的心理效应。这就阐明音乐的本体是“和”。这个“和”是“大小、单复、高埤、善恶”的总合，也即音乐的形式、表现手段和美的统一。它对欣赏者的作用，仅限于“躁静”“专散”，只能使人感觉兴奋或恬静，精神集中或分散，与人在感情上的哀乐是毫无关系的，这就是“声音自当以善恶为主，则无关于哀乐；哀乐自当以情感而后发，则无系于声音”。那么，人的情感上的哀乐从何而来呢？嵇康认为，这是人心受到外界客观事物的影响，即“哀乐自以事会，先遘于心，但因和声以自显发”。人心中先有了哀乐，音乐起着诱导和媒介的作用，使它表现出来，同时，他还认为“人情不同，各师其解，则发其所怀”，人心中先已存在的感情各不相同，对于音乐的理解和感受也会因人而异，被触发起来的情绪也会不同，所以他认为音乐虽然能使人爱听，但并不能起移风易俗的教育作用。即“乐之为体，以心为主”，“至八音会谐，人之所悦，亦总谓之乐，然风俗移易，本不在此也”。在上述问题上，嵇康大胆地反对了两汉以来把音乐简单地等同于政治，甚至要它起占卜的作用，完全无视音乐的艺术性的弊病，自有非同一般的意义。而他论及的音乐的形式美，音乐的实际内容与欣赏者的理解之间的矛盾等，都是前人所未论及的。

在《琴赋》序中，嵇康强调了自己对音乐，尤其是器乐的喜好，认为这可以“导养神气，宣和情志，处穷独而不闷”。而历来状写奏乐之器与歌舞之象的作品，“称其材干，则以危苦为上；赋其声音，则以悲哀为主；美其感化，则以垂涕为贵。丽则丽矣，然未尽其理也。推其所由，似元不解音声；览其旨趣，亦未达礼乐之情也”。为真正表现出“琴德最优”，他提笔撰写了妙绝千古的《琴赋》。

赋当然要铺张扬厉。嵇康先写椅梧生于崇山峻岭，“含天地之醇和”，“吸日月之休光”，并“经千载以待价”。梧桐生长在山间，为高人、树木、泉水、云雾、鸾凤、清露、和风所环绕呵护，是天然的优质琴材。接着写制琴的巧匠、弹琴的名手，他们精心设计，制为雅琴，进献君子，奏出新声。然后就是理正声，奏妙曲，刻画各种季节、场景中的琴艺的表现：“状若崇山，又象流波。浩兮汤汤，郁兮峨峨”，“高轩飞观，广夏闲房，冬夜肃清，朗月垂光，新衣翠粲，缨徽流芳。于是器冷弦调，心闲手敏”。随弹奏者的心意，琴可以奏出或激昂或缠绵的乐曲，又可改弦易调，奏出奇创的旋律：“徘徊顾慕，拥郁抑按，盘桓毓养，从容秘玩”，各种瑰艳奇伟的乐曲，多到无法识别。有的悠闲舒雅：“若鸾凤和鸣戏云中”，“若众葩敷荣曜春风”；有的就像春天丽服出游，遨游嬉戏：“涉兰圃，登重基，背长林，翳华芝，临清流，赋新诗”；也有的私秘适意：“华堂曲宴，密友近宾，兰肴兼御，旨酒清醇”。总之，琴乐“总中和以统物，咸日用而不失，其感人动物，盖亦弘矣”，“永服御而不厌，信古今之所贵”。最后的“乱”中，嵇康感叹琴德的深不可测，良质妙手相遇，所演奏的为顶尖的艺术，但识音者希见，无人重视，只有至人才能发挥这种雅琴的作用。

嵇康的《琴赋》既有对琴和音乐的理解，也表达了个人怀才不遇、落落寡合的心态。此赋是魏晋时咏物赋的代表作，更是六朝以来以琴写音乐的首篇赋作。作为一个琴坛高手，嵇康创作《琴赋》，自能引领读者尽情地感受琴声的美妙。

嵇康也能创作琴曲。他创作的《长清》《短清》《长侧》《短侧》四首琴曲，被称为“嵇氏四弄”，与蔡邕创作的“蔡氏五弄”合称《九弄》，是我国古代一组著名琴曲，隋炀帝曾把弹奏《九弄》作为取士的必备条件之一。

四、一往情深桓子野

在嵇康之后，东晋谯国铚人（今淮北市临涣）桓伊，是名列中国音乐史的又一位皖北大家。

桓伊，字叔夏，小字野王。他是参与指挥淝水之战的将军，又是中国历史上最著名的竹笛演奏家。《晋书·桓伊传》称他“善音乐，尽一时之妙，为江左第一，有蔡邕柯亭笛，常自吹之”。

中国历史上有一个与音乐相关的成语“一往情深”，正与桓伊有关。《世说新语·任诞》中记载：“桓子野每闻清歌，辄唤奈何。谢公闻之，曰：‘子野可谓一往有深情’。”就是说桓伊很爱听别人唱歌，每每听到优美的歌声，他就会连声称赞。谢安见桓伊艺术造诣很深，对音乐又如此痴心，便说：“桓子野对音乐真是一往情深呀！”

《晋书》和《世说新语》里，都曾记载桓伊与《梅花三弄》的故事。当年，王子猷应召赴东晋都城建康，所乘的船停泊在青溪码头。恰巧，桓伊此时乘车从岸上经过。船上一位客人满怀仰慕之情说：“知道吗？这就是桓野王！”慕名已久的王子猷一听，立刻来了精神，竟然不管不顾地命人跑到桓伊车前发出请求：“听说先生善于吹笛，能不能为我演奏一曲？”

依照惯常人情，这绝对是个唐突的请求。且不说桓、王二人素不相识，更重要的是桓伊此时已是有地位、有名望的显贵人物。但是，桓伊竟然点头同意了。他即刻下车，坐在当时叫作“胡床”的小马扎上，拿出东汉著名学者蔡邕留下的“柯亭笛”，为王子猷吹奏了空灵神妙的《梅花三弄》，奏毕，乘车而去，主客之间未谈一言。

桓伊和王徽之的不期而遇，促成了中国十大名曲中《梅花三弄》的诞生，后人将它改为琴曲，并成为千古流传的佳作。琴曲《梅花三弄》，又名《梅花引》《梅花曲》《玉妃引》，存谱初见于明代朱权编印的《神奇秘谱》。朱权在“解题”中说：“桓伊出笛为《梅花三弄》之调，后人以琴为《三弄》焉。”曲中泛音曲调在不同徽位上重复三次，故称“三弄”，用以表现梅花高洁安详的静态，另有急促曲调表现梅花不畏严寒，迎风摇曳的动态，各段多以共同曲调作结。当然，从笛曲到琴曲，乐器不同，时代跨度也大；同时，桓伊所奏，内涵是否与梅花有关，似乎都无关紧要。关键一点在于，桓伊作为战功卓著的将军，作为充满人格魅力的音乐家，作为江左第一的吹笛名手，又是在故都的金陵，烟粉迷离的秦淮河畔，与风流绝俗的王徽之邂逅，从而奏出了中国音乐史上的绝唱之一，这种机缘巧合、震烁千古的美事、韵事，本身就是文学艺术可遇不可求的好素材。所以，后人把它与梅花这类美好的文化意象连接起来，又以琴声之清，写成作为中华乐器之首的古琴曲谱，其神奇、高雅是不言而喻的。

《梅花三弄》具有独特的中国文化史价值。梅的馨香洁白，坚忍耐寒，高洁脱俗，风神绰约，是传统“君子比德于物”的重要意象。松、竹、梅被称为“岁寒三友”，入诗，入词，入画，入曲，更深入到中华民族的心理结构，甚至成为中华传统文化的基因与中华文明的重要标志之一。因为桓伊，梅花与竹笛结缘，二者互相衬托，互相交融，历代咏梅之作，不能无视桓伊与笛的魅力；而与笛有关的作品，也无法摆脱梅花的形象。现代人借《梅花三弄》之古风——那优美动听、典雅清秀的旋律，及它独特的音乐结构形式，来表现政治品格，抑或表现男女之情。《梅花三弄》因此已作为中华文化音乐精品，列入中华音乐主题曲库。

《晋书》极力称赞了桓伊的音乐才华，认为他的音乐造诣“尽一时之妙，为江左第一”。其实，这不仅仅是音乐造诣，还有人品。这就需要说到桓伊另一个更著名的故事。

桓伊吹笛图

淝水之战以后，居功至伟的谢安受到别有用心之人的诽谤，被孝武帝猜疑，渐受冷落。按说这没桓伊什么事，可是，这位出身皖北的桓家男儿却为此大为不平。一次宫廷宴会，孝武帝召桓伊饮宴，谢安侍坐于旁。孝武帝命桓伊吹笛助兴，桓伊立刻顺从地吹奏了一曲。让人没想到的是，一曲过后，他就放下笛子，启奏皇上：“愚臣弹筝不及吹笛，但也足以自成乐调，而且能配合歌唱，请允许愚臣弹筝歌唱，并请一人来吹笛。”

虽然这是自作主张，但孝武帝一直十分欣赏桓伊的音乐才华，便同意了。于是，桓伊召来奴仆吹笛，自己弹筝歌唱，只听他唱道：“为君既不易，为臣良独难。忠信事不显，乃有见疑患。周旦佐文武，《金縢》功不刊，推心辅王政，二叔反流言。”前辈桓范写下的《为君难》《臣不易》，此时化为慷慨激越、悲壮苍凉的歌声，久久回旋在宫廷之中，周公辅政的故事，古往今来为臣之不易，尤其是忠心耿耿辅佐君王的臣子的无奈、哀伤，深深打动了在场所有听众的心。一时间，谢安“泣下沾衿”，孝武帝“甚有愧色”。一曲唱罢，谢安起身走到桓伊座旁，双手理顺桓伊的长须，动情地说：“今天的作为，足见你的非同凡响！”

戴逵画像

五、骨有奇气戴安道

在中国音乐史上，另一位来自东晋谯国的铚人（今淮北市临涣），以不屈服于王门的志气，留下千古佳话，他就是戴逵。

戴逵，字安道。《晋书·隐逸传》称他是一位文学艺术兼通的多面手，正所谓“少博学，好谈论，善属文，能鼓琴，工书画，其余巧艺靡不毕综”。戴逵还是著名的隐士，“性不乐当世，常以琴书自娱”，他身上有道家思想最明显的体现：纵情于山水，献身于艺术。贴近自然，疏远官场，保存自己的真气、正气。数年来，虽有大臣多次举荐，朝廷屡次征召，戴逵都置之不理，或想尽办法推脱，拖延，避而不见，甚至逃跑，躲进深林幽谷。在当时，如若没有对时代的清醒认识和坚定的人生信念与追求，这是无法做到的。

武陵王司马晞身为太宰，位高权重，听说戴逵擅长鼓琴，便派人将他召来为自己弹奏取乐。戴逵当着使者的面，狠狠地把琴掼在地上，摔得稀烂，然后对使者说：“戴安道不作王门伶人！”后来，武陵王又派人去召他哥哥戴述来王府弹琴，戴述竟受宠若惊，高高兴兴地抱琴前往。哥哥的趋炎附势，更能衬托出戴逵骨子里那股磊落不平之气。

与戴逵有关的另一个著名故事，就是王子猷“雪夜访戴”。有一天夜晚，天降大雪，王子猷突然醒来，起身找酒喝。看到四面都是白茫茫的，他觉得很孤寂，就吟诵起左思的《招隐诗》，吟着吟着，突然想念起一位真正的隐士好友戴安道。王子猷住在山阴，戴安道住在剡溪，那可是相当远的路程。王子猷连夜乘小船赶往剡溪，折腾了整整一个晚上，好容易到了戴逵的门口，却不进去，转身又回来了。有人问他这是为什么，他的回答是："我本来是乘兴而来的，现在兴致尽了，为什么一定要见戴安道呢！"从此，"乘兴而来，兴尽而返"就成了众所周知的一个成语。

第二节 随地作场，讲古说今
——皖北戏曲览胜

淮河的水滋润了皖北大地，这片土地上的人民也像淮河的水一样奔放、热情。皖北的儿女在土地上躬耕觅食的同时，没有忘记他们的生活本来该是快乐的。于是他们动情地唱出了属于皖北大地的民歌，跳起了属于皖北大地的舞蹈，演起了属于皖北大地的戏曲。"仁者乐山，智者乐水"，淮水赋予了皖北儿女如水一般多变的艺术才华，似乎任何一种来自异域的戏曲、曲艺，一旦进入皖北，就会被本地的文化所感染、变动。于是，新的剧种、新的曲艺，就此诞生。泗州戏、花鼓戏、花鼓灯、清音、坠子戏、梆子戏……数不胜数的戏曲、曲艺品种登上皖北各地的舞台，它们以各自的精彩纷呈，共同构建了皖北的艺术殿堂。走进这座殿堂，欣赏皖北戏曲，同时也就是在领略皖北文化的深厚。

一、拉魂夺魄泗州戏

泗州戏又名"拉魂腔"，单凭这个名字，就能感受到它一定具有勾人心魄的艺术魅力。拉魂腔是流行在皖北的地方性剧种，它与流行于苏北、鲁南等地的柳琴戏和淮海戏，都属于同一个声腔，只是因为传播区域不同，所以称呼不同。泗州戏是什么时候出现、兴起的，现在已经无从考证。只知道它本来是老百姓自娱自乐的草根艺术，文人士大夫罕有关注，文献中也就缺少记载。今天，我们只能根据老艺术家的口述资料，推断它的来龙去脉。

根据老艺人回忆，泗州戏、柳琴戏和淮海戏，都起源于江苏海州地区（即江苏省东海县）。拉魂腔的主要曲调是“太平调”和“猎户腔”。“太平调”又名“太平歌”，主要流行于江苏海州、盐城一带，早在清代康熙年间就已产生，在微山湖东岸的历湾附近流传，然后向寄堡、邳城、韩庄、柳新等地发展。据说，“太平歌”原是乡民农闲时的一种自娱的活动形式，后来演出范围日趋扩大，演唱的人数越来越多，内容也逐渐丰富。由于使用柳叶琴伴奏，发出叮叮咚咚的清脆音响，也有人叫它“叮叮腔”。从拉魂腔的曲调渊源可以看出，出身民间是它的基本属性，老百姓的自娱自乐是它的基本功能。在海州，有三位酷爱民间艺术的艺人分别姓丘、葛、张，他们的名字早已在历史长河中埋没了，但就是他们三个人聚在一起的切磋和钻研，磨砺出一个民间艺术精品。他们将原本并不关联的“太平歌”和“猎户腔”融合在一起，形成了原始的拉魂腔。后来，朋友三人各奔前程，张老汉留在苏北，葛老汉去了鲁南，而丘老汉则流浪到了淮北地区。

丘老汉来到淮北之前，淮水两岸已经盛行花鼓等民间艺术。在这样一个民间艺术活跃的他乡，丘老汉又找到了当年三人一起切磋拉魂腔的艺术感觉。于是，他将原始的拉魂腔和淮北的花鼓结合，创造了独具皖北风情的新拉魂腔。这个腔调既吸收了海州拉魂腔的精髓，又融合了皖北音乐、舞蹈的特色，很快成为皖北地区风靡一时的民间艺术。因为丘老汉对泗州戏的形成有着开创之功，所以，泗州戏的演员都自称“丘门腿”，以示对老汉的敬意。

在皖北，民间流传着一个关于拉魂腔的故事。据说，泗州戏最为流行的时候，各个村男女老少都是戏迷，他们饭可以不吃，但戏不能不看。有个刚过门的小媳妇，是个泗州戏的戏迷。丈夫出门做生意，她一人在家操持家务、带孩子。一天，邻村锣鼓喧天，正在搭台演戏，小媳妇一听，坐不住了，立马抱上正在熟睡的孩子，抄个小板凳就飞奔去听戏。戏看到一半，她低头看看怀里的孩子，才发现抱了一个大南瓜。这可吓坏了小媳妇，她慌忙一路寻回，在南瓜地里发现了自家的枕头；回到家，才看到孩子还在睡觉。她这才想起来，走的时候太匆忙，把枕头当作孩子抱了，到了南瓜地，为了抄近路，被绊了一跤，爬起来时，匆匆抱个东西就走了。小媳妇为了听戏差点闯了祸，大伙儿觉得这戏真的能够让人像丢了魂似的，于是就将它叫作“拉魂腔”。至今，在皖北地区流传的一些民谚，还能反映出淮水两岸老百姓对泗州戏的喜爱，如“拉魂腔、拉魂腔，不怕你不来，就怕俺不唱”；“从东庄到西庄，人人会唱拉魂腔”。

丘老的生卒年我们今天无从知晓，但通过他几传之后弟子的回忆，他大致生活在乾隆年间，这样看来，泗州戏就是一个有着 200 多年历史的地方剧种。

早先，泗州戏还保留着民间曲艺的形式，内容较为简单、表演形式也较为单一。艺人往往以家庭为单位，几口人推着独轮车四处流浪卖艺。这一时期的演戏，被艺人戏称为“拉更戏”，因为冲州撞府的演出，往往早晚不见太阳。由于演员只有两三个人，早起的泗州戏只能演出两小戏和三小戏，剧目的情节也较为简单，这从名字上就可以看出，比如什么《小书房》《小花园》等等。

在不断的演出实践中，泗州戏的艺人逐渐摸索出一些表演经验，开始大胆地对表演形式进行改进。其中，一个重大的进步就是“马踏雪”的出现。“雪”与“薛”同音，是讲述薛仁贵的一部戏，名叫《跑窑》。在这部戏里，生旦两个演员要表演 3 个折子戏，每人要饰演 3 个不同的角色，角色的增加，说明泗州戏已经可以演出一些篇幅较长的剧本。泗州戏有句俗谚叫“七忙八不忙，九人看戏房”，这说明，此时的泗州戏已经具备了成熟剧种的雏形。

早期泗州戏，旦角都是男性反串，大概在民国初期，一些男演员开始动员妻子女儿学戏，于是，泗州戏开始有了女演员。女演员的出现，为泗州戏赢得更多的观众，皖北地区一句俗谚道出了泗州戏旦角的魅力——“吃包子吃馅，听拉魂腔听旦”。此后，两位表演艺术出众的女演员李宝琴、霍桂霞，更是被广大观众誉为“拉魂腔的双花”。李宝琴的表演唱念做俱佳，霍桂霞的特色在于唱。所以，泗州戏的艺人有这样一个说法：“霍桂

泗州戏

霞的唱，李宝琴的浪”，生动地概括了两人的表演风格。

新中国成立后，泗州戏艺人结束了流浪的生活，成立了国营剧团。1954年，华东地区首届戏曲观摩演出大会在上海举行，由李宝琴、陈金凤主演的泗州戏《拾棉花》，以载歌载舞、风趣活泼的表演征服了观众，获得极高的评价。这出戏讲述了一对农村姑娘张玉兰（李宝琴饰）和王翠娥（陈金凤饰）去地里拾棉花。劳动之间，二人互说心事，由此引发了攀比和争斗，最后，她们互相比谁的未上门女婿更优秀，谁能够先生个胖娃娃。哪知道她俩的悄悄话被树上看瓜的张老汉听见，二人羞愧而逃。由于生活气息浓郁，唱词、念白中透露出泥土的芬芳，有着鲜明的皖北地域文化特色，《拾棉花》被视为泗州戏的代表作。李宝琴因主演《拾棉花》，还曾在华东地区戏曲观摩演出中荣获了“演员一等奖”。此外，由李宝琴、霍桂霞主演的大型现代戏《小女婿》，以皖北农村包办婚姻的故事为题材，塑造了一个反对旧风气的新女性形象，不仅在泗州当地曾连续演出60余场，大受欢迎，而且一路演出到合肥、上海。

二、花开并蒂向阳枝——花鼓戏

说起花鼓，人们常常想到的，就是凤阳百姓拿在手上且唱且打的小花鼓。花鼓戏与花鼓、花鼓灯并称“三花”，名字相似，表演形式有亲缘关系，但实质并不相同。花鼓戏是戏曲类的一个剧种，花鼓属于曲艺，而花鼓灯则是一种民间舞蹈。作为曲艺的花鼓是花鼓戏的表演基础，花鼓戏则是花鼓曲艺的戏曲化，二者如并蒂之花，相互依存，相得益彰。花鼓戏界有这样一个戏谚，叫作“上班鼓，下班戏”，说明花鼓戏的演员，通常也是花鼓曲艺的演员，往往先演出花鼓曲艺，然后演出花鼓戏。当演员一人上场，又没有乐器伴奏的情况下，他就会清唱戏曲选段，或者演唱花鼓曲艺小段，叫作“砸干梆”。

淮北花鼓戏演员准备演出

明朝初年，临濠（今凤阳）所属的长淮卫一带，流行着一种地方民歌，叫作“凤阳歌”。长淮卫南北交通便利，“凤阳歌”很快就广为流传。待到明末清初，凤阳花鼓开始与戏曲相关，乾隆年间刊刻的戏曲选本《缀白裘》第六集中，就收录《花鼓》一出，所唱曲调有“凤阳歌”和“凤阳曲”。因此可以推测，凤阳花鼓戏的形成当是在入清以后，在花鼓曲艺的基础上，融合了戏曲的表演因素，开始了向戏曲的演变。据考证，同治、光绪年间，花鼓的唱腔出现了与戏曲板腔体相似的曲调；民国时期，开始成型。

皖北花鼓戏以淮河为界，分为北乡和南乡两种。民国时期，南北两派花鼓戏各出现了自己的代表性人物，他们所率领的花鼓戏班，在各自的天地里演绎出一曲曲欢快、精彩的戏中戏。

此时，花鼓戏中出现了一个杰出的演员陈广仁，他嗓音圆润嘹亮，舞蹈技艺精湛。最初，他和一帮子花鼓戏演员只是演出一些小戏，但小戏故事内容有限，听的时间长了，容易审美疲劳。于是，陈广仁主动向兄弟剧种取经，移植剧目，然后按照花鼓戏的表演特点进行改编。经过改编后的花鼓戏，不但在表演艺术上有了新的变化，而且剧目内容更为丰富，创造了《薛凤英推磨》《吴汉杀妻》等许多新剧目。

陈广仁和他的戏班一路走红，不但唱响皖北大地，而且一度与泗州戏分庭抗礼，让拉魂腔的演员们感到了压力。于是，两个剧种的优秀艺人开始以戏斗戏，这种戏中戏的热闹局面，让皖北戏曲舞台一时热闹非常。正当陈广仁在淮河北岸风光无限的时候，淮河南岸的花鼓戏艺人也不甘寂寞，他们的杰出代表刘金华带领戏班，也开始了创新和改革。刘金华擅长扮演女角，人称他是“刘二姐”。他带领的班子常年演出《莲花庵》《四告》等剧目，受到民众热烈欢迎。据说，每年秋收后，乡间歇闲之时，上门邀请刘二姐唱戏的人，接踵而至，让戏班子应接不暇。

如此，不断改革，不断创新，不断汲取兄弟剧种艺术营养的皖北花鼓戏，越唱越响。1952 年，凤阳县花鼓戏剧团成立，这是花鼓戏历史上第一个正式的戏剧团体。从乡间泥土路上走出的凤阳花鼓戏，开始登上都市大舞台，并为中央领导人演出。

与凤阳花鼓戏一样，淮北花鼓戏也起源于曲艺花鼓，在表演中也以花鼓伴奏为主，但是，它们在表演内容和音乐曲调上存在差异。淮北花鼓戏是什么时候形成，现在已经难以考证。据老艺人牛开运回忆，大概是在清嘉庆年间，淮北花鼓已经开始由曲艺衍变成戏曲剧种。这一剧种源于宿州地区，随着艺人的流动，后来出现了南、北、中三路。南路活跃于滁州、寿县、五河、泗县、灵璧、定远等地，中路活跃于萧县、砀山，以及江苏的丰县、沛县，北路活跃于山东的单县、成武、金乡、济宁。

与凤阳花鼓戏、泗州戏一样，淮北花鼓戏刚形成时也主要是以两小、三小戏为主，曲调只有“太平调”和“宿州调”两种。“太平调”显然是从泗州戏中借鉴而来，而“宿州调”则是宿州当地的民歌。清末民初的皖北大地，花鼓戏热闹非常，淮北花鼓戏涌现出了“花鼓状元”马敬君、“黑彩云”杜学诗、张纪德等优秀艺人。这些艺人不但表演艺术精湛，而且谦虚好学。他们深感淮北花鼓戏的曲调过于简单，无法满足观众的需求，要想与凤阳花鼓戏、泗州戏等兄弟剧种一争高下，就必须进行改革。

决心已定，他们首先向当地民歌学习，将“兰花调”“怀远山歌”“丰收歌”“口子调”等地方民歌吸收到表演中，同时努力将曲牌体音乐发展为板腔体音乐，其中的“口子调”，是淮北濉溪口子镇流行的民歌。新的花鼓戏音乐表现力更加丰富，曲调也更富于变化。特别是它的特色曲调“寒调”，唱起来哀婉缠绵、如泣如诉。随着音乐的改进，在表演形式方面，花鼓戏艺人也有所创新。早期的花鼓戏与花鼓曲艺的表演非常相似，都是在花鼓的伴奏下以歌舞为主。音乐改进后，淮北花鼓戏的艺人也开始向泗州戏、京剧等戏曲剧种学习，较少歌舞表演，增加唱念做打。这样一来，表演形式和音乐伴奏更为丰富，艺人可以大胆地排演《秦雪梅》《四宝珠》《回龙传》等本戏。

改革创新，大大推进了淮北花鼓戏的成长。因为到哪里演出都是以花鼓开场，所以，一听到花鼓声，老乡们就坐不住了。淮北等地，一直流传着关于花鼓戏的谚语，像“花鼓一响，锅饼子贴到门框上”，“听了花鼓戏，荒了三亩地”等等，从这些谚语中，我们真能切实感受到当地群众对花鼓戏那种如痴如醉的状态。

1957年，宿县成立了宿县淮北花鼓戏剧团。目前，淮北花鼓戏也入选国家级非物质文化遗产名录。演员周钦全被选为国家非物质文化遗产的代表性继承人。他的唱腔保留了原汁原味的淮北花鼓戏的民间唱法，“寒调”演唱更是一绝。另一位代表性继承人吕金玲主演的《新人骏马》，曾三次进京，并参加国庆献礼演出。一直到今天，宿县淮北花鼓戏剧团还常年活跃于城乡之间，深受老百姓的喜爱。

三、他乡移来此地栽——淮北梆子戏

与其他在皖北地区形成的地方戏相比，淮北梆子戏的身世有些特殊。淮北梆子戏又名“沙河调”或“沙河梆子”，它是从河南流传过来的地方戏剧种，而且在传入之时，已经十分成熟。据老艺人王金法回忆，大概是在清嘉庆年间，艺人杨坦等来到亳州、临泉等地，表演河南梆子戏。由于演出大受欢迎，他们便在沙河一带扎下根来。经过多年的发展，沙河梆子虽然是以梆子戏为基础，但也吸收了皖北地方的民歌、曲艺和戏曲的特色，与皖北地方文化融为一体，从唱腔到戏曲民俗，都与邻近的河南商丘梆子戏有了明显不同，成了皖北戏曲文化的代表之一。

梆子戏因为传来之时已经成熟，所以，它的人才培养方式与一些小戏

不同。推剧、嗨子戏等剧种，都是靠一些对这种艺术有特殊爱好，或者从事相关曲艺表演的艺人支撑起来的，而梆子戏则采用了戏曲科班的形式来培养演员。最早将河南梆子带到皖北的艺人杨坦收了一个徒弟叫沈万魁。道光二十年（1840），沈万魁在临泉县设科班，招收徒弟 20 余人。沈万魁的徒弟郝安荣（艺名郝大麻子）又先后设 13 个科班，培养了 400 余名弟子。这几百名梆子戏艺人满师之后，纷纷组建梆子戏班，于是，皖北大地梆子戏班数量迅速发展。到 1921 年，已经广布在南至河南固始、北至徐州这片土地上，并出现了著名的梆子戏三杰——顾锡轩、朱季林、王登科。这三人被老百姓编进一个俗谚，叫作“朱大鼻子王大眼，来了个顾群唱红脸”。

淮北梆子戏在沙河扎根后，吸收了流传在皖北大地的灶王戏、坠子戏、鼓书等曲艺的味道，形成了高亢激越、朴实大方的唱腔。在表演上，它又吸收了沙河一代舞蹈和武术特色，掺入一些武术动作和兵器用法，形成了金钩倒挂、滚绳等绝活。花鼓灯是皖北大地最流行的舞蹈之一，对于这个艺术宝库，梆子戏艺人自然不会放过。他们在观摩了花鼓灯的扇舞和手帕舞之后，也在梆子戏中加入这些元素。如此，梆子戏更加本土化，更能吸

淮北梆子戏传承人张晓东演出剧照

引皖北民众的目光。至于淮北梆子演员的道白与对话，已经基本上不用河南方言，而是采用淮北地区方言，更让当地老百姓感到亲切贴合，感到这就是家门口土生土长的戏曲。

新中国建立后，阜阳、宿县等地先后成立了专业的梆子戏剧团。1960年，它正式定名为淮北梆子戏，安徽省淮北梆子戏剧团也正式成立。全盛时期的淮北梆子戏剧团，能够演出 500 多个剧目，目前，它已经顺利入选第三批国家级非物质文化遗产名录。宿州市梆子戏剧团的演员张晓东，被选为国家级非物质文化遗产代表性传承人。

四、龙山凤岭出新声——坠子戏

萧县位于苏皖交界，又曾属苏北徐州，县城为古萧国，又称“龙城”。在龙山、凤山环绕之下，坠子戏诞生了。它是 20 世纪 40 年代在安徽萧县形成的一个新兴地方戏剧种。因为是从河南坠子的基础上发展起来的，唱腔使用坠琴来伴奏，所以又有“曲艺剧”之称。

民国时期，皖北大地各种曲艺遍布乡间，农村各类演出层出不穷。淮北琴书、单口坠子、渔鼓道情等，都在乡间撂地演出。众多艺术形式的竞争，一方面给艺人带来了生存压力，另一方面，也迫使艺人对艺术进行改革。为了争取更多的观众，能够三餐温饱，萧县琴书艺人陈兴兰组织班社，开始用戏曲的形式演出琴书。这种用新形式演出的曲艺，被称为“清音大扬琴班”。1942 年后，这个班社改由杜庆祥执掌，他以琴书的“四句腔”“凤阳歌”等为基础，将拉魂腔和梆子戏的腔调融入琴书，并用小坠琴和扬琴作为伴奏。此外，他还将原来的说唱本子的第三人称叙述体，改成第一人称的代言体，使演出本初步具备戏曲的代言特点。1944 年后，绰号“黑大个”的著名艺人李教令加入清音大扬琴班，他将琴书的曲调改成坠子的“平腔”和“扎板”，伴奏乐器改成大坠胡，改革后的清音扬琴班改称“道情班”或“道清班”。此时，坠子戏的名称尚未定型。

坠子戏的大发展是在新中国建立后。1951 年，萧县人民政府将道情班接收，成立萧县曲艺实验剧团，并补充了一批新的演员。这批新演员中涌现出了刘元芝（艺名芦花莲）、陈元孝、陈元萍三位杰出演员，被誉为“三大元”。“三大元”演唱各具特色：陈元孝在坠子戏中糅进了安徽大鼓韵味，刘元芝善用脑后音喷口，陈元萍独具清秀流畅的小生唱腔，一时红遍四方，以至于当时皖北有这样一个说法：“不打场、不犁地，都要去听坠子戏，不打油、不称盐，也要去看‘三大元’。”

1959年，以萧县曲艺实验剧团为基础，安徽省坠子剧团成立，正式定名“坠子戏”。1999年，该团更名为安徽省宿州市坠子剧团，也是全国独一的坠子剧团。作为安徽省稀见剧种，坠子戏也入选了第二批国家级非物质文化遗产名录，师从“三大元”之一刘元芝的女演员朱月梅，把坠子戏的“大口”和“小口”唱法融为一体，创造了新的唱法，成为国家非物质文化遗产的代表性传承人。

第三节 高吟低唱，俗调乡情

——皖北曲艺、舞蹈、民歌撷英

戏曲和曲艺是一对不分家的兄弟。戏曲是由多位演员装扮角色以搬演故事，并由一个小型乐队伴奏；曲艺则主要由一人说唱故事，除需要较复杂的伴奏乐器或略显场面之外，大多是自己伴奏，所谓“自拉自唱”。曲艺往往会成为戏曲的基础，而戏曲也大多由曲艺发展而来。皖北大地的戏曲曲艺都是互有亲戚关系的兄弟艺术，这些关系亲密的兄弟艺术共同组成了皖北民间艺术的大家庭，而老大当属凤阳花鼓。一曲“说凤阳，道凤阳；凤阳本是个好地方……”唱红了大江南北。除了这个老大之外，琴书、清音等兄弟姐妹也是各具才华，它们用多姿多彩的表演给皖北大地带来了欢乐。

一、琴声悠扬说古今——安徽琴书

皖北琴书演出照

皖北大地除了花鼓艺术外，最流行的曲艺莫过于琴书了。皖北琴书因为地域的不同，又形成了多个分支，如萧县琴书、灵璧琴书、泗州琴书等等。

1910年，山东郓城琴书艺人于振林迁居萧县，他将山东郓城的琴书带到了萧县。从此萧县开始有了琴书艺术。琴书主要用扬琴、手坠子、京胡、筝、笛子等乐器伴奏，表演热烈欢快。于振林在当地组织的于家班演出，非常受欢迎，邻近县的艺人多来向他学习，所以有人戏称他为“盖三县”。

泗州琴书与萧县琴书有着亲戚关系，是由山东琴书和泗州的道情、俗曲融合后形成的一种曲艺。清末民初，泗州籍艺人张世銮、陆成修，师从山东籍艺人李永杰，将山东琴书带到了泗县。经过与地方曲艺的融合后，泗州琴书很快形成了自己的艺术风格，并分为南北两派。北派被称为“柴门”，风格豪放粗犷、声调高亢激越，代表性曲目有《王华买父》《包公案》等；南派被称为“儒门”，受道情等曲艺的影响，风格温婉清丽，曲词雅洁，多表演才子佳人故事，如《金山寺》《金瓯玉瓶记》等。

灵璧琴书与泗州琴书一样，也与山东琴书有着密切的关系。琴书艺人与大鼓艺人都用道教的世系作为辈分，有“道德通玄静，远长字太清，忠理志成信，何教永元明”二十辈。至今灵璧琴书艺人都自称是做“柴门生意”。柴氏是丘处机的弟子，艺人们尊丘处机为丘祖。如今健在的一些灵璧琴书艺人都是十九世、二十世的“元”字辈和“明”字辈。

灵璧琴书除了采用灵璧当地方言表演外，还吸收了皖北当地的曲调。其中，影响最大的曲调就是“凤阳歌”。据灵璧琴书艺人刘培枫介绍，灵璧琴书的曲调都是四句腔，四句一反复，这种形式来源于“凤阳歌”。改良后的灵璧琴书非常受老百姓欢迎，至今在灵璧依然常年演出不断。灵璧琴书的传统剧目主要有：《列国》《说唐》《薛刚反唐》《说岳》《水漫蓝桥》《十把穿金扇》《双贤记》《响马传》《金球记》《回龙传》《王天宝下苏州》《杨家将》《包公案》《小白龙探母》……新中国成立后有不少反映现实生活的作品，如《雷锋》《烈火金刚》《平原游击队》《铁道游击队》等。

涡河两岸的琴书与太和等地的清音关系密切，所以又被称为“清音”。据艺人马志田说，涡河琴书最早是在民国初年兴起的。早期的涡河琴书，主要演唱“淮调”“鲜花调”“劈破玉”“马头调”等曲调，都是源于扬州的清曲。但是，扬州清曲的风格显然无法满足涡河两岸老百姓的审美要求，于是，涡河琴书的艺人只有在曲调上做出改革。他们将原来的“鲜花调”“劈破玉”等江南清曲，逐渐换成皖北流行的凤阳歌、四平调等等，经过音乐改革后的涡河琴书，终于获得了新的生机，成为涡河两岸的重要曲艺形式之一。

二、温文尔雅自风流——清音

清音属于曲艺中的雅曲，演出气氛温文尔雅，不喧哗，不张扬。艺人多为知识人，文质彬彬，传播范围也仅限于狭小的圈子，甚至家庭、亲友之间。一个“清”字，可以想见它的特殊韵味。

皖北清音主要有太和清音与亳州清音。

太和清音是皖北曲艺中非常稀见的艺术种类。之所以说它稀见，主要是两个原因：其一，皖北的曲艺大多是在花鼓、琴书等曲艺的基础上发展起来的，在发展过程中受到皖北地方戏的影响，而太和清音则是在文人雅士群体中传播，发生和发展都与地方戏、民间曲艺保持着一定的距离，较少发生艺术交融；其二，皖北的曲艺，如淮北大鼓、皖北琴书等等，都是在晚清时期兴起，民国时期发展壮大的，而太和清音则起源于明代成化年间，与凤阳花鼓一样，都是历史积淀较为深厚的艺术种类。

关于太和清音的起源，我们能够找到的资料是天启四年（1624），阜阳庄从善为陈廷瑞所藏的抄本《清音筝谱》所作的序。这一序言记载，“据先人传说，此道为元末汝南老僧清坛法师所创”。法师创作清音后，“日与众徒弹唱自娱，因其音律清雅，故名之曰‘清音’。至明成化年间，有儒师设馆于僧寺，闻其音美而悦之，遂学焉，此清音流入民间之由来也”。据此记载，太和清音至少有600年的历史。在中国戏曲、曲艺史上，有如此悠久历史的戏曲、曲艺并不多见。在安徽省的诸多戏曲剧种中，除了古老的傩戏之外，其他的戏曲、曲艺大多是近代以来兴起的。因此，传承600年之久的太和清音能够保存至今，真是一个奇迹。庄从善有位同乡，名叫张滂，他酷爱清音。据《张氏宗谱》记载：“公性嗜清音，终日弹唱，虽寒折胶，暑铄锡，而弦歌之声不辍。”据此可以推断，在庄从善所生活的成化年间，清音已经深入百姓家，成为一种娱乐活动。

与花鼓、琴书等大众化艺术相比，清音从没有面向广大民间。同治十二年（1873），阜阳塾师张彦之在清音高手临泉李大章处，见到他收藏的《清音筝谱》抄本，于是作序一篇，自称：“余家传清音，已四世矣。”由此可见，清音的世代相传，只是在家族内部。

清音的伴奏乐器主要有三弦、琵琶、坠胡、古筝等。演唱时，众人围坐桌前，每人唱一个角色，这种表演形式与昆曲的雅集表演基本一致。所以，这种表演性质也决定清音注定是在上层社会流行的小众艺术。

民国年间，清音的演奏活动依然十分活跃。它的表演不化妆，只要求着装整洁、仪表端正，唱词雅洁，曲调清幽。从事清音表演的人，一般都出生于富裕家庭，或者书香世家，他们的表演，也仅仅是家族和亲友之间自娱自乐的活动。《清音小史》中抄录了一首诗，反映了当时清音表演的盛况：“清音当日尽风流，传入民间数百秋。世泰年丰多乐事，夜深灯火唱《追舟》。”当时阜阳的徐和昌、刘作雨，太和的张心田、哈西平等，都组织了清音会，艺术成就最高的是徐和昌和韩让国两位。徐和昌的唱腔清幽自然，而且能作新腔，如“龙头凤尾”“双回龙”“单回龙”等。韩让国的表演水平不但在清音界首屈一指，而且让其他一些曲艺的演员都非常佩服。有人编了一个顺口溜，称赞韩让国的表演水平是“李炳坠子盖江南，不如韩让一根弦；王平拉琴盖九州，不如韩让一指头”。

《清音筝谱》中记载了明代清音曲调 64 支，有《梅花三弄》《油葫芦》《万年欢》等 38 支小曲，又有《天下大同》《银纽丝》《平沙落雁》等 26 支大曲。从部分曲牌可以看出，清音的曲调与江南的民歌应该有一定的关联。“银纽丝”是明代江南非常流行的一支民歌。民国以后，清音在音乐上也受到地方戏曲、曲艺的影响。如徐和昌所创作的新腔中有“二簧尾”，这支曲子显然是受到戏曲中二簧曲调的影响。

20 世纪 40 年代，清音一度出现了衰落。1954 年，太和县文化馆组织原“清音会”老艺人成立了清音业余剧团，率先把《安安送米》《永乐观灯》等传统曲目搬上舞台，使清音坐唱改为戏曲上演。

至于亳州清音，人们很容易与太和清音相混淆。首先，两种曲艺的名字都叫“清音”。尽管分处地域不同，但是容易被误解为是同源艺术，比如淮北花鼓戏和凤阳花鼓戏、泗州琴书与萧县琴书等等。其次，亳州清音和太和清音一样，表演形式高度相似，都是围着桌子，以雅集的形式来表演，并不面对市场。但是，高度的相似性并不代表二者属于同一种艺术。太和清音是阜阳本地形成的曲艺，而亳州清音则是外来的曲艺和本土艺术相结合的产物。

光绪年间，亳州人姜桂任热河督统、武毅将军，同籍的蒋国栋任宫廷内务督办，二人与同在北京为官的刘、耿、马、路、汤、李姓等亳州同乡之间来往密切，时称“八大家”。八府子弟在北京过着富贵悠游的生活，于是纷纷喜好上京师岔曲八角鼓艺术。归乡后，他们将八角鼓带回亳州，并在亲友间表演，自娱自乐。不久，八角鼓又传入普通百姓家。有趣的是，进入民间后，八角鼓很快发生了重大转变，一些表演者开始将河南大调曲子和南方乐妓所唱的音乐加入其中，使得八角鼓开始脱离京味，逐步本土化，这种新的曲艺形式，就被大家称为“亳州清音”。

辛亥革命前后，亳州清音传入涡阳义门镇。而亳州当地的清音依然被称为“北词清音”或“八旗清音”。义门艺人朱玉山、许岐山等，组织了义门清音班。1939 年，义门清音班规模扩大，艺人也开始尝试着进行改革，当年传入的曲牌只有 20 几个，经过艺人的创新，很快增加到了 30 多个，书目也增加了一些皖北地方故事，伴奏乐器也不仅仅限于八角鼓和三弦，还增加了二胡、月琴、古筝等。

需要特别说明的是，清音的表演者，无论哪一种，都是男性读书人，所以，皖北各地的清音班，又被称为“儒林班”。表演者必须着长衫，仪表风度端正，举手投足之间不能有失绅士风度。大家围绕桌子坐下，由主唱者檀板轻敲开始，其余伴奏人员随之进入角色。清音班的演出属于上层的贵族艺术，要想聆听，必须三天前持帖子邀请。演出时，主人要外出迎接，以儒士之礼待之，演出者不收任何报酬。

三、鼓板一敲震人心——淮北大鼓

淮北大鼓是在清朝乾嘉年间形成的一种说唱曲艺。它形成于淮北、泗县等地，流行于皖北、豫西、苏北、鲁西南。淮北大鼓源于北方的河间大鼓，经过两百多年的发展，又形成了自己的地域特色。它的音乐和唱腔吸收借鉴了淮北花鼓戏、泗州戏、渔鼓道情等戏曲、曲艺的艺术营养，并且与皖北的地域民俗紧密地结合起来。

淮北大鼓早期的演出形式是用手鼓伴奏，以半说唱、顺口溜的形式演唱。清朝中叶，艺人开始改手鼓为支架固定的鼓，并有了固定的演唱场地，同时用手板或金属板（以其声玎珰称“铃铛板”，以其形为半月称“月牙板”）击打伴奏。

淮北大鼓艺人李明才在演出

早年在农村，尤其是农闲的冬天或早

春，白天在集市上，晚上在乡村中，淮北大鼓是最常见的曲艺形式。大鼓艺人找一片空场地，支起三角鼓架，放稳大鼓，一手持鼓槌击鼓，一手持檀板或铁、铜板击打节奏，演出就拉开了序幕。沉重激越的大鼓声，和以清脆悦耳的板声，真有一种“铁板铜琶唱大江东去”的豪放。大鼓艺人如醉如痴地敲鼓打板，既是宣告节目即将开始，催人聚拢；也是在准备说唱内容，酝酿情绪。那鼓声就在人们的心上震响，板声则在人们的耳边叮咛。无论是在人流如潮的集市，还是在寒意料峭的村夜，仅淮北大鼓的鼓板声，就能让人忘记一切，听得人激情澎湃，流连忘返。

淮北大鼓和许多曲艺一样，对艺人的传承有着特殊的要求。这种规矩也是曲艺民俗的一种体现。据大鼓艺人曹廷虎介绍，过去的大鼓艺人分为正规学艺和“海清腿”两类。“海清腿”是指没有师承，全凭自学成才的艺人。自学成才的艺人虽然在技艺上未必输给正规学艺的，但是没有师承，无法独立演出，必须跟正规艺人一起方能上台，收入比正规艺人少。过去，要成为大鼓弟子，必须要先请提案师撰写拜师方案，拟定邀请人的名单，再请引进师将徒弟引荐给师傅，然后由保领师见证，确保师傅愿意收下徒弟。这其中，保领师要由行业内有威望的人来担任，拜师的人如果以后在行内受了欺负，保领师还要为其出头，讨回公道。如今，时过境迁，从事淮北大鼓表演的艺人越来越少，过去的入行规矩，自然也就成为历史了。

四、花鼓灯：苦难的足迹，欢乐的舞步

花鼓灯不仅仅是皖北的一种民间舞蹈，更是皖北戏曲、曲艺的母亲。它的舞蹈身姿和节奏旋律不但支撑起花鼓灯的一片天空，更是哺育了诸多皖北戏曲、曲艺。凤阳花鼓戏、淮北花鼓戏、推剧……这些戏曲、曲艺或是在花鼓灯的基础上发展起来，或是吸收了花鼓灯的表演技巧，或是依靠花鼓灯进行后场表演。所以，不看花鼓灯就失去了了解皖北人民的乐天善良性格的重要窗口，不看花鼓灯更失去了深入欣赏皖北戏曲、曲艺的一个门径。

花鼓灯的起源据传与江淮大地洪水肆虐有密切关系。上古之时，皖北大地汪洋一片，老百姓不堪其苦。智者大禹带领皖北百姓战胜了洪水，在

涂山脚下，他迎娶了聪明善良的涂山氏为妻。大水平定后，皖北人民为了纪念这位治水有功的英雄，建起禹王庙以纪念大禹的功劳。于是，每年的三月二十八日，皖北的老百姓就会在禹王庙前，欢快地跳起花鼓灯，怀念昔日的治水英雄，期待一年的好运气。

花鼓灯与淮水的渊源太深厚，以至于淮水的洪涛居然成了花鼓灯向外传播的重要原因。历史上洪水的多次泛滥，让淮河两岸的皖北民众只能选择流浪他乡。苦难的足迹却带着欢乐的舞步，这是花鼓灯艺术的不幸和幸运。皖北的儿女靠着自己的艺术才华，用娴熟的舞步为他乡带来了快乐。虽然这份快乐是在苦难的基础上形成的，但是，它让花鼓灯在他乡绽放出了绚烂的花朵。清初的戏曲家孔尚任在《平凉竹枝词》中由衷地赞美这种舞蹈："一双红袖舞纷纷，软似花枝乱似云。自是擎身无妙手，肩头掌上有何分。"

到了民国时候，花鼓灯艺术迎来了一个高峰，那时候的安徽凤台县，几乎村村响锣鼓，家家跳花灯。每逢庙会、赶集、节庆日，整个皖北大地处处锣鼓喧天，乡民们跳着花鼓灯集体狂欢，这是中国老百姓自己的艺术，是中国老百姓自己的欢乐，哪怕是在灾难之中，只要有一线生机，这种欢乐就不能被泯灭。

如今，淮河两岸的儿女再不用抹着眼泪流浪他乡，靠着跳花鼓灯谋生了。新社会的新气象让皖北大地的花鼓灯跳得更加畅快，更加尽兴。而且，花鼓灯不但跳出了安徽，还跳出了中国。在国际上，花鼓灯因其舞蹈姿态的优美，音乐的欢快，被国外的艺术界誉为"东方的芭蕾"。

花鼓灯的角色分工非常细致，但是主要的演员有两位，一位被称为"兰花"，一位被称为"鼓架子"。"兰花"表演女性，"鼓架子"则表演男性。旧社会，女性很少去演戏、跳舞，所以"兰花"尽管是表演女性的角色，但是却常常由男性演员充任。如今，"兰花"则是由女演员来表演，这使"兰花"的角色更加妩媚，更加富有表现力。"兰花"分为"大兰花"和"小兰花"，"大兰花"多表现端庄秀美的大姑娘，"小兰花"则多表现小巧玲珑的小姑娘。"鼓架子"则分为"大鼓架子""小鼓架子""丑鼓"以及"文伞把子"和"武伞把子"。

花鼓灯的舞蹈分为“大花场”“小花场”和“盘鼓”。“大花场”是老百姓集体的狂欢，由手执黄罗伞的“伞把子”率领多名男女演员集体表演。表演中，所有演员都听从“伞把子”的指挥，其余“鼓架子”和“兰花”则互相转换，表演各种图形的舞蹈，中间穿插个人的翻筋斗、跌、扭等高难度技巧展示。演到高潮时，“鼓架子”伴着锣鼓的节奏，吹起高亢的口哨，整个舞场呈现出奔放、热烈的气氛，皖北民众的那种热烈、豪爽的性格也展示得淋漓尽致。

与奔放的“大花场”相比，“小花场”则由“鼓架子”和“兰花”两人或三人表演小舞剧。通常“小花场”的表演，多为男女相爱、两情相悦、逗趣打闹的场景。“大花场”是民众的集体狂欢，而“小花场”则是皖北儿女的私密世界的展现。“小花场”以“兰花”表演为主，“鼓架子”主要是帮腔，表演内容则根据场合应景编唱。“小花场”中女性演员的舞动将皖北女儿的多情、妩媚和大方表现出来。“盘鼓”则是舞蹈、武术和杂技表演的结合，同时这种表演又兼有造型艺术的特征。“地盘鼓”为地面上的双人技巧表演；“中盘鼓”中，“兰花”会站在“鼓架子”腿上，做出“射雁”“斜塔”等各种造型；“上盘鼓”中，“兰花”则站在“鼓架子”肩上，做出各种造型姿态，如“坐肩”“鸭子凫水”等。“盘鼓”的表演一方面要考验演员的舞蹈功底，同时也是演员杂技水平的展现。皖北大地，杂技艺术也非常盛行，聪明的艺人将杂技与花鼓灯结合在一起，创造了更为丰富的舞蹈形式。

蚌埠市新春花鼓灯会

作为皖北文化的杰出代表，2004年，花鼓灯被列入中国民族民间文化保护工程，这也是汉民族唯一被列入国家民族民间文化保护工程的舞种。近年来，蚌埠市人大常委会制定了《蚌埠市保护和发展花鼓灯艺术的规定》，建立了中国花鼓灯艺术博物馆，同时在禹会区冯嘴子村筹建了第一个花鼓灯原生态保护区。2006年，花鼓灯顺利入选国家级非物质文化遗产名录。

五、皖北三阁：源自酬神娱神的空中舞蹈

皖北之地，历史悠久。悠久的历史在行进中，留下了诸多戏剧、音乐，也留下著名的“皖北三阁”表演艺术，这就是抬阁、肘阁、穿心阁。

据当地人介绍，抬阁起源于黄河边。那时，人们为了不让黄河泛滥，每年都要祭祀河神，而古代祭祀活动中，最残忍的一幕，就是将童男童女丢入河里，以慰河神。后来，一位颇有正义感的御医为解救这些可怜的孩子，教人在祭祀时将一些泥做的、身上涂满各种彩色的小人投入河中代替真人。为了迷惑河神，人们在投下泥人之前，将他们高高举起，边抬边唱。后来，这一祭祀活动就变成了“抬阁”，这一民俗活动，并慢慢地随着七十二水传入正阳关，清朝中期，在正阳关的发展达到鼎盛，又渐渐传播到亳州等地。当时每逢集会或是庙会，必定会有规模不等的抬阁表演。由于抬阁要求的技术难度不是很高，当时的青壮年男人基本上都会来两手。随着参与者的增加，抬阁的表演形式也有变化，大抬阁一般由8人组成，1人在前领路，1人在后护卫，中间6人抬着由钢铁制成的架子，上面坐着3至5个小演员进行表演。小演员们按照不同造型化妆后，或坐或站在高高的阁楼上、花轿里或是莲花台上，按人物形象表演一些动作。大抬阁高度较高，有时可达七八米，大抬阁的经典节目是“观音赐福”。小抬阁由两人抬，上面一般只有一人在台上或是阁子里进行表演，内容有“梁祝”和“荷花仙子”等。

与抬阁相关的肘阁，据说来自皖北的庙会。皖北许多地方每年都要举办多次庙会，一些婚后不孕的女子，常在庙会期间烧香祈祷，请求观音菩萨、送子娘娘让自己怀孕生子，她们还会许下誓愿，若有了小孩，定来还愿。还愿也是在庙会期间，父母让小孩穿红披绿，或端坐在大桌上由家人抬着，或放在肩上顶着，前往庙宇。这种酬神娱神的活动，经多代民间艺人的加

工整理，与抬阁艺术相融合，久而久之，演变成了肘阁。老人们说，正阳关的肘阁已有几百年历史了。

正阳关抬阁表演

肘阁又名肘阁戏，肘阁表演，一般由一些身强体壮的大汉俗称“罗汉”和一些5至7岁小男孩、小女孩组成。罗汉身着铁架子（艺人称之为“铁领衣”），即把铁架捆绑在腰背上，并从背部引出一根1至3米长的弯曲铁棍（因其弯曲似臂肘，故曰“肘阁”），弯曲铁杆（俗称“芯子”）通过套管连接着另一个铁架，铁架一般做成断桥、雨伞、楼阁、假山等形状，并在铁架上扎上一些彩花，罗汉身着罗汉衫，用铁棍顶着铁架上的1至3个小演员。小演员身着戏服、画着戏妆在铁架上表演。铁架上有一个小演员的叫“一棚肘阁”，有两个小演员的叫“两棚肘阁”，有三个小演员的叫“三棚肘阁”。

肘阁表演的内容大多是戏曲中的人物故事，由于空中顶的是真人，为保证安全，顶人的罗汉不仅要有足够的力量，还要有掌握重心和平衡的能力，表演讲究一定的技巧。肘阁表演一般在笙、箫、笛等民间乐器的伴奏下，顶人罗汉按一定的步伐节奏边走边扭，铁架上的小演员根据各自扮演的人物角色和故事情节，按《红楼梦》《西游记》《白蛇传》《打渔杀家》《西厢记》《牛郎织女》剧中人物化妆着戏衣，在空中或站在伞边上，或坐在椅子上，或站在扎制的断桥上，小演员随着下面顶的人的步伐，在空中边摇边摆，做出不同的造型和动作。有的做着滑稽的动作，让人忍俊不禁；有的面带微笑，显得活泼可爱。整个场面活泼惊险诙谐，具有很高的观赏性和艺术性，有“空中舞蹈”之誉。常引得观众紧追不舍，惊叹不已，因其内容健康活泼，是广大群众喜闻乐见的艺术精品。

此外，正阳关还有穿心阁。穿心阁，其实就是小抬阁的一种，两名青年身穿特制的铁背心，用一根外表看起来像竹竿的金属杆抬着一个小演员表演，由于特制的道具和服装，上面的演员看起来像是被杆子“穿心而过”。穿心阁的传统节目有“刘二姐赶会”“盗仙草”等。在这些剧目中，小演员多扮成“七品芝麻官”“媒婆”等丑角，在一根竹竿上进行表演，看起来极为惊险。

2008 年，在广州举行的第七届中国民间艺术节暨山花奖中国民间飘色（抬阁）艺术展演与评奖大赛中，正阳关的抬阁和肘阁一举夺得金奖，同年，正阳关抬阁和肘阁列入第二批国家级非物质文化遗产名录。

六、五水相连育民歌

五河是一片不同寻常的土地。它位于安徽的东北部，淮河中下游，虽属皖北，却俨然一派水乡泽国的风景。多水之处必多情。五河，这如诗如画的所在，产生出美丽动人的民歌，是再自然不过的事了。

早在明代天顺二年（1458）所修的《五河县志・风俗》中，就记载了五河人唱民歌的风俗——“除夕前二三日，小儿打腰鼓、唱山歌来往各村，谓之迎年”；“民间插柳于门，断荤腥茹素，小儿作泥龙，舁之作商羊，舞而歌于村市……”；“三月建辰……清明民间祭祀扫墓，官祭历坛，请城隍出巡，百戏竞作，举国若狂，歌舞灯采，三日而毕”。除了关于民俗的记载，五河美景中也深深打上了民歌的印记。在五河八景之中，有“南浦渔歌”“北原牧唱”“东沟鱼唱”和“西坝农歌”。

用当地的说法，五河民歌就是饱含五河本土音乐语汇的《诗经》，它既有流传千古的诗韵，又有脍炙人口的旋律。其音符与字句中，处处绽放着泥土芬芳，滋养和慰藉着“淮、浍、漴、潼、沱”五河流域的皖北人民。它是人民群众的生活寄托和精神支柱，是群众自娱自乐的生动形式。比如，《五只小船》唱道：“一只小船过江东”，“二只小船过江西”，“三只小船过江南”，“四只小船过江北”，“五只小船飘四方”，令人不禁想起《诗经・国风》中那些重章叠句的诗篇，感受着汉民族思想感情表达难以中断的脉络。而歌中男女对唱、一问一答，涉及的都是萝卜、葱、鸡、鸭、银子、钱、豆子、麦等农村习见、生活必需的东西，更令人觉得扑面而来的是一股醉人的乡土气息。

据老人们说，五河民歌在明代洪武三年（1370）就已形成。此后，由于水路通畅，南北文化交流频繁，五河民歌的流行区域也在不断地扩展和延伸，淮河中下游十几个县、市，到处都有五河民歌的传唱。口口相传，心心相映，民风浸润，世事动情。经过多年发展，五河民歌种类越来越多，曲目越来越丰富，艺术风格也越来越突出。它既有劳动号子、秧歌（田歌），又有多姿多彩的小调；既有表演唱和白口，也有独唱、对唱、说唱、小演唱。平稳的节奏，小波浪式的旋律线条，短短的拖腔，流畅的演唱中时而会现出一个七度大跳，形成五河民歌在旋律上柔中有刚、刚柔兼济的独特风格，带有很强的抒情性。

由于地处淮北、淮南、苏北交界之处，五河民歌的语言、文化既受到中原文化的影响，也受到吴文化和楚文化的渗透，因此，五河民歌既有北方方言的侉腔侉调，又揉进吴侬软语的婉转。外地传进的民歌，只要一进五河，就会不断地被吸收、被修改，于不知不觉中成为五河民歌的养料，又在不知不觉地产生本土化的变异。像妇孺皆知的《孟姜女》小调，进入五河以后，就增添了“你小”等地方特色很浓的衬词，曲调也在以原有旋律为骨干音的基础上，前后加花，变得更柔和缠绵，更加忧伤凄楚。

就这样，五河民歌逐渐成长为皖北一朵瑰丽的艺术之花，淮河中下游地区优秀文化音乐的杰出代表。《摘石榴》《打菜苔》《洗白衣》《四季颂淮北》《花赞》等180多首歌曲，传承着这一地区的口头历史，表述着皖北人一代代的喜怒哀乐，对于丰富和完善中国民歌宝库和中国音乐史的研究，都有着极其重大的意义。鼎盛时期，“姐在南园摘石榴，哪一个讨债鬼隔墙砸砖头”的优美旋律，在全国各处随风飘荡，不绝于耳。

其实，“摘石榴”原本是一出小戏里的一段歌词。

20世纪50年代初，为宣传婚姻政策，五河县小溪镇小溪村一位名叫霍锦堂的老人，将当地民间传唱了100多年的小调，改成一出鼓励自由恋爱、反对包办婚姻的三人小戏《摘石榴》。剧本歌词中“讨债鬼”“小冤家”“为你挨打为你骂”等，以近乎直白的表达，细腻地表现了青年男女之间的恋情。这一出小戏，经民间艺人安华芝（饰小姑子）、张相千（饰小生）、王万霞（饰嫂子）三人的精彩演绎，立刻引起轰动。不仅当地百姓争相学唱，在1957年的民间音乐舞蹈汇演大会上，还获得演唱奖。随后，《摘石榴》进军华东地区民间文艺汇演，再获演唱一等奖。从此之后，不仅剧团、演员名声大噪，当地民歌也因共有的特点，以“五河民歌”之名，叫响全国。

此后，经历了50年代的迅速繁荣，五河民歌与诸多文化艺术一样，遭遇“十年动乱”。多位优秀演唱者在坎坷苦难中相继离世。不过，即便是在寒冬季节，春天的种子依旧饱蕴生机。1979年，当文化部下达文件，五河县文化馆张荣阳等人开始对当地民歌进行采集整理时，五河民歌立即焕发神采。新的《摘石榴》从小戏中脱身走出，恢复了民歌两人对唱的形态，歌词也更具有五河特色：

女：姐在南园摘石榴，哪一个讨债鬼隔墙砸砖头？刚刚巧巧砸在了小奴家的头哟。要吃石榴你拿了两个去，要想谈心你跟我上高楼，何必隔墙砸我一砖头哟！呀儿哟，呀儿哟，依得依得呀儿哟，何必隔墙砸我一砖头哟！

男：一不吃你石榴二也不上楼，谈心怎么能到你家里头？砸砖头为的是约你去遛遛哟。

女：昨个天我为你挨了一顿打，今个天又为你挨了一顿骂，挨打挨骂都为你小冤家哟。呀儿哟，呀儿哟，依得依得呀儿哟，挨打挨骂都为你小冤家哟。

男：听说你挨骂我心难受，妹妹你挨打如割我的肉，你不如跟我一道下扬州哟。

女：听说是下扬州正中我心头，打一个包袱我跟你一道走，一下扬州再也不回头哟！

合：呀儿哟，呀儿哟，依得依得呀儿哟，一下扬州再也不回头哟！一下扬州再也不回头哟！

一听就懂的语言，一听就忘不掉的旋律。新生的《摘石榴》刚一试唱，就有了意想不到的成功。听众被直白而不失生活情趣的唱词、活泼欢快的曲调所折服，萦耳入心，不由自主地开始模仿学唱。

当然，这还有一个重要的时代背景。1979年，改革开放的新时期已经到来，“文革”10年思想禁锢被消除，许多属于传统文化、民间珍品的东西，不再被视为“四旧”，公序良俗逐渐复苏，贫穷的农村出现了改革的曙光。正是人心振奋之时，正是民心复归之际，《摘石榴》的欢快、热辣、坦白、直言，竟如一枝红艳露凝香，恰合世道人心。于是，它登舞台，进电台，上电视，很快就传遍皖北，传遍安徽，并且从地方走到省城，一路飙歌到北京。1982 年，歌手马留柱和曹新云在中央电视台举办的民歌大赛上，展示了《摘石榴》新曲，大获成功，随即在中国唱片社灌录唱片和盒带，于全国和东南亚发行。同年，新版《摘石榴》入选歌曲集《带露的花朵——安徽民歌 100 首》。那一阵，全国人不分男女老幼，地不分南北东西，几乎到处都可以听到“姐在南园摘石榴”的歌声。

新世纪的 10 年，五河民歌依然魅力不减。2001 年的广西南宁国际民歌艺术节上，业余歌手薛胜明和张红曼演唱的《摘石榴》获得金奖，在参赛的国内 51 个民族和来自世界各地 20 多个国家的歌手中，他们是唯一的一对汉民族歌手。此外，《摘石榴》还作为每场演出的结束曲以及颁奖仪式的伴奏曲，为汉族新民歌博得了巨大的声誉。2008 年 6 月，五河民歌被列入第二批国家级非物质文化遗产名录。朱逢博、梦鸽、张燕、吴琼、张也、孙国庆、魏金栋、屠洪刚等众多著名歌手，也都在各地不同的舞台演唱、传播着这首五河民歌，阿宝还在演唱中添加了陕西民歌的风味，说明《摘石榴》已获得举国的认同。2010 年 3 月 18 日，著名民歌手祖海在维也纳金色大厅，与维也纳三名男歌唱家合作演唱了《摘石榴》，五河民歌代表皖北民歌，代表安徽民歌，走出了国门，走向了世界。

第七讲

厚土载艺　大美之象

千百年来，皖北深厚的文化底蕴，孕育出一代代美术书法名家：魏晋时期，临涣戴逵的佛像雕塑堪称旷世杰作；唐代亳州曹霸所画御马，被杜甫赞为“迥立阊阖生长风”；濠梁崔白别开北宋清雅疏秀画风；亳州书法家梁巘书碑数量之众、书刻之精，于清代中叶首屈一指；萧县吴作樟所书擘窠大字，使郑板桥为之钦服……

然而，从古至今，皖北的厚土载艺，不仅仅表现在名家名作的层出不穷，更表现在美的思想、美的追求已深深地植根民间——这才是真正宏阔深远的大美之象。

第一节 争奇斗艳，花繁叶茂
——书坛画苑溢芬芳

历史走进近现代以后，皖北地区书画社团林立、书画活动繁盛、美术大师迭出，王子云、刘开渠、王肇民、朱德群、萧龙士等艺术创作饮誉海内外。随着萧县、太和县相继被文化部命名为“中国书画艺术之乡”，宿州市埇桥区和寿县被中国书法家协会分别授予“中国书法之乡”称号，灵璧县获文化部“中国民间艺术（钟馗画）之乡”授名……所有这一切交织融合，共同汇构成皖北地区传承有序、熠熠生辉的文化生态景观。

一、“书画之乡”传美名

萧县地处安徽省最北部，苏、鲁、豫、皖四省交界处，古为萧国，春秋附庸于宋，秦置萧县，由此而得名。它历史悠久，文化底蕴深厚，素有“文献之邦”“文化大县”的美誉。这里有新石器时代晚期的花甲寺古遗址，有因刘邦藏身避难而得名的皇藏峪，山峦叠翠，霞蔚云蒸，千年古刹瑞云寺掩映在群山林海之中。由于地背齐鲁，扼吴越，接两淮，这里的人们，历来质直好义，淳朴诚恳，既有北方人的豪强，又有南方人的温纯和灵秀。一方水土养育一方人，立足于本地文化传统，萧县的书画形成了自身鲜明的风格特色。它以大写意花鸟为主，人物、山水也有所涉及，形成了豪放而不粗率，恬淡而不单薄，简括而不单调，浓艳而不妖媚，厚重而不恶俗的独特意趣。

从清代开始，300 多年来，萧县画家的艺术创作绵延不绝，街市上书画店星罗棋布，乡间瓦舍，推门可见农民书画家，难怪上海书画评论家茅子良赞誉：“萧县无处无书画，书画代代开新花。”

说到萧县书画的发展，不得不追溯到清代乾嘉年间。当时，扬州八怪“狂”“怪”的画风，在全国产生巨大影响，萧县也出现了一批“重传统、重笔墨、重生活”的书画艺术家，他们以“扬州八怪”为榜样，立足本地书画传统，以强烈、泼辣的个性笔墨，挥洒出酣畅淋漓的时代乐章。一时间，萧县书画界人才济济，高手辈出，出现了吴作樟、刘云巢、张太平、王为翰、吴凤诏、吴凤祥（柳庵）、张昌、袁汝霖等有影响的书画家数十人。他们在共同艺术旨趣的指引下，形成风格独具的流派，因为活动中心在当时的县治龙城，所以有“龙城画派”之称。从此之后，龙城画派传人不绝，成为近现代徐淮地区重要的艺术流派之一。

到了清末民初，龙城画派已经壮大成为一个在全国都有影响力的绘画流派，绘画技法日趋完善，绘画题材日渐丰富。《清书画家名录》记载：晚清时袁塘的蝴蝶，宝池和尚的牡丹，孙云江的黄牛，王为翰的墨竹，路荫南、侯子安的山水等等，都在画坛上享有盛名。他们不仅在艺术上精益求精，锐意创新，而且立坛传艺，课稿授徒，并建立书画研究会，广泛传授书画技艺，为日后萧县全民书画的发展奠定了基础。

进入当代，萧县的书画创作更上层楼，影响逐渐在全国扩散。屈指数来，使萧县书画走出去的奠基人，首推当代画坛高手王子云。王子云早年就学于上海美术专门学校，“五四”运动后，从事美术教育与创作，足迹遍布北京、上海、南京、杭州。之后，为进一步提高艺术水平，他自费留学法国，开始了中西结合的艺术道路。王子云先生始终关注家乡萧县的艺术活动，在他的教育、影响和推荐下，萧县走出了一批才华之士。他们立足于国画传统，又融汇西洋画法，形成了鲜明的艺术特色，成为当代美术史上的风云人物。如雕塑大师刘开渠、水彩画大家王肇民、巴黎先锋派主将朱德群，以及长期致力于乡邦书画教育的萧龙士、书画兼擅的欧阳南荪、刘惠民等，对“龙城画派”的继承和发展起到了承先启后的作用。

在这些人中间，刘开渠（1904—1993）是成就卓著的一位。他不仅是中国现代雕塑事业、中国美术馆事业的奠基人，也是著名的美术教育家、杰出的人民艺术家。刘开渠早年就读于北平美术学校，后留学法国巴黎高等美术学校，主攻雕塑。学成归国后，任教于杭州艺术专科学校。

如此经历，决定了刘开渠的雕塑风格是中西融合的成果。他的作品手法细腻、严谨，结构、解剖准确却又具有明显的绘画性和意象性。在西洋写实雕塑的基础上，他融入中国传统雕塑简练、单纯及线画的表现方法，

刘开渠作品：人民英雄纪念碑浮雕

形成了独特的风格，为中国雕塑史的发展做出了重要贡献。他一生作品丰富，89 年的生涯中，有 69 年时间主要从事雕塑创作，留下了众多脍炙人口的雕塑名作，包括众多历史名人像、英雄纪念像及城市雕塑等等。除了《王铭章骑马铜像》《孙中山先生坐像》《李家钰骑马铜像》《毛泽东主席像》《周恩来总理像》《萧友梅纪念像》《蔡元培纪念像》《川军抗日英雄纪念像》和巨型浮雕《工农之家》，最令人钦慕的，就是人民英雄纪念碑上的三幅浮雕——《胜利渡长江，解放全中国》《支援前线》和《欢迎解放军》。

此外，在萧县当代绘画史上，萧龙士（1889—1990）也是十分引人瞩目的一位。他原名品一，字翰云，萧县刘套乡萧场村人。萧龙士长期在家乡从事美术教育，后任职于安徽省文史馆，培养了大批学生。在萧县国画的发展史上，萧龙士起到了承上启下的作用，对安徽国画艺术，也有相当重要的贡献。

萧龙士自幼酷爱绘画，但直到 33 岁，经李可染等人介绍进入上海美专，才正式投身艺术。他随潘天寿、朱闻韵等画家研习绘画，着意临习徐渭、八大山人、扬州八怪的大写意花鸟画技法，受吴昌硕金石入画的影响和启示，走上了水墨大写意花鸟画的创作道路。此后，他又拜齐白石老人为师，并与李可染、李苦禅、许麟庐等人朝夕相处，切磋画艺，受益匪浅。齐白石称赞他“龙士画荷，吾不如也”，“龙士为白石弟子，白石自谓不及也”。

萧龙士精于丹青，尤擅绘荷花、兰草。在 97 岁时作的一幅兰草长卷上，他曾自述画兰的经过：“古人有一世兰半世竹之说，可谓画兰之不易也。吾自十三岁学画兰，迄今八十余年矣。从师古人到师造化，四十年得笔墨之变，复四十年方入乎情而达乎理，乃与兰俱化矣。”著名画家赖少其在为他的画集所写的序中说：“萧龙士先生善画幽兰，翩翩有君子之风，千姿百态，妩媚多姿，使人肃然起敬。”实则是先生人品的真实映照。

萧龙士作品

新中国成立后，萧县书画得到了进一步发展，年轻的画家接过前辈的传统，继承前人又大胆突破创新，在书画世界大展拳脚，以独特的个性活跃于画坛，使萧县书画在全国广泛开花结果，盛况空前。天津画院的吴燃，北京艺苑的卓然，安徽画院的郭公达、葛庆友，安徽艺术学校的张翰，萧县画院的欧阳龙、薛志耘、郑正，寿县画院的朱宝善，徐州画院的宋德安、朱沛然，一个个鲜活的艺术生命使萧县书画在全国各地生根发芽，影响日深。

与萧县东西相望，位于安徽省西北部的太和县，界于阜阳、亳州两市之间。秦时此地置新阳县，后县治几移，县名几易，元大德八年（1304）取《易·乾·象辞》“保合太和，利乃贞”之义，定名“太和”，后一直沿用此名。这里客居过西汉名臣倪宽，走出了东汉清流范滂；有清乾隆年间试图“反清复明”的白莲教首刘之协，还有于道光年间出任两广总督的徐广缙等历史名人；也有着倪邱孤堆、故城遗址以及元代建造的文庙建筑群和有着700多年历史的太和老街，历来文风鼎盛，人才辈出。

深厚的文化底蕴，滋养了醇厚的书画。从太和境内出土的众多文物及史籍记载来看，太和县人从事书画的历史可以追溯到东汉时期。到唐宋年间，太和书画已不仅见于官家上层，民间也广为流传；待到明清之际，大批书画家纷纷成长起来，乔无心、马存一、马忠臣、米建凯、穆有春的书画艺术名扬黄淮；时至民国，张海观、徐家振、谢好东、王朝龙、王朝凤、李梓村、张鹏侣等书画家的艺术创作更是影响深远。

太和地处黄淮平原腹地，古为豫州之域，长期受中原文化的浸润，又不断受南方长江文明的熏陶，形成了亦南亦北，南北交融的地域文化特色。受此影响，太和书画也能突破常规另辟蹊径，画家将自己对客观事物的观察分析，融合主观的思想和感情，使传统程序和生活感悟以及民间绘画的表现技法，有机地融为一体，形成独特新风。他们用笔凝练质朴，作品意态鲜活，色彩热烈奔放，格调清新又不乏古拙幽深，浓厚的生活气息和炽热的生命活力跃然纸上，直达人心。

带着昨日的辉煌，进入新的历史时代，萧县、太和的书画之风早已走入寻常百姓家的桌头案边。

1987 年全国第一家农民书画院——刘套农民书画院在萧县建立，使萧县的书画创作延伸向厂矿、农村、家庭。他们的艺术植根于各自的生活，围绕农民日日生活的蔬菜水果、鸡鸭狗猫、稻谷棉花、荷风竹韵……一一见诸笔端，化为鲜活的艺术形象。农民理发员段自然画出的群虾，姿态各异，活灵活现，参展时甚至被观者误认为是齐白石大师的作品。目前，萧县已经形成一支规模浩大的民间书画队伍，在这片不到 1900 平方公里的土地上，可施丹青者近 3 万人，上至古稀老人，下至学龄儿童，龙城内外可谓“作者相望，大雅为群，童叟妇孺，乐施丹青”。

同样的盛况也在太和上演着。这里有众多的书画爱好者、林立的书画社团、热闹的书画交流活动，各种书画展览目不暇接，80 岁老人与八九岁幼童的书画作品同台展出，劲拙与幼嫩相映成趣。人们随意走进一个家庭、一个单位、一座酒肆，都可欣赏到琳琅满目的书画作品。太和各乡镇都有书画艺术协会，村级书画院也开始出现，人们精心呵护，把书画艺术之乡经营得红红火火，呈现出一派繁华盛世景象。

二、“书法之乡”写辉煌

古城寿县的书法传统可谓源远流长，从现有的实物资料可以上溯到商晚周初。宋代画家李公麟在寿阳（今寿县）紫金山获得《己口爵》《父乙卣》，在硖石（今凤台境内）获得《父乙卣盖》。《己口爵》腹内有二字，《父乙卣》铭文五字，均为商晚周初器物。战国时期，寿县曾为楚都 19 年，境内楚幽王墓、蔡昭侯墓均出土带有青铜铭文的青铜器，成为先秦寿县书法的聚集地。之后，历秦汉、魏晋、隋唐的积淀，宋元时期，寿县书法艺术蓬勃发展起来，今天的“寿州碑廊”中，依然藏有黄庭坚的行书《戏赠米元章》诗刻帖、赵孟頫草书《选冠子》刻帖和草书对联“幽斋独坐鸟声乐，万虑不干心地春”刻石。此外，寿县报恩寺中还有赵孟頫的大字楷书“南无释迦牟尼佛”七字刻石，以及宋代寿州人吕嘉问的书札墨迹。及至明清，寿县书法发展臻于鼎盛。寿州碑廊中董其昌草书《问政山歌》诗刻帖和草书“士生一世”刻石、杨继盛的草书“为国为民甘寂寞，却教桃李听笙歌”对联刻石、明熊廷弼的草书“阊阖开黄道，衣冠拜紫宸”对联刻石，明邑人方震孺的草书《感调》（长安道路奔驰日）七言绝句刻石，以及孙叔敖祠“碑厅”中明成化间金铣撰文的《明按院魏公重修芍陂记》万历间知州晋江黄克缵自撰的《重修芍陂界石记》等数方石碑，无不见证着寿县书坛昔日的辉煌。清乾隆年间，亳州书法名家梁巘主讲寿州循理书院，不仅为寿州培养了大量人才，还给寿州留下了10余方碑刻。晚清时期地方志以及李放、叶眉纂录的《皇清书史》和张树侯的《淮南耆旧小传》，收入寿县籍书法家多达20余人，其书风之鼎盛由此可见一斑。正因为有这样的学书环境，寿州吸引了四方来客，著名书法大家邓石如曾游学寿州，成就一段书坛佳话。

张树侯书法作品

近现代以来，寿县书法依然保持着强劲的发展势头，相继出现了柏文蔚、张树侯、汪以道、司徒越等书坛名家。其中张树侯真、行、草、隶、篆、甲骨六体皆精，各体书法都能做到气势夺人，一派大家气象，被誉为“中国近半个世纪以来书家之解放大师”。与他齐名的于右任先生曾题诗赞曰："天际真人张树侯，东西南北也应休。苍茫射虎屠龙手，种菜论书老寿州。"

张树侯善于用侧锋秃笔书写篆、隶、行、草各种书体。隶书朴茂多姿，正如于右任评说，他是"以吉金文字法，纳入今隶，综括挥写，一任天机流衍"。他的甲骨文书法充分发挥了侧锋用笔特性，其线条如绵裹铁，在刚劲猛利中又能做到含蓄蕴藉。他的小篆熔金文、石鼓文《天发神谶碑》等多种笔意于一炉，高古朴峭，别具一格，不仅善用隶意，而且善用行草笔意，在结构上更大胆地将金文、石鼓文、甲骨文的结篆方法纳入小篆创作，使拘谨平板的小篆创作变得生动活泼，极富写意特征，开辟了小篆创作的新天地。

司徒越则是寿县当代书法家中的典范。他生前为中国书法家协会会员，中国书法家协会安徽分会名誉主席，安徽省考古学会、博物馆学会理事，书法成就不仅在安徽，乃至全国都有巨大的影响力。其草书在吸收张旭、怀素大草的同时，将草书的连绵性进行了进一步的强化，强调了草书的时间性，深化了草书的流动感和飞动感，展现出贯穿一气、奔腾浩荡的态势。

与寿县书法同样辉煌的还有宿州埇桥。

与皖北诸多市镇一样，埇桥历史上也是文化鼎盛之地。宋代书法四大家之一的蔡襄，曾七住宿州埇桥，留下大量书札墨宝，有的还被乾隆皇帝收入"三希堂法帖"。保存至今的埇桥扶疏亭，得名于大诗人苏东坡的一首题画诗："寄卧虚寂堂，月明浸疏竹。泠然洗我心，欲饮不可掬。"苏东坡于此地写诗作画，其书法更是滋养了一批又一批的书坛新人。明末清初，埇桥出现了以周廷栋为代表，包括贾善价、任柔节和牛北瞻的"埇上四子"，书法名扬大江南北。周廷栋有一幅八尺巨作，上书五言律诗一首："乱山环古寺，一片白云封。卓锡泉流水，洗觞瀑挂松。夕阳悬老树，远岫出烟钟。寂寂人踪境，樵僧偶一逢。"此作线条宛转，笔势绵劲，300 年后观之，依然令人陶醉。

晚清以来，埇桥书家辈出。李心锐、杨梦九、哈维元、倪宗鲁、余松岭、李照临、陈亨祺等等都留有书名。民国之后，梅雪峰先生的书艺堪为典范。其书法境界旷达，气韵生动，风神特出。他以书为骨，以诗为魂，晚岁更进入炉火纯青、人书俱老的书法妙境。

2008 年和 2013 年，宿州埇桥区和寿县被中国书法家协会命名为“中国书法之乡”，这进一步激起两地民众书法学习的热情。一时间，埇桥和寿县学书习艺之风于城乡更加盛行，各类书法教育培训班相继开班授课，各种相关书法产业应运而生，能写善书者越来越多，一批当代书法家也从普及性的书法大潮中脱颖而出。目前，宿州埇桥区已有中国书法家协会会员数十名，省级会员数百名，区里的黄淮海书法家协会及下属38个基层分会的会员多达数千人，形成了一支群众基础稳定、力量雄厚、潜力巨大的书法创作队伍。寿县也依靠丰厚的书法底蕴，大力开展书法交流活动，广泛设立书法教育培训机构，使得书法市场得到极大的繁荣，取得丰厚的研究成果。

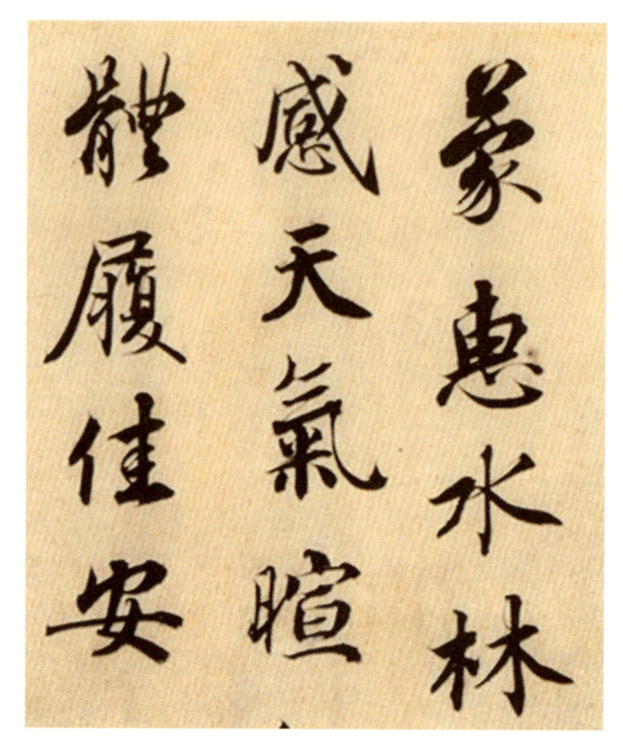

蔡襄书法作品

在浓郁的翰墨书香之中，皖北昔日辉煌的书乡韵致正在焕发出新的勃勃生机。

第二节 巧构奇筑，金碧辉煌
——藻采歌台花戏楼

在亳州众多的风景名胜中，花戏楼是最吸引人的景点之一，凡是来亳州的游人，一定会到花戏楼参观。这座美丽的建筑以其结体完整、构建奇巧、雕绘精湛、色彩富丽，以及所富含的社会学、建筑学、美术学、戏剧戏曲学等多重意义和价值，早在1956年就被列为“安徽省重点文物保护单位”，1988年更被国务院正式列为“国家级重点文物保护单位”。2010年，花戏楼景区被全国旅游景区质量等级评定委员会评定为国家4A级旅游景区。

亳州花戏楼原为山陕会馆，因供奉关公，故又称“大关帝庙”，是山西、陕西两省在亳州的商贾共同建造，用于联络乡谊、祭祀神明、议事、看戏之用。它始建于清顺治十三年（1656），康熙十五年（1676）增建戏楼，乾隆四十九年（1784）重修，因戏楼上面的装饰构件雕镂精美、造型生动、彩绘绚烂，视觉上富丽堂皇、光彩夺目，因而被称作“花戏楼”。

一、花戏楼的建筑格局

花戏楼位于亳州城北关，涡河南岸，以大关帝庙为主，建筑面积约3000余平方米，周围与张飞庙、岳飞庙、朱公书院、火神庙等共同组成建筑群落，其间，有青砖素瓦，茂树、芳草、异卉，又有雕镂彩绘、涂红描金，布局疏密得当，高下错落有致。

山门正面为三联仿木结构砖雕牌坊，中间主体门楼结构为三间四柱五楼式，两翼门楼各为两柱单楼式，门洞皆为拱券式。中间正门上有泥金门额“大关帝庙”，左右门额分别为“钟楼”“鼓楼”，大门上方正中央竖额“参天地”三字，兼含儒道两家思想。山门前，两根铸铁旗杆巍巍耸立，一对石狮铮铮相对，更显雄浑壮观。

进入山门即为戏楼，戏楼在山门背面，与山门连成一体，两侧分别为钟楼、鼓楼，其下各有一人流辅道。戏楼南倚山门，北向院内伸展，

大关帝庙山门

平面呈“凸”字形状；戏楼底层类似门厅，为进出大关帝庙的主通道；六根朱漆木柱撑起二层舞台，专供演戏之用。楼顶为单檐组合歇山顶，四方翼角，屋面覆绿色琉璃瓦。戏楼石础、木构、藻井，遍饰雕镂彩绘，与屋顶五彩琉璃螭吻、骑人、坐兽、盘龙塔刹等交相辉映。舞台正中是二龙戏珠隔屏，上悬匾额“清歌妙舞”，左右出场入场门额为“莫须有”“想当然”，舞台两旁侧门题额“阳春”“白雪”。舞台前柱楹联曰：“一曲阳春唤醒今古梦，两般面貌做尽忠奸情”；“顷刻间千秋事业，方寸地万里河山”。整个戏楼既精雅别致又不失庄重平稳，光鲜瑰丽的木雕彩绘凸显了戏台的娱乐特色，谨严持重的造型亦能吻合大关帝庙的建筑氛围，真可谓匠心独运。

花戏楼院内，钟、鼓楼侧分别为两层看楼，外廊供一般人员观戏，内间是晋、陕商人的临时居所。戏楼正北面与正殿相对，正殿为大关帝庙的主体建筑，殿分前后，前殿是券棚式五架结构，雕绘精美，供贵宾观戏之用。后殿内是敬奉关公的场所，也是大关帝庙的主神祭位。后殿山墙开东西两便门，东为“通神道”，西作“便禅门”，各通一深径小院。现在，东侧财神殿已毁，西侧禅堂尚存，幽径修竹、清新静雅。俯视大关帝庙建筑群，山门、戏楼、钟楼、鼓楼连为一体，大殿为靠，后院深引，东西看楼对称排列，回廊周接，四环围合，声不外泄。高墙、厚门、大屋、深院，西商、儒道、古今，全部融为一体。

游赏花戏楼，热心的导游一定会向大家重点介绍花戏楼“三绝”，它们分别是铁旗杆、山门和砖木雕，此“三绝”可谓花戏楼的精华所在。游人未进山门，先映入眼帘的是门外东西两侧高耸对立的两根铁旗杆。据测，旗杆高约16米，每根重达12吨。旗杆分5节，每节都铸有八卦蟠龙图案，龙身矫健，盘旋而上，似腾云驾雾。每根旗杆杆身悬挂24只铁铃铛，每有风过，叮当作响，甚是悦耳。杆顶立有展翅的飞鸟，轻盈欲动。旗杆悬垂铁联一对，上联曰“铁杆颂德高千尺”；下联曰“金柱铭勋参九霄”。气势豪放，与旗杆的雄浑相得益彰。这对铁旗杆是陕西药材商人专为敬献关公而立，以求生意兴隆、平安富贵。旗杆基座上铸有铭文：“皇大清道光元年岁次辛巳秋吉日铸造旗杆一对，重二万四千斤，陕西众药材帮弟子敬献铁杆一对，永保四方平安吉庆有余。”说明了铸造时间、目的和出资者。想想190多年前，如此精美、高大、沉重的旗杆，是如何铸造和竖立起来的，所有观者都不禁为工匠们的智慧感慨多多。

亳州花戏楼

二、花戏楼的雕刻与彩绘

花戏楼的“三绝”之二是山门，山门之绝，绝在正面三联式仿木结构牌楼样式，绝在其与戏楼、钟楼、鼓楼前后一体、互为表里的建筑构思，更绝在镶嵌于山门水磨青砖墙面上玲珑剔透的砖浮雕。这些砖雕内容有“狻猊”“鹰洋宴”“夔一足”“九狮图”“犀牛望月”“龙腾至雨”“鱼龙漫衍”“天禄书镇”“麟吐玉书”“衔环之报”“鹿骇浪顾”“心猿意马”“虎落平原”“怒蟾斗狮”“鸡鸣戒旦”“鸳鸯戏莲”“达摩渡江”“老君炼丹”“文昌帝君”“福禄寿三星”“郭子仪上寿”“一品当朝”“三阳开泰”“六合同春”“五世其昌”“万象更新”“松鹤延年”“魁星点元”“传胪赐宴”“三酸图”“甘露寺”“白蛇传”“王羲之爱鹅”“周敦颐爱莲”“陶渊明爱菊”“鲁隐公观鱼”“三顾茅庐”“吴越之战”“范睢逃秦”“燕山教子”“蟠桃孝母”“曾黎休妻”“李娘娘住寒窑”“玉质烂柯”以及花卉图案等，题材涉及戏文故事、神仙传说、花鸟虫鱼，儒道释三家文化杂糅其中且浑然一体。据统计，所有砖雕图形图案中，有人物形象115个、禽鸟33只、走兽67头，山川、林木、奇花、异草，亭、台、楼、阁、廊、坊、榭，村野、街市、城郭等点缀其间，此外，还有“卐”字纹、如意纹、回纹、缠枝花卉等吉祥纹样，或以单独图案呈现，或组合成二方连续花边，或形成四方连续锦地，与主题雕刻相映衬。砖雕部分最厚不过10厘米，最浅处仅有2—3厘米，但雕刻匠人却充分运用了切、削、刻、凿、镂、剔、划、磨等技法，刀法娴熟，雕技高超；立体圆雕、深浅浮雕、衬地平雕等变化灵活；砖雕图案疏密有致、层次分明。粗犷处，寥寥数刀，浑然天成；细腻处，不厌其烦，纤毫毕现。雕者于方寸之间，展万千气象，令人目不暇接、流连

关帝庙砖雕

忘返。数百年来，这些砖雕作品暴露于烈日、风雨、寒暑之下，历经侵蚀而无损害，更让人扼腕惊奇、叹为观止。

花戏楼木雕

原“山陕会馆”之所以逐渐被“花戏楼”的称谓代替，说明花戏楼是其观瞻焦点、精华所在，而花戏楼精华中的精华，都蕴藏在戏楼的雕镂藻绘之中。而木雕也因此成为花戏楼第三绝。花戏楼台柱间有大枋，上方藻井四周有悬枋和垂莲，大枋与悬枋之间是棚券，柱头悬鱼垂狮。向外的枋面都镶嵌着透镂木雕，共雕有戏文故事64出，包括“长坂坡”“阳平关”“华容道”“凤仪亭”“空城计”“连环计”“割须弃袍”“孟德献刀”“三气周瑜”“蒋干盗书”“七擒孟获”“阚泽诈降”“吕范说亲”“千里走单骑”“濮阳战吕布”“许褚战马超”“吕布刺丁原”“三英战吕布”“诸葛亮舌战群儒”“诸葛亮计破羌兵”“诸葛亮智取三城”“祢衡击鼓骂曹”“张飞夜战马超”“张松反难杨修”“上方谷火烧司马懿”等三国故事，“八仙图”“和合二仙”“赵颜求寿”“洪武放牛”“东方朔偷桃”“火烧琵琶精”等传统戏文，另有花鸟图案数十幅。木雕通体饰彩，色调冷暖分明，色块浓烈明快。木雕底板空白处，也画出了相应的彩色背景，平面和立体、雕刻和彩绘巧妙结合、相辅相成、二位一体，兼含传统工笔重彩画之妙，又比纯绘画更有视觉冲击力。木雕人物造型逼真、情态活灵活现，另有风之疾、火之烈、花之艳、树之茂、山之壮、水之媚，一幅幅古典生活图景在梁枋、挂落、垂柱间有序展开。

戏楼除了玲珑剔透的木雕，还有大量精美的彩绘布满藻井和梁枋间。彩绘作品约有100余幅，内容仍然以戏文居多，另有人物故事、花鸟、楼阁及吉祥图案等。比如“蟠桃会”“八爱图”“苦肉计”“借东风”“渭水访贤”“太乙乘莲”“四大天王”“火烧赤壁”“草船借箭”“吴道子画虎”“张僧繇画龙”“三盗芭蕉扇”“大闹长坂坡”“大破金锁阵”“刘备马跃檀溪”“关羽夜读春秋”“诸葛亮借东风”“徐庶走马荐诸葛”“伯牙碎琴谢知音”“赵子龙力战五将”，以及封神故事、山水、花鸟图案等。彩绘主题和题材、题材与形式、形式与建筑构造等结合自然，其间小山芳树、珍禽游鱼、平流细石，造型参差而和谐，色彩浓淡对比亦恰到好处。

如果说整个山陕会馆是一篇华丽的乐章，那么戏楼部分就是这一乐章的高潮。整座花戏楼与其说是一处建筑，更不如说是一部精美的艺术典籍。通过这部作品，我们可以琴罢倚松玩鹤，可以静听优伶清音，可以窥见金戈铁马的三国时代，可以一睹英雄豪杰风采。

第三节 龙飞凤舞，吉庆祥和
——凤阳凤画瞻礼

皖北凤阳县因在凤凰山之阳，得名“凤阳”。作为明朝开国皇帝朱元璋的故乡，凤阳吸引着来自世界各地的游客。游客尽兴而返时，常常会带上一两幅凤画回家，或悬挂家中，或馈赠亲友。说到凤阳的凤画，那可是大有名头。凤阳县的凤画与灵璧县的钟馗画、天长县的天官画为安徽民间绘画的“三绝”，而凤画居首。2006 年 12 月，凤画入选安徽省第一批省级非物质文化遗产名录。

一、有凤来仪，求吉纳祥

凤阳凤画也称“龙凤画”“凤凰画”。“凤阳新闻网”曾经讲过一个有关凤画的故事，说是凤阳县城东南有座雁子山，雁子山西坡有“卧龙石”和“凤凰台”，传说凤画就是从这里起源的。

朱元璋小时家里很穷，七八岁就开始给庄子里的地主家放牛。每天一大早和长工们一起出门，到中午长工都回去吃饭了，朱元璋还得留在山上看牛。在当地，放牛娃是不管中饭的。那时候正是夏天，中午的太阳火辣辣的。朱元璋本来就饿得难受，又被晒得头昏眼花，坚持了几天实在是受不了了。

这天中午，他索性也不愣坐着看牛了，对着牛自言自语地说：“这晒死人的日头这么毒，我们也别拴在一起受罪了。你们爱怎么溜达怎么溜达去，我也找地方凉快去了。”他自己找到块大石板子，往上一躺，觉得怪舒服的，迷迷糊糊，就睡着了。一觉醒来，朱元璋就觉得精神十足，比在凉棚底下睡得还快活，一点也没觉得天热。

打这以后，朱元璋天天中午躲到这块大石板上睡觉。有一天，庄子里有人来找朱元璋，找到地方一看，就愣在那了。原来，在朱元璋睡觉的那块大石板后面，有只凤凰落在石头台子上。凤凰蜷着一条腿，摆出金鸡独立的架势，展开五彩缤纷的翅膀，像一片浓密的树荫，正好遮盖住朱元璋的身子。那人目不转睛地盯着看，日头转了，凤凰的翅膀也跟着转，始终把朱元璋罩在荫凉底下，一直到朱元璋打了个哈欠，要醒来时，凤凰才飞走。

那人也没跟朱元璋说，回庄子里和亲戚朋友透露了这件稀罕事。听说的人啧啧称奇，都不相信凤凰会给一个小放牛娃遮阴凉，商量好明天一起去看个究竟。

凤画《丹凤朝阳》

第二天中午，一伙人悄悄跟在朱元璋后面，看着他又去那大石板上躺下了。过了一会，就见一只凤凰从云彩里飞下来，徐徐落在石板后面的石台上，展开翅膀为朱元璋遮住日头。同来的一个人比较冒失，惊叫一声就朝凤凰跑去。旁边的人一把没拉住，也追着跑上来。凤凰被这么一闹，抖擞翅膀飞上了天空，又钻进到云彩里面去了。朱元璋也被吵醒了，大伙七嘴八舌地把事情跟他一说，他才弄明白，怎么每天睡得如此香甜。可是打这以后，凤凰就再没来过。

后来，朱元璋做了皇帝。乡亲们想起凤凰遮日的事情，就把朱元璋在上面睡过觉的大石板叫作“卧龙石”，后面的石台就叫作“凤凰台”。

大家又商议叫会刻花描朵的老木匠把凤凰画出来，献给皇帝。见过凤凰的人，凭着记忆各自描述出凤凰的样子，老木匠就照着他们说的画，最后画出来的凤凰是“蛇头、龟背、九尾十八翅、鹰嘴、鸡爪、如意冠”。

这时，朱元璋正在为建都何处举棋不定，忽然听说有家乡人来献画，急忙宣诏进殿。他展开画卷一看，上面画着一只凤凰，左拐角还题了“丹凤朝阳”几个字。老木匠解释说：“这就是按照当年降临在皇上身后的那只凤凰画的。”朱元璋也想起来了，连声赞道，“画得好！画得好！”他重赏了老木匠，对他说：“你回去以后，别的也不要干了，带几个徒弟，专门给我画凤凰。”

得了凤画以后，朱元璋心想家乡出了自己这么个真龙天子，还出过凤凰，岂不是卧龙藏凤的宝地，不如在家乡建都。后来，朱元璋果真在家乡兴建中都城。他把紫禁城后面东西相连的几座山头，赐名“凤凰山”。又取凤画《丹凤朝阳》中“凤阳”两字，作为家乡的名字，意思是说家乡仿佛一只美丽的凤凰，面朝太阳，永远吉祥。

不过《凤阳县志》记载的是另一种民间传说。据说朱元璋当上明朝皇帝后，在家乡凤阳建造起一座皇城，叫作“中都城”。皇城建成后不久，忽然有一天从天边飞来一只五彩斑斓、金光闪闪的凤凰。伴着凤凰清越的鸣叫，天上祥云缭绕、空中香风阵阵，凤凰绕城一匝后，停在城南一座小土山上。全城百姓争相观看，啧啧叹奇。人群中有一位娴熟的画工，顺手将凤凰翱翔和起落的形态用笔画了下来。此后，他开设画店，招收学徒，传授技艺，专以画凤为业，渐渐形成传统。据说，该画店还曾挑选凤画精品进奉给朱元璋，后宫嫔妃每每焚香祭拜，祈求富贵吉祥。

尽管两个有关凤画的传说不尽相同，但凤画作为一种独具地方文化特色的民间绘画形式，源于明代初期，在凤阳县一带已流传有600余年历史，却是高度一致。

明清两代，凤阳府城内有数十家凤画店，鼎盛时期，凤画师近百名。他们都聚集在县城东街，人们称为“凤凰街”。那时候，外地跑生意的商贾，瞻仰帝都的游客，离去时都喜欢买几幅凤画带走，一些官府老爷为了拉关系或巴结上司，也常常成批购买凤画作为馈赠礼品。黎民百姓对凤画更是喜爱，逢年过节都张挂凤画以图吉利，就连后来意大利在凤阳的天主教传教士，也曾两次以昂贵的价格买了200张《百鸟朝凤》和《丹凤朝阳》带回国。

民国时期，军阀连年混战，凤阳陷于兵荒马乱中，凤画店由原先数十家跌为三四家。“七七”卢沟桥事变，凤阳很快沦陷，凤画店全被焚毁。战后虽有华姓和尹姓两户支撑门面，也因卖不出去而被迫关门，凤画濒临绝迹。

新中国成立后，人民政府将老艺人李凤鸣、王德鑫、华先荣等，请到蚌埠专区文化部门专门创作凤画。1958年，李凤鸣、华先荣二人还被选派到首都北京学习观摩，同著名画家叶浅予、陈半丁、于飞阁等交流经验、切磋技艺。一批老艺人创作的凤画还被送到省城合肥，请国画名家配景。种种措施，使凤画艺术不但得以复苏，还获得长足发展。

“文革”期间，凤画艺术被视作封建糟粕遭到禁锢，几近绝迹。十一届三中全会以来，凤画艺术又获新生。政府大力扶持，广大文化工作者、业余爱好者和欣赏者积极参与、共同努力，老艺术家重操旧业，凤画新人茁壮成长。马夕林、吴德椿、吴文军、涂维良、王金生、王云之、张维武、刘云刚等逐渐成长为凤画艺术创作的生力军。30多年来，他们不但整理出一大批传统凤画精品，更创作出一批既具有传统内蕴，又体现时代精神和新生活内容的凤画作品，其中一部分先后在国家、省、市及港台报刊登载、传播，并在国家、省、市级文艺展演活动中获奖。中央新闻记录电影制片厂曾为凤画制作了新闻专题片，省市电视台多次录制专题节目宣传播放。2006年12月，凤阳凤画入选安徽省第一批非物质文化遗产名录。

二、笔情墨韵，高洁祥瑞

经过历代画工长期创作实践的积累和广大民众审美经验的筛选，凤阳凤画流传至今的题材主要有：百鸟朝凤、丹凤朝阳、凤求凰、栽桐引凤、百鸟献寿、带子上朝、龙凤阁、五凤楼、麒麟阁、四屏图等。尽管这些题材的凤画在具体内容和表现形式上或有不同，但本质上都属于吉祥艺术。

在中国古代神话中，凤凰是传说中的鸟王。因此，“百鸟朝凤”最直接的寓意，就是喻指君主圣明，河晏海清，天下归附，也常常用来表达人们对太平盛世的无限期盼。因此，气氛热烈、仪态纷呈的“百鸟朝凤”图，实际上就是中华民族向往和平，祈愿幸福的传统心态写照。

凤画中的“丹凤朝阳”，又称“凤鸣朝阳”，是中国传统吉祥图案之一。画面上除凤凰、梧桐或牡丹外，最醒目的就是一轮红彤彤的太阳，象征着完美、吉祥、光明。太阳周围，常有祥云托衬，而祥云则是风调雨顺和高升、如意的象征。

《诗经·大雅·卷阿》以“凤皇于飞，翙翙其羽”比喻夫妻恩爱、婚姻美满。凤画《凤求凰》即表现此类题材。与龙相对应时，凤凰是雌性的象征，在宫廷装饰中作为皇后嫔妃的符号出现。龙上凤下的“游龙戏凤”，就成为一种典型的龙凤组合模式。龙凤组合、天地和合、阴阳相济、太平祥瑞，凤画“龙凤呈祥”“龙飞凤舞”，旨在表达人们对风调雨顺、国泰民安、万象明德、歌舞升平的期许。

“栽桐引凤”也是凤画描绘的内容之一。梧桐为凤凰专栖之树，先秦《诗经·大雅·卷阿》有“凤凰鸣矣，于彼高岗。梧桐生矣，于彼朝阳”句，意即凤凰和鸣，歌声在山岗上飘飞，梧桐树茂盛地生长，沐浴朝阳灿烂的霞光。梧桐之所以能与凤凰关联起来，大概有三个原因：其一，在古代文学中，梧桐和凤凰都是高洁美好品格的象征；其二，梧桐木材纹理顺直、年轮均匀、质地轻盈、硬度适中，是做琴的良材，梧桐之清音正应和了凤凰之歌鸣；其三，古代传说梧是雄树、桐是雌株，梧与桐同生同老，根深叶茂、枝干挺拔，和凤凰双飞都是忠贞不渝的爱情象征。

传统题材的凤画中，除凤凰这一主体图像外，艺人还常常会在画面中衬以盛开的牡丹，缀以五彩的百花，百鸟或停栖枝头，或绕凤纷飞，鲜红的旭日冉冉升起，朵朵祥云缭绕，葳蕤的梧桐树挺拔清秀，间有水波灵石、流火飞瀑、仙芝异草点缀作配。

牡丹花素以朵硕、形绮、色艳、香浓见长，它以风流倜傥、玉笑珠香、富丽堂皇，赢得“花中之王”之称、“国色天香”之誉。百花之中，牡丹为王，象征富贵常在、荣华永驻；百鸟之中，凤为群首，象征幸福吉祥。凤凰与牡丹组合的“凤戏牡丹”或“凤穿牡丹”，又象征了男女情爱。

至于凤阳凤画中凤凰的造型，既传承了古代神话传说典故，又吸纳了中国传统绘画的精华；既有600余年的历史积淀，又时时融入各代凤画艺人的创新，堪称文脉清晰、渊源久远。

典籍所见关于凤凰最早的记录，约出于《尚书·益稷》中的“箫韶九成，凤皇来仪”。《史记·五帝本纪》中也有类似的记载——“于是禹乃兴九招之乐，致异物，凤皇来翔”。意思是说大禹治水成功后，举行庆祝大典，箫韶之曲连续演奏，吸引彩凤飞来，随乐声翩翩起舞。

作为一种民族图腾符号，凤凰形态本无实体，和商周时期青铜器上的装饰主纹饕餮、古代神话中主太平祥瑞的麒麟、汉代四灵象征北方之神的玄武类似，都具有比附和复合的性质。如果说郭璞注《尔雅·释鸟》中“鸡头、燕颔、蛇颈、龟背、鱼尾、五彩色，高六尺许”，只是对凤凰作了一个简短介绍的话，《韩诗外传》对凤凰形貌及象征意义则描绘得非常具体，说凤凰之形是“鸿前，鳞后，蛇颈而鱼尾，龙纹而龟身，燕颌而鸡喙”，凤凰之品格为“戴德，负仁，抱忠，挟义”，凤凰之仪态为“延颈，奋翼，五彩备举，鸣动八风，气应时雨。食有质，饮有仪”，凤凰之德才乃“能通天祉、应地灵，律五音、览九德”。其后，《说文解字》中释“凤”为“神鸟也”，“麟前鹿后，蛇头鱼尾，龙文龟背，燕颔鸡喙，五色备举”，亦大同小异。

中国传统文化艺术中，“程序化”是一个突出特征。所谓“程序化”，是指某类事项在长期发展过程中，逐渐使陈杂紊乱趋于单纯化、条理化、理想化，并形成相对固定的范型模式。凤画的构图、造型、补景、配色等，也在长期的发展中出现了自己的范型模式，有口诀说，凤画中的凤凰是“蛇头、龟背、鹰嘴、鹤腿、如意冠、九尾十八翅”，或者“孔雀头、天鹅身、山鸡翅、锦鸡翎、金雀羽”，或者是“锦鸡头、如意冠、鹦鹉嘴、孔雀脖、鸳鸯身、大鹏翅、仙鹤足、孔雀毛”……尽管各有不同，但细细品来，却是大同小异。

总而言之，凤画之凤是从中国古代神话传说、美术图式及相关文献资料中汇集而成。一般来说，凤凰的头部包括凤冠、凤眼、凤嘴、颈项和凤坠；身体包括胸、背、腹、翅膀和凤胆，翅膀又可细分为肩羽、复羽、翼羽和飞羽；

尾部包括主凤尾、次凤尾和飘羽，主凤尾一般为两根，也有三根、五根，甚至最多达到九根的，尾羽都有凤镜，俗称“凤尾眼”；凤凰的腿足包括腿、跗和趾足，趾足又分为外趾、中趾、内趾和后趾。作为整体形象出现在画面中的凤凰，或立于灵石之上，或栖于梧桐枝头，或驻足牡丹花间，或飞翔于祥云之上，姿势优美，形态各异。

凤画的色彩，大致分为三种：一是水墨凤画，仅以墨色深浅浓淡画出；二是素彩凤画，在墨凤的基础上，略施蓝色或绿色，外加泥金，圈点或勾勒凤凰身上的花纹和翎眼等；三是全彩凤画，凤凰全身敷以大红大绿大紫大青，交织形成浓艳绮丽、五彩纷呈的画面效果。

在绘画技法上，凤画以传统民间工艺色彩为主，以民间绘画为平台，大量吸收了中国画的勾染技法，同时又兼蓄年画的画理画风，造型严谨，色调明丽，手法细腻，画路接近地气，画风雅俗共赏，深受广大人民群众喜爱。在绘画材料上，凤画同中国画一样，也是使用宣纸、毛笔、墨汁、中国画颜料。凤凰为鸟中之王，在描绘时也遵循禽鸟的作画步骤，根据画面需要，安排位置，确定大小，根据凤凰的情态，先画大小两个卵形，大卵形为凤身，小卵形为凤首，两卵形相连为颈项，大卵形内三分之一处画一弧形虚线，为凤的背部和腹部分界线，大卵形后部添上长而飘逸的尾羽，下部以细长高挺的两足，凤凰的大致轮廓即成。然后依次画上凤嘴、凤眼、凤冠、凤坠、凤翎、凤胆等等，塑形逐渐完善，设色步步深入，一只栩栩如生的凤凰便跃然纸上。尤其是五彩凤画，先以墨线勾勒，再以淡墨晕底，然后以国画颜料中的的朱砂、朱磦、曙红、藤黄、石青、石绿、花青等，或染或罩，最后勾金装饰，画面金光闪闪、富丽堂皇，最为夺人。

凤画除了造型与配色外，补景和钤印也非常讲究。什么样的主题，配什么样的景物，牡丹、梧桐、百花、白鸟、碧波、仙山、玉兰、灵芝、祥云、朝阳各得其所。画成题款之后，钤盖印章也有区分，据传明清两代最高级别的凤画要盖三方大印在画面上方正中央：一方是“凤阳画印”，这种印章每个画店都有，随时能盖；一方是“凤阳县印”，必须相当有头脸或能买通掌印的人才能盖到；一方是“凤阳府印”，要想盖到难之又难。一幅凤画若能三印齐全，则价值倍涨。

第四节 扶正祛邪，趋吉避凶
——灵璧钟馗画欣赏

位于安徽省东北部的灵璧县，南临淮水、北倚中原，钟灵毓秀、风光旖旎，是一座闻名遐迩的千年古县，因“山川灵秀，有石如璧”而得名“灵璧”。但它不仅仅是奇石的故乡，还有可以祈福除邪、镇宅佑安的钟馗画。

在灵璧，钟馗画也称“灵璧判子”“灵璧灵判”，它以传说中赐福镇宅之神钟馗为专一描绘对象，历唐、宋、元、明、清各代，屡有创新，不断融入地方特色，凸显民间风味，迄今兴盛不衰。1915 年，灵璧民间画师翟光远绘制的钟馗画参加“巴拿马万国博览会”，荣膺金奖，作品为北京故宫博物院收藏。2003 年，灵璧县荣获文化部“中国民间艺术（钟馗画）之乡”称号。2006 年 5 月，灵璧钟馗画被列入安徽省首批非物质文化遗产名录。目前，灵璧县成立了“中国灵璧钟馗画研究会”和“中国灵璧画苑”。走进灵璧，大街小巷钟馗画店栉比鳞次，灵璧人爱钟馗，说钟馗，画钟馗，蔚然成风。

一、正义化身，辟邪佳作

钟馗之所以受到灵璧人的由衷喜爱，首先因为他是一位才华横溢、刚直不阿、正气浩然的万应之神。春节的钟馗是镇福宅、佑平安的门神；端午节的钟馗是斩五毒、驱恶鬼的天师。一年四季，民间每逢开地、开工、开盘、开业、乔迁、庆丰、婚嫁、祝寿、祈福等重要庆典活动，都会悬挂钟馗像，请钟馗、闹钟馗、跳钟馗，以求避凶趋吉、除煞添福。

唐人卢肇在《唐逸史》中曾记述：唐玄宗身染重病，久治不愈。一天夜里入睡后，梦见一个小鬼来盗取他的玉笛并杨贵妃之绣囊。玄宗斥责小鬼，小鬼以戏弄的口吻说，我偷别人财物如儿戏，专把人家喜事变忧事。玄宗十分生气，正要大声召唤武士，突然眼前出现一个身材魁梧的大鬼。大鬼头戴破帽，身穿蓝袍，腰系宽带，脚蹬官靴，一把捉住小鬼，先挖去

钟馗雕像

双眼，再把小鬼劈成两块，快速吃进肚里。玄宗好奇地询问他是谁，大鬼回答说：“我是终南山进士钟馗，武德年间考取功名，因为长相丑没能被录用，撞宫殿台阶身亡，承蒙皇上赐袍而葬，感恩在心，发誓保佑皇上，铲除天下恶鬼妖孽。”这时，唐玄宗从梦中惊醒，身上的疾病也立刻好了。于是，他忙诏见宫廷画师吴道子，将梦中钟馗形象描述给他听。吴道子奉旨作图，画好后即刻呈献皇上。唐玄宗见画，抚案称赞不已，随即挥毫题写“嫉恶状元，斩邪将军”八个大字，然后将画悬挂在卧室之中，用以驱鬼镇邪。此后，唐玄宗又命吴道子陆续画出更多的钟馗像，分别赏赐朝中重臣。从此，钟馗捉鬼的故事，以及张挂钟馗画像避邪的习俗得以确立。

相传，由于得知钟馗世居灵璧，唐明皇曾派官员将吴道子所画钟馗像专程送往灵璧，悬于县衙，为官员和百姓镇邪纳福。如今，灵璧县城钟馗路口立有一尊题为“赐福钟馗”的雕像，雕塑前方有石铭文“钟馗，字正南，世居灵璧”。

如同其他历史名人一样，关于钟馗故里的传说也有多种。有人认为，钟馗是陕西省西安市周至县终南镇终南村人；也有人认为，钟馗老家在陕西户县、山东莒县……其实，无论他的老家在哪里，有一点永远不会变，那就是钟馗那禳灾除病、遣忧解难、驱鬼避邪、赐福佑安的一身正气，一腔热血。

灵璧钟馗画源于宋，盛于明清。清人齐周华在《名山藏副本》中指出：钟馗“由道子画能通神也，无如天下传写，渐失其真，惟灵璧所画，往往不脱吴道子原格，故世群推之”。这就是说，灵璧钟馗画继承了“吴道子原格”，“世群推之”，至今不衰。

那么，什么是“吴道子原格”？齐周华又为什么在天下钟馗画中，独说灵璧钟馗画继承了“吴道子原格”呢?

其实，“原格”意思就是原貌。有史可考的具有独立形态和完整意义上的钟馗画，是唐代画圣吴道子所作。吴道子因人物绘画、山水画均“冠绝于世”，被后世尊为“百代画圣”，被民间画工奉为祖师，其画风对同期及后世画家影响极大。北宋书画鉴赏家兼画史评论家郭若虚在《图画见闻志·近事》中，详细记述了他所见到的吴道子钟馗画原貌：“昔吴道子画钟馗，衣蓝衫，鞹敦一足，眇一目，腰笏，巾首而蓬发，以左手捉鬼，以右手抉其鬼目。笔迹遒劲，实绘事之绝格也。”

虽然今天的人们已经无缘得见吴道子的钟馗画，但依据郭若虚的记载与吴道子画作的特点，依然可以想象出他笔下的钟馗，必是笔随意走、灵活应变，线条“八面如塑”，充满立体感。再加上吴道子一贯崇尚描绘人物意气风发的精神面貌，注重发挥浪漫离奇的想象力，所画人物形象充满激情和力度，或“虬须云鬓，数尺飞动，毛根出肉，力健有余”，或“巨状诡怪，肤脉联结”，或“奇踪异状，无一同者”，那钟馗的“相”与“貌”，“神”与“情”，必然具有不可抗拒的艺术感染力。

如此，灵璧县的钟馗画为什么能继承吴道子“原格”呢？有一个故事说，灵璧一位知县，走马上任当日，大堂上椅凳乱动，白日闹鬼，知县吓得回到后厅，立刻写折子上奏皇上请求辞官。不一日，圣旨到，皇上没有批准他的告退辞呈，而是鼓励他好好干。随旨还送来一幅大唐吴道子的钟馗画真迹，命知县悬于县衙大堂，以供驱鬼避邪，并限悬挂一个月后归还宫廷。吴道子钟馗画一经挂出，大堂上从此安宁。转眼还画限期即到，知县六神无主，幸亏夫人想起一个办法。她请来灵璧画工高手，仿画吴道子钟馗像，达到了真假难辨的地步。还画限期一到，知县即将仿制的钟馗假画送回宫中，不曾想，这幅由民间画工仿制的钟馗画照样灵验。但是，时间一长，假画还是被朝廷御用画家看出破绽，皇上却不相信："此画既假，为何灵验？"大臣分析道，灵璧地灵，所产之物皆有神异灵气，此画出自灵璧，故能驱魔。皇上暗想，灵璧钟馗画既然一样灵验，若百姓家家皆挂灵璧钟馗画，岂不户户安宁，天下太平？于是颁旨诏告天下，家家户户都挂钟馗画。从此，灵璧钟馗画名扬天下。

不过，据史料记载，灵璧钟馗画的形成，主要与吴道子画派传人杨斐有一定关系。宋代画家杨斐深得吴道子画风真传，所画神像容色威风，气势伟岸，位居宋代人物画"能品"之列。杨斐曾于泗州普光寺等庙宇作画，期间与灵璧当地画家结下深厚友谊，并曾以吴道子画法传授灵璧门徒，这应该是灵璧钟馗画传统形成的背景条件之一。宋哲宗元祐元年（1086），灵璧置县，一批民间画工聚集起来，专作钟馗画，使灵璧逐渐成为民间钟馗画创作与销售中心。

但是，灵璧钟馗画并没有一直停留在同一风格之上，而是随着时代发展，不断创新，不断变化。宋末元初，淮阴画家龚开不但善画山水，兼画鞍马、花卉，更喜用水墨画鬼魅及钟馗，他用笔潇洒放纵，施墨奔放淋漓，造型"怪怪奇奇，自成一家"，所作钟馗画《中山出游图》，以简约的线条和干湿浓淡变化的墨色相组合，勾勒渲染了钟馗与妹妹出行游乐的场景：一群小鬼随从周围，有的抬着肩舆，有的扛着出游用具，体态夸张，表情各异，画面错落有致，风格清奇。因灵璧与淮阴相邻，龚开画出，灵璧馗画很快受到影响，绘画风格为之一变，钟馗的形象中增添了新奇怪诞的成分，更显幽默、风趣。

历经宋、元两代发展，待到明清时期，灵璧钟馗画业开始进入鼎盛阶段。清朝初年，灵璧属宿州管辖，画家高其佩出任宿州知州。高其佩虽为官员，但工诗善画，是指画的开山，其《指画怒容钟馗》，为传世绝品。"扬州八怪"之一的罗聘曾拜其为师。知宿州期间，高其佩经常到灵璧指导书画创作，对灵璧钟馗画更是大加扶持。因此，灵璧钟馗画的创作风气更加浓郁，整体创作水平大幅度提升，民众以钟馗画驱鬼安宅的习俗更盛，钟馗画的名声更高，销量日渐攀升。据清《灵璧志略》记载：“灵璧古镇，画店林立，画商如云，车水马龙，年复如是。每岁可售数万纸，画工衣食于斯。”

二、吉祥止止，同中有异

在长期的发展过程中，灵璧钟馗画渐渐形成特色。

首先，灵璧钟馗画与木板年画或门神画不同，历来采用手工绘制的方式，以工笔重写技法绘就，线条粗犷，设色浓艳，具有特殊的民间风味。所以说，灵璧钟馗画有“民俗、工笔、写意”的风格。

其次，就造型而论，灵璧钟馗画讲究外丑与内美的和谐统一。作为民俗传说中的捉鬼驱魔大神，钟馗在老百姓心中法力无边。灵璧钟馗画在创作上秉承“以狞制鬼，以猛驱邪”的理念，但面部刻画、形体动势以及行为气质的塑造上，又于狞厉中蕴涵温柔，剽悍中流露儒雅，貌丑中蕴藉妩媚，威武中内敛慈祥，令人望之威而即之温，于怪诞的形象中寄寓幽默诙谐的趣味。为了体现人民大众迎祥纳福的心愿，使钟馗画于避邪打鬼之外，更多祈祥赐福之意，灵璧钟馗画常画钟馗手持蒲叶艾草。蒲叶形似利剑，又称“蒲剑”。艾草为中草药，可以除秽避瘟。

此外，灵璧钟馗画上端必定盖有“灵璧县印”，这是灵璧钟馗画特有的标志。据说，灵璧因为有了钟馗，所以“县印能祸福百里，尚可以却不祥”。如此，每幅灵璧钟馗画真品均加盖灵璧县印，并布为“品”字形，以作灵璧贡品的标志。后来，灵璧钟馗画家在商品画上也加盖县印，流传既久，已成定式。

钟馗画《福在眼前》

在绘画技法上，灵璧钟馗画有民俗、工笔、写意三种风格。

民俗风格以已故画师尹玉麟为代表。此种画法借鉴传统造型，兼工带写，不拘比例，但求传神，敷以朱砂彩色，所绘钟馗形象身材魁梧、豹头圆眼、方口虎牙、虬髯铜须，集神之逸气、鬼之戾气、人之正气于一身，把一个既狰狞凌厉又威武亲切的钟馗形象表现得淋漓尽致。尹氏画法笔墨酣畅、奇趣生妙，尽得吴道子之神，尤以《百馗图》《三破图》《仗剑图》等最为著名。

工笔风格以画师孙淮滨为代表。孙氏画法借鉴传统工笔技艺，以硬毫中锋勾线，线条挺拔俊朗，平敷颜色，局部辅以墨色，画格严谨清奇。在造型上，此画法以篆书功力为基础，以吴道子式健逸的墨线立骨，取神得形，以线立形，中锋直抒，线条工整、细腻、严谨，周密不苟，形神兼备。在设色上，它分染与统染、罩染与提染、烘染与点染、接染与碰染、填与刷等多法并用，色调艳丽明快而不失沉着高雅。孙氏笔下的钟馗画，妙穷毫厘、光色艳发、雄浑厚雅，代表作有《钟馗神威图》《福自天来图》《祥瑞图》等。

写意风格以画师陈光林为代表。陈光林以“威武之师，正义之君”阐释钟馗的精神内核，提出“我以我心绘钟馗”的艺术观，一改过去钟馗画形象怪异、施红画绿、阴冷逼人的门神画法，融中国传统绘画大写意技法以及现代人审美意蕴，锋分侧逆，寥寥数笔勾写大势，或朱或墨，大胆泼洒，虚实相生，意在传神，偶以大写意山石、草木画法补景，情景交融。他的代表作品除《镇邪图》《驱邪图》《神威图》外，更有《三破图》《酒壮英雄胆》，表现钟馗豪迈超脱的人格。

时至当下，越来越多的灵璧人加入钟馗画创作队伍。现在的钟馗画作者中，既有德高望重的泰斗，也有年纪轻轻的后学。有的学有师承，有的自学成才，有的坚持传承民间画风，有的受过学院派严格训练，有的潜心于钟馗画技法与形式研究，也有的热衷于灵璧钟馗画艺术的传播与推广。他们将个人寄托融入画中，将老百姓对于和美生活的盼望寄寓笔下。因而，新时代的钟馗画家也就赋予钟馗更多的人情味，祈福、醉酒、嫁妹、捉鬼、弹琴、弈棋、挥书、作画、坐轿、骑马、持笏、执剑……笔情墨趣间洋溢着风调雨顺、国泰民安、生活富足美满的吉祥信息。每到年节，灵璧县城常有对公众开放的钟馗画展，画家把得意之作高悬壁上，任人点评鉴赏：狰狞，俊美，目光如炬，灵动如电，乘风破浪……钟馗形象千变万化、跃然纸上，向人世间的一切魑魅魍魉发出讨伐，让一代代的灵璧人受其熏陶，为之骄傲。

第五节 泗滨浮磬，诸美毕臻
——灵璧一石天下奇

宋代大诗人陆游曾说：“花欲解语还多事，石不能言最可人。”石头是自然赐予人类的天然瑰宝，爱石是中华民族悠久的传统。孔子曾提出“石有性”，“石性仁、静、寿”的观点，将人性与石性相比附，将赏石推向人文审美的境界。苏东坡曾咏叹“山无石不奇，水无石不清，园无石不秀，室无石不雅”，并进一步提出赏石的意义：“赏石清心，赏石怡人，赏石益智，赏石陶情，赏石长寿。”米芾爱石成癖，拜奇石为“石兄弟”。郑板桥在题画中说：“板桥此石，丑石也，丑而雄，丑而秀。”以画石抒写自己刚直不阿的风骨。从古到今，陶渊明、白居易、李白、杜甫、王维、刘禹锡、欧阳修、李商隐、黄庭坚、范成大、李清照、马远、夏圭、赵孟頫、蒲松龄、任伯年、吴昌硕、沈钧儒、张大千、郭沫若、叶浅予等名士均为赏石名家。千百年来，无论达官贵人还是黎民百姓，中国人爱石、搜石、玩石、藏石、品石、论石、咏石、赞石，渐成传统。

安徽宿州灵璧县以“山川灵秀，石皆如璧”而得名。这里所产灵璧石形质俱佳，人称“声如青铜色如玉”。《尚书·禹贡》所载“泗滨浮磬”，证明灵璧石至少在4000多年前已被开发。南宋杜绾在《云林石谱》中将灵璧石列于116种石品之首；明文震亨在《长物志》中称赞灵璧石“种种异状，真奇品也”，而且认为“石以灵璧为上”。宋代方岩曾发出“灵璧一石天下奇”的由衷赞叹。确实，灵璧石论形，有瘦、透、皱、漏、秀之怪；论声，叩击有金振玉鸣之音；论色，焕黑、白、青、赤、黄之彩。它集形、色、奇、声、质、意于一体，诸美毕具，难怪乾隆皇帝称它是“天下第一石”。

一、石磬之音，玉振金声

灵璧为什么会产奇石？古往今来众说纷纭。目前，赏石界比较认可的观点是，灵璧石产生于距今约8亿年前的震旦纪。那时，灵璧曾是一片汪洋，海中的藻类死后与海水中的碳酸盐一起沉积，形成混杂藻类的矿石体，在地球内部的温度、压力等作用下，形成了各种色彩的花纹、图案，再经吕梁构造和燕山构造运动等多次地壳运动的作用，岩层发生褶皱、断裂，加之亿万年的雨水冲刷，灵璧石就此天成。

天地钟灵的灵璧石种类很多，清乾隆《灵璧志略》记载，“灵璧有七十峰，产有磬石、巧石、黑白石、透花石、菜玉石、五彩石等”，分类标准也各有不同。不过，它起码可以先分为“磬石”和“非磬石”两大类。比如《尚书·禹贡》中提到的“泗滨浮磬”，就是指灵璧磬石。唐代经学大师孔颖达注释这一句话时说：“泗滨，泗水之滨。石在水旁，水中见石，似石水上浮然。此石可以为磬，故谓之浮磬也。”由于磬石音色优美，故而被称为“八音石”。

说到八音，就不能不介绍一下先秦《周礼》所记载的 8 种中国古代乐器之声，它们分别是金、石、土、革、丝、木、匏、竹，其中的“石”，就是用石头做成的乐器，主要为磬。磬的制作需选用质地坚硬、声音或铿锵有力或清脆悦耳的石材，而灵璧石之音清越悠扬，宽厚悦耳，堪称玉振金声。因此，早在上古三代之时，已被选为制造石磬的上等材料。

1950 年，考古学家对殷墟武官村大墓进行考古发掘，一件看起来并不起眼的石头，引起了考古专家的注意。这块石头呈片状，长 84 厘米，宽 42 厘米，厚仅为 2.5 厘米。薄薄的石片表面雕刻有一只老虎，它怒目圆睁，虎尾上扬，虎口扩张，尖尖的獠牙清晰可辨，尤其引人注目的是，老虎的身躯呈匍匐状，仿佛时刻准备腾身而起，来一个猛虎扑食。经专家辨认，这块薄薄的石片正是殷商时期所使用的重要乐器——石磬，而且正是用灵璧石制作的。

虎纹石磬

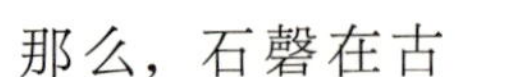

那么，石磬在古

代音乐演出中又有什么作用呢？据专家介绍，石磬看起来虽然不如青铜器、瓷器精美，却是中国最早出现的乐器，被称为“古乐之祖”。早在黄帝时期，中国就开创了最初的礼乐教化制度，这个制度包括礼仪和音乐两个部分。黄帝想用音乐感化臣民，引导他们安居乐业，后世将这种典雅纯正的音乐称为“雅乐”，而石磬是最早用来演奏雅乐的乐器。在甲骨文中，“磬”字的上半部分，被描绘成一块悬挂着的石片，下半部分，则是一个手持槌棒的人，好像是在敲击。由此，不难发现古人对磬的重视。

石磬在中国古代帝王的生活中，占据着重要地位。据史书记载，大禹治理天下时，在大门上悬挂钟、鼓、木铎和石磬等 5 种乐器。他规定，谁要进献治国之道，就敲钟；谁要上奏令人忧虑的事，就击磬，这就是五音听政制度的由来。后来，大禹的儿子夏启也继承了父亲使用磬的传统。据《墨子》记载，夏启曾在野外举行宴会，在宴会上，他命人击打石磬助兴，伴随着石磬悠扬的声音，君臣一边饮酒一边载歌载舞。到了商代，石磬被封为神圣之物，商王朝统治者规定，只有天子和诸侯才能使用磬。祭祀天地山川时，敲石磬；祭祀祖宗先帝时，则敲玉磬。

按照使用场所和演奏方式的不同，石磬可以分为特磬和编磬两种。在中国出土文物中，保存比较完整的编磬，当属战国时期曾侯乙墓编磬。编磬分上下两层，悬挂在架子上，主要用于演奏宫廷雅乐。据文献记载，中国古代对于磬的使用有严格的规定，君王可以在屋子四边悬挂，诸侯只可以悬挂三边，大夫仅能在东西两边悬挂。可见，磬是象征权力和等级的重器。

安阳出土的虎纹石磬是单个大磬，也就是特磬，它是古代人们祭祀天地和祖先时演奏的乐器。在商代，祭天是朝廷非常重要的活动，乐器在形式和功能上都要有相应的庄重感。这一件虎纹石磬磨制细腻，纹饰清晰，音色纯美，而且是迄今为止出土石磬中形体最大的，因此，它被称为“商代磬中之王”。当然，对于灵璧来说，它的发现还有一重意义，这就是使以往仅仅出现于史料中的“泗滨浮磬”，成为一个清晰可见的事实。

悠久的历史，尊贵的地位，饱满的文化底蕴，使得灵璧磬石魅力无穷，也使得灵璧磬云山蒙上一层神秘的面纱。从上古三代开始，无数人肩负重任来到这座外表看起来普通得不能再普通的皖北之山，只为采集磬石。

《晋书》记载，皇帝令镇西将军谢尚到灵璧采石制磬，以备“大乐江左”。

《宋史》有多处文字描述了皇家来灵璧采磬石之事：“乾德四年，和岘议令采泗滨石为编磬。”“景祐中，采泗滨浮石千余段，以为悬磬。”“皇祐三年，诏徐、宿、泗、江、郑、淮、扬七州军采磬石。”

《灵璧县志》更记载了元朝大乐正赵祖荣奉旨来灵璧采制石磬，完成任务后，他还写了一篇《磬石颂并序》。

民国年间，灵璧艺人精心设计制作了一只特大的镂花石磬，镌刻了《总理遗嘱》的全文，敬奉中山陵。

时至1970年，我国第一颗人造卫星遨游太空，那悠扬悦耳的《东方红》乐曲，也是由灵璧磬石制作的编磬奏出。当悦耳动听的《东方红》飘向太空之时，来自皖北灵璧石磬的独有魅力也萦绕在整个宇宙之间。

二、神工雕琢，妙趣天成

时至近代，灵璧石更多为人瞩目的，是观赏石。中国古往今来的观赏石中，名品不少，但人工易巧，天巧难措，若以“贵在天然权衡之”，其他品类则相形见绌，只有灵璧石全赖神功雕琢，妙趣天成。

位于灵璧县北部的朝阳山、灵觉山、九顶山、白马山、邵山、耳毛山，县境中部的三注山，南部的大山、峨山，都有奇石出产。这些奇石可以分为象形石和抽象石。如果再细一点，按颜色分，有黑、白、红、灰、黄、青、赭、绿等，也有五彩兼糅；按体量大小及审美功能分，有园林石、厅堂石、案头石、把玩石；按皮表肌理分，有的质素纯净、光润致密，有的巉岩嶙峋、褶纹交错，有的积珠累玉、层叠斑驳；按产地与材质分，有磬石类、龙鳞石类、五彩灵璧石类、花山青霜玉类、透花石类和白灵璧石类；按地理因素与形质特征分，有灵璧磬石、灵璧纹石、灵璧彩石、图案灵璧石、蟠螭灵璧石、莲花灵璧石、火疙瘩灵璧石、条带灵璧石、皖螺灵璧石、架子灵璧石、塔形灵璧石、珍珠灵璧石、木纹灵璧石、灰黑方柱灵璧石、类吕梁灵璧石等。

灵璧石之彩色石

2003年2月，由徐州市石文化研究会编著，中国财政经济出版社出版的《中国灵璧石谱》，将灵璧石谱系细分成52大类464品，全面介绍了灵璧石种类划分，最大限度地为广大灵璧石爱好者提供了区辨与参照的样本。2004年11月，由郑锦之先生主编，安徽美术出版社出版的《中国灵璧石精品荟萃》一书，从形象上将灵璧石分为清供、景观、象形、禅意等4个序列。

欣赏灵璧石，各人有各人的口味。有人讲究形、质、色、纹、韵，有人追求瘦、皱、透、漏，更有以秀、丑、拙、清、雅、奇、古、朴、巧、顽、怪、伛、悬、蟠、黑、响、圆、蕴、雄、稳、润、险、幽……来予以评鉴。不过，无论是哪种口味，哪种鉴赏，大家喜爱、追求的，都是天然造化之美。因此，统揽众说，有专家将灵璧石的主要特征集中概括为“五怪”“五美”。五怪者，曰：瘦、皱、透、漏、丑。五美者，曰：形态美、色彩美、纹理美、质地美、音韵美。

灵璧石之“瘦”，是指它的挺拔俊俏、突兀嵌空、刚硬险绝：以石体而论，石之瘦，主要体现为棱角毕现、中枢坚挺、不肿不疲、体态窈窕、骨气盎然。灵璧石之“皱”，表现为石纹崎岖、凹凸起伏、肌理苍茫：观其石肤，或如刀劈斧斫，岩窦纵横、迂回峭折、皱縠叠轨、氤氲纵横，或如微风过处，吹皱一池春水，碧波荡漾，涟漪纹纹章章、绵绵无尽。灵璧石之“透”，表现为轻盈飘逸、清朗通彻：审其结体，丰孔富窍、通洞豁然、偃仰多姿，正应了古话“石有透乃活”。灵璧石之“漏”，表现为空穴委曲、上下一气、诸窍灵通，石惟漏，方可上承天光、下接地气。灵璧石之“丑”，表现为皮质苍老、陋拙朴钝：美与丑互为依存、相互转化，丑中有美、美中有丑，丑极而美、美极而丑，乍看丑怪，细品则是深藏不露的隽美。这才是大璞不雕，浑然天成，得返璞归真之趣。

此外，灵璧石还有不可忽略的质地美。它们有的粗犷苍劲，有的细致温润，有的砺腻两兼，质感十分丰富。就物理性而言，灵璧石摩氏硬度在4—7之间，石坚性贞，质素纯净，肌理缜密，平固稳实，便于长期收藏，符合“石长寿”的文化心理；就品性而论，它坚贞不媚、介结孤高，有君子之风，温纯沉静、外美内灵，具良士之范。其集坚、实、安、寿诸品于一身，可以为师，可以为友，可以比德，符合修心养性的精神需求，大美不言，始臻至境。

三、石传八方，故事多多

正是由于天趣盎然、大美不言，灵璧石受到中国人特别的喜爱，相关的神话传说，乃至历朝历代的趣事逸闻，数不胜数。

提起灵璧石的由来，有人说，当年玉皇大帝宴请群仙，击磬乐师不小心将演奏用的玉磬敲掉了一块，恰巧就从云中掉在灵璧一座山上。于是，这座山从此出产磬石，那片状的石头轻轻一敲，声音激越响亮，俨然天上玉磬。因此，这山就被称为“磬云山”（庆云山），山边的小村庄也就成了大名鼎鼎的磬云村（庆云村）。

灵璧石的传说的另一个版本，主角是大地之母女娲娘娘。据说，远古时代，女娲为补天耗尽心力，手里的一把五彩石块还没来得及扔进神火中，就伏在凤凰身上睡着了。凤凰为让她有个安静的地方休息，就悄悄驮着她飞到凤凰山落了下来。于是，女娲手中那把五彩石子便掉落在此，化为万千神石。从此这里便被称为“灵璧”。

至于灵璧石的奇异，来自陕西省法门寺的一个故事很有代表性。法门寺上殿门东侧檐下，摆着一块长52厘米、宽48厘米、厚20厘米，名曰“大美不言”的青石。这块青石乍看并不起眼，没棱没角，并不十分方正，不知底细的人会以为这不过是摆着供游人歇脚用的。其实不然，这是一块花纹极为别致、身世不凡的灵璧石，俗称“卧虎石”。它不仅石纹奇特，而且身世不同凡响。据传，隋代仁寿宫中，有一块虎石，一块凤石。凤石以后不知去向，虎石随着岁月流转，辗转来到法门寺。几百年后，宋徽宗赵佶驾幸法门寺，曾在这块青石上坐过。谁料一阵过山雨之后，青石上突然显现一只瞪目竖耳、虎视眈眈的斑斓猛虎，栩栩如生，令人叹为观止。而石面上的清水蒸发完之后，卧虎纹便又悄然而潜。宋徽宗不由得一惊，寺官赶紧随机应变地说：“我主圣上属虎，这青石上‘虎’形出现，说明我主万岁乃是一朝真龙天子，连兽中之王也现形叩见拜迎！这也是苍天让我主留下的圣迹！”宋徽宗一听此话，转惊为喜，眉开眼笑，立即提起御笔亲书“皇帝佛国”四字，并钦赐此青石为“卧虎石”。

其实，皇帝怎么感觉，臣子如何拍马都不重要，重要的是灵璧石的神奇。神奇的灵璧石得到许多艺术家的钟爱，为了这份爱，甚至会置江山社稷于不顾，宋徽宗就是如此。

为满足爱石的愿望，宋徽宗在开封修建“寿山艮岳”，不惜重金，派人到江南各地搜取奇花异石，史称“花石纲”。花石纲给老百姓带来的灾难，所有读过《水浒传》的人都会知道，但很多人并不知道，灵璧石是花石纲的重要组成部分。据考，宋徽宗所建艮岳之中，仅仅以灵璧石为独立景观的，就有“万态奇峰”“望云龙座”“金鳌玉龟”等40余块巨型石。其中“万态奇峰”是徽宗最欣赏的，一直被他看作神物。他曾亲自题写“庆云万态奇峰”的条幅，并亲自为这块巨石披红挂彩。此外，同为“艮岳”神石的，还有产自灵璧的八音石。此石长2米、高1.5米、厚0.8米，形美如浮云层出，凝重而飘逸，色极清润，摩挲声响，人见人爱。

可惜，“艮岳”好景不长，金兵攻陷东京，北宋灭亡，徽、钦二帝当了俘虏。艮岳之中的大部分奇石，不是被激战炮火炸碎，就是失落他乡。

北宋灭亡后，八音石遗留城内。明代天启年间黄河决堤时，被淹没在泥沙深处，直至清初才有幸被人掘出，安置在重建的孔庙内。建国后，才得以陈列于徐州博物馆，以飨世人。

当然，与宋徽宗有关的灵璧石还远远不止于此。据说，开封大相国寺放置的一块灵璧石，背面还刻有“北宋艮岳遗石”。北京故宫的御花苑也放有不少灵璧石，其中假山正面有1块，有2米多高，十分显眼；建于清乾隆年间的遂初堂内，也放有4块灵璧石；宁寿宫倦勤斋有4块配有须弥座的石头，同样是灵璧石；而千秋亭、钦安殿、景福宫、三友轩等，都有灵璧石安放，而且都是花石纲遗物。

在中国，灵璧石得到文人雅士钟爱的例子还有很多。据考证，山东淄博蒲松龄纪念馆内的一块灵璧石名叫“海岳石”，为米芾所藏；苏东坡到灵璧，在一家张姓园中发现一块石头，非常高兴，欣然题字“东坡居士醉中卧此石然醒酒”，后来这块石头被命名为“醒酒石”；自号“石林居士”的宋代文学家叶梦得“得石病愈”，并建“石林精舍”，藏石林立，无以计数，爱之不已，日夕赏玩，夜抱而眠；唐代白居易在符离居住时，将丑怪灵璧石置于庭中支琴贮酒，傲啸觞咏，如对上宾，传为风流……

至于小型灵璧石，因其玲珑可爱，更是成为收藏热点，相关故事也就更多。据说，五代南唐最末的一个皇帝李煜，不仅爱好文学、音乐、书画，擅长写词，而且雅爱奇石，特别是灵璧石。他拥有一块名叫“灵璧研山”的奇石，径才逾尺，前耸36峰，皆大如手指，参差错落者为方坛、月岩、玉笋等，各有其名。石内峰洞相连，错落有致，下洞三折而通上洞，中有龙池，天雨津润，滴水少许于池内，经久不燥。李煜对此石爱不释手，甚至有人传说，及至城破，他还舍不得放下这块石头，以至于留下“不恋江山恋美石”之说。

可惜的是，江山易主，“灵璧研山”也不得不流落民间，经数十家后，为北宋诗人、书法家米芾所得。

米芾本以爱石著称。一次，他任无为州监军，见衙署内有一立石十分奇特，高兴得大叫起来：“此足以当吾拜。”于是命左右为他换了官衣官帽，手握笏板跪倒便拜，并尊称此石为“石丈”。后来，他又听说城外河岸边有一块奇丑的怪石，便命令衙役将它移进州府衙内，米芾见到此石后，大为惊奇，竟得意忘形，跪拜于地，口称：“我欲见石兄二十年矣！”听说安徽的灵璧产奇石，他便请求到地接灵璧的涟水县为官。到任后，一心收藏奇石，给每一块奇石赋诗一首。上司杨次公听说米芾玩石入迷，经常不理公务，便来规劝。到了米芾府内，他正色对米芾说：“你身为朝廷命官，从千里之外而来，怎么能整日玩赏石头？”米芾走上前去，从衣袖里取出一块石头，色极青润，玲珑可爱，放在杨次公面前，说：“这样的石头，怎能叫人不爱！”说着，又取出另一块石头，但见叠嶂层峦，更为奇巧。接着，他又取出第三块，再次对杨次公恳切地说：“这样的石头，怎能叫人不爱！”这时，杨次公脸色一转：“这样的石头，怎能叫你一个人爱？”然后，不由分说，将三块石头抱在怀中，上车走了。

至于“灵璧研山”，据说米芾是在新婚之夜得到的。赠送此宝的不是别人，正是他的夫人李氏。李氏是李煜后世之孙，她之所以将此家传之宝赠予米芾，原因有三：其一，米芾爱石如命；其二，米芾是书画家，对“灵璧研山”可赏可用；其三，灵璧石是亘古不变之物，象征夫妻恩爱永恒。米芾狂喜之极，“抱眠三日”，然后即兴挥毫，留下了传世珍品《研山铭》。

后来的故事就不一样了。其中之一，是说米芾因爱甘露寺旁临江的一处晋唐建筑，以石换宅后，又叹惋不已，抱憾终生。另一个说法是，宋徽宗召见米芾，君臣一见如故，情投意合，竟然成为挚友，并经常彻夜长谈。一日，米芾酒后与宋徽宗谈论灵璧石，一时高兴，便将其妻所赠定情之宝“灵璧研山”示于宋徽宗观赏。宋徽宗观后十分激动，米芾看宋徽宗有索石之意，立刻装醉卖傻，趁其不备，突然将“灵璧研山”从徽宗手里夺过来，抱在怀里不放，并哈哈大笑。宋徽宗无奈，只好顺口说一句：“活像个颠子！”这就是“米颠”的由来。宋徽宗没有得到“灵璧研山”，心里闷闷不乐，就召见了蔡京。蔡京软硬兼施，以王羲之的“鹅”字相换，米夫人便以一罐大头菜相送。蔡京无奈之下，诬告米芾思念前朝，有谋反之意，以杀头相威胁，要他交出“灵璧研山”。万般无奈之下，米夫人手捧“灵璧研山”直闯金殿，献与徽宗皇帝。米芾悲痛欲绝，为再与心爱的“研山石”多亲近一会，他求宋徽宗开恩，将“灵璧研山”放在供案上，三叩九拜，感慨道：“深山里灵石一块，天地间混沌一砣。白云深处悠然高卧，洁身自好引墨为歌。浓淡干湿变五色，纵情四海挚山河。”

当然，这两个故事孰真孰伪，一时难以言说。人们能比较确切地知道的，是元代初年，“灵璧研山”又出现在台州。清朝以后，它辗转为浙派词坛盟主朱彝尊所得，而后不知传向何方。一方“灵璧研山”，竟然天南地北流传了七八百年，由此不难想象这方奇石的灵气和魅力，难怪清人胡朴安在《奇石记》中为之感叹：“南朝半壁江山今归何有？而独存此石一片。”

待到明代，米芾后裔、万历进士、书画家米万钟也是一位爱石之人。米万钟字仲诏、子愿，号友石、湛园、文石居士、研山山长、石隐庵居士等，仅从名号，就足见他对于美石的钟情。可惜，他生不逢时，正当魏忠贤专政，很早就被罢官，不到60岁就去世了，所藏美石也不知散落何方。所幸的是，近年来，米万钟收藏的两方灵璧石再现于世。其中一方“锁云”石，石头中间困锁一朵鲜活流动的云，通灵剔透，沉静可人，被日本大律师佐藤先生收藏30多年，后无偿赠送给上海收藏家周易杉，石上镌“万历丁酉春三月藏石米万钟”；另一方被美国人苏珊收藏，美国出版的《亚洲艺术收藏杂志》曾刊登此石照片，石左侧镌刻近30个字，证明它曾为乾隆年间的书画篆刻家黄易收藏。

如今，灵璧奇石的故事，仍在由历史、生活源源不断地写作，传播，似乎永远也讲不尽。倒是一方灵璧石石底所刻之语，颇耐人寻味。那是断断续续的几句话：“石纹奇而古，石色黑而蓝，石质坚而细，石皮黄而润……此灵璧石……知其品不凡……知希为贵……欲问石，石不语，而能点头否耶？”

是的，灵璧石的品性与价值，非人语，亦非自身所言，只在天地人文之间。

第六节 埏埴成器，三彩生辉
——界首彩陶溢古韵

位于淮河支流沙颍河南岸的界首，是皖西北的重要门户。这里的剪纸、年画、陶器等民间艺术源远流长，散发着浓烈的泥土芬芳，其中彩陶更是以独树一帜的艺术风范，体现了皖北农民敦厚朴实的性格和大拙大巧的审美意趣。多年来，它在业界享有盛誉，被收藏家视为珍宝，2006 年收入国家级非物质文化遗产名录。

界首彩陶烧制的历史故事多来自民间传说，其中一个故事讲到，此地烧陶人最初只烧黑陶，生产一些日用品。有一年，唐代开国皇帝李渊路经界首的琉璃寺，夜间梦见幡台上摆放着绿、黄、白三色陶罐。醒来后，他立即命令附近窑匠做出三色陶。但是由于当时窑匠技艺有限，烧了三天三夜，只烧出了黄、白两色陶罐，想不出做绿陶的办法。正当大家一筹莫展时，一位铜匠经过窑厂，由于连天阴雨，铜匠被迫滞留在窑厂做工，身边所带的一些铜粉被风吹进窑里。没想到，正是这些铜粉改变了陶的颜色，生产出了绿陶。所以，铜粉至今仍然是界首制陶的原料之一。

1999 年，淮北市濉溪县柳孜镇发掘隋唐运河遗址，出土文物中有部分绿釉陶盘残片，经文博专家鉴定为界首窑出产。2011 年，合肥宋代墓葬中出土的绿釉梅瓶被鉴定出自界首陶窑。20 世纪 90 年代末，江苏省徐州市地下明代城址中，先后出土一批彩陶残器，专家从胎釉及工艺特点等方面鉴定，也是界首窑彩陶。这些彩陶虽多残损，但器形依稀可辨，有三彩印花人物纹盘、三彩刻花盖罐、三彩贴塑龙纹三足炉、绿釉印花鱼纹洗、绿釉油灯等，纹饰精细、釉色鲜艳。近年来，在豫东、苏北、皖南、皖西等地，人们先后发现有晚清至民国时期的界首彩陶存世。可见，界首彩陶启于隋唐，兴于宋元，烧制工艺最迟在明代晚期已经十分成熟，经清代、民国，窑火传薪至今。

一、水火炼融，泥土创生

历史上界首彩陶的烧制点，主要分布在界首颍河南岸，这里的村民大都以冶陶为生，村镇也多以陶为名。今天，当地除陶庄湖、陶庙镇等外，还有被称为“十三窑”的村庄，分别是卢窑、魏窑、后魏窑、前计窑、计窑、盆张窑、沈张窑、王窑、高窑、田窑、韩窑、尹窑等等。千百年来，这些陶窑为寻常百姓烧制了无数价格低廉、美观耐用的日用彩陶器物，通过便利的水陆交通，源源不断地运向远方。

但是，尽管界首制陶历史已有千余年的积淀，早期相当一段时间内的制陶，却受陶泥原料、制陶工具、烧制工艺等条件限制，工艺比较落后。那时候，界首陶窑制作的小型陶器，都是徒手捏制，形制略大的，采取泥条盘筑造型。陶坯干燥后，不施釉彩，直接用柴草低温烧制，做成普通日用素陶。因此，从严格意义上来说，早期界首烧制的陶器，根本不能称为“彩陶”。

界首彩陶的大发展，得从黄河夺淮说起。巨大的灾难在人们意想不到的时候，给界首人带来非常的机遇。宋元时期，黄河夺淮入海，在夺取无数生灵的同时，也改变了淮河中下游的土质。据《元史・河渠志》记载，元延祐年间，黄河水漫及颍河，比重较大的河沙先行沉积，而比重较小的细腻黏土随水漂流、沉积成土。这种黄色淤土黏性较大，俗称“黄胶泥”，是烧制陶器的天然资源。黄水泛颍之前，界首本有的胶泥质地粗、性硬脆，只适宜烧制盆、盘、盏等简单造型的圆形陶器，俗称“小胶泥”。黄水泛颍后带来的淤积黏土，俗称“大胶泥”，它细腻纯净、性软糯，可塑性强，具有弹性，不仅可以制作体型较大、造型复杂的瓶、罐等器皿，还可以雕镂精细的工艺陈设品。烧制陶器，泥土的选用永远是第一位的。界首彩陶艺人认为，黄河淤积的大胶泥是有灵性的，如果能在地下封存 3 年，再挖出来，它就“活”了，捏掐自如，做出来的彩陶才能进入上乘。自从有了黄河的这份馈赠，界首彩陶艺人开始大展拳脚，将他们从北方各窑口学来的刻、划、贴、堆、剔花等工艺手段，从唐宋三彩制作中悟出的施釉技术结合在一起，再融进当时皖北民间最擅长的剪纸、贴花、木板年画图样，终于创造出独独属于界首的彩陶艺术风格。

界首彩陶

在长达千年的发展之中，界首彩陶逐渐形成了器型古朴厚重、刻画简洁生动、釉色流光溢彩的特色，吸引着五洲四海艺术家与收藏者的目光。

界首彩陶的特点首先表现在器型上。多年来，界首彩陶的造型多为圆形，这当然是因为圆形陶器要比其他形器的容量大，实用性更强，在烧制过程中，不易变形。但圆形陶器在界首，还有另一种寓意，与本地民间风俗相关。皖北乡村，“陶”有“掏”之谐音，“圆”有“团团圆圆”的意思，二者结合，就是“掏个团团圆圆”。早年间，淮河中游一带凡有嫁娶之事，女方必须陪嫁一件三彩陶坛，圆形的陶坛上刻有牡丹、梅花喜鹊、莲花鲤鱼等内容，牡丹象征着富贵，梅花喜鹊寓示着喜上眉梢，莲花鲤鱼含有连年有余之意，而圆圆的器型，自然就是圆圆满满生活的象征。

作为圆形器物，界首彩陶的主要造型线条是曲线。从器物正侧面看，两侧边线一般呈对称的“S”形或“C”形，线条饱满有弹性，尤其是“S”形外侧轮廓线的大量运用，在大小、宽窄、高低等要素的对比上，富有丰富而优美的变化，对彩陶整体造型美感起到重要的衬托作用。但细细观察，就会发现制作者在圆的饱满中，还有直线的巧妙运用。他们常常在器物的口颈部和底部，用较短的直线衬托，从而，使器物造型显得精神、丰富、有骨有肉。以彩陶瓶与壶的器型为例，它们在造型中所运用的线型，往往是从腹部到底部由曲线组成，在口部到颈部用直线处理，形成曲线和直线的对比。短直处愈坚硬、刚劲而不失简约，弯曲处就愈显饱满、丰硕而不失柔美。如此，线条的长与短、曲与直、刚与柔、动与静，主次分明、相得益彰。

就这样，圆圆的罐子、坛子，圆圆的瓶、盘、盆……一炉又一炉地烧出来，满蕴着界首人的审美意愿与生活期望。然而，圆中自有变化，圆中别有韵味，才是界首彩陶的不寻常处。

比如，界首彩陶中的瓶，主要是梅瓶。自宋代盛行梅瓶以来，国内所见基本上是瓷质，陶质梅瓶少而又少，但界首艺术家却单单要烧制彩陶梅瓶。这种彩陶梅瓶高桩、小口、束颈、丰肩、鼓腹，下腹向底部呈弧形内收，圈足略浅，似小家碧玉，亭亭玉立，充分体现了来自乡间的制陶人的审美趣味。梅瓶出现后，界首人在此形制基础上，又制造出彩陶壶。陶壶在瓶肩部增加四个桥纽形系，两两相对，两对之间，插置一个冲天流，壶身多以三彩剔花纹装饰，情趣盎然。

民国以后，界首陶瓶形制增多，双耳瓶、四系瓶、葫芦瓶纷纷出现。20 世纪 80 年代以来，又出现仿古尊、夸张变形瓶、镂空套瓶等，形制日渐丰富。

除了各式各样的瓶，界首彩陶中的盘、炉、坛、罐，也十分引人瞩目。元明时期，界首彩陶盘多为折沿盘，有元代游牧民族板沿大盘的遗风。入清以后，彩陶盘渐渐变为敞口或卷沿，主要用作生活盥洗用具。至于界首彩陶中的炉具，一般分为香炉和手炉。明代香炉为三足炉式，晚清至民国时期，香炉为盂式，手炉为提梁式。当然，诞生于民间的界首彩陶，最多的还是坛坛罐罐。历史上，它们多为低桩、直领、鼓腹、浅圈足，保留了实用器特点，但随着时代的发展，各式各样新形制彩陶坛罐有如后浪推前浪，不断涌现，以浓浓的装饰意味，取代着单一的实用性。它们有镂空的，有高桩的，有带耳的，甚至有不再鼓腹的大口罐……2009年，卢莉华制作的镂空盖罐，荣获中国工艺美术百花奖银奖。

二、精雕细琢，花样翻新

至于装饰，界首彩陶的主要技法有刻画、剔花、模印、贴塑、雕塑、彩绘等工艺，其中最有特色的，是刻画与剔花。

彩陶的刻画是用竹、木、骨、牙等材料做成的锥、签、刀等工具，在尚未干透的陶坯上，用划、刮、刻、扎等手法，完成图案纹饰。艺人们信手刻画，毫无雕凿之匠气，充分体现了民间工艺接近地气、崇尚自然、追求和谐的审美气韵。据专家对现有界首彩陶遗存的考证，可以断定至少在南宋时期，刻画工艺已经产生，发展到明代，已经完全成熟。南宋时期界首彩陶的刻画纹饰主要为单线阴刻花鸟纹，线条稚拙苍劲。明代刻画工艺中的人物纹，线条流畅，疏密有致，宛如中国画之白描线稿，单纯、直截、素雅，罩以绿色为主的单色彩釉，效果清心爽神。

刻画之后，就是剔花。剔花是陶瓷器的传统装饰技法之一，有留花剔地和留地枕花两种。前者在坯体上敷上化妆土，然后划出纹饰，再剔去花纹外的空间，最后罩透明釉烧成。这种剔花的效果是花纹凸起，如同浅浮雕，以宋代磁州窑系制品为代表。后者在施釉的坯体上剔出露胎的纹饰，如吉州窑和磁州系的剔花制品。界首彩陶从历史上就与磁州窑关系密切，在应用磁州窑传统剔花工艺的基础上，艺人们吸收当地民间剪纸贴花的方法，配以木版年画的线条组织，线面结合，虚实相生，使得主体图像突出，画面视觉张力强，审美传达透彻。经过明清、民国乃至当代多

明瑞果花卉纹彩陶

年的技艺锤炼，如今剔花已成为界首彩陶标志性的特色工艺。依据现存的界首彩陶文物来看，明代剔花纹多见弦纹、卷云纹、叶纹等，雍容大气。清代剔花纹装饰，有的由上而下呈三段式，上段弦纹加卷草纹，下段弦纹或仰莲纹，中间为主体装饰纹；有的在器皿上下部略设弦纹后，直接以主题吉祥纹样满布器身，格调欢快；还有一类，主体器身出现组合开光式图案，福、禄、寿、喜等吉语文字置于其中，布局明快，清新大方。现代界首彩陶引入戏剧人物故事后，剔花纹更加奔放、传神，很快成为当今界首彩陶标志性纹饰。

刀马人纹壶

今天的界首彩陶，装饰纹样质朴生动，极具乡土气息。植物纹主要有牡丹纹、莲荷纹、菊花纹、瑞果纹、草叶纹、茴香瓣纹、寿字纹等，辅助纹饰有卷草纹、卷云纹、莲瓣纹等，动物纹有鱼纹、鸟纹、马纹、牛纹等。这些纹样，既有鲜明的地域特色，带着浓浓的乡土气息，又不落俗套。比如界首彩陶中的鸟纹图案，不再仅仅是传统流行的凤凰、喜鹊，而是以当地百姓喜闻乐见的斑鸠、家鸡为主。鸠鸟与树林、花草相配，展现出皖北一派和谐安宁的自然生活图景；鸡纹多作卧状，以波浪式骨线排列成二方连续的装饰带，优美亲切。此外，牛马是皖北农耕与运输的主要畜力，自然也成为界首彩陶钟爱的装饰题材。除了寓意风调雨顺、五谷丰登，牛还象征诚实、勤恳，马象征英俊、才能，因此，界首彩陶纹饰中的牛常与庄稼、树木同时出现，马常与祥云配图，画面生机勃勃，深得百姓喜爱。

传统界首彩陶中的人物纹主要来自历史故事和戏剧，还有民间喜闻乐见的福、禄、寿三星，仕女、童子等。晚清民国以后，人物纹逐渐定格于戏剧人物，《西厢记》《三国演义》《包公案》《西游记》《白蛇传》中的人物形象，成为主要表现内容。这些戏剧人物纹大都是舞台上典型的动作范式，群众基础广，极易引起共鸣。时至现代，一位名传遐迩的工艺大师又将界首彩陶这一技艺推向巅峰。1920 年出生于界首市卢窑村一个制陶世家的卢山义，童年没念过书，却有极高的领悟力，他从乡村民间戏剧人物中找素材，信笔刻画到彩陶作品上，刀法刚劲有力、线条流畅生动。画人物，他善于抓住京剧脸谱的要义，寥寥数笔，就画出，眼神传递威武架势，有精、有神、有气；画马，他刻出的不仅是战马，更像是神马，天马行空。

如今，界首彩陶刻画工艺仍然讲究了然于心，下笔有神。年轻一代的工艺大师不仅在传统的刀马人图案里画出或雄健或刚毅或洒脱的不同韵味，而且进一步扩大视野，将敦煌壁画、杨柳青年画、中国古文字等等，一一纳入新时代彩陶刻画之中。于是，这些彩陶作品以流畅飘逸的线条画出女菩萨的端庄美丽与情态变化；以圆润的笔触画出五子争莲的喜庆；以古朴的气韵表现古文字的敦厚……既保留了浓浓的传统文化意味，又洋溢着勃勃生机。2014 年年末在安徽省博物馆举办的界首彩陶展上，新一代界首彩陶艺术家的刻画技艺令无数观众叹为观止。

除了刻画、剔花，界首彩陶还有一个常用技艺，就是贴塑。远在战国时期，我国制陶就已出现贴塑工艺，魏晋至隋唐十分流行。陶工用手捏制或用模具翻印出各种立体的动物、植物、人物等纹样的泥块或泥片，再用泥浆粘贴到陶坯特定的部位，以增加陶坯的装饰性。据考，界首彩陶贴塑工艺的出现，至明晚期已十分成熟，其装饰效果一改刻画和剔花工艺的平面性，立体感强，形态生动，纹饰层叠繁复，表现力丰富。20 世纪 70 年代以来，界首彩陶贴塑作品不断创新，不但增添了产品造型种类，同时也拓宽了市场领域。这一时期，以韩美林、闫玉敏为代表的美术家热心投入界首彩陶造型的开发。在他们的热切关心、大力帮助、专业带动及悉心指导下，一批单色釉的动物陶塑和三彩人物陶塑作品被创作出来，引发界首彩陶新的创作高峰。

界首彩陶的另一个重要特色是釉彩。我们日常看到的陶瓷器，表面常覆盖一层致密、平滑、光润、硬脆的“衣裳”，叫作“釉”。施釉是陶瓷器制作工艺中一个重要流程，艺人按照坯体形状、胎壁厚薄，或根据装饰需要，选择蘸、浇、涂、刷、洒、泼、荡、轮、绘等相应方法，在成型陶瓷坯上施以釉浆。早期界首烧窑，主要出产简陋的日用无釉素陶，及至宋代增加施釉工艺后，界首陶窑才开始进入彩陶时代。界首彩陶釉料的使用主要有单色釉、三彩釉和彩绘三类。单色釉有绿釉、酱釉、黄釉、枣皮红釉，

界首彩陶上的釉彩

其中绿釉素雅，红釉鲜艳，酱釉沉着，蓝釉娇媚，金砂釉瑰丽。观赏界首彩陶，常见一些作品在红白相间的瓶身上，点缀着流动的翠绿，趣味横溢、别开生面。据彩陶艺术传人卢莉华介绍，这就是界首彩陶的特点。烧釉时，艺人以绿釉滴点瓶身，让它自然地流动下来，形成红、白、绿相映称的效果。

说起釉色，就得提及界首彩陶的一个别名，即“三彩刻画陶”。界首彩陶深受唐三彩影响，为了实现“三彩”的效果，从“炼泥”就要下功夫。专家们说，抛开胶泥风化的3年时间，从炼泥到烧制出成品，界首彩陶的工艺制作流程至少需要3个月或更长时间才能完成。每一件产品修坯过后，都要施化妆土——就是给陶胎表面涂抹美容化妆品。化妆土一般由优质瓷土调制而成，质地细腻、遮盖力强、耐火度高，质感表现力丰富。对于陶瓷器胎坯而言，它能起到统一胎表色泽、填补胎表气孔、均匀胎表质感、调节胎表吸水及膨胀率等装饰美化作用。界首彩陶化妆土分为“粉土”和“白土”，第一遍先施粉土，待其干燥后再施第二遍白土，然后进入刻画、剔花等工艺流程，干燥后入窑初烧。因陶胎、化妆土中所含微量金属元素以及颗粒细密度的差异，烧成后的器物表面所呈现的色彩、光泽等质地各有不同，陶胎及第一层化妆土呈红褐色，第二层化妆土呈米黄或牙白色，装饰纹样图地清晰、主次分明。第一次素陶出窑，艺人再加点绿彩釉或褐彩釉，干燥后罩施无色透明釉，再次干燥后，第二次入窑高温烧制。最终成品就会呈现出棕红地、黄花（或白花）、绿彩（或褐彩）的三彩效果，令人感到美不胜收。

第八讲

动养有道　药食同源

皖北是老庄的故乡。研读《老子》《庄子》，我们懂得了要谋求人与自然、人的身体与精神、人与社会方面的和谐统一。这就将生理、心理和社会三者联系起来，形成了完善个体生命的理论。

基于老庄思想的中华养生之道，早已渗透到中国人的骨髓中、血液里。如今，当我们进入一个人人讲究生活质量的年代，静神养生、经络养生、饮食养生……不仅成为全国人民的热门话题，而且正在走向世界。

当此之时，作为老庄子孙、华佗后代、嵇康思想的传承者，心中又该涌起何等骄傲、自豪之情？

第一节 致虚极，守静笃
——老庄养生思想谈

人说养生之法，有静有动。主张“静”者认为：“无视无听，抱神以静，行将自正。必静必清，无劳汝形，无摇汝精，乃可以长生。”主张“动”的，一句话就可以概括——“生命在于运动”。

起源于涡河之滨的老庄养生法，讲的是“静”，其中 6 个字尤为重要，这就是“致虚极，守静笃”。

一、道家之论，虚静养神

喜欢坐在月下涡河边静静遐思，坐在周王朝图书馆里，对着堆积如山的竹简苦思冥想的老子，心静如水。他认为，人要像水那样安于卑下，像水那样深沉安静，像水那样待机而动，像水那样无为而无不为……才能够得以长生。

很多人以为“无为”是不做事，其实，这是将老子的话理解得太简单了。在《道德经》中，老子讲的是规律，是道。讲天、地、人的规律，六合以内到底是怎么回事。“无为”真正的内涵是：不妄为，则无不为。按照规律做事叫“不妄为”，不按规律做事，才叫“妄为”。

老子说：“人法地，地法天，天法道，道法自然。”——人是生长在地上的，就不可能离开大地生、长、壮、老、死。地上的一切生物，都具备这种规律，这就是“人法地”；地球上所有的气候变化都取决于天，因此有“地法天”；自然规律取法“天然自然”，取法自己生成的样子，天、地、人都必须遵循自然规律这个“道”，故而称“道法自然”。既然万物由道而生，万物消亡又复归于道，世上一切事物的生生灭灭，都是遵循“道”的运动规律，那么，人就不可违反自然而行。基于这一认识，以老子为代表的道家养生观，主张崇尚自然、顺应自然规律，认为养生过程需要与“大道”之性相吻合，而“大道”之性的核心就是和、顺、柔、静、无为等，终极目标则是“天人合一”的境界。

如果说，老子是以他的哲学思想为道家的养生之道奠定了理论基础，那么，百年后的庄子则是坐在淮水濠梁之上，坐在一无长物的蒙城破宅院中，波澜不惊地继续诠释着老子的思想，进一步阐释其中包孕的养生理念。他说，“恬淡寂寞，虚无无为”，才是“天地之平，而道德之质也”，“纯粹而不杂，静一而不变，淡而无为，动而以天行，此养神之道也”。

为了将这些抽象的理论解释得更明确，庄子使用了很多寓言故事，深入浅出地将养生之道平民化。比如，在“庖丁解牛”这个故事中，精于技艺的庖丁，解牛游刃有余，手接触的地方、肩靠着的地方、脚踩着的地方、膝顶着的地方，全都发出皮骨相离的声音，这些声音没有不合乎音律的，听起来，竟然如同音乐，如同舞蹈节拍，一把刀用了19年，宰牛数千头，刀口却像刚刚离开磨刀石一样。在回答梁惠王的提问时，庖丁自豪地说：一年换一次刀的人，是用刀割牛肉的方法解牛；一个月换一次刀的人，是用刀砍牛骨的方法解牛。而我，是根据牛的生理结构，用磨得没有了厚度的刀刃，进入有间隙的骨关节，迅速无阻地进行剖解，不仅剖解无阻，而且游刃有余，所以我的刀刃不会有磨损，用了19年，还像刚刚磨好一样。

显然，一年就得换刀或一月就得换刀的人，是没有按照牛的生理结构解牛，没有遵循自然规律行事。结果，刀就容易损坏。唯独那位“十九年而刀刃若新发于硎”的解牛者，是按牛的生理结构，按自然规律行事的。难怪梁惠王听了庖丁的话，立刻恍然大悟：“好啊！我学到了养生之道啊！”

在这里特别需要指出的是，老庄的养生观是道家养生观的代表，他们强调的是顺乎自然，所以，不会刻意强求无限寿命，只求寿尽其时，终尽天年。庄子说：“生也死之徒，死也生之始，孰知其纪……若死生为徒，吾又何患！故万物一也。”既然生与死是自然循环现象，能认识到生死无别，还有什么要忧心的呢？这就与后世一些妄求长生的人有了本质区别。

既然老庄主张的是追求顺乎自然的养生，那么，这种养生又应当选择什么样的行为方式呢？老子说，万物旺盛生发的要领是“致虚极，守静笃。万物并作，吾以观复，夫物芸芸，各复归其根。归根曰静，静曰复命。复命曰常，知常曰明，不知常，妄作凶”。意思是，要达到至高境界的生存状态，最重要的是致虚、守静。致虚是对心智、心机的完全消解，否则即会蔽塞明澈的心灵，蔽塞心灵，就会做出违逆大道和自身心性的事。致虚，是肃清心灵蔽障的唯一方法。唯有致虚，才能守静，心无外物影响，无心机、心智干扰，心境才能“静”，如能坚守“静”之心境，就能深深蓄养，储藏自身精神和物质的能量，养生目的自然会实现。如果了解生存中这个一贯法则，那就可以称为“明”，能够“明”，就会长期恪守。如果不了解，不“明”，就会轻举妄动，以致生活中出现麻烦、乱子，养生目的也不可能达到。

同样的思想，庄子在《达生》篇里，又用一个故事来说明。一个醉汉从车上摔下来，筋骨没有损伤。而清醒者同样坠地，常出现筋骨之伤。同样的事，不一样的结果，究其原因，在于醉汉遇到突然变故，从车上坠下，没有任何人为的防卫动作，而是任其全身受力着地，所以没有损伤。而清醒者必然有伸手支撑的防卫动作，身体的重量，下坠的力量集中在有意支撑的手肘上，就骨折，或手肘筋肉损伤。

不需多言，庄子显然是在喻示人们，谁的心中有诸多杂念、想法，违背了自然规律，谁就容易受到损伤。如果在生存过程中去除杂念，顺任自然规律，就好像从车上掉下来，并没有有意识的防卫，反而会免于损伤。推而广之，人要是想真正寻得养生之道，就必须“少私、寡欲”，虽然养生，却并不耿耿于生死，常怀无忧、无畏之心，那么，就会以“其生可乐，其死可葬”的平静心态，顺应自然规律，度过一生。

遵循老庄哲学所开启的这条思路，后代养生家无不提倡“养静为摄生首务”。尤其是自“濉涣文章地”走来的魏晋时期著名养生家嵇康，他在《养生论》中集中探讨了“虚静养神”的要义。他说，善养生者必“清虚静泰，少私寡欲，知名位之伤德，故忽而不营，非欲而强禁也。识厚味之害性，故弃而弗顾，非贪而后抑也。外物以累心不存，神气以醇白独著，旷然无忧患，寂然无思虑，又守之以一，养之以和，和理日济，同乎大顺”。

这段话大意是说，善于养生的人清净虚无，安静沉稳，少有私心和欲念。知道名利、地位对德行的损伤，所以轻视它们而不去谋求，不是期望得到而强行禁止；知道饮食厚味对性情的危害，所以厌弃它们而不去关心，不是贪恋享受而后来抑制。外在的事物因为劳累心神而不去留意，精神状态以淳厚淡泊独自显著。胸怀旷达没有忧患，心中平静没有思虑，并且还以纯一相守，以安和相养，顺应道理生机，日渐得到保养，接近最高境界。

考察中国道家养生文化中的“虚静养神”，不难发现这样一种现象：同一味诉诸体力消耗的运动养生方法不同，“虚静养神”理论更注意于人的意念守情、恬淡虚无，在尽可能排除内外干扰的前提下，最大限度地接近生命活动的低耗高能状态，以便从根本上改变人体内部组织器官的不协调状况，达到却病延年、发挥人体内在潜能的目的。

这就有了“坐忘术”与“心斋养生”。

二、心斋养生，物我两忘

“坐忘”与静坐修炼机理相同，只是修炼的境界、层次大不一样。静坐，是进入“静”之境界的起首式。必须静，才能坐；必须坐，始能静。静而坐之，坐以如静。而“坐忘”，则提升了静坐的修炼层次。不仅坐而能静，且能静而忘身，直到无所不忘，进入“物我一虚”的高境界。庄子在《大宗师》中借颜回之口说：“堕肢体、黜聪明，离行去知，同于大通，此谓坐忘。”西晋时期的玄学家郭象注释这句话为，坐忘不是忘记周围所有存在的事物，而是忘记事物存在的迹象和事物存在的理由。内心感觉不到它的一身，外界不认识有天地，然后旷然与变化为体而不通。可见，坐忘是既要排除一切外界干扰，又要忘掉自身的存在，达到物我两忘、天人合一的境界。

到了唐代，道教上清派茅山宗第十二代宗师司马承祯，将坐忘修炼分成 7 个阶段：敬信、断缘、收心、简事、真观、泰定、得道。

总之，坐忘是要求修炼到坐而忘之，忘去一切，使本人返还自然化生的本始状态，从而与自然同存。

至于“心斋”，即为心虚，无滞累，虚柔无物。“心斋”一词出自《庄子》。庄子在《人间世》里讲了一个寓言，说颜回向孔子请教游说专横独断的卫国国君的方法，孔子叫他先做到“心斋”，并指出这不是祭祀之斋，而是精神上的斋戒。颜回一时不明白什么是“心斋”，请教老师。孔子回答：“若一志，无听之以耳而听之以心；无听之以心而听之以气。听止于耳，心止于符。气也者，虚而待物者也。唯道集虚。虚者，心斋也。”

这是蛮难解释的一段话。仔细琢磨琢磨，就能看到孔子对学生的谆谆教导了——当然，这是庄子借孔子的口在说话，他经常如此。孔子说，让你的心志保持专一，不要用耳朵去听，要用心去听，不是用心去“听”，而是用心中的虚灵之气去接纳！听只能停留在声音的层次，心思也仅仅停留在意念的层次，而气，是虚灵而能够容纳万物的。只有专注于道，才能聚集起虚灵之气，达到虚灵的状态，这就是“心斋”。

为了更清楚地解释“心斋”，庄子又讲了一个有趣的故事：有一个工匠很会雕刻，他刻的人与真人完全一样。君王看了吓一跳，问他：怎么能刻得那么像呢？工匠回答说：我开始刻的时候，一定要先守斋，三天之后，心里就不会想得到什么赏赐，或者别人会不会给我一个官做？守斋五天之后，就不敢想别人会不会称赞我，说我技巧很高呢？七天之后，就忘了自己有四肢五官，一心只有雕刻，这就是我成功的关键。

在这里，忘记赏赐，忘记赞美，不仅仅是雕刻的需要、养生的需要，也是道家做人的准则。

在后来的道教养生中，“心斋”成为静功养生修炼的要领，正所谓“唯达心斋，始能入静”。修炼“心斋”，需要摒弃名利诱惑、除却情欲秽累、断绝思虑心机，从而最终实现心境空明虚无、身心无扰无累，实与“坐忘”相通。通过“坐忘”与“心斋”，不仅能实现道家所追求的不为己累、不为物役、物我两忘的境界，而且能使人体修养入静、戒除心浮气躁，从而达到祛病养生、延年益寿的功效。

我国历史上的许多思想家和养生家，都把“养性”和“养德”视为一体，认为“养德”是“养生之根”。

道家主张“天人合一”，不仅是人的生理活动，人体的阴阳转合与自然大道的化育规律合一，更要求养生者的思想修养与大道之“道”之“德”合一。《老子》第五十一章就说：“道生之，德畜之，物形之，势成之，是以万物莫不尊道而贵德。”这就是指，万物由“道”所生成，由“德”所蓄养，万物无不“尊道”“贵德”。作为万物之一的人，更应如此。那么，老子所说的“德”之性是怎样的呢？“德”生长万物却不据为己有，是谓无私；兴作万物不自恃己能，是不居功；长久地蓄养万物却不主宰万物，这就叫作“无利欲”。可见，是“德”使万物繁荣生发，所以人的养生活动，也必须“尊道”“贵德”，这样，人性就会与道性合，与天地之性合，充满活力。

老子一直主张为人应“少私念，去贪心”。他总是在劝诫大家，“咎莫大于欲得，祸莫大于不知足”。一个在物质享受上贪心不足的人，必然会得陇望蜀，想入非非，甚至损人利己，损公肥私，自己也会终日神不守舍，因心理负担过重而损害健康。

对养生的意义与目的，《庄子·达生》的一则故事喻示得极为明确：“鲁有单豹者，岩居而水饮，不与民共利，行年七十而犹有婴儿之色；不幸遇饿虎，饿虎杀而食之。”

单豹虽然养生有成，“七十而犹有婴儿之色”，但他“岩居水饮，不与民共利”，只是潜心养生，不与民众往来，养生目的只求个人长生高寿，与社会与他人毫无裨益，结果，被虎吃掉，数十年的养生也毫无意义。其实，这样的养生者，即便不为虎食，年逾百岁也同样无意义。在同一篇里，庄子还写下一段对话，周威王问田开养生之道，田开说：“闻之夫子曰：‘善养生者，若牧羊然，视其后者而鞭之’。”这段话是说，养生不仅如牧羊那样任其自然，又要详察，重视最终的行动结果。

这最终的行动结果，显然，不仅要有利于自身，也当有利于社会。

第二节 内外兼修，术道并重
——华佗与五禽戏

如果说老庄养生法，讲的是“静”，那么，几百年后他们的同乡华佗，却发明了一个动中取静的养生法，这就是“五禽戏”。

一、神医之本，在于哲思

华佗，一名旉，字符化，沛国谯县（今亳州市谯城区）人，东汉末杰出的医学家，时人尊称其为“神医”。

华佗的生卒年月如今已不可确考，人们只知道他在公元208年以前，被同乡的曹操杀害。《后汉书》本传说，他“晓养性之术，年且百岁而犹有壮容，时人以为仙”。如此推算，他就应该生于公元2世纪之初。不过，华佗死时是不是真的百岁，谁也不敢说。史籍记载，少年时代的华佗，耳闻目睹东汉王朝政治腐败，战乱连年，疾疫流行，百姓困悴，便绝念仕途，决心以医济世。沛相陈珪、太尉黄琬先后荐他为官，他都谢绝了。精研医术，为民除疾，成了华佗毕生的信念。生前，他的足迹遍及黄淮流域，经他诊治得以痊愈的患者无数，以至于在今天的中华大地，哪位医生的医术、医德得到患者的赞美，那赞美之词往往是“华佗再世”。

在中国人心目中，华佗简直就是一个“活死人、肉白骨”的神仙。他发明了一种神奇的药，名叫“麻沸散”。《后汉书·华佗传》中，生动描述了华佗使用麻沸散施行腹腔手术的事迹：“若疾发结于内，针药所不能及者，乃令先以酒服麻沸散，既醉无所觉，因刳破腹背，抽割积聚。若在肠胃，则断截湔洗，除去疾秽，既而缝合，傅以神膏，四五日创愈，一月之间皆平复。”这种以酒冲服的麻沸散，当为一种麻醉剂，酒本身能起麻醉作用，相合而用，效果更佳。用酒和药物进行麻醉施以腹腔手术，这是世界医学史上应用全身麻醉进行手术治疗的最早记录，比西方国家早1600余年，为现代医学界所公认。

有了“麻沸散”，华佗为许多人施行过手术。史书记载，河内太守的女儿，年约20岁，左腿膝盖旁生疮，痒而不痛，反复不愈，已有七八年了。太守请华佗医治，华佗从疮口中取出一条蛇样的东西，用铁椎贯穿蛇头，在皮肤间扭动良久，不动之后拉出，长约3尺，蛇头上有眼窝却没有眼珠，身上有逆鳞。华佗在疮口上敷上药膏，7天以后，女孩子的病就好了。现代人认为，华佗所取出的是慢性骨髓炎的死骨，死骨凹凸不平，所以说是有眼窝却没有眼珠，身上好像有逆鳞。至今，民间还有人把死骨称为“蛇骨”。可是华佗的年月是在遥远的汉末魏晋，那年月就能认识到骨髓炎，并且开刀取出死骨，实在是太了不起了。

华佗不仅精于外科，而且对妇科、儿科等也很有研究。有一次，某将军的妻子流产后，身体不适。华佗看了，诊断为妊娠受伤，但死胎未去。将军听后说：“确实受过伤，但胎已经去了。”华佗摇摇头说：“根据脉象来看，胎没有去。”将军不信。过了一段时间，将军妻子又觉不适，请华佗看后，仍说是死胎未去。他告诉病人家属：“此妇人是双胞胎，先前流产了一个，后一个却没有娩出，胎死后失去血液营养，一定干瘪附着在母亲体内。”接下来华佗为病人扎针、煎药，并叫接生婆以手操查，果然取出一个死胎，人的形状已经具备，但颜色很黑，显然已经死去多时。还有一次，甘陵相夫人妊娠6个月，腹痛不适，华佗诊脉后说胎儿已死，“在左则男，在右则女”，有人摸过后说，胎儿在左。于是华佗开方煎药，病人服后果然产下一个死胎，为男形。

华佗塑像

华佗的针灸术也相当高明。据《三国志》本传记载，他特别注重选用穴位，“若当灸，不过一两处，每处不过七八壮，病亦应除。若当针，亦不过一两处”。他用穴虽少，但疗效却高，并且预先告诉病人会引起什么样的针感，沿什么方向传导。得气后，即时起针，病就好了。据说，一次华佗碰到一个两脚都不能走路的病人，他让病人脱下衣服，在脊柱两侧点了几十个穴位，每穴灸十壮，说来神奇，艾灸过后，这个病人立刻就能行走了。华佗根据自己的临床经验，创用“夹脊穴”，直到现在，临床上还经常应用，称之为“华佗穴”。

在内科的诊断方面，华佗善于察声观色，根据病人的面目、形色、病状来判断疾病的轻重和能否治疗。《后汉书》《三国志》中记载了不少这方面的事例。一次，有两个人都头痛、发烧，同时来找华佗。华佗诊断后，给一人开了泻下药，给另一人却开了发汗药。在一旁的人都迷惑不解。华佗解释说：“他们两人虽然病症相同，但一个人患的是外实感冒，另一个患的是内实伤食，得病的原因不同，开的药当然也不能一样。”结果，那两个人服了药以后，病很快都好了。

传闻华佗一生最主要的著作是《中藏经》。这本书共分上、中、下3卷，另附药方3卷。上中两卷都是医论，上卷29篇，中卷19篇，下卷是疗诸病药方60道，附录3卷药方包括治疗中外各科的丸、膏、丹、散、汤等诸病的药方近百条。《中藏经》上中两卷，代表着华佗的医学理论和学术思想，突出表现了华佗的医学哲学观，概而要之主要有三点：

一是“人法天地”。华佗说：“人者，上禀天，下委地，阳以辅之，阴以佐之。天地顺，则人气泰，天地逆，则人气否。”这当然是来自老庄的“天人合一”。“人之动止，本乎天地。知人者，有验于天；知天者，必有验于人。天合于人，人法于天，见天地逆从，则知人衰盛。人有百病，病有百候，候有百变，皆天地阴阳逆从而生。苟能穷究乎此，如其神耳。”所谓“逆”即矛盾产生，“从”就是和谐。华佗的意思是，人一定要懂得天地四时的变化，只有“法天”，顺天地之逆从，才有可能掌握百病的变化，料事如神。

二是阴阳调神论。华佗认为，“天者阳之宗，地者阴之属。阳者生之本，阴者死之基。天地之间，阴阳辅佐者人也，得其阳者生，得其阴者死。阳中之阳为高真，阴中之阴为幽鬼。故钟于阳者长，钟于阴者短。”这就是说，人之生命无不与阴阳有关，热为阳之主，寒为阴之主。只有阴阳平，天地和，人气才得以安宁。或者偏于阳者可长，偏于阴者则短。天地间，阴阳寒热循环不息，人也应当以其风寒暑湿，阴阳运动，得时而行。所以，

“阴长宜损，阳长宜盈；居之中者，阴阳均停。是以阳中之阳，天仙赐号；阴中之阴，下鬼持名。顺阴者，多消灭；顺阳者，多长生。逢斯妙趣，无所不灵”。

三是五行生成论。华佗说：“阴阳者天地之枢机；五行者阴阳之始终。非阴阳则不能为天地，非五行则不能为阴阳。故人者，成于天地，败于阴阳也，由五行逆从而生焉。天地有阴阳五行，人有血脉五脏。五行者，金、木、水、火、土也；五脏者，肺、肝、心、肾、脾也。金生水，水生木，木生火，火生土，土生金，则生成之道，循环无穷。肺生肾，肾生肝，肝生心，心生脾，脾生肺，上下荣养，无有休息。”人体还有血肉筋骨，“心生血，血为肉之母；脾生肉，肉为血之舍；肺属气，气为骨之基；肾应骨，骨为筋之本；肝系筋，筋为血之源。”所以说，“五脏五行，相成相生，昼夜流转，无有始终。”天地既分阴阳五行，又分寒暑冷热，人也有风寒暑湿之气，喜怒哀乐之情，正邪两气之侵扰，无不与阴阳五行有关。

综上所述，可以看出，“天地阴阳，五行之道，中含于人；人得者可以出阴阳之数，夺天地之机，悦五行之要，无终无始，神仙不死矣。”在这里，人成于天地而居之于中，败于阴阳而失之于中，是很重要的医学哲学思想，并且明显来源于皖北文化中的老庄哲学观。难怪中国自古就有人说，“医乃道之绪余”。

二、五禽之戏，强身健体

也正是基于老庄思想理论，华佗研究编定“五禽戏”——一种刚柔相济、阴阳互补，体现了中华文化天人合一之哲理境界的传统健身方法。

五禽戏模仿虎、鹿、熊、猿、鸟五种动物的动作和神态，来进行健身运动。它的起源，可以追溯到上古之时。据史书记载，那时候中原大地河水泛滥，湿气弥漫，不少人患了关节不利的“重膇”之症。为此，上古先民“乃制为舞”，“以利导之”。具有“利导”作用的“舞”，正是远古中华气功导引术的一种萌芽。这种“舞”模仿飞禽走兽的动作、神态，《吕氏春秋·古乐篇》有相关记载。此后，《庄子·刻意》篇也有“吹响呼吸，吐故纳新，熊经鸟申，为寿而已矣”的表述。

1973年，湖南长沙马王堆三号汉墓出土的44幅帛书《导引图》中，也有不少模仿各种动物神态的导引动作，如“龙登”“鹞背”“熊经”等等，有的图虽然注文残缺，但仍然可以看出人在模仿猴、猫、犬、鹤、燕以及虎豹扑食的样子。

华佗研究了所有这些古代先民的经验，创为“五禽戏”。据《三国志·华佗传》记载，华佗曾对吴普说：“人体欲得劳动，但不当使极尔。动摇则谷气得消，血脉流通，病不得生，譬犹户枢不朽是也。是以古之仙者为导引之事，熊颈鸱顾，引挽腰体，动诸关节，以求难老。吾有一术，名五禽之戏，一曰虎，二曰鹿，三曰熊，四曰猿，五曰鸟，亦以除疾，并利蹄足，以当导引。体中不快，起作一禽之戏，沾濡汗出，因上着粉，身体轻便，腹中欲食。”吴普施行之，年九十余，耳目聪明，齿牙完坚。这就是说，人体需要经常活动，只是不要过度而已。通过运动，可以使饮食中的养分得到充分的消化和吸收，能使经脉中的气血流通畅顺，这样疾病就不会产生，好像一直在活动的门枢不容易朽蚀一样。这就是古代善于养生者所进行的导引术。它通过模仿熊攀树枝，鹞鹰回头顾盼等动作来俯仰身体，活动关节，使人体不容易衰老。五禽戏就是导引术的一种，经常锻炼，可以防治疾病，可使腿脚活动轻便利索。

华佗“五禽戏”现有两种版本，其一保存于梁代陶弘景所撰《养性延命录》中：

1.虎戏：虎戏者，四肢距地，前三掷，却三掷，长引腰，侧脚，仰天即返，距行前却，各七过也。即手足着地，身躯前纵后退3次，然后引腰、昂头，如虎行步，前进、后退7步。

2.鹿戏：鹿戏者，四肢距地，引项返顾，左三右二，伸左右脚，伸缩亦三亦二也。即手足着地，回头顾盼2—3次，然后左脚右伸，右脚左伸。

3.熊戏：熊戏者，正仰，以两手抱膝下，举头，左擗地七，右亦七，蹲地，以手左右托地。即仰卧，两手抱膝，抬头，躯体向左、右倾侧着地各7次，然后蹲起，双手左右按地。

4.猿戏：猿戏者，攀物自悬，伸缩身体，上下一七，以脚拘物自悬，左右七，手钩却立，按头各七。即双手攀物悬空，伸缩躯体7次，或以下肢钩住物体使身体倒悬。然后手钩物体作引体向上 7 次。

5. 鸟戏：鸟戏者，双立手，翘一足，伸两臂，扬眉用力，各二七，坐伸脚，手挽足趾各七，缩伸二臂各七也。即一足立地，两臂张开作鸟飞状。然后取坐位，下肢伸直，弯腰用手摸足趾，再屈伸两臂各 7 次。

此外，在明代罗洪先著、清代曹无极增辑的《万寿仙书》中，“五禽戏”的动作是：

1. 虎形：“闭气，低头，捻拳，战如虎威势，两手如提千金，轻轻起来莫放气，平身，吞气入腹，使神气上而复下，觉腹内如雷鸣，或七次。如此运动，一身气脉调和，百病不生。”低头前俯，两手握拳，如虎发威状抖动。然后两手如提千斤重物般慢慢上举，身体挺直。

2. 熊形：“如熊身侧起，左右摆脚腰后立定，使气两旁胁，骨节皆响，亦能动腰力、除肿，或三五次止。能舒肋骨而安，此乃养血之术也。”如熊行走般，摆动腰腿，然后立定。

3. 鹿形：“闭气，低头，捻拳，如鹿转头顾尾，平身缩肩，立脚尖跳跌，跟连天柱，通身皆振动。”低头握拳，向后顾盼，然后脚尖着地做跳跃动作。

4. 猿形：“闭气，如猿爬树，一只手如捻果，一只脚如抬起，一只脚跟转身，更运神气，吞入腹内，觉有汗出方可罢。”像猿猴爬树一般，一手高举，一足抬起，再放下，左右两手两足交替进行。

5. 鸟形：“闭气，如鸟飞，头起，吸尾闾气朝顶，虚双手躬前，头腰仰起，迎神破顶。”俯身，举双臂扑动，如鸟飞状，然后昂首挺腰。

“五禽戏”通过锻炼的方式强健筋骨，延年益寿。常做五禽戏可使手足灵活、血脉畅通，还能防病祛病。从中医的角度看，虎、鹿、熊、猿、鹤五种动物分属于金、木、水、火、土五行，又对应于心、肝、脾、肺、肾五脏。模仿它们的姿态进行运动，正是间接地起到了锻炼脏腑的作用，所谓“超乎象外，得其寰中”是也。这五种动物的生活习性不同，活动的方式也各有特点，或雄劲豪迈，或轻捷灵敏，或沉稳厚重，或变幻无端，或独立高飞，模仿它们的各种姿态可以使全身的各个关节、肌肉都得到锻炼。

据中医医理分析，华佗的五禽戏刚柔相济、阴阳互补，具有调和三阴三阳，沟通上下表里的功效，整套动作张弛有度，开合自如，能够舒展筋骨、疏通肝脾、活动经络、锻炼心肺，从而推动气血运行，增强心、肝、脾、肺、肾等脏腑功能，使人体阴阳平衡、身强体健，不愧为中华传统健身运动。

从魏晋年间开始，五禽戏盛行不衰。宋代文豪陆游尝说："啄吞自笑如孤鹤，导引何妨效五禽"，"不动成羸卧，微劳学鸟伸"。清代小说家蒲松龄在《聊斋志异》中记述："世传养生术，汗牛充栋，行而效者谁也？惟华佗五禽图差为不妄。凡修炼家，无非欲血气流通耳。若得呃逆证，作虎形立止，非其验耶！"

第三节 白云高卧，世无知音
——陈抟及其睡功养生

从涡河之滨走出的老庄，追求"致虚极，守静笃"的道家养生之法，这一主"静"的养生之道在1000多年以后被他们的老乡陈抟发展成为一种睡觉的养生功夫，并随着道教内丹术的兴盛而名扬天下、广为传播。

一、十里荷花出陈抟

陈抟，字图南，常自号扶摇子，宋太宗曾经赐其号为希夷先生，故世多称"陈希夷"。根据《宋史》记载，陈抟为亳州真源人，即今安徽省亳州城南陈庄人，生活在唐末五代到北宋初年。陈抟在中国道教史上占有重要的地位，被道教徒奉为继老子、张陵之后的道教至尊，人称"陈抟老祖"。也许是人们特别偏爱这位"老祖"吧，在《唐才子传》《宋史》《太华希夷志》《历世真仙体道通鉴》等史传和道教典籍里就比较详细地收集和记载了许多关于他的奇闻趣事，民间更是流传着许多关于他的神秘传说。

在今天的安徽亳州一带，就有一个“十里荷花出陈抟”的传说。

早在1000多年前，涡河两岸水草丰美，尤其是沿河一带水域遍养荷花莲藕，每当夏季来临，碧波荡漾，荷叶田田。公元871年的一天，一位妙龄少女在荷花盛开的涡河支流——宋塘河岸边洗衣，突然水面上顺风飘来一个莲蓬，莲蓬芳香扑鼻，少女忍不住捞起莲蓬掰开，偷偷尝了一粒饱满的莲子。哪知这一尝竟然让她得孕，不久产下一个肉球。惊骇的家人觉得不祥，将这个肉球丢入荷花掩盖下的宋塘河心。之后，有个陈姓打鱼人网到了这个肉球，把它带回家准备煮食，谁知水烧热后，就在渔人要把肉球投入锅中的时候，屋内突然电闪雷鸣，渔人吓得随手丢掉肉球。奇怪的是肉球却裂开了，里面生出了一个男孩，这就是陈抟。如此神异的出生当然并不可信，但陈抟一生的经历确实是颇富传奇色彩。

在陈抟四五岁的时候，他常常在涡河岸边戏水玩耍，一次遇到一个青衣女子。青衣女子解开衣襟，用自己的乳汁哺育了陈抟。从此以后，陈抟就心窍大开、聪明过人。人们都说那青衣女子是个仙女，给陈抟吃的乳汁其实是仙药。及至长成少年，陈抟遍读经史百家之书，过目成诵，且没有遗漏。不仅如此，陈抟吟诗作赋，无所不通，在当时颇有盛名。后唐长兴年间，像中国古代许多读书人一样，陈抟也去参加科举考试应考进士以求博取功名，但却不幸落第。进士不第让陈抟的人生从此发生了重大的转变。

陈抟于是放下俗世，不再求仕途利禄，开始娱情山水，访道求仙，寻求精神上的自得和解脱。此后数十年，陈抟先后在武当山九室岩、华山云台观等地隐居修道，精研《周易》，手不释卷，并坚持服气辟谷，每天只是饮几杯酒聊以度日。据说陈抟自己也会酿酒，《亳州志》记载有“希夷酒”，相传就是采用他创造的酿酒法酿成的一种度数不高的酒。虽说身在武当山和华山修炼，但是陈抟奇才远略、高名远扬，后唐的明宗、后周世宗以及宋太祖、宋太宗等皇帝都曾先后下诏要他出山，并在历史上留下了很多传说。

据说，后唐明宗皇帝听闻陈抟是个高人，想让他在朝中任职，就御笔亲书诏他出山。陈抟只好来到洛阳谒见天子，但他来了以后只是早晚在蒲团上打坐或者睡卧不醒，并不接受官职。于是丞相冯道向明宗建议说：“现在天气严寒，陈抟在蒲团打坐，肯定寒冷。陛下可派人送去一坛佳酿，再选三个美女送给他佐酒暖足。他一定就会接受官爵！”明宗便派人从宫中选出三个美貌少女和一坛美酒送去，陈抟见了很高兴。当晚，陈抟开怀畅饮，喝得酩酊大醉。第二天早上，明宗让冯道前去查看，只见三位美女在房中，而陈抟早已不知踪迹，却留下了一首诗。诗曰：雪为肌体玉为腮，多谢君王送得来。处士不兴巫峡梦，空烦神女下阳台。这就是陈抟醉睡辞美人的故事。

陈抟像

到了周世宗时期，陈抟更是声名显播，爱好道教黄白之术（炼丹术）的周世宗便强行把陈抟留在禁中，向他讨教道教方术，陈抟对周世宗说：“陛下为四海之主，当以致治为念，奈何留意黄白之事乎？”说得世宗哑口无言，却又不得不佩服，于是就想任命陈抟为谏议大夫，把他留在身边，但陈抟坚决辞谢，不肯接受，最后世宗只得放他回山继续归隐，多年以后还派人给他送去许多布匹和茶叶。

及至北宋，陈抟与宋太祖、宋太宗的关系更是传说甚多。据说宋太祖赵匡胤和陈抟是老相识，两人曾在华山下棋论输赢，结果赵匡胤因为棋艺不精把华山当做赌注给输掉了，从此，华山就成为道家的山了。至今民间还流传着“山是道家山，树是皇家树，华山不纳粮，不准乱伐树”的歌谣。等到赵匡胤“陈桥兵变”黄袍加身以后，赵匡胤还时时想着这位老朋友，并屡屡派人请他入朝为官，但陈抟都拒绝了。历史上有名的“杯酒释兵权”，据说也是陈抟给宋太祖赵匡胤出的主意。后来宋太宗即位，听说陈抟有经邦济世之才，就诏他入朝问济世安民之术，陈抟在纸上写了“远近轻重”四个字。宋太宗不解其意，陈抟解释说：“远者远招贤士，近者近去佞臣，轻者轻赋万民，重者重赏三军。”宋太宗听后非常高兴，大加赞赏。此后，宋太宗经常把陈抟诏至宫中，与他探讨各种问题，还常在一起唱诗和赋，每次都相谈甚欢。宋太宗也愈发器重陈抟，下诏赐陈抟号为“希夷先生”，并赏赐他紫衣一袭。但陈抟并不留恋荣华富贵，他向宋太宗进诗一首表明心志：“十年踪迹踏红尘，为忆青山入梦频。紫陌纵荣怎及睡，朱门虽贵不如贫。愁闻剑戟扶危主，闷听笙歌聒醉人。携取旧书归旧隐，野花啼鸟一般春。”回到华山继续隐居修道去了。

陈抟虽然勤于修道养生，但也精于学术，他一生精研易学，对儒释道及诸子之学都有所涉略。《宋史》记载，陈抟著有《指玄篇》《三峰寓言》《高阳集》《钓潭集》以及诗歌600余首。此外，还传有《先天图》《无极图》等，对北宋周敦颐、邵雍的理学思想有重要和直接的影响，开启了两宋理学的学术渊源。蒙文通先生在他的《陈碧虚与陈抟学派》一文中指出：“图南不徒为高隐，而实博学多能；不徒为书生，而固有雄武大略，真人中之龙耶！方其高卧三峰，而两宋之道德文章，已系于一身。”

北宋太宗端拱二年（989），陈抟在华山莲花峰下的张超谷石室中化形仙逝，享寿118岁。众弟子守在石室洞口，只见五色祥云环绕在洞口，陈抟侧身屈膝而卧，面色如常，似在酣睡，过了7日肢体犹有余温。有人说，陈抟根本没死，他是在华山高卧，一睡不醒，得道成仙了。

二、蛰龙睡功传千古

皖北的亳州素有“仙乡”之称，涡河蜿蜒穿城而过，它不仅孕育了老子、庄子、陈抟等仙真，也把道家和道教的养生之道流传开来。在人们的眼中，老子、庄子和陈抟都是精于养生之道的仙人，其中，陈抟的养生之道尤其别具一格。

那么，陈抟的养生之道到底有什么特别之处呢？答案竟然是睡觉。

人生在世，吃喝拉撒睡，哪一样都不能少。虽然人人都要睡觉，但陈抟的睡觉可不是一般人能比的。历史上的陈抟以善睡闻名，被称为“睡仙”。他在武当山、华山隐居的时候，除了常规的服气辟谷之外，就是靠睡觉来养生，常常一睡百余日不醒，民间甚至还流传着“陈抟一觉八百年”的说法。其实，陈抟修炼的是一种特别的养生睡功，这种睡功与当时道教兴起的内丹术密切相关。

唐宋以前，中国的道家与道教之徒主要是通过烧炼金丹、服食丹药的外丹术来修道养生的。到了唐宋时期，道教开始流行一种内丹养生术。所谓“内丹术”，简单地说，是与外丹相对而言的一种修炼方法，就是把人身比喻为炉鼎，以体内的精、气、神为药物，通过一定的行气、导引、调息等方法进行潜心修炼，并在体内结成丹药。在道教的养生理论中，精、气、神被视为“三宝”，它们是人体生命活动的原动力和物质基础，精为基础，气为动力，神为主宰。陈抟的睡功正是当时道教内丹修炼的方法之一，是通过睡觉来炼养精、气、神，凝神聚气养精，形成内丹。正如其《喜睡歌》中所言：“我生性拙惟喜睡，呼吸之外无一累。宇宙茫茫总是空，人生大抵皆如醉。劳劳碌碌为谁忙，不若高堂一夕寐……陈抟探得此中诀，鼎炉药物枕上备。”

作为中国历史上如此有名的一位“睡仙”，有关陈抟睡觉的趣闻轶事实在是太多了。

据说，当年周世宗闻听陈抟经常一睡多日不醒，甚至旬月不醒，不免将信将疑，于是便将陈抟召入宫中，关进房间，观察他的睡功，结果发现他整天不吃不喝不动，只是睡觉，一个多月过去了，仍然酣睡不醒。周世宗知道陈抟有安邦之才，想挽留他入朝为官，陈抟给世宗进了一首《对御歌》，歌云：“臣爱睡，臣爱睡。不卧毡，不盖被。片石枕头，蓑衣覆地。南北任眠，东西随睡……闲思张良，闷想范蠡，说甚孟德，休言刘备。两三个君子，只是争些闲气。怎似臣，向青山顶上，白云堆里，展放眉头，解开肚皮，且一觉睡！管甚玉兔东升，红轮西坠。”不仅婉拒了世宗，也借此表明了一位隐者与世无争、超然自得的心志。

在华山云台观隐居的时候，有一年冬天，观里道士发现陈抟不见了，于是上上下下找了个遍也不见陈抟的踪迹，大家都以为他下山云游去了。没想到，来年春天的时候，一个道童到柴房抱柴烧火的时候，无意中发现柴火堆底下躺着一个人，仔细一看竟是失踪几个月的陈抟，原来他一直在柴火堆下面鼾睡呢！又有一天，一个樵夫在莲花峰下的山坳里打草，突然看见山坳里有一个衣服上积满了厚厚尘土的“尸骸”，尸骸周围杂草丛生，堆满了枯枝败叶，看样子应该已经死了有一段时间了。樵夫见状不免心生怜悯，就想挖个坑把尸骸给埋了。当樵夫去拖拉尸骸的时候，发现尸骸竟然动了，再一看这尸骸就是睡名远扬的华山陈抟，也不知他在草丛里睡了多久。樵夫这一拖拉，把正在睡觉的陈抟给惊醒了，只见他伸了个懒腰，睁开双眼说："我正睡得香甜，何人搅醒了我！"好一个嗜睡的陈抟啊！

很显然，陈抟的睡觉看似平常，但实际上与常人的睡觉绝不相同。陈抟一睡数日甚至数月的睡功秘诀到底是什么呢？

陈抟的睡功被道教徒称为"希夷睡"或"蛰龙法"。据说是他在武当山隐居的时候由五位白发老叟传授给他的。五老告诉陈抟，每到寒冬季节，龟蛇一类动物就蛰伏而不食。人要学习动物蛰伏冬眠的原理进行反复修炼就能健身延年。后来，陈抟在西游蜀地青城、峨眉、邛崃时，遇到一个叫何昌一的高道，又跟他学习了"锁鼻术"，即锁住鼻孔，控制住出入气息，将气息移到肚脐之中，类似胎儿在母腹中呼吸，实际上就是道教所说的"胎息法"。从蜀地学道回到武当山，陈抟将蛰龙法和锁鼻胎息配合起来修炼，历时 20 余年，终于练就了高深的"睡功"。以后陈抟移居华山，更是坚持修炼他的蛰龙睡功，几乎不与外界接触，只是闭门睡觉，高卧华山。

陈抟有一个弟子叫金励，一次他向师傅请教睡觉之道，陈抟告诉他："凡人之睡，先睡目，后睡心。吾之睡也，先睡心，后睡目。凡人之醒，先醒心，后醒目。吾之醒也，先醒目，后醒心。吾尽付之无心也，睡无心，醒亦无心。"陈抟还告诫他说，世俗之人沉溺于宦海情场，被名利声色迷惑神志，被美酒佳肴扰乱心志，即使在睡乡梦境也没有片刻安宁。相反，那些有道德功夫的人，即使在睡梦中也会修炼。陈抟希望他能借睡炼养，守静归根，体悟道教内丹之真谛。为此，陈抟还专门给他写了一首《励睡诗》："常人无所重，惟睡乃为重。举世皆为息，魂离神不动。至人本无梦，其梦本游仙。真人亦无睡，睡则浮云烟。炉中长存药，壶中别有天。欲知睡梦里，人间第一玄。"

可见，陈抟的蛰龙睡功秘诀重在"睡心"，重在凝神聚气炼精，实质上与内丹修炼并无二致。在《无极图》里，陈抟比较系统地介绍了他的内丹思想理论，提出"炼精化气，合三为二，炼气化神，合二为一，炼神还虚，一归无极"的内炼修养过程，并总结了从得窍、炼己、和合、得药到脱胎求仙的养生环节。而他的蛰龙睡功则是其实施这一内丹理论的重要实践。通过长期的实践，陈抟把他的蛰龙睡功法浓缩成32个字口诀，世称《蛰龙法》："龙归元海，阳潜于阴。人曰蛰龙，我却蛰心。默藏其用，息之深深。白云高卧，世无知音。"这32个字也可以说是陈抟养生之道的精髓所在。他的好朋友吕洞宾也称赞说："抟非欲长睡不醒也，意在隐与睡，并资修炼内养，非真睡也。"

不仅如此，陈抟的蛰龙睡功也非常讲究睡觉的姿势，后人把陈抟的独特睡姿名之为"希夷睡"。这种睡姿其实就是平常所说的"卧如弓"，侧卧屈膝，左侧或右侧都可，尤其以右侧为最佳姿势，现在华山等地的陈抟雕像都是这种侧卧而睡的形象。在《藏外道书》的《天仙道戒须知》中有对"希夷睡"的介绍，"如用希夷睡，侧左者曲其左肱，以手心垫面，开其大指、食指，以左耳安在大指、食指开空之处，则耳窍留空矣。直其腰背，曲其左股，达其坤腹，泰然安贴于褥际，直安右股于左足脚侧，以右手心安贴脐轮，而凝其神于脐后……如侧右亦如侧左法。"也就是说，陈抟的侧卧睡姿，在细节上还是有讲究的，主要是手脚四肢的摆放位置比较特别。现代医学表明，从人的生理结构出发，侧卧特别是右侧卧，比仰卧更有益于身体健康。人体侧卧时，脊柱自然成弓形，四肢易于活动，全身肌肉也比较放松，胸部受压少，既能减轻心脏负担，也不容易造成鼾声，还有利于增进新陈代谢。由此看来，陈抟还真是一位睡觉高人，难怪宋代高道白玉蟾曾经写道："白云深处学陈抟，一枕清风天地宽。"

陈抟的蛰龙睡功在后世流传很广，成为道教内丹派的一种独特功夫，对宋元时期的道士刘海蟾、张伯端、白玉蟾、王重阳以及明初的张三丰等人都有很大影响，丰富了道教的养生理论，完善了道教的神仙思想体系，可谓是"蛰龙睡功传千古"吧！

第四节 美味在口，滋补在身
——皖北的药膳养生

提起药膳，我们自然而然地会想起中医中药。以老庄为代表的道家思想是中医的理论基础，再加上皖北不仅盛产中药，还拥有亳州这个全国规模最大的中药材交易市场，那么，皖北的药膳引人瞩目，也是必须的了。

近年来，随着养生之道越来越深入人心，药膳也越来越红火，几乎遍及都市乡村。这种基于道家理论主张之上，调和鼎鼐，将来自大自然的食材、药品结合在一起的制作，于美味品尝之际，给人的身体以补益，堪称效法自然，浑然天成。

这又是中国人的一种古老智慧。

细细考究，中国人的药膳历史十分久远。早在上古时期，我们的祖先为了生存，不得不四处觅食。久而久之，就发现有些动物、有些植物，不但可以充饥，而且能够治病。那时候，老祖先还不能分清什么是食物，什么是药物，可正是这个稀里糊涂的“分不清”，才形成药膳的源头和雏形，也才有了中国传统医学所说的“药食同源”。

当然，这种原始的雏形，还算不上真正的药膳。真正的药膳是人类自觉的行为。在中国，真正意义的药膳究竟起源于何时，又是怎样发展演变的呢？据说，自从文字出现以后，中国的甲骨文与金文中，就已经有了“药”字与“膳”字，而将这两个字联起来使用，形成“药膳”这个词的，是《后汉书·列女传》：程文矩妻“亲调药膳，恩情笃密”。此后，《北史·外戚·胡国珍传》又有“灵太后亲视药膳”，《宋史·张观传》有“蚤起奉药膳”。通过这些文字，我们可以清楚地知道，早在汉代，“药膳”这个名词已经出现，而“药膳”的制作，肯定早于文字记录。

一点儿也不错。早在西周时期，药膳的制作已经开始，并且积累了丰富的经验。《周礼·天官》记载，周代分医学为四科，即“食医”“疾医”“疡医”和“兽医”。其中“疾医”相当于现在的内科医生，他们主张用“五味、五谷、五药养其病”；“疡医”是外科医生，主张“以酸养骨，以辛养筋，以咸养脉，以苦养气，以甘养肉，以滑养窍”。当然，对我们这个话题来说，最重要的是“食医”，他们的主要任务，就是调配周天子的“六食”“六饮”“六膳”“百羞”“百酱”的滋味、温凉、分量，基本性质与现代营养医生类似。由此可见，那时候，不仅“食医”注重膳食的营养搭配，就连内科、外科医生，都熟知食品、药物的搭配对于治疗疾病的作用。

一、亳州药膳，特色独具

话题回到皖北。皖北的药膳，首屈一指的当属亳州。

亳州身为药都，又是神医华佗故里，药膳自然历史悠久，特色独具，很多品种一直流传到现在。

比如“华祖焖鸭”。传说，华佗有一次外出行医采药，借宿于乡村一户人家，进门以后，华佗发现主人闷闷不乐，满面忧伤。一问，才知道孩子病了，说不出是什么原因，只是多日不吃不喝，面色蜡黄。华佗一听，赶紧给孩子把脉，发现这孩子是受了风寒，而且脾胃虚弱。华佗问：“你家中可有鸡鸭？”主人回答：“鸡没养，家中只有几只红嘴鸭子。”华佗听后大喜，选了几种随身携带的中草药交给他，叮嘱他把红嘴鸭和中药一起焖炖，直到鸭肉软烂。主人遵照吩咐，炖好后给孩子吃下，第二天，孩子的气色就有好转，并且有了食欲。从此以后，这个故事在民间广为流传，人们便把这道焖鸭叫作“华祖焖鸭”。

现在，“华祖焖鸭”依然采用亳州红嘴鸭，加上秘制调料、巴戟、杜仲、车前子等 16 味中药材，辅以老姜、白酒，大火焖制。一旦出锅，缕缕药香飘散，丰满红亮的色泽顿时牢牢抓住所有食客的眼球。而酥烂的鸭肉，更是令人大快朵颐。不过，更重要的还是它能畅血化痰、疏肝润肺，对吃过的人有增食欲、疗胃疾、祛风寒、通血脉的功效。

亳州自古人才辈出，曹操更是名扬四海。由于位高权重，当年的曹操颇为操劳，身体也不是太好，因此，常用药膳。其中有几道菜，连同它们背后的历史故事，一直流传下来。

其中最有名的，当属“曹操鸡”。

相传三国时期，曹操统一北方后，从都城洛阳率领83万大军南下征伐孙吴。行至庐州，他带领士兵日夜进行操练。因南征北战过度疲劳，曹操头痛病发作，卧床不起。行军膳房厨师遵照医嘱，选用当地仔鸡配以中药、好酒，精心烹制成一道菜，小心翼翼地端到曹操面前。曹操一开始没有多大兴趣，只是用筷子点了一下，尝了一口，觉得味道不错，他立马坐起来，好好吃了一顿，谁知吃着吃着，不知不觉间，就感到头痛病轻多了。为了尽快将病治好，指挥军队打胜仗，曹操下令，每顿都要吃这种鸡，连吃数天以后，身体渐渐康复。从此，不论部队开到哪里，只要有条件，曹操都要吃这种药膳鸡。

后来，这种既有营养价值，又可防病治病的药膳渐渐传开，人们为它起了一个响亮的名字，就叫“曹操鸡”。现在，“曹操鸡”的制作，仍以当地优质仔鸡为原材料，配以曹操家乡出产的古井贡酒，以及天麻、杜仲、香菇、冬笋，还有花椒、大料、桂皮、茴香、葱姜等18种开胃健身的辅料。制成上桌，造型美观、色泽红润，吃一口，香而不腻，五味俱全。再加上营养丰富，具有食疗健体之功，“曹操鸡”早已名闻遐迩。

与曹操相关的另一道药膳，叫作“曹氏鱼头”。这道药膳还是牵连着他的头痛病。因为头痛不已，曹操请了同乡华佗为他医治，虽然每次病情都有好转，但都不能根除顽疾。华佗打算为曹操开颅根治，但生性多疑的曹操，拒绝了华佗的治疗方案。无奈之中，华佗只好为他开出食疗药方，先行调理。经过一段时间的服用，曹操身体状况明显好转，这不能不让他佩服华佗医术的高明。而在华佗设计的诸种药膳之中，有一道烧鱼头，是曹操经常吃的，此后，这道药膳就有了一个名字，叫“曹氏鱼头”。

“曹氏鱼头”可不是什么地方都能做出来的。首先，它需要到亳州古井镇——古井贡酒的产地，汲取千年古井之水。俗话说“水为酒之血”“名酒必有佳泉”，古井镇的古井之水，自古非同寻常，用它酿的酒，可以进贡朝廷。现在，经现代科技手段检测，这水富含锗、锌、锶等多种有益微量元素，是此道药膳的必备之物。有了水，还得有药。曹氏鱼头需要天麻、人参等32道药材，加上古井水，整整熬制24个钟头，制成中药高汤；再用乳羊里脊，以木槌细细敲打成泥，做成肉丸；最后，寻得涡河之中的胖头鱼头，一分为二，沾上面粉，过油煎炸，直到鱼头黄脆，加入中药高汤慢慢炖透，投入肉丸。这道药膳，具有明目益智的功效，只是少不了涡河水的滋养。

人行亳州，处处药膳。渴了，喝一杯豪门贡菊冰茶，观之色泽清冽，赏心悦目，饮之吹花嚼蕊，润喉清嗓；馋了，有华祖焖鸭、曹操鸡、曹氏鱼头，还有补血安神、健脑益智、补养心脾的“药桂焖甲鱼”，肉烂鲜，味清淡，益气健身的“党参黄芪炖乌鸡”……亲朋好友大聚会，可以选相府滋补宴，各类亳州药膳一应俱全；独自逛街，偶有所需，男的来杯五宝茶，强身固本，女的来杯花草茶，行气活血，美得很！

二、民间制作，各具其妙

当然，皖北的药膳不仅仅限于亳州。自古以来，这片土地物产丰富，文化底蕴深厚，人们的食疗之作也各式各样，许多药膳，已经成为民间百姓的惯常食品。

比如，在豆腐的老家淮南，洁白鲜嫩的豆腐不仅是家家户户的日常菜肴，而且更是保健佳肴。五代陶谷在《清异录》中，称豆腐为“小宰羊”，说明它的营养价值丰富；宋代大诗人苏东坡赞美豆腐“煮豆作乳脂为酥，高烧油烛斟蜜酒”，把豆腐与牛奶、人乳相媲美；明代李时珍在《本草纲目》中说得更明白，豆腐能宽中益气，和脾胃，消胀满，下大肠浊气，清热散血。最有意思的是淮南民间的“四季歌”，通俗易懂地唱出了淮南人对豆腐药用价值的深刻认识：春季吃豆腐，健脑明目；夏季吃豆腐，清凉解毒；秋季吃豆腐，和胃养气；冬季吃豆腐，补身健康。

确实，豆腐几乎是包治百病的良药，难怪八公山的老百姓常常念叨：“吃肉不如吃豆腐，又省钱来又滋补，天天吃豆腐，百病能消除。”念叨之余，他们还端出简单易行的药膳妙方：

1. 治伤寒——选用豆浆一碗，用白蜜调好热服。

2. 治痨、防痨病（肺结核）——把黑豆磨成浆，放锅内熬熟，待结皮后挑出。每食一张，用黑豆浆汁送下，常食即可。每日清晨喝碗豆浆，可防痨病之患。

3. 清肺养胃——将豆腐腌过，加酒糟或酱调制，可养胃，治疗胃病。

4. 通便——每天喝碗豆浆，清热下气，利便通畅。

5. 清热化痰——豆浆煮熟，每天食之，润燥化痰。

6. 治痢疾——用醋煎豆腐食之，即愈。

7. 治脚病——用热豆浆加松香末捣匀敷之，过夜即愈。

8. 治蜘蛛疮——取豆腐皮烧焦捻碎，用香油调匀，抹患处，即愈。

9. 治冷嗽——把干豆腐衣烧成灰捻成末，用热陈酒调服，吃四五十张，可愈。

10. 治鹅掌癣——将豆腐沫（即豆腐泔水上结的沫）放锅内烧热，洗患处，不日即愈。

11. 防呆疾——老年人因体内缺乏乙酰胆碱，易患痴呆症，常吃豆腐，可防痴呆。

12. 治臁疮——用豆腐泔熬成膏敷之，效果极佳。

13. 治醉酒——饮酒过量，遍身红紫，用热豆腐片热敷，冷则即换，醒后即止……

此外，还有葱炖豆腐，可治感冒初起；鲫鱼与豆腐共煮，可治麻疹出齐尚有余热者，也可用于下乳；葱煎豆腐，可用于水肿膨胀；豆腐萝卜汤，可用于痰火吼喘等等。

与淮南豆腐简单易行的药膳制作不同，盛产酥梨的砀山拥有的一个药膳妙方，制作起来就复杂多了。这个妙方与一个民间故事相连，在砀山一带长久流传。

传说，砀山城北有户人家，儿子外出做生意，家中只剩婆媳俩。婆婆深秋受寒，哮喘咳嗽，加上思儿心切，竟卧床不起。儿媳原先尚能伺候，但久之心烦，丈夫又不在身边。因此，婆媳之间少不了叮当。

一日，儿媳坐在厨房门口思前想后，觉得婆婆是个累赘，便脱口嘟哝一句："老不死的，要死就快点，别哼哼唧唧磨害人……"话音未落，听到有人小声嘀咕，仔细分辨，竟是几句顺口溜："要想婆婆死，听我一句话，把梨剁成块，然后捣出渣，烧麦穰，点豆茬，碓窑子里面来熬化，待到三三见九天，舀出几勺喂给她，上面吐，下面拉，不久婆婆就蔫巴，对外说你煎中药，对内端汤婆也夸，丈夫回来好交代，左邻右舍无闲话。”儿媳心里一惊，此法果然妙也，但左右瞧瞧，并无人影，只有灶王爷贴在墙上。她以为是上天的主意，于是照做。切丁、捣碎、掰渣，这都容易，就是熬汁实在麻烦，放到碓窑子里熬，何时才能烧开？但神仙说了，不能变动，她只好天天坐在院里烧啊烧……直到第九天，才把梨汁熬成膏。婆婆见儿媳端来黑乎乎的一碗膏，闻闻没啥异味，看看也像中药，再想想儿媳九天来的辛劳，便眼泪吧嗒地喝起来。说也怪，喝后立马停止了咳嗽，浑身还觉得有劲，喜得婆婆逢人就夸儿媳贤惠孝顺。

儿媳原本希望婆婆快死，没想到事与愿违，又去找灶王爷。灶王爷托梦给她说：“甜婆婆，苦婆婆，自己选择别弄错，要想将来喝梨膏，今天就得这么做。”这几句话，让儿媳恍然大悟：熬梨膏是神仙教育人的一个法子，这切丁无异于分梨（离）——分离苦啊；挖核就是抄心——操心疼啊；捣碎是受皮肉之苦；掰渣是流血出汗；最后的熬汁，与等死又有啥区别呢？谁活在世上都不容易，都会经历这些，灶王爷是借此让我善待婆婆啊！从此，她格外敬重老人。儿子春节回家，听娘这么一说，对媳妇感激不尽，一家人和睦相处。后来丈夫把妻子熬的梨膏糖带到外地去卖，居然做大了生意。当儿媳“熬”成婆时，这家成了远近有名的大户。

说起皖北的药膳，不能不提的还有吃伏羊。这已经成为萧县、淮北、宿州等市县乡村的一个重要民俗，令许多外地人大惑不解。这里的人们盛行三伏天吃羊肉，喝羊肉汤，还有一个声势浩大的“伏羊节”。每年入伏第一天，人们争先恐后地奔向市场，买羊肉，寻羊骨，精心烹饪，全家坐在一起，美滋滋地喝汤吃肉；也有的呼朋唤友，摩肩接踵地涌进

萧县伏羊节斗羊表演

羊肉馆，挥汗如雨，大快朵颐，以至于那几天所有卖羊肉的饭店都会宾客满满，忙得不亦乐乎。皖北人爱吃羊肉，自古不变，至少是在《左传》之中，已经有了宋国军队“将战，华元杀羊以食士”的记录。据《本草纲目》记载，山羊味甘、性热、无毒、主治暖中、虚劳寒冷，补肾益气，镇静止惊、止痛，益养产妇；可开胃健力，医治五劳七伤，堪称上等食品，日常食用，已颇有补益。至于吃伏羊，则更有一番道理。伏羊者，炎夏入伏天的羊肉也。这时候的山羊，经过春冬两季的滋养，膘肥肉嫩，炖出的汤味道醇厚，而三伏天，人们体内积热，饮用了加入羊油、醋和香菜的羊肉汤后，全身冒汗，能有效地驱散这种积热。此外，羊肉本身就有滋补的作用，一直以来都是皖北人喜欢的滋补佳品。由此可见，伏天食用羊肉的习俗，既暗合“天人合一”的质朴养生理念，也很有科学依据。

在皖北，有什么出产，往往就有相关的药膳。比如，皖北素来是国家养牛基地，一款“阿胶牛肉汤”就十分引人注意，这道菜将牛肉去筋切片，与生姜、米酒一起放入砂锅，加水适量，用文火煮上 30 分钟，再加入阿胶及调料，就成了一道滋阴养血，温中健脾的药膳，颇受人们喜爱。

皖北盛产小麦，一些城市常有商贩沿街叫卖：“大麦酵、小麦酵”。麦酵是小麦和酒精的混合体，既能果腹，又能调解人的食欲、强身健体、消暑解渴。这款小吃往往都是老乡们在家里制作。先将小麦脱皮，然后簸去杂质，放入地锅内蒸熟，蒸熟后的麦粒个个圆润，如一颗颗金黄的珠子。冷凉后，装入大盆，撒上小曲泡成的水，密封一天一夜。等到第二天，麦酵就做成了，打开盖子，扑鼻的酒香让人几乎喘不过气来，里面的麦粒都变软了，酒香夹着微酸，让人口水直流。

皖北盛产红芋，人们以红芋或红芋干煮熟发酵，用双层大缸蒸馏，加工成“黑熬子酒”，也有人叫作“明流子酒”。这酒度数不高，绵甜醇香，加姜末、葱段、大枣，放在瓦罐中加热熬制，可祛风湿，暖肠胃，壮体肤。

皖北自古还有一种独特的蔬菜，名叫“荆芥”。《本草纲目》记载：“荆芥原为野生，今为世用，遂多栽莳”，又载：“初生香辛可啖，人取作生菜”。荆芥与芫荽、薄荷的香味不一样，它香而不烈，不刺鼻，一旦吃过，就难以忘记。外地人初来乍到，往往不习惯，但不要多长时间，便会被它独特的味道所倾倒。

荆芥性情高洁，不能与荤油或肉类同炒，只能以素油相伴，若用麻油效果更佳，尤其是刚采摘的荆芥，即刻下锅，又香又嫩，口感极佳。皖北老乡喜欢用荆芥凉拌黄瓜，配以大蒜、香油、食醋、酱油、鸡精，拌匀即成。此时，嫩黄瓜的清香，荆芥的异香，大蒜的浓香，数香合一，堪为素菜中之上品。不过，更重要的是，荆芥中含有挥发油，它的特殊芳香，能促进汗腺分泌，增强血液循环，从而具有发表、祛风、理血、止血之功效，对于感冒发热、头痛、咽喉肿痛等都有治疗效果。

……

如同前文曾述，皖北是个物产丰富的所在，利用丰富的物产制作药膳，也许，“十全大补汤”最有代表性，“十全大补汤”是选用来自皖北农家的白条鸡、白条鸭、白条鹅、猪排骨、猪肚、猪肘子、花生米、大枣，再加上亳州药材大市场中买来的白术、云苓、党参、黄芪、白芍、熟地、川芎、肉桂、当归、甘草等等，小火炖至熟烂。轻轻舀起一勺送入嘴中，但觉鲜香满口，似乎咀嚼了皖北所有的淳朴厚重；吃过之后，滋养身心，但觉十全十美。

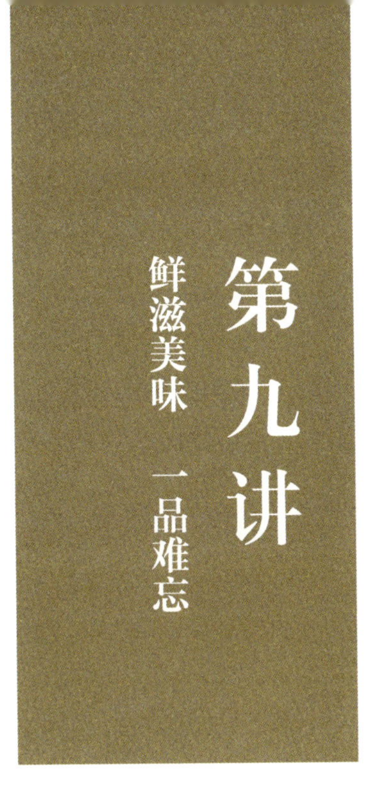

第九讲 鲜滋美味 一品难忘

皖北出名城，出智者，出教育典范，出大美之象，出养生大家，同时，也出美食。

中国古代很早就有关于美食的记载。最富传奇色彩的一件事，就是伊尹因为烧得一手好汤，并由烹饪而通治国之道，被商汤看中，任以国政，终成一代名相。

周灭商以后，封殷商后裔居宋国，皖北部分地区在宋国的范围内。商人对美食的那一种痴迷，似乎也深深浸透在皖北民间。几千年过去了，这一文化积淀继续凝聚于鼎镬之中，与丰饶的物产相得益彰，造就了皖北饮食的古滋古味。

第一节 点铁成金，变俗为雅

——八公山豆腐与符离集烧鸡

一、刘安与八公山豆腐

在皖北诸种美食当中，名气最大、影响最为深远的，当属2000多年前从炼丹炉旁走出的豆腐。

提到豆腐肯定要提到淮南王刘安。刘安是汉高祖刘邦的孙子，也是个希望长生不老的人。为求长生，就要炼丹，于是，刘安从四面八方招来方士数千，聚集寿州八公山，开始了认认真真的炼丹活动，其中最被他赏识的八位，号称“八公”。

那时候，寿州一带盛产优质大豆，山民自古就用山上的泉水磨豆浆，喝一口，香香甜甜。刘安入乡随俗，每天早晨也总爱喝上一碗。传说，有一天刘安端着一碗豆浆，在炉旁看炼丹看得出神，手一歪，豆浆泼到炉旁一小块供炼丹用的石膏上。不多时，石膏不见了，原本是液体的豆浆，却变成了一摊白生生、嫩嘟嘟的东西。这一下，大家全傻了，不知道这白嫩嫩的东西是什么？八公中的一位大胆地捧起一小块，尝了尝，竟然很是美味可口。可惜太少了，要是多一点，就能让大家一起尝尝。于是，刘安就让人把他没喝完的豆浆连锅端来，把石膏碾碎搅拌到豆浆里，果然，又结出了一锅白生生、嫩嘟嘟的东西。刘安连呼“离奇！离奇！”于是，八公山豆腐就有了最早的名字——“黎祁”，其实，那就是“离奇”的谐音。

从此以后，豆腐从八公山炼丹炉旁走出，很快，遍及大江南北。它一路行走，一路变身，于是，我们看到了蒙城的火腿豆腐乳，徽州的毛豆腐，贵州的烤豆腐，云南的包浆豆腐，东北的干豆腐……不过，他们的老家都在八公山。

既然是老家，肯定有老家的特色。确实，在寿县，豆腐不是个值钱的东西，却也是寻常人家不可以离开的东西。清早起来，一听外面有人吆喝“豆腐……”大爷大妈们就知道豆腐挑子来了，都是老熟人，用不着着急，稳稳当当地走出去，笑嘻嘻招呼一声，你出钱，他切豆腐，一切熟门熟路。一块嫩嫩的豆腐掂在手里，中午的餐桌这就有了着落。自家人团团围坐吃着，是多少年的老习惯，万一冷不丁来个外地客人，有豆腐在家，心里就不慌。为啥？因为八公山的豆腐不一样啊，除了八公山，哪儿还有这样的水，这样的本事，点出这样的好豆腐？八公山上的珍珠泉、玉露泉、大泉……泉水清清亮亮，味道淡中有甜，终年不竭，这才是出好豆腐的根本。再加上周围农民世代相传的好手艺，做出的豆腐精致如玉，洁白似脂，托在手上，晃动不散，掷于水中，久煮不沉。哪怕是随随便便炒个豆腐青菜，或者来个家常炖豆腐，那味道，都能让人赞不绝口。

经历了2000多年的悠悠岁月，八公山豆腐得到多少人的赞美，怕是数也数不清。明代诗人苏平《咏豆腐诗》说：

> 传得淮南术最佳，皮肤褪尽见精华。旋转磨上流琼液，煮月铛中滚雪花。瓦罐浸来蟾有影，金刀剖破玉无瑕。个中滋味谁得知，多在僧家与道家。

更有些诗人借豆腐的品质来寄情励志，赞美豆腐由磨砺而出，方正清廉、不流于世俗的高尚品格。比如清代胡济苍之作：

> 信知磨砺出精神，宵旰勤劳泄我真。最是清廉方正客，一生知己属贫人。

不过，在寿县乃至相邻的淮南市，流传最广的还是老乡们自己创作的歌谣，深深地表达了他们对豆腐的喜爱之情：“淮南有三奇，八公山豆腐肥王鱼，马溜溜的金子压地皮”；“怀远石榴、砀山梨，瓦埠湖的毛刀鱼，比不上八公山上的豆腐皮”；“舍得蜜、舍得糖，舍不得八公山豆腐汤”；“要想富、找财路，家家户户磨豆腐”。

至美之物，自然流传四方。唐代天宝十载（751），鉴真和尚东渡日本，便把豆腐制作技术传入日本，日本豆腐业至今视鉴真为豆腐制作的祖师。宋代，豆腐又传入朝鲜。19世纪初，再传入欧洲、非洲和北美，逐步成为世界性食品。今天，中国豆腐已饮誉全球。

有了豆腐，寿县人又做出豆腐宴，满满当当一大桌，食材全是豆腐。蒸、烩、炸、炖、煮、拌，乃至冷盘、火锅，应有尽有；红、黄、白、绿，各色果蔬点缀其间，美不胜收。更有意思的是菜名，什么“螃蟹抱蛋”“金玉其外”“仙人指路”“虎皮扣肉”……让人听着就发馋，待到菜品端上来，更是出乎意料：一道通红通红的樱桃豆腐，鲜亮得如同刚刚摘下的樱桃，夹起一个送入口中，酸酸甜甜，那剪不断理还乱的拔丝，又脆又香；神奇的豆腐饺子，看上去晶莹剔透，咬一口，露出鲜香的肉馅，还伴着美味的汤汁；一个矗立在所有菜品中央的大寿桃，用面包和豆腐制成，面包酥脆，豆腐鲜嫩，一香一鲜，再以花椒盐、葱白段、甜面酱佐食，是淮南“豆腐宴”中的名菜；就连全国各地都有的“皮蛋豆腐”，因为此地豆腐特别滑嫩，也足以使人爱不释口。

不过，吃豆腐宴，还必须专门体验当年淮南王发明豆腐的乐趣。盛上一杯热热的豆浆，加上一点白白的粉末，顿时，豆浆起了变化，一会儿，变成了豆腐。

1990 年，经台湾豆腐商业同业公会联合会顾问陈俊龙先生倡议，为纪念豆腐创始人刘安诞辰 2169 周年，国家商业部、中国豆制品协会和中国烹饪协会、台湾豆腐商业同业公会联合会，决定举办首届中国豆腐文化节，这是当时唯一在海峡两岸同时举办的国家级节庆。

二、符离集烧鸡的由来

人们都说八公山豆腐历史悠久，一算就算到 2000 多年以前。其实，在皖北，历史悠久的美食还远远不止豆腐，出产于宿州的符离鸡，是迄今为止，我国古代文献记载的最早的“名鸡”，只不过，那时它还不叫“烧鸡”。

符离集是一座古老的集镇，位于宿州市北 15 公里处，貌不惊人，却名传四海，主要是因为那只鸡。符离地处徐淮地区，上古之时是水乡泽国，野鸡出没自是必然。聪明智慧的符离人，年复一年，将野雉驯养成家鸡。这种鸡，体型像个元宝，或者如同梭子，个头适中，昂首翘尾，羽毛束体，黑腿、黑爪、黑嘴，腿瘦而健壮，善奔跑飞翔，因为祖先野性大，所以至今还喜欢满山满地野跑，肌肉柔韧、紧密、丰满，当地人把它叫作“麻鸡”。

据说，唐尧时代，古帝王颛顼的玄孙钱铿，发明了烹鸡术，并且向尧帝献雉羹，也就是野鸡汤。钱铿因此大受赏识，被封为大彭（今徐州）国王，后来称为“彭祖”。传说中彭祖不但是一口气活了 800 年的老寿星，而且还是烹鸡术的始祖。当然，传说往往显得依据不足，容易被人质疑，可考古发现就是铁证了。1984 年，在徐州的一次考古发掘中，人们在楚王刘戊墓的庖厨里面，不仅发现了铜鼎、盆、勺等食物容器，铁釜、陶甑等炊煮器具。而且还见到楚王属县的贡奉物品——符离鸡。那只千年前的符离鸡，鸡骨至今基本完好，静静躺在陶盆内，陶盆上有泥封，而且清晰地盖着“符离丞印”的封记。这一发现，完全可以证明，符离鸡的出名，至少在 2000 年以前。

细述符离集烧鸡的发展历史，还得说到皖北人的特性。皖北这地方诸水纵横，战争年月，饥荒之时，民众四散流离，一旦平定，又会有四面八方的百姓聚集过来，定居于此。所以，皖北人气度大，性宽容，乐于接待八方来客，很快让他们产生归属感，并且为这块土地贡献自己的聪明智慧。符离集烧鸡的成功问世，恰恰与此有关。

听老人们说，很早以前，符离集经营熟鸡的店坊就已遍布集镇，不过那时不叫“烧鸡”，而叫“红鸡”。因为制作者往往是在鸡煮熟后，涂上一层名叫“红曲”的色素，看上去鲜亮可喜。清代宣统二年（1910），山东发生了特大旱蝗灾害。德州人管在洲带着妻儿老小，一路逃荒要饭，最终落脚符离集。在这里，他发现人们喜欢烹鸡，喜欢吃鸡，不由得心中大喜——他的老家德州，不正是以扒鸡闻名？于是，管在洲卷起袖子，兴致勃勃地干起来，他利用符离集的麻鸡，做起家乡的扒鸡，五香扒鸡一出锅，油光闪亮，香味扑鼻，卖的甭提多好了。几年后，江苏丰县人魏广明也来到符离集，他是经营卤鸡的。喜欢动脑筋的老魏发现此处的麻鸡肉质细嫩，自古以来就深受欢迎，假如多加改革，赋予新意，肯定别开生面。于是，他取符离“红鸡”与管在洲扒鸡制作之长，巧增配料，加入八味中药材，配以多年卤汤，终于生产出独具地方特色的符离集卤鸡。这种鸡色泽酱红，味道甚佳，起名“红曲鸡”。1917 年，山东泗水一带兵荒马乱，大旱千里，颗粒无收，百姓四散逃生。龙王涯村农民韩西仁，肩挑儿女，一路南下，在一个大雪纷飞的夜晚，来到符离集北的禹王庙门栖身。他白天讨饭，夜宿破庙，艰苦备尝。几年过去，儿子韩景玉长大成人，跟着父亲到符离集学做生意，看到管、魏两家生意兴隆，十分羡慕，自己也开始经营白条鸡。为了竞争，韩景玉用心思偷学暗访，慢慢地竟掌握了管、魏两家的烹饪术，很快，他就集两家之长，在卤鸡配料里又加三味中药，创造出色、香、味、型俱佳的符离集烧鸡。

就这样，符离集烧鸡光荣诞生。本地的食材，悠久的传统，融入德州、丰县、泗水各路民众的奇思妙想，在皖北这片土地上，造就了五香浓郁、肉质嫩白、肥而不腻、烂而脱骨、咸淡适宜、营养丰富的名牌产品。

如今的符离集烧鸡，制作工艺更加精细。从活鸡进厂到制成色、香、味、型俱佳的成品出厂，要经过选鸡、杀鸡、烫鸡、搓毛、磕腿、开膛、撕嗉、清除内脏、洗鸡、剪鸡、别鸡、涮鸡、晾鸡、炸鸡等环节，再放入由砂仁、白芷、肉蔻、丁香、辛夷、元茴等13种名贵香料和麻油熬成的老汤中烧卤、高温杀菌等十几道工序精心加工而成。这十几道工序，不经过多年实践，绝不可能熟练掌握。单说炸鸡，那就很有讲究，第一，不能用动物油，第二，油温也要拿捏得恰到好处。炸成出锅，母鸡应当是柿黄色或者杏黄色，公鸡却变成淡红色。老鸡炸色稍嫩，子鸡炸色要老等等，绝不是一句两句话能够说清。还有卤鸡用汤，必须是保留数十年的陈年循环老汤，卤出的鸡才色正味美。就是开新店，锅里也必须放些老汤。卤制时，师傅们先将卤汤烧开，再将炸好的鸡连同装有13味中药的材料袋一起放入锅中。武火烧滚，两小时以后，再用文火焖卤“回酥”。这样，才能保证材料味均匀地渗透到鸡肉内。至于焖煮时间，又是一门学问，过长味道太浓，过短则味道太淡，什么时候才是恰到好处，全凭师傅多年的经验。此外，烧鸡卤好，也还得注意，捞鸡出锅，必须小心细致，轻摆轻放，才能保证烧鸡不会破碎，造型优美。

经过如此复杂工艺，符离集烧鸡出锅后，趁热提起鸡腿，轻轻一抖，鸡肉便会全部脱落，但骨架依然相连。这时候，拉开架子，饱餐一顿，只怕连酥酥的骨头都要嚼下肚呢！

第二节 皖北四汤，年年飘香
——藏在汤中的故事

吃过符离集烧鸡，尝过淮南豆腐，来到皖北，还不能不品一品皖北的汤。如果说豆腐和烧鸡需要正儿八经地坐在餐桌上吃，孬好都是一道菜。那么，在皖北，喝汤就是随处可得的一种小吃。常见街头巷尾，早起上班的，傍晚回家的，走着走着闻见香味，两条腿就不由自主地停下来，往小摊子前、小店铺里一坐，喊一声“来碗牛肉汤！”或者是“羊汤，大碗的！”“汤，两碗！”还有更爽快的，就俩字：“麻糊！”

用不了多大工夫，汤就端上来了，热气腾腾。吃的人埋下头，呼啦啦一通，连稀带干，一会儿，碗就见底了。这时候站起来，一抹嘴，付了钱，一身暖暖和和，心满意足。

皖北人爱喝汤，也要追溯到商代的伊尹。不用多说，商汤爱喝汤于史有名，伊尹烧得一手好汤也是真的。不过，更重要的恐怕还是这地方的特点。

皖北地处淮河流域，这里四季分明，物产丰富。虽然并非塞北，却是自古牛羊遍地。再加上许多地方都有回民聚集，牛羊肉是当家食品，制作工艺也就特别讲究。另外，自黄河夺淮以后，皖北自然灾害频频，老百姓生活质量降低，大宴席只属于少数有钱人，劳苦大众只能在便宜小吃上多琢磨、多研究，久而久之，小吃竟然有了名气。其中淮南牛肉汤、萧县羊肉汤、蒙城臆汤，以及朱元璋发明的麻糊，堪称名品。

一、淮南牛肉汤

关于淮南牛肉汤的起源，人们有好几种说法。其一是，清代乾隆年间，淮南人翰林大学士张政深研百草，擅长美食，担任宫廷御膳官，深得皇上厚爱。后来，他告老还乡，回到山清水秀的淮河边，将清宫秘方传给后人，这就有了大名鼎鼎的淮南牛肉汤。另一说法是，淮南牛肉汤起源于淮南谢家集区的孤堆回族乡。相传该地居民以回族为主，以牛肉作为主要的食用肉类。他们一开始只是自制牛肉汤，自家食用，谁知那味道越来越好，就开始上街去卖，因为料足味佳，生意日益兴隆，周围百姓看了，觉得这种街头买卖要不了多大本钱，就也学着做，用心做，以后，周边的李郢孜镇、唐山镇、杨公镇、孙庙乡等地，都有了牛肉汤。摊子多了，就有了竞争，竞争起来，就得提高水平，一来二去，淮南牛肉汤越做越好，终于成了名。

两个起源相比，当然第二个更靠谱。大众的小吃，起源于大众，已经很好了，又何必贴上皇家的标签？

至于淮南牛肉汤的扬名，据说还得益于中国历史上那场以少胜多的有名战例——淝水之战。公元383年，淝水之战开始，这是偏安江东的东晋王朝，同北方前秦政权之间的一次战略性大决战。战争的结果，是弱小的东晋军队临危不乱，大获全胜。而这制胜的秘诀，相传便是因为谢玄使用淮南牛肉汤诱敌，前秦将领不能制止饥肠辘辘的士兵飞蛾扑火一般冲向淮南牛肉汤，所以中了谢玄的“美食计”。

现在的淮南牛肉汤，虽说只是小吃，可选料讲究，一般必取肉质较好的江淮一带黄牛，牛骨熬汤，牛肉经浸泡血污，与清洗干净的内脏一起下锅同煮，煮好，配以淮芋粉、绿豆饼、豆腐皮（千张、百页）、豆圆子等，再用自制的牛油与炸好的淮椒做成红油浇上去，端上桌。喝一口，汤浓醇鲜，味足味厚，香辣适口，令人回味无穷。

二、萧县羊肉汤

如果说淮南牛肉汤来自民间的可能性比较大，那么，萧县羊肉汤可就真的有个贵族出身。单从汉字构造看，“示羊”为“祥”，“羊大”为“美”，“鱼羊”为“鲜”，“食羊”为“养”，无一不隐喻着中国人对羊肉的偏爱。再查历史典籍，皖北人爱吃羊肉，自古不变，也包括贵族。据《左传·宣公二年》记载，春秋战国时代，宋国与郑国打仗，战前以羊肉汤犒劳将士，宋国最高军事指挥官华元忘记给自己的御者留一份。许多介绍都把御者说成是地位低下的“车夫”，似乎有点偏差。实际上，先秦时期实行车战，御者的地位十分重要，尤其作为全军统帅或一国之君战车上的车御，更非一般人所能担当。由此可见，华元实在是考虑不周。结果，御者见其他人吃得满面红光，不禁大怒，战斗一打响，他就宣布：“前日里给谁吃羊肉由你说了算，今日这事可得由我说了算！”说完，猛抽一鞭，奔跑的战车载着华元，一路直向敌营，华元就这样稀里糊涂地当了俘虏。

萧县古属宋国，南北朝时期又曾归入北魏，老百姓祖祖辈辈离不开羊肉，历来有“无羊不成席”之说。清朝同治年间，萧县圣泉乡袁楼村还出了一位特别擅长烧羊肉汤的名厨，他叫彭玉山。后来，彭师傅曾经进入清宫御膳房，给皇上烧羊肉汤。只不知他烧得的那一碗美味羊汤，是给了同治皇帝，还是给了慈禧太后呢？

至于萧县羊肉汤为什么优于他处，这就不能不先说说萧县的羊。

据《萧县志》记载：萧县自古盛行养羊。这里丘陵连片，饲草丰茂。农民养羊，一般都是纯自然放牧，让羊儿自由自在地觅草寻食。每天早上，养羊人赶着羊群，沿树林、山岗、河湖堤岸放牧，羊群遍布于山野河岸，直至傍晚牧归。走在田野山岗上，满地自然生长的鲜嫩花草，包括何首乌、苦参、茵陈、益母草、猪耳草、野地黄等等，都成了山羊口中的美味。成群的山羊穿梭在林间山岗、河塘沟岸，悠闲地享用百草，呼吸新鲜空气，高兴了，就地打个滚儿，渴了，喝一口纯净的山泉水，如此长大的山羊，怎能不肉质鲜嫩异常？

当然，萧县羊肉汤的制作也很讲究。师傅们一般都是选用3至6个月的山羊羔，将羊肉、羊肝、羊腰、羊腿骨、羊脊骨分别洗净，脊骨用刀剁开，一起放大锅中，旺火烧开，撇去浮沫，小火煮烂。然后，大师傅会捞出羊骨中的骨髓，剔取羊骨上的瘦肉，再把铁锅放到旺火之上，加熟猪油，下葱末、姜末煸炒，兑入原汤，投入羊肉、肝、腰和骨髓，盖上锅盖，一直烧到汤现乳白色，这时分装在碗内，撒上白胡椒、精盐、味精，随带辣椒油、香菜各一小碟佐食。这时，只见奶白色的汤汁之上，飘洒着绿色的香菜，红色的辣油，闻一闻，鲜香扑鼻，尝一口，回味无穷。

三、朱元璋与“麻糊”

倘若要论皖北四汤的出身，最不好说的是“麻糊”。要是就传说中的制作者和最早的享用者而论，“麻糊”得算位居一等，那可是明朝开国皇帝朱元璋的发明。但是，朱元璋发明“麻糊”的时候，还不是皇上，只是一个小要饭的，所以，它该不该算是出身高贵，又得另说了。更何况这“麻糊”虽然好吃，可它的作料、制作方法，真的相当平民化。

传说朱元璋少时家贫，父母把他雇给有钱人家放牛。他和放牛伙伴们为了解馋，竟杀了主人一头牛，在山上煮着吃，然后将牛头搁在小山南端，牛尾搁在小山北端，让孩子们回去报信，说牛钻山肚里去了，自己撒丫子离开了故乡，开始了讨饭生涯。讨饭比放牛消闲，一日三顿，要饱了可以自在地晒太阳，可是如果遇到雨雪天，或头疼脑热什么的，赶不了门头就得挨饿。朱元璋想：这不行，一定要积食备饿。于是，他趁天好时多赶门头，吃饱了还要，回到破庙后，就把残羹剩饭拿出来晾晒，晒干了装袋。有时，遇到慈善人家，他还要些油盐，遇到人家门口晒酱，瞅准了没人看着，就挖上一碗，用荷叶包回，晒酱干子。

有一回，连天大雨，就像天河翻了底，朱元璋发烧打摆子，实在出不了门。万般无奈，他挣扎着起来，用平时积攒的干食做饭。发烧的人口渴，想吃点儿有味的东西，而且最好要汤汤水水的，怎么做呢？他想来想去，觉得不如从平时的积攒中，挑点儿自己觉得是上品的东西来煮汤。于是，他选出金针菜、海带丝、肉丁、百叶丝、山药丁、山芋丁等等，一股脑放在瓦罐里，放足水，架火煎熬，汤开后放盐，尝了尝，咸淡适中，然后稀稀地勾上芡粉，再放入适口的麻油、酱、醋、胡辣椒粉，搅匀后趁热一喝，嘿！简直是天上少有、人间绝无的珍肴美味！

此后，朱元璋每逢身体不适，必做此羹。后来他当了皇帝，吃尽山珍海味，总觉得不如他当年在破庙里做的羹味道好。有一天，他龙体欠佳，胃口不好，御膳房千方百计做了许多膳食，都被他退了回去。贴身太监就问他，究竟想吃什么？他想喝他当年做的羹，可又报不出菜名。他想自己当年也就是随意地马马虎虎地做出来的，干脆就叫“麻糊汤”吧。太监急忙传令御膳房急做麻糊汤。御厨们接旨后，翻遍了菜谱也找不到麻糊汤是什么，自然无法下手，又不好问皇上。大家就瞎琢磨，有人觉得大概是马肉和虎肉合在一起做汤，于是精心调制，做好后呈给皇上。朱元璋抿上一口，勃然大怒：“混蛋，这是什么麻糊汤，纯粹是马尿汤。”掌勺御厨被杀了，换一个掌勺的。第二个御厨不敢随意创作，拿出 200 两黄金送给皇上的贴身太监，让太监设法从皇上嘴里套出麻糊汤的真实做法。太监竭尽阿谀之能事，说了许多笑话博朱元璋开心。趁着皇上高兴，询问麻糊汤的做法。朱元璋不好说出当年的经历，干脆到御厨房亲自操作。他按照当年的原料，让御厨们配齐，煮汤仍用柴火、瓦罐。不多时，一罐子汤做好了。朱元璋自己先尝，非常得意，忘情地捧起瓦罐咕咚咕咚喝了半罐。剩下的半罐赏给太监和御厨们。太监、御厨们尝后，也觉得味道确实不同凡响。后来，朱元璋和马娘娘到明祖陵祭祀时，受到当地百姓的夹道欢迎。为了报答地方父老乡亲的厚爱，马娘娘让御厨们用许多大锅做了麻糊汤和百姓们共进御宴，还将此汤做法传授给家乡百姓。从那以后，麻糊汤便成为盱眙及凤阳、蚌埠、阜阳、宿州等地百姓们的家宴珍品，并一直流传至今。

不过，在皖北，关于麻糊汤还有另一个说法。

据说当年隋炀帝下诏开汴河，麻叔谋被任命为开河督护。不料他到达宁陵后就生了一场大病，多方求医问诊，总是不见起色。后来，有一位医生说了个偏方——用肥嫩的羊肉蒸熟，再加入药物服食。心急如焚的麻叔谋立刻让人找来几只羊羔，同杏酪、五味子一同蒸食，名为“含酥脔”，吃了一只又一只。这一来，百姓们就得不断地供奉羊羔。得知这一消息，宁陵县下马村有个叫陶榔儿的，开始打主意了。他家财万贯，祖坟靠近河道，害怕挖河时被发掘。为了得到麻叔谋的青睐，陶榔儿偷了别人家一个三四岁的男孩，杀死后蒸熟，装入食盒献给麻叔谋。麻叔谋吃着这肉，只觉香美异常，当即下令，让河道在经过陶家坟地时绕了个弯儿。陶榔儿还想继续得到好处，就继续偷盗小孩儿来讨赏，其他歹人也来效仿，一来二去，附近村庄接连丢失孩子，到处是失去孩子的母亲的哭声。后来此事被发觉，隋炀帝以“食人之子，受人之金，遣贼盗宝，擅易河道”等罪名，将麻叔谋逮捕处死，陶榔儿兄弟也被正法。

麻叔谋名“麻祜”，性情暴酷，“积威既盛，至稚童望风而畏，互相恐吓曰‘麻祜来’！童稚语不正，转‘祜’为‘胡’”。民间用“麻胡来了！”吓唬小孩，称“麻祜”为“麻胡”，系音讹。人们痛恨麻叔谋，恨不得把他剁成肉酱，加上杂七杂八的佐料，做成“麻胡汤”，连吃加喝，以泄气愤。

后来，人们就把这种用杂七杂八的食材做成的糊状的汤，叫作“麻胡汤”。

如今，在皖北大地上，麻糊汤成了一道乡间城镇处处都有的民间美食。家里孩子闹人，老人微微一笑，说一声：“走啊，喝麻糊！”哭闹声马上停止，老人久经沧桑的大手搀着孩子稚嫩的小手，一起奔向路边小店。上班族早上买两个包子，顺便端一碗麻糊，三下五除二解决问题。顺便说一句，这里几乎所有的包子店都有一口大锅，盛着热乎乎的麻糊。那麻糊看上去不怎么样，黏糊糊，没鼻子没脸，可喝一口，绵软香甜，味道极佳。而且麻糊汤与淮南牛肉汤、萧县羊肉汤不同，它有咸的，也有淡的。咸麻糊有点儿类似河南的“糊辣汤”，但没有那种辣味，是靠咸和鲜吸引人的，里面的豆皮丝和海带丝很有咬头；淡麻糊浮着一层薄薄的芝麻盐，香味扑鼻。孰咸孰淡，全凭个人喜好。

四、𦞦汤的故事

与麻糊汤一样，𦞦汤也是跟皇上有关的故事，不过，还不止一个。

第一种传说记载在《安徽文化精要》中：清朝乾隆年间，皇帝微服游访江南，路过蒙城，走得又饥又渴，傍晚到一家客店投宿。店主是位老妈妈，身边还有她的独生女儿。老妈妈见来了几位贵客，虽风尘满面，穿戴却十分齐整。她忙笑脸相迎，一面端茶，一面吩咐女儿杀了两只肥老母鸡，用沙锅煨炖。时值初夏季节，乾隆和侍从坐在院中，一边饮茶，一边闲聊，等待用膳。谁知直等到月上柳梢，还不见店家送饭。乾隆饿得饥肠辘辘，命侍从前去催促。店家回答说：“鸡汤没煨好，请客官再稍候。”乾隆有些不耐烦，步出小店，想看个究竟，只见店家老妈妈正在门前月下磕麦仁。乾隆问道：“老妈妈，磕麦仁做什么呀？”老妈妈答道：“俺这里没有稻米，都用麦仁烧稀饭吃。”乾隆双手捧起一捧白花花的麦仁走进厨房，对姑娘说：“把这麦仁放进鸡汤锅里，好吃吗？”姑娘微笑道：“会好吃的。”说着掀起锅盖，乾隆把麦仁放了进去。回到院中，乾隆又足足等了半个时辰，忽闻一阵扑鼻的香味从厨房飘来。只见姑娘盛了几碗鸡汤，放入麻油、胡椒等调料，用托盘端到桌上。乾隆尝了一口，鸡汤味道十分鲜美，用竹筷一捞，鸡肉已经脱骨，与麦仁混在一起，吃起来胜过皇宫御宴。乾隆连吃三大碗，赞道：好汤！膳后，乾隆问店家："这汤叫什么名字？"谁知店家也不知道，只是小声嘀咕了一句"啥汤？"这"啥汤"本是蒙城土语，就是"什么汤"的意思，可乾隆误以为这汤就叫"啥汤"，一高兴，就要留下墨宝给店家，转身再问店家"啥"字怎么写，可店家不识字，不知道怎么写。最后，还是乾隆身边的一个聪明的侍从急中生智，想起皇上在月下久等鸡汤的情景，于是便编造了一个生字：月光为伴，一边为"月"字，另一边皇上为天子，"天"字为上头，久等的"久"字放在下边，并取其谐音字"韭"代之，这样便造出一个"啥"谐音的"䐹"字。乾隆看看也像个字样，但觉得眼生，记不清什么时候在康熙皇爷字典里似曾见过，于是命侍从取出文房四宝，提笔写"䐹汤"二字，下边题了"乾隆御书"，留给了店家。店家婆不识字，把乾隆的题字拿给当地一位有学问的人看。那人一看，大吃一惊，说是当今乾隆皇帝的亲笔题字。事后，店家请木匠精心制作了一块招牌，将乾隆题字刻在上面。过往行人见此招牌，都来品尝乾隆皇帝品尝过的"䐹"汤。从此，小店生意十分兴隆。其他店家见此，也模仿乾隆御书"䐹汤"字样做出金字招牌，开起了䐹汤店。

另一种传说是，清代乾隆年间，砀山一家潵汤馆来了两位气宇轩昂的客人。伙计端上两碗潵汤，客人立马为这香气扑鼻、黄澄晶莹的鲜汤所吸引，忙问："这是啥汤？"掌柜的一旁答道："古名叫雉羹，今以乌鸡代雉，你问啥汤！咱就叫潵汤。"上首客人十分赞赏，即席吟道："一溪乌鸡，鸡羹传世。"下座一位应声而曰："竹金戈钱，钱铿调鼎"。妙对既出，震惊四座。后来大家才知道，上首落座的客人便是当朝皇帝乾隆，下首坐着的，是当朝大学士纪晓岚。乾隆回京后，每每想起啥汤就时常念叨，遂御封潵汤为"天下第一汤"。从此，潵汤之名便就流传于世。

两个故事，都与乾隆有关，看来这汤确实来头不小。不过，仔细想想，乾隆算不了什么，这美味之汤，既不是他发明，也不是他第一个品尝，倒是第二个故事中，店家老人的说法颇引人注意。他说此汤"古名叫雉羹，今以乌鸡代雉"，一下子就点明潵汤历史的悠久古老。早在 4300 多年前，中国烹饪的先师——彭祖，曾用野鸡配麦糁制作的雉羹献给尧帝，得到尧的赏识，封邑于大彭氏国（今徐州市）。雉羹是潵汤的前身，可谓中华民族最早的汤羹。

其实，不管是䭔汤，还是𩟔汤，以至于糁汤，一字之差说明不了什么，重要的是内容。皖北大地上，此汤处处可见，流传至今，各地也都有了自己独特的制作技术。不过，从根本上说，这汤得采用肥肥的老母鸡，麦米，有的加上猪排，整整熬煮三到四个钟头，然后把鸡和各类骨头捞出，拆架，加进砂仁、公丁香、陈皮、肉桂、去皮紫豆、八角茴、小茴、玉果、广桂、白芷、良姜、花椒等药料，连同鸡一起投入甑中，用小火吊上十几个小时，直到吊出高汤。开锅以后，再用面粉加水调成糊状，入甑，再开锅，即成。不过，这只是前奏，此汤制作的高潮是点餐之后，随着师傅的一声浓浓的皖北腔“好咧！”大碗中打进一个金灿灿、白亮亮的笨蛋（本地鸡蛋），只见站在高台上的师傅从大甑中舀出一铁勺高汤，高高举起，足在半米之上，然后手腕一抖，沸汤如飞流瀑布急冲直下，高温与速度兼备，直把碗中鸡蛋花冲得旋转如花。这就是功夫，只有力量恰到好处，才能既不将蛋花冲到碗外，又避免留下生蛋的腥气。

这时候，浓郁的香气直入口鼻，很多人来不及找到座位，已经忍不住噘住嘴，小心翼翼地吸溜一小口，“好烫！”这才一路小跑，直奔座位，为的是尽快享受来自上古的这一碗汤。

在皖北，家有客人，常有人问：“咋吃？”答曰：“端𩟔！”于是操起大锅，上街买了，端回家。即便炎炎盛夏，皖北人也爱喝它，理由是“发发汗，心里自儿（畅快的意思）”。

第三节　果中佳品，蔬中奇珍

——皖北平原的慷慨奉献及其传说

如果说，皖北四汤有一个共同特点，这就是味道醇厚，豪气冲天。它们没有江南吃食那种精雕细刻，温文尔雅，突出的是食材的纯正、足量，加工火候的持久、到位，调味的“冲”“过瘾”，从而准确地彰显了皖北人的生猛、厚笃。那么，这片乡土向世界奉献的各色果蔬，则香甜、脆爽，其传说故事向世人展示了皖北乡民性格中的另一面——纯净与甜美。

一、黄河故道与砀山酥梨

说到砀山，那也是大名鼎鼎的历史古邑，但凡了解一点儿汉代历史的人，不可能不知道刘邦斩蛇起义的芒砀山，砀山地名就由此而来。不过，砀山之名可比刘邦历史悠久，夏分九州，砀属豫州，西周初期属宋，为砀邑。秦设三十六郡，砀郡即为其一。砀山地理位置特殊，芒砀山雄峙于前，黄河襟带于后，自古就为汴京齿唇、徐淮门户，素有九州通衢、天下要冲之称。在砀山的历史上，一件要命的事情发生在南宋建炎二年（1128），不知道是不是因为行星连珠、天生异象，那一年本在开封附近东北走向山东，然后进入渤海的黄河，突然一个转身，跑到了砀山地界，整个砀山顿时为洪水荡没。更糟糕的是，黄河居然久久盘桓砀山不肯离去，一留就留了700多年。700年里，黄河反反复复地改道、无休无止地泛滥，给砀山人留下了太多的灾难记忆。700年后，已经是大清王朝的咸丰年间，黄河又突然转身北上，留给砀山一片废弃的河床。时过境迁，当年流淌着滔滔黄水的河道渐渐被漫漫黄沙淹没，一片苍茫。有民间歌谣称：“风起漫天沙，张嘴沙打牙，走路难睁眼，庄稼被打瞎。”

不过，历经无数次灾难考验的砀山人，从不服输。

大水过后只剩梨树。既然故乡自古就有栽种酥梨的历史，所产酥梨果实硕大，黄亮色美，皮薄多汁，肉多核小，甘甜酥脆，那就种梨吧！梨树抗风沙、耐盐碱、耐旱涝，品性一如百折不挠的砀山百姓，本就是他们的所爱，再加上多年积累的丰富的栽种经验，没多久，砀山的梨园就蔚为壮观。年年阳春三月，万物复苏，砀山60万亩梨花吐蕊绽蕾，竞相盛开，沃野千顷，一片香雪花海。待到初秋，累累硕果挂满枝头，偶尔一个落地，立马香汁四溅。

出身皖北的哲人老子说：“祸兮福所倚，福兮祸所伏。”砀山梨的大面积种植与黄水之灾紧密相连，也算得上祸中之福。

远销国内外的砀山梨历史上也得到过皇上的青睐。

话说当年，乾隆帝第四次南巡，浩浩荡荡几千人，一路南行。待到初春二月的一天，为了巡察黄河故道，他们途经砀山，住进一处庙宇。当晚，乾隆升座，大、小和尚入见，请了安，殷勤侍候。这时，丰县、沛县、砀山的三位知县早已准备了进贡美食，土特产品分别是丰县的烟、沛县的酒、砀山的酥梨及谢花藕。酥梨呈上后，乾隆咬了一口，又脆又甜，再咬一口，汁水直流。皇上连连叫好，立刻下令："全国进贡果梨不少，此酥梨乃甲天下矣。再为朕精选上品，回京呈贡作为皇考（雍正）祭品。"就这样，砀山酥梨进了北京城。

其实，这故事有点俗套，除了借皇帝之名显示一下自己的身份，就没什么意思了。倒是藏身于皖北民间风俗中的另一个故事，彰显了砀山酥梨故乡人的善良聪慧。

很多年了，砀山一带有个风俗，婚丧嫁娶中设席摆宴，总要上一碗菜肴，它不荤、不素、不咸、不淡，说是饭，却当菜，说是菜，实际又是饭。这就是"糯米甜饭"，现在的人们叫它"八宝饭"，以前叫作"离合饭"。

《砀山酥梨文化》记载了这样一个故事：相传唐代贞观年间，民安物阜，南来北往的生意人比比皆是。湖南的张龙做百合生意，卖货回家路经砀山，正巧与山东的李常相遇。李常捣弄砀山酥梨买卖，也发了大财。两人吃喝完毕，共同在米家客栈住了下来。张龙头枕着钱褡，心里盘算着：萍水相逢的过路人，住一宿就要各奔西东，今晚何不动点手脚谋他财物，只怕店主……想到此，张龙悄悄起身遛到上房，与店主嘀咕起来："多一事好，还是少一事好？"店主一听，眨了眨眼："当然是少一事好喽……"张龙低声道："今晚，无论下房有什么动静，你装作听不见……"说着，将一包上等百合塞到桌下。店主推辞不掉，只好收下。待张龙走后，他摇着头，又看了看内室的梨子，心中犯难了。原来李常也有此意，已事先来过。他急忙唤来老婆商量，决定晚饭时挑明此事，让他们各有所防。

店主老婆是个明白人，她眉头一皱，说："不用你点破，免得客人难堪。再说了，这事传出去，也有碍咱的生意，我自有办法……"妇道人家的办法无非就是做饭，她盛来大米簸干淘净，又将百合洗好，本地产的砀山梨切丁，放在一锅，煮成可口的饭。晚上，张李二人一端碗，见其中掺有百合与梨丁，吃出明白来了，各人心中都暗自懊悔。店主见火候已到，起身笑着说："客官明天就要起身，各奔前程，难得相聚一回。今晚，都兑了点家乡特产，在我处煮饭，既有百合，又有一离（梨），我看这饭就叫'离合饭'吧！人嘛，有分有聚，有离有合，来日方长，切不可只顾眼下呀……"两人听后，频频点头，满满一锅饭，被吃得干干净净。从此，皖北一带，特别是砀山，无论红事（百年和好），还是白事（生死离别），都要在宴席上加一碗"离合饭"。

二、皖北贡菜与贡果

在皖北，果蔬中比砀山酥梨历史悠久的特产比比皆是。诸如涡阳苔干、太和香椿和樱桃，以及临泉贡柿。

从外地来到皖北的人往往不知道"苔干"是个什么东西，但在全国所有一线城市，所有豪华餐厅里，厨师们没有不知道"贡菜"的。此菜看上去色泽翠绿，咬一口响脆有声，味道鲜美，吃下去爽口提神。周恩来总理曾多次用它招待外宾，因为嚼菜时声音清脆，周总理幽默地叫它"响菜"。1983年苔干首次出口日本、韩国等国家，由于吃起来有海蜇的响脆劲，因而又被称为"山蛰菜"。

其实，这名扬海内外的贡菜就是苔干，老家位于皖北涡水河畔。

涡阳是老子故里。传说老子是从母亲腋下出生的，刚一落地，就是一位白头老翁。他的母亲被吓坏了，再加上生产时受到创伤，身体变得很虚弱。孝顺的老子找到一种草让母亲吃，不料很有效果。这种草就是苔，而且就生长在老子的出生地天静宫附近。后来，老百姓认为"苔"是神草，也开始食用，结果人畜安康，受伤时食用还可以止血，大家就称它是"天静神草"。

数百年之后，到了秦代末年。一位韩国贵族的后代谋刺秦始皇未中，逃匿邳州，于圯桥遇黄石公，得授"天书"。看到面前的年轻人面黄肌瘦，羸弱不支，这位道教尊者顺便给他支了一个招：生食苔干。几年过去，年轻人变得容颜焕发，气色红润，在楚汉之争中为汉军立下不世之功，他就是青史留名的张良。据说，张良为军师后，仍不忘苔干的美味，因此，命地方官将苔干进贡给汉高祖刘邦品尝，刘邦一尝，果然不错，于是赐名为“贡菜”。

再过千年，明清时期，天静宫陷于兵燹，苔子流入民间。据南洛先生《涡阳苔干：进献给乾隆皇帝的“贡菜”》一文记载，义门孟园张姓农民得到苔干种子，惊喜异常。他小心培植，获得成功。几经周折，加工好的苔干被地方官当作贡菜，送到乾隆的餐桌上，成了宫廷菜肴。乾隆皇帝在饮食上极为讲究，而经过御膳房的精心烹制的苔干，不管是作为配菜还是主菜，都清新爽口，解油化腻，因此得到乾隆皇帝和后宫妃嫔们的特别喜爱，义门一带于是年年都会为朝廷进贡苔干，苔干作为“贡菜”的名声更响了。

当时光流转到民国的时候，涡阳县义门镇的苔干，已经是湖广、南洋一带出名的珍贵蔬菜。每到秋天，义门古镇就挤满了从南洋、湖广赶来的收苔商人。为了争抢货源，苔干还未晒好，这些人就开始在当地蹲守、订购。苔干成品需要看老天爷的脸色，商人们为了苔干有个好收成，竟然争先恐后，早早地集资请来戏班，酬神作戏，祈求上天风调雨顺。因为求神的人太多，庙宇供不应求，镇上陆续建造了 100 多座庙。每到这期间，义门古镇上就会香火繁盛、大戏连台、锣鼓喧天，不分昼夜，老百姓称之为“庙集”。老辈人传说，这时候，天上掌管雨水的龙王会被人间的戏曲所吸引，注意力转移，忘记下雨，等到大戏结束，龙王想起下雨时，苔干已经晒好了。

有趣的传说毕竟是传说，涡阳农民的辛劳才是实实在在的。鲜苔是个娇贵的东西，它的生长，需要气候温和、土壤肥沃、水分适中。涡阳大部分土地位于涡河岸边，黄淮冲积平原之上，这里沿河两岸万余亩，都是土层深厚、通透性良好的潮沙质滩地，正适合鲜苔的生长。有了合适的自然条件，还需要丰富的种植经验。苔干一般每年两种两收，整个生长期只有大约两个半月的样子，这就够忙的了，偏偏其栽培技术还十分繁复，必须先在井中泡芽，之后在畦田育苗，最后才打垄移栽。种的时机也必须把握准确。种早了，苔干中纤维太多不长肉；种迟了，天气转凉，苔干收获时只剩下一把叶子。好不容易到了晒苔季节，农人们更是进入一年中最紧张的时日。此时，涡阳乡村壮观的晒苔场面处处可见：家家挂起绳子，支上竹竿，男女老少齐上阵，用小刀将鲜苔剖成细条，一排一排，整整齐齐地挂在绳子上晾晒，涡阳人称之为“打叶刨皮、利刀出菜”。在阳光的作用下，鲜苔悄无声息地脱去水分，慢慢地变成绿色条状的苔干。为了获得美味的苔干，老乡们需要时刻注意天气状况：太阳太毒，鲜苔容易晒成白条；如果是阴雨天，它又容易发霉；只有在微风多云天气晾晒出来的鲜苔，才是最好的苔干。这是一个考验人的耐心与经验的技术活，听说不少外地农民看到苔干收益大，也想试试，可是，要么水土不对，要么在加工环节归于失败。

因为盛产，更因为好吃，在皖北人家，亲朋走访、故友邂逅，往往一盘苔干、两壶清酒，就能聊上半晌。苔干清脆作响，话也越唠越密。浓浓的亲情、友情，就在嘎嘣作响的咀嚼声中，在一口口“吱吱”的小酒入肚的响声中，越织越稠密。

苔干在皖北，有许多吃法。最能发挥苔干“脆”的吃法的，首推凉拌。“鸡丝贡菜”就是苔干的一种流行简便的做法。主料只需二两苔干，一两鸡胸肉。客人进门，主妇下厨。开工了，只需要先把苔干和鸡肉用沸水焯熟，再用冷水漂凉，把苔干分段切丝，把鸡胸肉用刀拍松，手撕成利口的细丝，将盐、辣椒油、醋、白糖一拌，浇在菜上，就大功告成。当然，要是再抓出一把芝麻在干锅里炒香，撒在菜上，就更有味。菜端上桌，苔干的脆、糖醋的味、鸡肉的爽、芝麻的香，让人胃口大开。在羊肉备受追捧的皖北，也有人把“鸡丝贡菜”中的鸡肉换成熟羊肉丝，调味上稍加调整，就变成了另一道皖北名菜——“苔干羊肉丝”。苔干碧绿脆嫩爽口，羊肉又鲜而不膻，风味独特。

近年来，经科学鉴定，苔干中含有17种以上的氨基酸，以及糖、粗蛋白、钙、磷、钾、钠、铁、铜等10多种营养元素和其他矿物质，营养价值很高。据《本草纲目》记载，苔干具有健胃、利水、清热解毒、减肥、降压、软化血管等功能。

与苔干一样，太和香椿也是贡品，历史同样可以追溯到上古三代。据《太和县志》记载：“椿，《禹贡》作杶，《左传》作櫄，《说文》作槆”。这么一说，可就把香椿的历史算到了3000年以前。太和香椿不仅历史悠久，品种也特别丰富，不是内行，很多品种恐怕听都没听说过。比如黑油椿、红油椿、青油椿、水椿、黄罗伞、柴拘子、米儿红、红毛椿、青毛椿等等，各具风韵。

唐代，太和紫油椿曾作为贡品，每年谷雨前后，驿者就驮着上等香椿芽直奔长安，那光景，立刻让人想到了“一骑红尘妃子笑，无人知是荔枝来”。虽然在大家心目中香椿没有荔枝值钱，但香椿也有与荔枝相似的地方，那就是必须抓紧时间品尝。

每年春天一到，东风一刮，几场春雨一下，颍河岸边的香椿树便悄悄地起了变化。先是树桠发青，不几日，便由青变紫，再由紫变为酡红。忽一日，枝端冒出一枚骨朵儿，远看如同花苞。再下几场雨，那骨朵儿便一天一天地饱满起来，不久，嫩嫩的芽儿抽出来了，一树的枝杈各顶着鲜嫩的芽儿，十分动人。这时候，太和老乡们就开始采摘春芽了。采摘时机需要好好把握，太早了，芽儿分量不够，不但卖不上价钱，而且少了香椿特有的味儿。要是过了谷雨，椿芽儿旺长，不但叶子嚼而无味，椿梗也就生了丝子，没法吃了。

至于香椿的吃法，全中国人都再熟悉不过，什么椿芽炒鸡蛋啦，香椿炖乌鸡啦，香椿拌莴苣啦，椿芽炒蒜苔等等，不一而足。不过太和人最喜欢的，就是清水洗净，捞出来，甩净水，放到案板上，细细地切，然后收于碗内，撒上精盐，滴上醋和麻油，拿筷子一拌，便是一道就馍下饭的小菜，无比的素雅、脆香。如果是三五好友相聚，那就再来一个花生米，抄斤把“太和殿”，嗨，美到家了！

除了绿色的香椿，太和还有红色的樱桃，一绿一红，美不胜收。在太和，春天，樱桃是必须要尝的，好比正月十五赏花灯，八月十五看明月，文雅十分，快乐无比。

这首先因为樱桃是好东西。先不说吃，单是成熟时的景色，就醉倒一片。阳春三月，数百亩樱桃一起盛开，宛如粉红色的云霞。远远望去，大片樱花又恰似一层层美艳的雾气，蒸腾于太和原野之上。立夏前后，熟透的樱桃高挂枝头，玲珑剔透，晶莹红润，如珍珠玛瑙一般。摘一颗放到嘴里，肉甜汁多，回味无穷。近年来据专家测定，这小小的樱桃，每百克鲜果含碳水化合物 8 克、蛋白质 12 克、钙 6 毫克、磷 3 毫克、铁 5.9 毫克，还有维生素C和胡萝卜素。中医认为，樱桃具有调中、益脾、润容颜之效。难怪它能以娇小的身躯，行遍神州大地！

从太和出来西行再南转，大约跑上60多公里，就来到西周沈子国故地临泉。这里南临洪河，北依泉河，中有谷河、润河、延河、流鞍河自然河道穿境东流，沈子国古城、鲖阳古郡，以及老丘堆遗址、费子街遗址、岗上遗址，连同千年老银杏，沉默却又令人无可置疑地证明这块土地历史的厚重。

厚重的历史必有丰厚的出产，在临泉，黄岭大葱、牛庄穿心莲、韦寨的粉面、粉皮、粉条，都享誉四方。不过，在临泉，有一种风景叫“柿子熟了”，深秋时节，那些遍布在山坡、台地，以及房前屋后的柿子树，就仿佛打着一树又一树红红的灯笼，迎着乡亲们微笑。于是，临泉的秋天永远充满喜庆，充满诗意。尤其是在泉河岸边郭郢村，两棵四百多年的古老“贡柿王”盘根错节，参天挺立，威风依旧。

临泉柿子是贡柿。明朝的时候，这里的柿饼就是贡品，从此，临泉贡柿便驰名千里，誉满京师。相传那是崇祯六年的事，兵部尚书张鹤鸣回临泉探亲，回京时将家乡土产柿饼带了一点，呈给崇祯皇帝尝鲜。崇祯吃过，大加赞赏，并赐封张鹤鸣“四世一品”。临泉贡柿由此得名。崇祯为一国之主，断不会缺少柿子吃，那么，他为什么对临泉柿饼如此夸赞呢？这可得从临泉柿子的本色说起。

临泉柿子橘红色，果实大，一个重量就能达到三四两，看上去就格外喜人。再加上它皮薄肉细，少核或无核，咬一口，味道甘美悠长，还能润心肺、止咳化痰、清热解渴、健脾涩肠，那就更让人看重了。不过，这都还不算出奇，最出奇的是这些柿子做成柿饼，不光出饼率能达到34%以上，而且品色俱佳。柿饼外面挂着大约一铜钱厚的柿霜，又细又白，生食，甘甜如饴，要是将两个柿饼放入一杯开水中，只要稍加搅拌，很快就会溶解，喝一口，其味如蜜，直入心脾；就连柿饼外面那一层霜，也是宝贝，要是哪位不小心，皮肤受伤，只要涂上一层柿霜，伤口很快就能愈合。临泉乡亲做柿饼，都要削去柿皮，可柿皮不能扔，皖北人都知道，这东西可入药，能治腹泻。

三、远道而来的石榴和葡萄

今天的中国，人们常常怀念远去的大唐风采，其中一个很重要的原因，就是钦慕大唐时代的开放胸襟。说起来皖北这地方的古风古韵，也常常体现在它的开放之上。不说别的，就说水果吧，怀远的石榴，萧县的葡萄，无一不是远道而来。

熟悉石榴的人都知道，石榴来自西域。相传西汉年间，武帝派张骞出使西域。那时交通不发达，去往一个国家，路上就得要好几年，旅途又异常辛苦，人们也异常想家。这年，张骞来到涂林安石国，随从又犯了想家的病，吃不好，睡不安，吵吵嚷嚷地说："我们出来已一年多了，前面的国家不去了，赶快回家吧！""大人，我们想家，快回吧！"张骞何尝不想家？可是，在这功业垂成之时，要是一心软，西域就通不了了。那么，只有想办法劝阻，可他一时也想不出好法子，很郁闷，信步走上街头，指望散散步，解解闷儿。当他来到街上时，看到市场上正在卖一种果子，形似小葫芦，白里泛红，煞是新鲜。张骞心想，这不知道是什么果子，何不买点回去让大家解个闷儿？于是，他便买了一筐带回，慰劳众随从。众人剥开，里面一粒一粒如珍珠的籽粒掉出来，尝一尝，美味可口。大家一粒一粒地吃着，不觉一天过去了，也不再吵着回家。

在涂林安石国把事办了，张骞又买了几筐这种水果上路。路上，有人问："大人，这叫啥果子？"张骞随口答道："实留。""实留，啥实留？"众人都惊讶地问。张骞说："这是我想的。因大家想家，国事又未办好，不是应该留下吗？我心里也想着应实实在在留下来，于是就起了这个名。"众人说："原来是大人一片苦心。我们都应像大人一样，以国事为重，这名字好。"张骞很高兴，因这果子解决了他的随从想家念头。回国时，经涂林安石国，他又专门买了种子带回来，种植在华夏之地，根据谐音，这种水果在中国就叫石榴。

石榴什么时候来到皖北，来到怀远，似乎已不可考。据说自唐代起这里就已有栽植。清代小说家李汝珍在《镜花缘》中说武则天命将石榴二百株，"传谕兵部，解交武八王爷查收——此花后来送至东海郡，附近流传，莫不保护。"这虽然的的确确是"小说家言"，不足为据，但屈指算来，自汉代到唐代，石榴在我国已有 800 余年的栽培历史，从长安传到淮河流域的可能性是完全有的。

不管怎样，怀远的乡亲，怀远的水土，对石榴这一远方来的客人特别友好，这一点确定无疑。尽管这位客人特别好说话，从来不挑三拣四，不论是在房前屋后，还是沙滩、丘陵，都能自自在在地安家、扎根、生长，但怀远老乡还是给了它特别的待遇。入冬前，他们会到榴园深翻施肥，肥料种类也相当考究；进入冬季，他们就要精心修剪，去掉枯枝，病枝，虫害枝，陡长枝，重叠枝，交叉枝，均衡树势。春夏季节，老乡们忙着抹芽、打顶、控制营养生长，中耕、锄草，防虫，一直操劳到喜摘硕果。也许是怀远人的热情感动了石榴的灵魂，也许更因为怀远这地方地处淮河之滨，不论是气温、日照、热量、降水，还有那麻石棕壤和麻石棕土等等，都特别适合石榴生长。总之，据《怀远县志》记载，就在武则天那个时代，怀远石榴已驰名南北。明嘉靖年间，上蔡人张惟恕出任巡按御史，行至怀远时，恰是九月重阳，此时，怀远石榴硕果缀枝，披红挂彩，好不壮观！诗人观清泉，品红榴，遥想大禹在涂山群会诸侯的雄姿与盛况，诗情滚滚，挥毫写下《九日登山》诗："泉水细润玻璃碧，榴子新披玛瑙红。落日半山弦管发，百年此会信难逢。"

待到清嘉庆年间，怀远石榴名气更大，有著者写到乡土特产时，特别提及："榴，邑中以此果为最，曹州贡榴所不及也。红花红实，白花白实，玉籽榴尤佳。"

玉籽石榴是怀远众多石榴品种中的一个。遍布于荆、涂二山的石榴，共有玉石籽、玛瑙籽、白石榴、大笨子、青皮糙、粉皮等多个品种。它们的共同特点是果大皮薄，味甜汁多。其中玉石籽、玛瑙籽两种，核软可食，籽粒晶莹，若珍珠，似宝石，风味醇厚，清凉甘洌，可滋补身体，堪称榴中珍品，人称"一粒入口，甜如含蜜"。这两种石榴曾作为贡品进京，献给皇帝，据说"玉石籽"的"玉"，就是从"御"字演变而来。

与石榴进入怀远大约同一时期，葡萄也来到萧县。据说萧县栽种葡萄的历史大概有一千年，虽然这还缺乏考证，但明嘉靖十九年（1540）所编的《萧县志·物产篇》中，已经清清楚楚地记载了它的存在。暖温带与北亚热带气候的独特地理位置，大自然赋予的千里沃野，为葡萄的生长提供了最理想的环境。时至清代，萧县葡萄栽种已经颇具规模，品种日益增多，大约近百个种类中，首屈一指的，当属“玫瑰香”。这种葡萄紫里透红，宛如珊瑚玛瑙，并且穗大、粒饱、肉肥、多汁、透明、清香，食后生津。此外，“白羽”葡萄也别具风味，它看上去犹如水晶白玉，晶莹透明，吃到嘴里皮薄汁多，既酸又甜，香郁爽口。至于金皇后、黄金钟、巨峰、龙眼、黑罕、佳利酿、北醇等等，无不受人欢迎。

第四节 朴中出奇，小中见大
——话说皖北面点

长期以来，皖北大地产量最多的，就是小麦、玉米、高粱及山芋、豆类等杂粮。因此，各种吃食也是以面食、杂粮为主，俗话叫“收啥吃啥”。一到麦收季节，“滚子响，鏊子热”，老少媳妇就快快乐乐地忙开了，家家户户擀面棍敲得梆梆的，柴火烧得旺旺的，一个又一个圆圆的面饼像变戏法似的，从女人们手下翻飞而出，落到烧得热热的鏊子上，不一会儿，一张又一张散发着淡淡的、甜甜的麦香味的“烙馍”，就被迫不及待的孩子们抓到手里，填进小嘴。

皖北的“烙馍”其实就是单饼。薄薄的一张，卷上辣椒丝炒土豆丝，味道好极了。要是再卷点鸡蛋、肉丝，那就更香得掉牙。不过，单饼只是个基础，皖北女人们还会把两张饼合在一起，中间摊上韭菜鸡蛋，或者是南瓜丝、菠菜什么的，再炕热，这就是“菜盒子”；还有的把饼撕碎了，放进热热的羊汤、牛肉汤里，那就得改个名，叫“烫馍”；如果是把芝麻掺到面粉里，烙成饼，再烤干，又香又脆，则是“干馍”。除了这些，还有枕头馍、鏊子馍、锅坎馍、包皮馍等等，各样吃食千变万化，花样翻新，终于从乡野进入城镇，变身为各式点心，甚至伴随皖北悠久的历史，留名千载。

一、“大救驾”与枕头馍

在诸般皖北点心中，名气最大的，恐怕还是寿县的“大救驾”。

“大救驾”的主料当然得是面粉，但是跟皖北乡间最常见的“烙馍”相比，那就很不一样了。虽说都是一样的出身，可历经世事沧桑，身份已经不同。“烙馍”好比是乡下姑娘，朴实自然，香甜的味道也是淡淡的，“大救驾”则如同进了城、有了钱的贵妇人，浑身上下，用了不少稀罕物，像猪板油、金橘饼、核桃仁、青梅、青红丝、冰糖、白糖、糖桂花等等，缺一不可。当然，身价高了，形象也就变得更有富贵气，它色泽金黄的扁圆身子虽然并不出彩，但身子中间仿佛急流漩涡般盘旋起来的条条金丝，却不能不令人称奇。捧在手里，一时间竟舍不得下口，生怕破坏了它错金缕彩的美，待到终于下决心咬上去，顿觉酥脆香甜，细看里边的馅，丝丝缕缕如白云彩虹，让人口水直流。

至于“大救驾”为什么会起这么奇怪的一个名字，还得说到宋太祖赵匡胤。相传在公元 956 年，周世宗征讨淮南，当时身为大将的赵匡胤奉诏攻打寿州，整整打了 9 个多月。城破之后，费尽心力的赵匡胤松下一口气，但人也病了。他茶饭不思，心神不振，让部下们焦急万分。这时，有个巧手厨师为了让他进食，便精心制作了一种点心，赵匡胤越吃越有味，连吃几个，病体大愈。后来，赵匡胤做了大宋开国皇帝，想到南唐一战和这种糕点，说了一句：“那次鞍马之劳，战后之疾，多亏这种糕点救驾。”于是，寿县人便将这种糕点叫作“大救驾”。

不过，“大救驾”虽然名气响，但毕竟主要是走亲访友的礼品，外来游客品尝的点心。要论百姓家常实实在在的好吃食，非阜阳枕头馍莫属。

“枕头馍”一说名字，就带着浓浓的家常气息，也能让人想见它的不同寻常——这就是个头特别大。一般的起码在三四斤，重的有七八斤、十多斤，甚至达到二三十斤。当然，如果只是重，老百姓也不会买账，更重要的是它的内在品质的优异。枕头馍闻起来有小麦的清香，吃起来松软绵甜，放在家里不裂不碎，干燥易存。为了实现这些目标，枕头馍都得选用精细面粉，精工蒸制而成。一般制作都是用新酵子作好面头，初步和面以后，就要将面团放到特制的面板上，用木杠上百遍挤压、揉和，那是制作中最有气魄也最有情趣的一个场面。只见师傅们把全身的力量都用在面团上，一边揉，一边撒着干面粉，反复地揉来揉去，越揉面越软，面筋越多，越揉面越有弹性，直到面身变得滋润、结实、柔软、不再有一片硬皮为止。然后，就是成型、发酵、上锅。上锅也不像一般人家蒸馒头一通猛火，到点揭锅就行，而是要用文火小心蒸制，火小了烧不熟蒸不透，火大了就会糊。为了要一个金黄的外皮，水刚开，还得在锅边适量淋水，这样一通忙活，方能使枕头馍看上去赏心悦目，吃到嘴里香酥爽口。

与皖北地区许多美食一样，枕头馍也是源远流长。据说南宋绍兴十年（1140），金兀术率 10 万金兵南侵。原任东京（今开封市）副留守刘锜，驻守顺昌（今阜阳市）。刘锜率领的八字军有两万多人，城内存粮虽有数万斛，但石磨加工能力有限，面粉供不应求，有些士兵只好烀粮籽儿吃，以致引发疫病流行，连足智多谋的刘锜也束手无策，深为忧虑。

“枕头馍”雕塑

一天傍晚，报说金军已到白沙窝。刘锜与知府陈规一道，到城墙上巡察，正走着，见一位士兵脸朝下啃枕头，好生诧异，便俯身问："你吃什么？"那士兵翻身坐起，把一个形如枕头的东西递给刘锜道："这是我爹送给我的宝物，既能枕着它睡觉，又能啃着吃。"刘锜接过来一看，原来是个大馍，掰一块尝尝，味道非常好，连声说："好，好，好！"那士兵见将军如此称赞，说道："将军若不嫌弃，我让俺爹也给你蒸两个送来。"刘锜大笑："两个怎够用的？"笑罢，便与陈规一起，跟那士兵小声攀谈起来。

这个士兵叫刘柱，家住在城东的刘家寨，听说金兵要打顺昌城，便参加了民军。离家时，当爹的怕儿子挨饿，就蒸了这样的大馍，让他卷进被包里，没想到真的派上了用场。刘锜和陈规听他这么一说，心中大喜，当即派人到城外通知各村各户连夜蒸制大馍，送进城内慰劳宋军。四乡八村为了支援宋军抗金，都用刚收的新麦磨面，蒸成大馍，肩挑手提送到宋军军营，刘锜见此光景，满心欢喜，与陈规道："百姓如此助我，金兵必败无疑矣！"于是传令，每人一日一馍，饿时解饥，睡时作枕，从此士气大振，一举打败了金兀术。因大馍形似枕头，人们称它为"枕头馍"，从此，"枕头馍"便流传下来了。

二、形态各异的烧饼

说到烧饼，就想起台湾作家舒国治的一篇散文，题目就叫《烧饼》。开篇第一句，他就说："若不是因为烧饼及其他三两样东西，我是可以住在外国的。"确实，烧饼再怎么描写，它也平常、普通，没有一点高贵的姿态，街头巷尾一口炉灶、一块面板，可以开工了。但是，如舒先生所说，它又是中国的"国点"，有啥东西能像它这样，老人和小孩都爱吃的？在皖北这个小麦主产区，从西到东，从南到北，更是每个县、每个乡镇，处处都有烧饼香，处处都有特色烧饼。

比如蒙城的油酥烧饼。相传公元956年，宋王赵匡胤征南唐，被困寿州城（在今安徽省寿县），其部将高琼奉命搬兵，单骑而回，途经故里——蒙城齐山。高琼屡立战功，威名远震，女英雄刘金定久闻他的才貌，故意挡道，倾诉情思。高军令在身，十万火急，岂敢动情，于是出言不逊，喝令让道。刘金定怎肯让路？双方动起手来，高琼竟被刘金定三擒三纵，其间自然三诉衷曲，愿托终身。真情化铁，高琼终于被女英雄感动，两人携手，双双下南唐。不料，婚后第三天高琼因中箭，又染卸甲风，命在旦夕。刘金定亲口渡药，并买来蒙城的油酥烧饼，一口口嚼碎了，喂到高琼口中。高琼病伤好转，蒙城油酥烧饼也成就一段佳话，永远流传下来。

那么，蒙城油酥烧饼到底有什么特色呢？这种被当地百姓称为饼类魁首的小吃，色泽嫩黄，味醇形美，一层层面，像薄膜一样明晃晃的，层与层之间相离又相连。表皮上的芝麻粒，如同镶嵌上去的玉石一样晶莹闪亮，未及唇边，清香先浸肺腑。听老人们说，清朝乾隆年间，一位外地客路经蒙城，听说高琼与刘金定的故事，就想看看故事中的油酥烧饼长什么样，一看，果然动人，赶紧买了几个刚出炉的捧在手中。不想那烧饼太热，他只好用两只手来回倒腾，一不小心掉在石板上，摔成碎片，只剩下饼心，看上去如同几张薄纸，可浓郁的香气依然扑鼻，他忙把饼心吃下，余香满口，隔日犹存。这外地客连连称奇，四处宣扬，从此，蒙城油酥烧饼的名气越来越大。

至于淮北临涣镇，只要你一进去，一阵扑鼻的香气就会一路牵着你，一路走到烧饼炉前，这里的烧饼花样繁多，既有以脆香见长的油酥烧饼，也有以柔润见长的马蹄烧饼，还有以叠层见长的千层烧饼，以块大见长的薄层烧饼。更有意思的是，跟临涣烧饼紧紧联系在一起的故事。

这是一个淳朴的故事，与任何皇上、官员都没有关系，凝成这个故事的，是皖北百姓淳朴诚挚的爱情和聪明才智。据说古时候，一个温柔善良的村姑，嫁入铚城集上的一户手艺人家。按照当时的礼俗，女子是不能上桌用餐的，所以村姑一日三餐，常常是只能吃些剩饭残羹。当丈夫的十分疼爱自己的妻子，看着妻子每天吃些剩饭残羹，心里很难受。后来，用餐时，趁父亲不注意，他就偷偷把大馍放在袖口里，悄悄带给妻子吃。可是，每次等到大馍交到妻子手里，大馍已经变得又冷又硬。没办法，小夫妻点燃一堆火，把切成片的馒头在火上烤热。慢慢地，村姑发现，烤热的馒头很好吃，要是再加上一些佐料，更好吃。后来，村姑仔细揣摩，终于能做出一种放在炉子上烤熟，味道特别香酥的吃食，她便和丈夫在街头支起一个炉子，卖起了“烧饼”，这来自古老铚城（今临涣）的烧饼，已经不只是一种小吃，还是夫恩妻贤美德的见证。

说到在皖北吃烧饼，还不能不提湖沟烧饼。湖沟烧饼是宿州固镇县的传统名点。正宗的湖沟烧饼的原料是当地产优质小麦粉、芝麻及上等黑胡椒，还有两样特别的，就是不用猪油而用驴油，不用大铁桶做的炉子，要用当地土窑烧制的土缸来烘烤。做成的烧饼巴掌大小，厚薄只有半寸，内外多层，外脆里嫩，稍嚼即烂。传说，陈胜吴广起义，占领大泽乡，临近的农民听到这个消息后，都拿出粮食来慰劳他们。送烧饼的大婶太着急，烧饼还未完全送到骑马将士手中，掉落在地上，摔成了好几块。于是，这烧饼就有另一个名字“马蹄酥”。

还是这烧饼，从利辛县展沟镇走出来，就成了大名鼎鼎的“和圣”烧饼。那烧饼看上去就像没完全张开的荷叶，内分表、里、底三层，是用特制的面粉、芝麻、肉馅、佐料，加上展沟米酒烤制而成，外焦脆，内绵软，现做现吃，不腻不寡，似油非油。据说展沟是春秋时期鲁国大夫展禽（柳下惠）的故里。《孟子》中有“柳下惠，圣之和者也”，所以这烧饼的名字也就特别高贵。可惜，“文革”中“和圣”柳下惠也成了“四旧”之一，现在市面上通行的叫法就只有“展沟烧饼”，“和圣烧饼”的名字反而被许多人忘记了，只有那独特的滋味还长久地留在皖北人的舌尖上。

同样的烧饼到了砀山，又变了新花样。砀山的烧饼是用木炭烤的，炉子是个半球状的东东，圆圆的烧饼是发面的，明显比他乡要厚一点，打烧饼的师傅从炉壁上麻利地铲下一个，趁热从边上撕开，往里面夹点狗肉或者羊杂碎，咬一口，那个香！

三、花样翻新一碗面

皖北各种面点中，不能不提的还有面条。也许有人会说，中国大地，有名的面条多了去了，武汉热干面、北京炸酱面、山西刀削面、兰州拉面、四川担担面、河南烩面、杭州片儿川、昆山奥灶面、镇江锅盖面、吉林冷面，号称中国十大面王，皖北的面条又在哪里？

皖北的面条在皖北人年复一年、日复一日的生活里，在他们对于故乡热土永远的热爱与思念中。它们形色各异，却有劲、有味、有交融、有借鉴，体现着皖北人的性格与生活特点。

在皖北各地面条当中，太和板面，也就是太和羊肉板面，堪称一面旗帜。相传太和板面起源于三国时期。那时候，刘备、关羽、张飞驻守颍州（今安徽阜阳），张飞吃面总嫌太软、不筋道、清淡无味，厨师反复琢磨，终于和出一种特别有劲、特别筋道的面，再加上当地有名的羊肉汤，总算让张飞吃得痛快淋漓。从此，太和板面便兴盛不衰。如今，只要走进太和县城，就能见到高悬着“羊肉板面”字样的面馆，见缝插针地分布在每一条大街小巷中，十里飘香的味道，让所有走近的人都感到欲罢不能，不吃不成。

这是因为太和板面面好，汤料好，制作技术好。太和县出产优质小麦，板面取小麦精粉，师傅们根据一年四季的不同，按比例加入食盐、水，和成面团，反复揉搓之后，做成直径半寸，长八寸的小面棒，再涂上香油，码在案子上，蒙上干净的湿毛巾，任它滋养。过一段时间，厨师取出滋养好的三根小面棒，左手捏三个头，右手捏三个头，猛地举过头顶，狠狠地摔在案子上。接二连三，噼里啪啦，边摔，边拉，边闪，板面由此而得名。三根小面棒在厨师手里由短变长，由粗变细，折合三次，总长度达五丈有余，而且粗细均匀，提起似一道瀑布，下锅煮好，大碗捞出，清白润滑，晶莹透亮。上桌前，撒上一点菠菜、香菜，浇上臊子，于是，白的面条，绿的菜叶，红的汤料，扑面而来的香气，一看、一闻，任你再有定力，也不能不口齿生津！

说起臊子（也就是汤料），那也是太和板面的一绝。它的制作必须得有羊油、羊肉、茴香、花椒、桂皮、面酱、红辣椒。制作时，厨师先将上等精羊肉切成方楞四正的小块块，再将羊油稀释烧沸，然后下佐料。每一锅臊子的羊肉分量都得足足的，因为那是太和板面的特色和精华，晒干的红辣椒也用得多，不然就少了臊子的辣味和色泽。待锅里辣椒的红颜色下来，羊肉丢进去，厨师们就得稳稳地掌握着火候，将羊肉烧得不老不嫩，恰到好处。臊子做好，舀到搪瓷盆里，随吃随取，常年存放，不会变质。

漫步太和，板面馆永远是热闹之处。食客往往还没进门就高喊：“一大碗！多加点辣的！”老板一边在案板上“啪、啪”地摔板面，一边高声大嗓地回答："好嘞，里面坐！"紧跟着，三碗五碗，十碗八碗，眨眼工夫已经上桌。食客们端起大碗，忙用筷子搅拌，等不及似的，稀里哗啦地开吃，呼噜呼噜地喝汤，再加上朋友们的笑谈声，食客们吃得高兴时的赞叹声，吃罢板面的结账声……即便是最寒冷的冬天，板面馆也会升腾着一股人间热气。

在历史悠久的皖北，每一种著名小吃背后几乎都有名人故事，阜阳"格拉条"也是如此。相传苏东坡在颍州（今阜阳）任知府时，结识了东关很有名气的文人白老先生，两人不仅在一起谈论诗词歌赋，还有一个共同爱好，就是品尝美食。终于，不管是能登大雅之堂的名菜，还是街头巷尾的小吃，能说上来的和说不上来的，他们全吃遍了。一天，苏东坡对白老先生说，我来到颍州不到一年，你就带我把能吃的都吃了一个遍。今天我不想再吃我吃过的东西了，你看着办吧。这可把白老先生难住了，思来想去，觉得颍州确实没有什么吃食是东坡先生没吃过的了，于是，他就到村里四处转悠，不知不觉间，走到粉条作坊，一拍脑袋，有了！于是，白老先生弄来了上等面粉，按照粉条的加工流程，做出了一种形似粉条的圆形面条，放到锅里煮熟，捞出来，入凉水一焯，捞进大碗，加芝麻酱、辣椒油、豆芽、香菜、荆芥、油炸花生，做出一碗东坡先生闻所未闻、见所未见的面食端上桌。苏东坡远远地就闻到一股扑鼻香气，忙问何物这么香？这一问，白老先生竟不知怎么回答，只应允到："先搁啦搁啦（阜阳方言：搅拌的意思）。"东坡恍然大悟："原来是'格拉'也"。从此以后，格拉条店开遍颍州大街小巷，成为一道亮丽的风景线。近年来还被阜阳市政府命名为名小吃。一曲《格拉条之歌》，更是唱出了人们对这一传统美食的喜爱："格拉条长，格拉条香，一顿不吃肚里头急哩慌呀；格拉条长，格拉条香，远来哩客你们都得尝一尝……"

那么，"格拉条"到底有什么特色呢？其实，在面条的制作上，它与陕北、山西等地的饸饹十分相似，都是用格拉条机子（山西人称"饸饹床子"）架在大锅上，直接挤压到滚开的锅里，面条粗硬，很有嚼头，既符合西北人的性格，也正是皖北汉子的追求。不同的是，饸饹面的原料是豌豆面、荞麦面等杂粮，吃的时候浇上牛肉或羊肉汤；而阜阳格拉条的原料是小麦面，调制使用的是芝麻酱、豆芽、辣椒油。这一来，格拉条又有了与武汉热干面、天津麻酱面的相似点——都是用芝麻酱拌面。这种拌面方法，自然而然地会引起人们的联想：究竟是来自楚地的热干面影响了格拉条，还是格拉条影响了热干面？都有可能。至于兴起于近代港口城市天津的麻酱面，那就差不多是明代追随燕王扫北的皖北将士，或者是晚清驻守天津的淮军带去的。

好了，不再讲究格拉条的来龙去脉了，坐在阜阳专卖格拉条的小店里、排挡中，一碗格拉条端上来，只见粗粗的面条，碧绿的香菜或荆芥，配上一碗淡淡的豆芽汤，或者滚开的面汤冲鸡蛋，再搭配一些卤鸡爪、卤鸭头，来一杯一块钱的散装白酒，朋友对坐，绝对惬意，绝对美味。接下来，大家手里抓个鸡爪、鸭头，大口撕扯，大口喝酒，大口吃面，正是北方人的豪气！

同样豪气逼人的，还有涡阳干扣面。网上不知哪位皖北老乡写了一曲干扣面之歌，唱起来有板有眼：

> 老子故里涡阳县，有个小吃不一般，大铁锅里煮面条，少了豆芽不新鲜。葱花一点点，蒜泥一点点；味精老抽一点点，麻油醋盐一点点。盛盆热汤自己端，外加两个荷包蛋；手抓狗肉来二两，红油辣子随便添。狼吞虎咽你别怕烫呀！出身透汗你心舒坦。……醉了来一碗，渴了来一碗；饿了累了来一碗，恼了烦了来一碗；一碗扣面一身胆，一身轻松保平安！

第五节 有酒如淮，香动中华

——皖北酒文化纵横

酒，不仅仅是一种液体的饮品，其地位与作用也远非任何一种饮料可比。在人们的日常生活以至精神生活、政治生活、军事生活、经济生活、文化生活等等方面，都无法回避它鲜明的存在和重要的作用。它是祭品、礼品、药品、食品；又是养生品、刺激品、安慰品、交际品。《口子酒赋》写道：

> 酒之为用，怡神养生。可成礼仪，可抒豪情；可睦亲戚，可接良朋；可破愁绪，可鼓雄风；可钩诗兴，可健谈锋。家国穆其和气，四海郁其香浓。

可以毫不夸张地说，如果没有酒，恐怕人类的历史都可能是另一番模样。而处于黄淮名酒带上的皖北，正可以说是酒史的见证、酒星的故乡、酒业的重镇、酒文化的脊梁。

一、传统佳酿地　史册飘酒香

北纬33度，是一条名酒带。这一气候带，温度、湿度适宜，特别适合酿酒作物生长。皖北所处的黄淮名酒带，就铺展在北纬33度左右，正当南北分野，气候温润，土地肥沃，粮丰水美。自古就是产美酒之地。

殷人好酒，周灭商之后，徙其遗民建宋国，都商丘，由康叔监管。由于其民尚未完全归化周朝，酒风沉溺，不能自拔，所以康叔作《酒诰》以训诫之。淮北地区正当故宋地，宋共公又一度迁都到今淮北市相山下。宋公在诸侯间颇有号召力，多次会盟诸侯各国，或谋兵，或议和，皆有用酒的记载。

《韩非子·外储说右上》就有一条“宋人酤酒”的故事，描写了当时酒家前店后坊、自造自卖的状况：宋国人有一家卖酒的，打酒的量器很标准，给酒的斤两很足，接待顾客也很殷勤周到，价格公平，童叟无欺。尤其是其所造的酒很美，香醇适口，酒店的酒旗，也叫酒招、酒幌，高高地悬挂着，很远的地方就能看到。这说明宋国承殷商遗风，酒的普及与酒业的发达，是有特色的。

宋国的淮北地区后来又亡于楚。楚从南而北，据说攻下相城时，楚庄王见到“厨有臭肉，樽有败酒”，竟然羡慕至极，举杯欲饮，被人劝止。这也许能说明此地好酒的魅力。《庄子·胠箧》上就有一个楚国因为酒而发动战争的故事：“鲁酒薄而邯郸围”。楚王大会诸侯，鲁国、赵国都有酒献给楚王。鲁国的酒浇薄，浓度不够，没有味道。而赵国的酒醇厚，堪称美酒。楚国主持酒事的官吏向赵国继续索要，赵国不给。这位官吏生气了，就把赵国所献醇厚的酒换成鲁国所献浇薄的酒，上奏楚王时，当然又添油加醋地说了些不利于赵国的话。因此，楚王就以赵国酒薄为由，派兵包围了赵国的都城邯郸。

皖北，作为宋、楚旧地，酒风之盛，酒业之隆，是有历史渊源的。相城（淮北市相山区）在东汉时为沛国首府，就颁布“酒榷”，可见当时此地酒业已较发达。1984 年 11 月，在淮北市烈山区蔡里一古墓中，发掘出一个“四耳盘口壶”，专家鉴定为东汉时期所造，其中就装有碧绿色香气扑鼻的酒液。据考证，宋朝时，该地区酒课（税）在 10 万贯以上，居全国第四，酒税数目之大，可见产量之巨，同时也足见历史上该地酿酒业之盛。据考古界在古井地区发掘出土的陶质酒器和谷物发酵器具表明，亳州酿酒业至少也有 3000 多年历史。

这一带还出现过众多的与酒文化息息相关的人物。

曹操与其子曹丕、曹植，在中国文学史上并称“三曹”，老家就是亳州。曹操在《短歌行》中悲壮吟出的“对酒当歌，人生几何”，“何以解忧，唯有杜康”，成了写人生与酒不解之缘的名句。而其酒后“横槊赋诗”的豪放之举，被苏东坡誉为“一世之雄”。曹操还将老家亳县县令郭芝的“九酝春酒法”献给汉献帝，他在奏表中详细地叙述了酿造的方法、效用和自己试酿试饮的体会：

> 用曲三十斤，流水五石，腊月二日清曲。正月冻解，用好稻米，漉去曲滓，便酿法饮，曰譬诸虫，虽久多完。三日一酿，满九斛米止。臣得法酿之，常善。其上清滓，亦可饮。若以九酝，苦难饮。增为十酿，差甘易饮，不病。

可见曹操还是一位对酒文化传承有贡献的人。

曹操的儿子曹丕，贵为帝王，却有诏书专门与臣下论酒：

> 盖闻：千钟百觚，尧舜之饮也；唯酒无量，仲尼之饮也；姬旦酒肴不彻，故能制礼作乐；汉高婆娑巨醉，故能斩蛇鞠旅。

从上古帝王尧舜，说到制礼的周公、万世师表的孔子，再说到斩蛇兴汉的刘邦，列举这些经邦济世者的饮酒逸事，无非是在为自己的好酒回互辩解。他还与臣子谈到葡萄酒：葡萄“酿以为酒，甘于曲蘖，善醉而易醒，道之固已流涎咽唾，况亲食之耶？”馋酒之态，昭然若揭。当然，他也认为酒以成礼，过则败德。针对流俗的荒淫沉湎，又作《酒诲》以告诫天下。其中讲到汉灵帝群官百司沉湎于酒，朝政荒废，外戚尤甚。还举了一些饮酒时发露形体，以为戏乐，作弄客人以及酒后无德的丑态，以作炯戒。

曹操另一个儿子才高八斗的曹植，不仅好酒，而且不知节制。《三国志·魏志·曹植传》记载，他曾因“醉不能受命”而失去了被其父委以重任的机会，并从此受冷遇，无法再与兄长曹丕抗衡。由于怀才不遇，又遭受乃兄的迫害，就更离不开酒的麻醉了。

魏晋之间，竹林七贤皆好酒。《世说新语·容止》记铚（今淮北临涣）人嵇康：“其醉也，巍峨若玉山之将崩。”作为美男子，其醉态也是令人羡慕的。沛国刘伶更是中国酒文化的标志性人物。至今酒馆的对联，仍有“嵇康借问谁家好，刘伶为言此处高”；“嵇康遗风”“刘伶难醒”的匾额。

戴逵是晋代大艺术家，音乐、绘画、雕塑，皆称一时名手，对酒也是情有独钟。他写的《酒赞》：“醇醪之兴，与理不乖。古人既陶，至乐乃

曹操献九酝春酿酒法

开。有客乘之，隗若山颓。目绝群动，耳隔迅雷。万异既冥，唯无有怀。”大讲酒的好处，它的出现是合理的。古人饮酒，其乐陶陶，现代人也喝得醉歪歪的，不亦乐乎。喝醉了，眼不见万象，耳不闻迅雷，一切都沉寂了，心里只剩下了玄理妙道。这是极力摆脱世俗羁绊的隐逸之士对酒的赞美。

白居易曾居宿州符离，写有《春游濉水》诗：“秋灯夜写联句诗，春雪朝倾暖寒酒。”苏东坡也写有《南乡子·宿州上元》词：“白酒无声滑泻油。”他们的足迹都踏上过皖北的酒乡。

这些在皖北大地出现过的人物，一个个都堪称酒之明星，酒之精灵，其人其事，将永远闪耀在中华酒文化的史册上。

二、有酒旨且多　美名动九州

皖北酒业兴盛，名酒众多。安徽省能与四川、贵州、山西并称中国四大产酒省份，皖北酒业占了绝对的权重。皖北的酒品牌众多，灿若群星：淮北市的濉溪大曲，口子窖，老口子，徐口子，乾隆酒，口子坊，口子王；亳州市的古井贡酒，古井原浆，双轮池，高炉家酒，老子家酒，高炉特曲；阜阳市的文王贡酒，焦陂酒，醉三秋，老沙河；宿州市的乐天醉，汴河春，国口窖，宴嬉台，岱河陈酿，钟馗酒，泗州酒，邓公酒；蚌埠市的蚌埠大曲；等等。这些酒借助独有的自然与人工条件，各占市场，尽显特色。其中最有名的酒，当数亳州市的古井酒与淮北市的口子酒。

古井酒产于亳州市，浓香型白酒。源于曹操向汉献帝献方的“九酝春酒”。南北朝时，在亳州的减店集，人们发现了一口古井，井水清洌甜美，用此井水酿酒、泡茶，回味无穷。相传，有位作战失利的将军，临死前将所用的兵器投入井中，没想到井水比先前更加清凉澄澈，饮用时更加爽口润喉，所酿之酒，十里飘香。此后，古井名声大振，共称“天下名井”。明代万历年间，阁老沈鲤在宫廷庆典上，把“减酒”当作家乡酒献上，万历饮后连连叫好，钦定此酒为贡品，命其年年进贡，“贡酒”之名由此而得。古井酒以其香气幽雅，醇厚谐调，绵甜爽净，回味悠长，风格典雅独特，酒体丰满完美，被品酒专家评称为“酒中牡丹”。

口子酒产于淮北市。春秋时期，此地即以造酒闻名。明末清初，淮北濉溪酒业兴盛，酒坊林立，最多时有72家。“团城七十二，居中尽得法。千瓮皆上品，甘美泉水佳”。南下北上，销路甚广。素有“挂壁”“堆盅”“喝不净”“透瓶香”等美誉。清初相城人任柔节有一联脍炙人口的称赞口子酒的佳句：隔壁千家醉，开坛十里香。兼香型口子窖具五味，兼三型，在传统白酒的酱香、浓香和清香三种香型之外，独辟蹊径，多元融会，创造出一种全新的第四香型。

这两种名酒，都形成了自己的品牌效应和企业规模，发掘、积累了独自的历史资源与文化特色，所创造的业绩与所获得的荣誉，不仅在皖北地区声名卓著，在全国白酒行业的地位也是举足重轻，并且影响及于海外。

根据皖北酒，尤其是古井、口子酒成为中华名酒的经验，酿造出风味独绝的好酒，除特殊的地理区位、地质结构、气候状况、微生物群等宏观条件外，还要有名泉、佳曲、老窖、古法四大基础，与蒸馏、发酵、储藏、勾兑四大步骤。

水为酒之血。

古井酒依托的是北魏与宋代古井，从现代科学的角度来看，水是一种极好的溶媒，对酿酒的糖化快慢、发酵的良差、酒味的优劣，都有很大的关系。经北京铀矿地质研究所对古井的水质进行检验分析，结果发现古井镇地下水富含锗、锌、锶等多种有益微量元素，完全符合国家优质矿泉水标准。含这种矿物质的矿泉水正是酿制古井贡酒的最佳水质。可以说，没有古井的水是绝对酿造不出正宗的“古井贡酒”的。

口子酒依托的则是千年名泉。濉溪地下水资源极为丰富，地质构造特殊，土壤渗水性很好，多种微量元素被溶解，经过层层渗透过滤，形成清洌甘泉。口子镇上，老井星罗棋布，大旱不枯，取之不尽、用之不竭。井水清鉴影，冷透骨，堆杯不流，沸不溢锅。

传说徐口子徐姓夫妇的水井是张果老“神水”点化，酿出了美酒，后人尊此井为“仙指井”，并立碑为记。又有一传说是：濉水边有周姓人家，被吕洞宾将“神米”撒入院内井中，从此汲水即为美酒。这就是“吕洞宾授米”的故事。两个故事，说的都是水对于酿酒的重要。

曲成酒之骨。

古井贡酒是传统工艺与现代微生物技术相结合的产物。使用古井贡酒“两花一伏”大曲发酵，贮存期不少于 6 个月。将中温曲、高温曲和中高温曲分别按不同比例混合在不同轮次中使用，才形成了古井贡酒与众不同的酒性。

口子窖所用的菊花心曲，如今全中国只有濉溪可以制。在严格的温度和湿度条件下，同时加入中火曲和大火曲。中火曲降酸，大火曲产香，两曲并用，于是就有了口子窖独树一帜的兼香。尤其是口子高温曲，须在盛夏三伏季节进行培育，曲堆内的温度可高达摄氏 63 度。在特定时间段内持续进行翻曲、控温、控湿 36 天，曲块中心才能形成口子独有的“两圈一红点”，成为最终的“红心曲”。

窖育酒之气。

古井酒厂相继发掘出了南北朝时期的古井和明代酿酒用的发酵池，在采用传统工艺的基础上，又运用了科学配方和技术革新，终于酿造出色、香、味俱佳，有独特风味，自成一家的佳酿。

口子窖的窖池建于明末清初，老窖的窖泥湿润肥沃，适宜多种菌群生长，多菌群发酵。口子酒独特的窖泥培养方法是：老城花土，用摄氏 80 度的水浸透，再用古泉井水与摄氏 15 度酒尾混合液泼入其中，翻拌均匀，以大草席覆盖严实，温度控制在摄氏 32—35 度之间，发酵 120 天。

法赋酒之魂。

古井酒的酿造方法来自“九酝春酒法”，曹操把这种酒的酿造的原料、酒曲、时间、程序以及试酿效果，都上奏皇帝，并得以保存了下来。从此，亳州一带酿酒作坊如雨后春笋发展起来。到了宋代，减店集已成了有名的产酒地，当地百姓至今还有“涡水鳜鱼苏水鲤，胡芹减酒宴贵宾”的说法。

“仙指井”传说的另一个版本，说那指点徐氏夫妇造酒的老者，是八仙之一的张果老，于是就形成了口子酒“张果老传方”的传说。口子窖采用的大蒸大回法，也是中国传统的酿酒工艺，现在仅有口子窖完整地保留了下来。发酵则用的是有借鉴、有创新的“高温润料堆积法”。

发酵生香。

古井酒的酿造，采用每年生产三轮次，前两轮发酵周期各为两个月，

古井贡酒酿造遗址

第三轮发酵周期为 8 个月，并用“三高一低”（入池淀粉高、入池酸度高、入池水分高、入池温度低）和“三清一控”（清蒸原料、清蒸辅料、清蒸池底醅、控浆除杂）的独特技术。按不同发酵周期再经分层出池、层层出醅。

口子窖借鉴了“高温润料法”，创新发展为“高温润料堆积法”，这是一种独特的润料发酵工艺，是形成兼香型风格的基础。

蒸馏提香。

古井酒，是按不同发酵周期再经分层出池，层层出醅和特殊的甑桶蒸馏，又经小火馏酒，量质摘酒。

口子酒采取传统酿酒工艺的大蒸大回。第一次，用刚刚在窖池中发酵完的酒糟清蒸，这一道工序去除了酒糟的酸气和杂味，蒸过一次的酒糟继续回窖池发酵；第二次蒸的时候，挖出窖池底层最完好的酒糟和新添加的粮一起混蒸，酒香开始源源不断的散发。

储藏聚香。

古井酒是分级贮存，摘出窖香、醇香、醇甜三个典型的酒分别入陶坛贮存。经尝评、分析、勾兑和陈酿后包装出厂，从原料投入到产品出厂不少于 5 年。

口子窖采取分渣摘酒，按纯天、窖底香、芳香三种典型分别储存，并在地上、地下辗转三次，称为“三步循环储存法”。口子窖封酒用的是一种四方形竹篓，内层用 27 张楚纸和猪血糊封住。起到封味并且能去除新酒的火气。在口子酒厂，大大小小的竹篓，每一个都挂满了酒香。在口子酒业的地下酒窖里，存放着镇窖之宝——明末清初的珍酿。它是口子悠久酿酒历史的见证。

勾兑成香。

无论古井还是口子，在过去或现在，都有一批被称为“神舌”的品酒大师。他们凭借先天的独特禀赋，加上后天的超常苦练，成为决定名酒品格质量的守护神。一般人一提到勾兑，就想到负面的意思，岂不知勾兑是成酒最后的把关环节。大师用眼、鼻、唇、齿、舌、喉、意等感官，与酒对话，与传统对话，与业界专家对话，与消费者对话，坚守着中华酒文化的真谛与魅力。

1. 乾隆《颍州府志》，《中国地方志集成 · 安徽府县志辑》，江苏古籍出版社，1998 年版。
2. 安徽省文物管理委员会：《寿县蔡侯墓出土遗物》，科学出版社，1956 年版。
3. 任继愈：《中国哲学史》，人民出版社，1963 年版。
4. 安徽省旅游局：《安徽旅游》，安徽人民出版社，1983 年版。
5. 陶文台：《中国烹饪史略》，江苏科学技术出版社，1983 年版。
6. 黎邦农、刘应芬：《安徽民间故事第三辑：安徽土特产传说故事》，安徽人民出版社，1984 年版。
7. 梁启超：《管子评传》，上海书店，1986 年影印版。
8. 苏诚鉴：《桓谭》，黄山书社，1986 年版。
9. 淮北矿务局史志办公室：《淮北矿务局志》（上下卷），工人出版社，1991 年版。
10. 《淮河水利简史》编写组：《淮河水利简史》，水利电力出版社，1990 年版。
11. 王剑英：《明中都》，中华书局，1992 年版。
12. 吴钊、刘东升：《中国音乐史略》，人民音乐出版社，1996 年版。
13. 欧远方：《锦绣安徽（亳州卷）：汤都风韵》，安徽教育出版社，1999 版。
14. 《安徽文化史》编纂工作委员会：《安徽文化史》，南京大学出版社，2000 年版。
15. 王鑫义主编：《淮河流域经济开发史》，黄山书社，2001 年版。

16. 徐州市石文化研究会:《中国灵璧石谱》，中国财政经济出版社，2003 年版。
17. 陈贤忠、程艺:《安徽教育史》，安徽教育出版社，2006 年版。
18. 罗宗强:《魏晋南北朝文学思想史》，中华书局，2006 年版。
19. 陈鼓应:《庄子今注今译》，商务印书馆，2007 年版。
20. 张训彩:《中国灵璧石》，上海科学技术出版社，2008 年版。
21. 陈广忠:《淮河传》，河北大学出版社，2010 年版。
22.《安徽通史》编纂委员会:《安徽通史》，安徽人民出版社，2011 年版。
23. 周京京编著，冯伟翻译:《界首彩陶（汉英对照）》，安徽科学技术出版社，2013 年版。
24. 朱万曙:《灯与戏:关于“非遗”的调查、思考与记录》，安徽文艺出版社，2014 年版。
25. 陈友琴:《白居易资料汇编》，中华书局，2005 年版。

后记

安徽地处中国中部，华东腹地，物华天宝，人杰地灵，地理位置优越，历史文化资源积淀丰厚。长江与淮河将安徽自然划分为淮北地区、江淮之间以及长江以南三个部分。在淮河以北地区，我们的先辈们先后创造了以老子、庄子道家思想为代表的老庄文化，以及曹操父子为核心的建安文学；在江淮之间，清代桐城派异军突起，薪火相传，形成了讲究义理、考据、辞章的桐城文派；在长江以南地区，以徽州文化为代表的皖南文化集中反映了中国封建社会后期的主流文化，徽州也因此被誉为“东南邹鲁”。

为了更好地研究、传承和创新安徽优秀传统文化，中共安徽省委教育工委、安徽省教育厅实施了安徽优秀文化传承创新重大项目，组织全省专家学者，编写了《安徽优秀传统文化丛书》。《皖北文化九讲》是丛书之一，全书分九讲，30多万字。按照本书各讲的顺序，作者分别是：第一讲熊帝兵（淮北师范大学），第二讲曹金发、尹若春、傅瑛（淮北师范大学），第三讲盛菊（淮北师范大学），第四讲刘佰合（淮北师范大学），第五讲任荣（淮北师范大学），第六讲纪健生（淮北师范大学），第七讲陈伟（淮北师范大学），第八讲魏宏灿（亳州师范高等专科学校）、王正明（淮南师范学院），第九讲任唤麟、纪健生（淮北师范大学）。丛书由中共安徽省委教育工委常务副书记高开华策划、设计提纲并主持编写工作。淮北师范大学牛继清教授、纪健生先生负责撰写提纲；傅瑛教授负责统稿，并撰写前言；人文社科处处长高玉兰教授负责本书的统筹工作。安徽大学丁放教授为本书提出了宝贵修改意见。陈伟和华文（淮北师范大学）等为本书提供图片。省教育厅科研处负责丛书编写的组织协调工作。此外，参与前期准备工作的还有淮北师范大学李福华教授、王政教授、雒有仓教授、邱瑰华教授、郭全芝教授、韦法云教授等。安徽大学出版社对该书的编辑出版做了卓有成效的工作。

在本书即将付梓之际，我们谨向为本书编辑出版付出辛勤劳动的领导与专家表示衷心的感谢！

由于时间有限，书中难免有错漏之处，敬请读者批评指正。

编者

2015年9月